U0923919

(2019)

编委会

BLUE BOOK OF TALENT DEVELOPMENT IN ZHEJIANG PROVINCE

浙江人才发展蓝皮书

(2019)

中共浙江省委人才工作领导小组办公室
浙 江 省 人 才 发 展 研 究 院 编

图书在版编目（CIP）数据

浙江人才发展蓝皮书. 2019 / 中共浙江省委人才工作领导小组办公室，浙江省人才发展研究院编. —杭州：浙江大学出版社，2019. 9
ISBN 978-7-308-19538-6

Ⅰ. ①浙… Ⅱ. ①中… ②浙… Ⅲ. ①人才—发展战略—白皮书—浙江—2018 Ⅳ. ①C964. 2

中国版本图书馆 CIP 数据核字(2019)第 193900 号

浙江人才发展蓝皮书(2019)

中共浙江省委人才工作领导小组办公室
浙 江 省 人 才 发 展 研 究 院 编

责任编辑 樊晓燕
责任校对 杨利军 许晓蝶
封面设计 刘依群
出版发行 浙江大学出版社
(杭州市天目山路 148 号 邮政编码 310007)
(网址：http://www.zjupress.com)
排　　版 杭州中大图文设计有限公司
印　　刷 浙江省良渚印刷厂
开　　本 787mm×1092mm 1/16
印　　张 18.25
字　　数 367 千
版 印 次 2019 年 9 月第 1 版 2019 年 9 月第 1 次印刷
书　　号 ISBN 978-7-308-19538-6
定　　价 59.00 元

前　言

2019年,浙江人才工作深入贯彻落实习近平关于人才工作重要论述精神,进一步突出人才强省导向,全力打造人才生态最优省。当前,全面落实长三角一体化发展的国家战略是浙江关注的重点之一。浙江人才工作紧紧把握这一重大历史机遇,全面接轨、主动融入上海,以更大格局进一步优化人才生态,以全面实施大湾区、大花园、大通道、大都市区建设为牵引,增加优质公共服务供给,进一步提升人才吸引力和归属感,打造更好的创新创业发展环境,服务全省更高质量发展。

《浙江人才发展蓝皮书(2019)》是浙江人才工作服务创新驱动发展的客观记录,也是浙江人才工作自觉践行"干在实处永无止境,走在前列要谋新篇,勇立潮头方显担当"的生动见证。全书共分为六个部分:总报告是关于立体化培养高质量人才的研究与探索;人才理念篇选择了部分人才发展课题调研成果;人才队伍篇主要介绍了省市进行科技人才、产业人才、青年人才等人才队伍建设的状况;人才平台篇重点关注了部分人才发展载体的建设状况;均衡发展篇选择了浙江省和部分地市关于乡村人才振兴的建设和发展;附录则收集了2018年浙江省人才发展的重要事件。全书约37万字。

书稿的形成和编辑,得到了浙江省委人才工作领导小组各成员单位及有关省级部门、地市级人才工作部门以及部分高校院所、企事业单位的大力支持,在此我们深表感谢。由于文稿来源多样,本书涉及的有关统计数据、研究结论可能存在相互不尽一致或失真之处,仅供读者参考,使用时请注意核对和鉴别,并欢迎广大读者对书中的疏漏和谬误之处给予批评指正。我们将不断提高编辑出版水平,为关心支持浙江人才发展事业的各界人士奉献更多高质量成果。

编　者
2019年8月

目 录

总报告

人才理论篇

人才队伍篇

人才平台篇

均衡发展篇

总报告

ZONGBAOGAO

关于“提高人才培养质量”的课题调研报告

——立体化培养高质量人才的研究与探索

(2019年2月)

□ 中共浙江省委人才办课题组

人才培养是一项长期的基础性工作，是发展壮大人才队伍的根本之举，也是党建高质量发展的重要内容和时代课题。习近平总书记强调“用才之基在储才，储才之要在育才”。2015年习近平总书记在浙江调研期间提出了“立体化培育人才”的理念。2018年全国组织工作会议明确将提高人才培养质量作为提高党建质量的“六个质量”之一。为了深入学习贯彻习近平总书记对人才培养提出的“高质量”“立体化”等要求，结合“大学习、大调研、大抓落实”活动，2017年9月浙江省委组织部组织力量成立了课题组，深入高校、院所、企业等基层一线，分领域召开了9个座谈会，个别访谈了115位高校院所负责人、企业负责人、人才代表等，从广义人才培养的角度回顾总结了浙江省人才培养工作，深入查摆问题，并有针对性地提出下一步浙江省提高人才培养质量的工作思路和建议举措。

一、浙江省人才培养工作的主要做法

人才强省战略实施以来的15年，是浙江省人才工作发展史上极其重要的一个阶段，也是浙江省人才培养卓有成效的15年。尤其是党的十八大以来，省委省政府高度重视人才培养工作，切实将人才培养作为一项基础性工程来抓，人才总量稳步增长，人才结构更加优化，人才效能不断增强，有力推动了浙江省从人才大省迈向人才强省，为实现“两个高水平”、全面推进浙江省社会主义现代化建设注入了澎湃动力。截至2017年年末，全省人才资源总量1220.9万人，占全省从业人员比重为32.2%。

一是坚持需求导向，紧扣重大发展战略需要培养人才，与中心工作实现深度融合。

坚持以用为本是最大的培养理念，围绕事业大局培养人才，在干事创业中增长人才的才干，提升其本领。聚焦产业转型升级、科技创新驱动、区域协调发展等大局，加大人才培养力度，提升人才供给能力，促进人才链与创新链、产业链深度契合，有效将人才红利转为发展红利。浙江省人才贡献率由 2008 年的 23.2%增至 2017 年的 38.1%。紧盯世界科技前沿，对事关浙江省发展的基础性、前沿性、战略性人才提前谋划、超前布局，对人工智能、增材制造、新材料等能够引领未来的产业链布局人才链，并先后出台信息、健康、环保等 8 个万亿产业人才发展规划，同步绘制产业人才需求目录。据统计，省级重大人才工程培养支持对象的 80%左右分布在八大万亿产业。如针对数字经济"一号工程"，专门制定出台人工智能人才支持举措 12 条，成立人工智能发展专家委员会，加大数字经济人才培养支持力度。浙江省人才科技创新实力稳居全国"第一方阵"，2012—2017 年，浙江省人才获得国家科学技术奖特等奖、一等奖共 19 项，比上个五年增长了 3.75 倍，国家科技进步奖特等奖、国家技术发明奖一等奖更是实现了零突破。

二是坚持高端引领，突出培养高层次高技能人才，有力推动人才结构战略性调整。按照高质量、竞争力、现代化要求，加快培养高层次、高技能人才队伍，充分发挥高端人才的骨干和核心作用。立足科技革命和产业变革趋势，加大科技创新人才培养，全力打造具有重大原始创新能力的科技领军人才和战略科学家，全职在浙江的两院院士有 47 名，高级专业技术人才有 37.1 万人，每万名从业人员中研发人员达 104.9 人年。立足浙江省民营经济发展需求，把企业家人才培养作为人才队伍建设的重要内容来抓。2007 年召开民营经济人才工作现场会，加大企业家、经营管理人才等培养力度，企业经营管理人才从 2008 年的 197 万人增加到 2018 年的 348.2 万人。台州市组建了台州民营经济学院，2018 年已对 319 名企业高级经营管理人才进行培训，着力打造民营企业家的"黄埔军校"。立足浙江省这个制造业大省的实际，加大技能人才队伍建设，深入实施"百千万"之江工匠培养工程，高技能人才资源达 264.7 万人，占技能人才比例达 26.8%。加大青年人才培育支持力度，出台政策明确规定出站后留在企业工作的博士后可直接聘为副研究员。嘉兴市试点推行青年人才举荐制度，成立举荐专家委员会，由举荐专家推荐直接列入相应人才工程，促进青年人才脱颖而出。

三是坚持工程撬动，重大人才工程扎实开展，人才培养体系逐步健全完善。近年来，浙江省先后启动实施省"151 人才工程"、省"特级专家"制度、省"万人计划"等，初步构建了各类人才工程相互衔接的人才培育体系。省"151 人才工程"连续实施 20 多年，累计培养了专技人才 8507 名。省"特级专家"制度自 2004 年实施以来，已分 5 批累计遴选出 125 名特级专家。2017 年，启动实施浙江省高层次人才特殊支持计划(省"万人计划")，遴选支持 20 名杰出人才、279 名领军人才、100 名青年拔尖人才。各部门人才工程积极推进，如文化系统的"新松计划"、卫生系统的"325 卫生人才培育工程"、农业部门的"千万农民素质提升工程”、民政部门的“社会工作者培养工程”等，各类人才队伍培育齐头并进、量质并升，逐步形成了各领域各行业人才培养百花齐放的良好局面。在省级重大人才工程引领下，有效推动了一批地方性人才培养支持计划的深入实施。如丽水市结合地方特色产业推进本土人才培养，打造了缙云烧饼师傅、松阳茶师、龙泉青瓷新生代艺人、青田石雕大师等一批人才品牌。2018 年，浙江省每万人口中人才数为 1950 人，比 2003 年年初增加了 1388 人；专业技术人才资源有 542.1 万人，是 2003 年年初的 3.7 倍；农村实用人才资源有 109.7 万人，社会工作人才资源有 3.2 万人。

四是坚持源头培养，发挥高校的人才培育主阵地作用，深入推进产学研合作教育模式。充分发挥高校的人才培育基础性作用，优化培育模式，加强创新创业教育实践平台建设，紧密深入推进产学研协同培育。加强普通高等学校工程技术类专业的实践教育，全面推行“双导师”制，深入实施联合培养计划，培育大批技术研发、工艺创新、工程实践等方面的优秀工程技术人员，2016 年依托浙江大学成立了浙江工程师学院。2018 年正式成立了西湖大学，着力在生命科学、理学、工学等方面培养更多的基础性研究人才。实施高校毕业生就业和重点产业人才供需年度报告制度，探索建立需求导向的学科专业结构和创业就业导向的人才培养类型结构。如杭州电子科技大学等有关高校成立了人工智能学院或开设了相关专业。在浙江工业大学试点产教融合计划，选派 10 余名企业高层次人才到高校担任产业教授，加强产学研合作。2012 年起，累计从高校院所选派 260 多名高层次人才到省级重点企业研究院一线进行培养锻炼。鼓励企业自主创办职业技术培训学校，不断提升企业自主人才培育能力。如华海药业结合企业人才发展需求，自主投资创办了华海药业技术学校，现有学生 800 余人，学校以企业高层次人才为师资骨干，精准培养企业专业技术人才。

五是坚持放权松绑，不断深化人才培养体制机制改革，人才创业创新活力竞相释放。按照习近平总书记在浙江工作时提出的“三个有利于”的改革要求，即必须有利于促进人才的成长、有利于促进人才的创新活动、有利于促进人才工作同经济社会发展相协调，坚持向用人主体放权、为人才松绑，突出市场导向，压茬深入推进，为人才成长成才营造了宽松的制度环境。在全国率先将职称评审权下放给高校，并逐步扩大到医院、行业协会等。2016 年以来，浙江省先后出台“人才新政 25 条”和《高水平建设人才强省行动纲要》(共 33 条)等重大政策，配套出台事业单位人员离岗创业、以增加知识价值为导向的分配政策等 50 多个操作办法。制定出台《关于分类推进人才评价机制改革的实施方案》，分类推进哲学社会科学、社会工作者等 12 项人才评价机制改革。11 个地市都印发了《实施意见》和《操作细则》，各地你追我赶，政策叠加集成，逐步形成了上下呼应、相互衔接、科学完备的人才发展政策体系。持续的人才改革点燃了人才动力引擎，人才创业创新活力喷薄而出。人才专利申请量和授权量分别从 2003 年的 21463 件、14402 件增长到2018年的393141件、221456件，分别增长了17.3倍、14.4倍，2017年事业法人机构共登记技术合同5925项，成交金额达28.15亿元，均创历史新高。

六是坚持开放培养，大力开展境外培训进修，本土人才国际化水平不断提高。浙江省坚持人才培养“走出去”，组织各类人才到国(境)外开展进修、访学、培训，鼓励各类人才出国(境)参与合作交流，不断提升人才国际化视野，提升人才能力素养。从20世纪90年代初开始，浙江省就坚持组织企业研发人员出国(境)培训，现在每年仍有2000人左右出国(境)培训。10多年来坚持组织“151人才”赴国外科研院所进修，已累计输送2000多人赴国外进修。改进对科研人员因公出国服务的内容，教学科研人员的计划和预算实行单列，不纳入限量管理，并优化审批程序，提高审批效率。近年来，浙江省还累计选派了100多名新生代企业家赴美国、英国等进行培训。积极承办国际学术交流会议，如杭州全球人工智能峰会、宁波世界机器人大会、嘉兴世界互联网大会、湖州世界地理信息大会、中日韩工程院圆桌会议暨“新一代人工智能”国际研讨会等，组织省内相关领域专家人才积极参与，促进国际合作交流，让省内专家更多地了解国际科技前沿的最新动态。

二、浙江省人才培养工作在新形势下面临的新要求

这些年，浙江省人才培养工作之所以有效开展并取得了一定成效，主要是源自习近平总书记关于人才工作重要思想的正确指引，源自总书记对浙江立体化培育人才工作的悉心指导，源自浙江省各地各部门持续加强人才培养的战略定力和不懈努力。在这次专题调研过程中，通过深刻领会总书记关于人才培养的重要思想，回顾总结浙江省近些年人才培养的实践探索，从理论和实践中充分汲取养分，为提高人才培养质量提供了很多经验启示。总书记在全国组织工作会议中又进一步提出“要确立人才引领发展的战略地位”，这就要求我们必须努力构建“立体化培养高质量人才体系”。这个人才培养体系的核心要义是“立体化”，目标指向是“高质量”，两者内在统一、有机联系。我们认为，构建立体化培养高质量人才体系，必须准确理解把握总书记关于人才工作的重要思想，必须严格遵循社会主义市场经济规律和人才成长规律，必须有效融合“立体化培育人才”与“提高人才培养质量”要求，必须回答好“谁来培养”“培养谁”“怎么培养”等具体问题，切实为做好人才培养工作提供范式和路径。立体化培养高质量人才体系，具体涵盖人才培养层次的纵向维度、培养范围的横向维度、培养支持的时间维度等八个维度(见图1)。

一是人才培养标准是要“又红又专”。人才培养必须坚持德才兼备、以德为先。习近平总书记指出，“培养要下功夫，尤其要在思想政治培养上下功夫”，“如果政治上不过关，

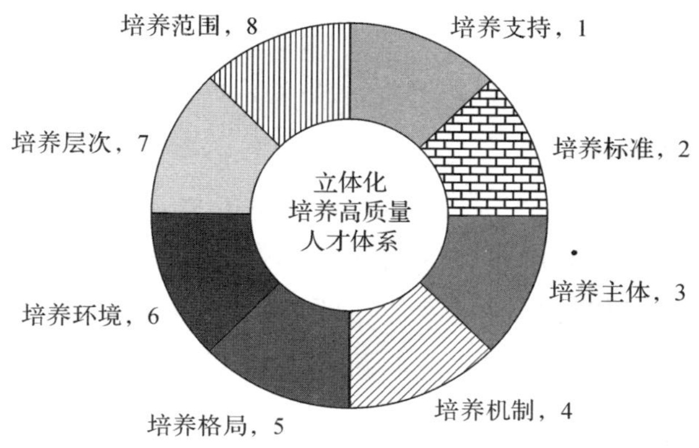

图1　立体化培养高质量人才体系

本事越大，负面作用越大”。习近平总书记在对《西安交通大学西迁老教授致总书记的信》的批示上做出重要指示，要求在广大知识分子中开展“弘扬爱国奋斗精神、建功立业新时代”主题教育活动，并明确提出要“建设一支矢志爱国奉献、勇于创新创造的优秀人才队伍”。这些重要论述，深刻阐明了抓生产力和抓生产关系的辩证统一，指明了人才培养要进一步加强对人才的党情国情教育、革命传统教育，增强人才的政治认同感和组织归属感，引导广大人才始终和党同心同德、同向同行，让人才做政治上的“明白人”，实现“增才干”与“得人心”有机统一。

二是人才培养主体要“多方联动”。人才培养是个系统工程，需要方方面面共同努力。习近平总书记指出，“人才成长既靠个人努力，更靠组织培养”“各级党委和政府要从心底里尊重知识、尊重人才，为人才发挥聪明才智创造良好条件，营造宽松环境，提供广阔平台”。习近平总书记的指示指出了党委政府在培育人才工作中的重要作用。习近平总书记还指出，要“完善创新人才培养模式”，“加强科教融合、校企联合等模式”，“坚持产教融合、校企合作，坚持工学结合、知行合一”。这里突出了学校、企业育才的途径和地位。这些重要论述，指出了人才培养要发挥党委组织部门的牵头抓总作用，依靠各部门各司其职，突出用人单位的主体地位，形成齐抓共管的良好氛围。

三是人才培养层次要“纵向到底”。人才队伍结构具有梯度性、层次性，人才结构是否优良决定了人才队伍的整体效能。习近平总书记指出，“建设世界科技强国，关键是建设一支规模宏大、结构合理、素质优良的创新型科技人才队伍”，具体提出要“努力造就一批世界水平的科学家、科技领军人才、工程师和高水平创新团队，注重培养一线创新人才和青年科技人才”。尤其对青年人才，习近平总书记寄予厚望，指出“拥有一大批创新型青年人才，是国家创新活力之所在，也是科技发展希望之所在”。这些重要论述，深刻把握了人才培养的内在规律，指明了人才培养既要重视层次梯队，也要优化队伍结构，突出“高、精、尖、缺”，加大青年人才培养力度，让“人才大厦”的塔顶更尖、塔基更实。

四是人才培养范围要"横向到边"。三百六十行,行行出状元。习近平总书记指出,"让每个人都有人生出彩的机会","努力形成人人渴望成才、人人努力成才、人人皆可成才、人人尽展其才的良好局面"。习近平总书记关心、关怀各类人才的培养使用,对于网信人才、哲学社会科学人才、文艺工作者、党外代表人士、新闻舆论工作者、医疗卫生人才、军事人才、法治人才、职业经理人、新型职业农民等都有专门论述。这些重要论述,秉持了以人民为中心的发展理念,是马克思主义"大人才观"的深刻反映。培养高质量人才,要坚持面向全体人民,蕴才于人,寓才于民,善于从各个领域、各个行业、各类组织中去发现和识别不同的人才,让每个人都有机会掌握才能、发展才能、施展才能。

五是人才培养支持要"动态跟进"。人才培养是一个长期过程,不是朝夕之功,更不是一成不变的,这就要求人才培养要动态培养、跟踪培养、全程培养。习近平总书记提出要"改变以静态评价结果给人才贴上'永久牌'标签的做法""按照人才成长规律改进人才培养机制,避免急功近利、拔苗助长"。按照习近平总书记的指示精神,中央有关部委逐步优化调整人才培养支持政策,给予人才稳健的支持政策,并适当延长考核周期。习近平总书记的重要论述和中央有关人才培养政策的优化调整,指明了人才培养要进一步增强系统性、持续性、针对性,优化人才成长路径,把日常联系服务贯穿于人才成长全过程。

六是人才培养机制要"改革创新"。人才培养机制改革是人才发展体制机制改革的首要环节和重要内容。习近平总书记反复强调要"改革人才培养、引进、使用等机制",提出"要着力改革和创新科研经费使用和管理方式,让经费为人的创造性活动服务,而不能让人的创造性活动为经费服务,把人的创造性活动从不合理的经费管理、人才评价等体制中解放出来"。这些重要论述,深刻阐明了人才培养与人才使用、人才激励之间的紧密联系,指出了人才培养工作要着力破除体制机制障碍,向用人主体放权、为人才松绑,让人才的创新创造活力充分迸发,使各类人才各得其所、尽展其长。

七是人才培养格局要"放眼全球"。加强本土人才国际化是人才培养的重要内容,也是顺应全球化的必然要求。习近平总书记指出,"一个国家对外开放,必须首先推进人的对外开放,特别是人才的对外开放","对外开放要着眼于人、着力于人,推动人们在眼界上、思想上、知识上、技术上走向开放,通过学习和应用世界先进知识和技术,进而不断把整个对外开放提高到新的水平"。这些重要论述,不仅打开了人才培养的工作视野,也为培养人才提供了更多渠道。要顺应人才开放的时代潮流,推动更多人才到国际组织任职,加强本土人才与国际人才的合作交流,不断提升本土人才的国际化水平。

八是人才培养环境要"宽松包容"。宽松包容的发展环境是人才成长成才必不可少的土壤。习近平总书记深刻把握科学研究规律和各类人才的特点,提出对人才"多一些包容,多一些宽容,坚持不抓辫子、不扣帽子、不打棍子","坚持和发扬学术民主,尊重差异,包容多样","对特殊人才要有特殊政策,不要求全责备,不要论资排辈,不要都用一把尺子衡量",要求"在全社会营造大兴识才、爱才、敬才、用才之风"。这些重要论述,充分彰显了习近平总书记识才的慧眼、爱才的诚意、用才的胆识、容才的雅量,也指出了人才培养既要重视成功,更要宽容失败,合理界定和规范完善有利于人才创新的容错尺度,积极营造鼓励大胆创新、勇于创新、包容创新的良好氛围。

三、人才培养工作中存在的主要问题

对照立体化培养高质量人才体系,对标高质量发展要求,当前浙江省人才培养还存在不少问题和困难。这些问题,既有全国面上的普遍性问题,也有浙江省自身存在的短板和不足。主要表现在以下几个方面。

1.思想认识"不充分"

人才培养周期长、投入大、见效慢,很多地方和单位在人才培养上急于求成,习惯现拿现用,"重引进、轻培养"。在调研过程中,部分高校院所和企业在引才上轰轰烈烈,引进后就"一引了之",后续培养措施没有及时跟上。一些企业没有建立人才培训体系、单位的员工培训经费也落实不到位。一些单位对引进人才优惠支持政策很多,对盘活现有人才的措施办法不多。

2.青年人才"难成长"

从创业人才、创新人才年龄结构看,青年人才占比较低,在一定程度上存在断层、断续、断档的风险。浙江省具有高级技术职称的人员中 35 岁以下的只占 0.8%,具有高级职称的人员年龄超过 45 岁的比例高达 59.7%。一些人才科技项目对青年人才支持力度不够,近 5 年 2356 个省科技重大专项领衔专家 45 周岁以下的仅 463 名,占比 19.7%。同时,未来 5~10 年浙江省有四分之三左右的民营企业面临代际传承问题。

3.人才培养"缺统筹"

近年来,各地各部门纷纷推出自己的培养计划和项目,发挥了积极作用。但是,由于缺乏有力的统筹整合,存在培养资源分散、交叉重复的现象,达不到捏指成拳、重点培养的整体目标。如:省"万人计划"科技领军人才与省"151"第一层次支持对象存在交叉、重复支持的现象;省"万人计划"青年拔尖人才与省"151"第二、第三层次支持对象也存在界线模糊的问题。各类人才培养工程亟须进一步优化、整合、提升。

4.培养机制"欠灵活"

中央和浙江省委已经就完善人才培养机制出台了不少政策,但在实际工作中,由于部分主管部门没有及时指导督促用人主体制定操作细则,新老政策转换出现断档期,导致“权放了,但绳没松”,人才活力没有充分释放出来。同时,人才培养手段和方式比较单一,基本上以具体业务培训为主,国际交流合作、访学等方式不多,同时在工程技术、技能人才培养上存在“学用脱轨”的问题。

5. 重业务提升、轻思想引领

当前,人才培养存在重经济奖励、轻政治激励,重专业素质教育、轻综合素质培养的现象,认为“人才就是专业能力强的人”,忽视了对人才的政治引领和政治吸纳。一些专技人才更倾向于加入民主党派,认为在民主党派里有更大的发展空间,约束比较少,活动比较丰富。比如浙江大学的 7 家附属医院 2013 年以来共发展中共党员 450 人,其中以护士居多,副高以上职称的医生只有 15 人。高校大学生入党积极性不高,如杭州医学院学生党员占比为 0.84%,远低于全省 7.1%的平均水平。

6. 工作推进“不平衡”

各地各单位对人才培养工作认识不一,工作推进力度不一,导致人才分布不平衡,不同行业人才队伍发展不充分。如杭州、宁波人才资源总量 426 万人,占全省的 35%左右,湖州、衢州、丽水、舟山等市则数量相对较少。从各支人才队伍培育情况看,社会人才储备明显不足(见表 1)。

表 1 2017 年浙江省各市全社会就业人员和人才资源情况 单位:万人

地区名称	全社会就业人员	全社会人才资源	经营管理人员	专业技术人员	高技能人员	农村人才	社会人才
全省	3796.00	1220.87	348.21	542.11	264.74	109.69	3.22
杭州	681.06	232.59	73.21	106.02	50.49	14.53	0.62
宁波	532.00	193.41	62.71	84.84	41.51	14.82	0.5
温州	575.26	152.21	41.04	72.79	31.05	12.17	0.9
嘉兴	332.45	108.53	34.43	45.47	25.92	7.41	0.63
湖州	188.93	58.58	15.31	25.24	15.1	5.15	0.13
绍兴	348.00	110.63	28.52	47.94	25.8	12.14	0.11
金华	349.30	111.71	29.74	48.57	26.84	11.12	0.08
衢州	133.42	40.19	8.01	15.11	7.18	9.65	0.04
舟山	75.00	24.8	6.05	11.03	5.2	2.62	0.12
台州	406.65	122.36	34.97	52.48	26.72	12.71	0.04
丽水	144.01	42.28	9.58	18.24	7.18	7.37	0.04
省直	29.92	23.58	4.63	14.38	1.75	—	0.01

四、提高新时代人才培养质量的对策建议

高质量发展需要高质量人才。提高新时代人才培养质量，必须深入学习贯彻习近平总书记关于人才培养的重要思想，认真贯彻全国、全省组织工作会议精神，以发展需要和社会需求为导向，以培养人才创新精神和创新能力为重点，以提高思想道德素质和职业精神为基础，建立健全具有浙江特色的立体化培养高质量人才标准体系，进一步加大培育力度，着力提高人才培养质量，努力培养造就一支数量充足、素质优良、结构合理、支撑发展的人才队伍。

1. 优化顶层设计，有效整合人才培养工程

强化统筹协调，坚持上下联动、分层推进，坚持优化存量、控制增量，坚持有序申报、精准支持，切实提升人才培养精准性和实效性，构建定位清晰、层次分明、相互衔接、覆盖不同领域和人才发展阶段的人才计划体系。

一是精准定位。省级人才培养计划按杰出、领军、青年拔尖三个梯次，分层分类培养人才。2018 年整合提升省“万人计划”与“151 人才培养工程”，明确培养目标，整合培养资源，突出培养重点，捏指成拳加大扶持力度。同时，扩大青年人才培养规模，进一步夯实人才培养工程的基础。市、县两级也要立足人才队伍和产业实际，确立相应的培养体系。

二是精简优化。做好减法，采取合并、取消、调整完善等方式，推动市、县和有关系统整合优化现有人才培养工程，精简人才计划和人才称号。同时严控增量，省委人才工作领导小组成员单位若要新设、调整人才计划，需报经领导小组批准同意后，省财政才能予以资金支持。各市若要新设或调整人才计划，需事先征求省委人才工作领导小组办公室意见。

三是精确扶持。加强政策统筹，同一梯次项目原则上一人只允许申报一项培养工程。允许已经获得支持且支持期满的按梯次向上逐级或者越级申报，不允许逆梯次申报。

四是精细管理。以“最多跑一次”改革为引领，充分运用互联网、大数据等信息技术手段，加快建设人才培养计划信息管理系统，逐步建立全省统一的人才培养申报平台，便捷申报、智能查重、数据共享，从源头上避免重复申报、烦琐申请、逆向申报、重复资助等现象。

2. 严格政治标准，强化政治引领吸纳

德才兼备，既是干部工作的重要原则，也是人才工作的重要遵循。做好新时代人才

工作,必须将政治引领吸纳、团结联系服务贯穿始终。

一是理直气壮加强政治引领。以深入开展“弘扬爱国奋斗精神、建功立业新时代”活动为载体,突出高校院所重点,因人施策,常抓常新,确保实效。创新专家国情研修方式,常态化组织高层次专家骨干赴革命圣地开展国情研修,加强对人才的党情国情教育、革命传统教育,增强人才的政治认同感和组织归属感,努力形成政治引领的“乘数效应”。

二是倾心倾力加强政治吸纳。基层党委实行高知群体发展党员计划单列,不限名额。高等院校重点发展中青年骨干教师,科研院所、企业重点发展专业研究人员,医院重点发展医务骨干。对优秀人才,探索推行重点对象“一对一”联系培养机制,由所在单位党组织负责人或行业党员代表进行结对联系培养。同时,积极推荐优秀人才代表进入“两代表一委员”和各类群团组织。

三是严审细核加强政治把关。针对人才队伍结构多样化、思想多元化、背景复杂化问题,不断深化政治审查工作。在各类人才培养工程中,对存在弄虚作假、功利思想严重、违法违纪等情况的进行“一票否决”。

四是用心用情加强联系服务。认真落实党委联系服务专家制度,加强日常联系沟通和感情交流,政治上充分信任、工作上创造条件、生活上关心照顾。从人才最关心的事情抓起、从人才最不满意的地方改起,积极回应人才呼声,办好人才“关键小事”,引导全社会礼敬人才、厚待人才、激励人才、服务人才。

3. 突出紧缺急需,重点培养三支人才队伍

坚持需求导向,立足浙江,面向未来,突出战略科技人才、企业家、高技能人才等三类重点人才,统筹推进各类人才队伍建设。

一是优先培育战略科技人才。一个区域的顶尖科技人才的集聚度,决定了科技革命和产业变革的发展地位。要坚持量身打造、一人一策,深入实施顶尖人才“一事一议”办法。聚焦数字经济、生命健康等重点发展产业,设立重大科技专项,加大人才培养支持力度,力争在一些细分领域集聚一批走在世界前列的“宗师泰斗”。在新产业的延伸方向、新业态的技术突破、新需求的优化供给等方面,加强科技人才需求预测,加强科技人才储备。

二是做大做强浙商队伍。民营企业家是浙江的宝贵财富,也是浙江极具特色和重要的人才队伍。深入实施“浙商名家”培育行动,从“铺天盖地”的中小企业家中选择培育一批“顶天立地”的浙商名家。实施“科技浙商”培育行动,在团队建设、产业对接、市场推广等方面给予“科技浙商”更多的支持服务。开展“浙商薪火”培育行动,持续办好新生代出资人培训班,以老带新、以大带小,引导新生代企业家接好事业传承之班。探索建立经济效益与社会效益相结合的企业家评价机制,对优秀企业家在产业要素、公共、形象宣传等方面给予倾斜支持。

三是着力锻造“浙江工匠”。打破高技能人才成长“天花板”，制定技能人才与专业技术人才职业发展贯通办法，建立特级技师评审制度，拓展技能人才职业发展空间。改革完善职业教育方式，把行业、企业、院校、社会力量整合起来，坚持产教融合、校企合作、工学结合、知行合一，开展技能人才订单式培养。加强技能人才宣传，进一步提高技能人才的社会地位。

4. 着眼长远未来，大力发现和培养青年人才

投资青年人才，就是投资未来。要着眼长远，加强储备，切实加大青年人才的培养力度，不断优化浙江省人才队伍结构。

一是加大青年人才的支持力度。设立青年人才专项，提高各类人才培养工程中青年人才的入选比例，鼓励一般人才培养项目中40周岁以下的青年人才入选比例不低于35%。对取得标志性成果的青年人才，可不经评审或破格直接列入相应人才项目。省自然科学基金、省科技重大专项等项目，进一步提高对青年人才的支持比例和支持额度。

二是深入实施博士后倍增行动。加大博士后青年创新人才培养力度，提高进站博士后日常经费资助标准，设立“博士后创新人才支持计划”和“海外青年人才引进计划(博士后资助项目)”，对在站期间科研成果转化获得重大效益的，给予一定奖励。以企业博士后工作为重点，加快产学研合作培养青年人才。鼓励支持研发能力强、产学研结合成效显著的企业独立招收博士后。

三是推广实行青年人才举荐制度。从“两院”院士、省特级专家，以及知名企业、科研机构和高等院校负责人等杰出人才中，遴选组建优秀青年人才举荐委员会。通过伯乐相才荐才的方式，举荐一批具有较大发展潜力、有真才实学、堪当重任的优秀青年人才，纳入重点人才工程进行重点培育。

四是扩大青年人才国际合作交流。支持青年教学科研人员参与国际学术交流，对其出国(境)开展教育教学、科学研究、学术访问等，实行计划报备、区别管理。加快培养国际行业人才，行业主管部门、行业协会定期公布一批国际行业资质证书，支持省内人才申请取得相应国际资质。

5. 充分赋权赋能，完善人才培养使用机制

体制活，则人才活；体制兴，则人才兴。聚焦改革热点、难点、堵点等，持续放权松绑，不断深化人才发展体制机制改革，充分激发人才创新创造活力。

一是充分放活人才。优化人才考核管理办法，积极推行长聘考核机制，强化结果导向。放宽科研项目资金管理，赋予高层次人才更大的人财物支配权、技术路线决定权、内部机构设置权，最大限度激发人才活力。

二是充分盘活人才。树立人才共享理念，畅通体制内、体制外人才流动渠道，提高人

才资源配置效益。加强产学研合作，鼓励高校院所科研人员到市场一线、企业一线转化科技成果。进一步鼓励支持事业单位科研人员离岗创业创新，让人才来去自由，实现“放虎归山”。深化“产教融合”计划，支持民营企业与高校院所联合加强科学建设、培养人才，进一步推进企业高层次人才到高校兼任产业教授。

三是充分用活人才。深化项目评审、人才评价、机构评估改革，推进人才分类评价，推动形成导向明确、精准科学、规范有序、竞争择优的科学化、社会化、市场化人才评价机制。科学设定人才评价指标，注重个人评价、团队评价和同行评价相结合。推行代表作评价制度，对取得标志性成果的人才，可破格晋升高级职称。突出市场评价、薪酬评价，将年薪、个人所得税、融资额度等作为人才评价的重要依据。

四是充分激活人才。落实以增加知识价值为导向分配政策，推动知识、技术、管理、技能等生产要素按贡献参与分配，实施股权期权激励，探索年薪制、协议工资制，让人才凭借自己的聪明才智合理合法富起来。针对人才高投入、高风险的特点，研究制定包容和支持“非共识”创新项目的制度，创新监管方式，加大对自主创新技术和产品的支持力度，营造宽容失败的良好氛围。

6. 整合各方力量，着力形成协同育人模式

人才培养是个系统工程，必须由政府、社会、市场等各方面齐同发力，协同打造良性发展的育人模式。

一是强化高校源头培养作用。鼓励高校以“需求导向、创新引领、全面开放、多方协同”为原则，以培养具有创新精神和实践能力的各类创新型、应用型、复合型精英人才为基本目标，以产教融合和科教融合为引擎，大力推进与政府、行业企业、科研院所等主体的全面合作，构建开放、集成、高效协同的育人机制和管理体制，把以课堂传授知识为主的学校教育和以解决实际问题为主的生产、科研和管理实践有机结合起来，共同服务于学生成长成才。加大应届优秀大学生集聚培养的支持力度。

二是突出用人主体培育作用。支持企业等用人单位创办院士专家工作站、博士后工作站、技能职业学校、创业创新学院等平台，加大员工的培训力度，提升人才整体素质。认真落实企业培训经费，明确人力资源培训经费列入税前抵扣项目。

三是加强党委政府人才培育宏观管理作用。促进“大湾区”人才一体化发展，强化湾区人才一体化发展的顶层设计，建立一体化的人才评价机制，实现湾区人才职称、技能资格互认。建立一体化的人才市场和人才信息平台，促进重大科研仪器、专家库等人才资源开放共享。推动城乡人才一体化发展，深化人才培养开发“希望之光”计划，开展“组团式”人才帮扶，选派专家团队到加快发展地区开展人才、技术、项目对接帮扶，促进加快发展地区提升优势特色产业。

RENCAILILUNPIAN

人才理论篇

激发持续改革开放力量
确立新时期人才强省新思路

□　浙江省人才发展研究院课题组

改革开放四十年是在坚持党的领导下解放思想、充分调动全社会各类人员积极性、充分激发人才活力的四十年，值此改革开放四十年之际，我们既要系统总结改革开放四十年浙江人才强省的巨大成就和宝贵经验，也要时刻掌握并科学研判当前国内外复杂多变的竞争态势，及时发现存在的问题，及时调整在过去环境条件下比较正确但可能已不适应当前经济社会发展状况的战略、制度和政策，及时谋划新时期浙江人才强省新思路。

一、新时期国际国内人才竞争新态势

(一)海外人才流动壁垒增加，高端人才成各国抢夺对象，人才竞争局面严峻

在当前以中美贸易摩擦为背景的国际环境下，我们已经步入国际政治经济格局复杂多变期，需做好人才被长期封锁的准备。当前，国际贸易格局全球化与逆全球化并存，国际政治经济格局不确定性显著增强。近年来以美国为代表的西方各国国内贸易保护主义兴起，以“301计划”和FBI调查“千人计划”专家等事件为例，美国等国已经对我国实行科技人才封锁战术，不仅采取各类措施阻挠欧美科技人才来华交流工作，甚至限制选择STEM专业[①]的中国学生赴美留学。赴美引才，尤其是柔性引才将面临知识产权保护、竞业避止等制约。我们必须清晰地意识到海外人才流动壁垒增加，浙江省赴海外人才引进难度将持续加大。

---

① 指科学(science)、技术(technology)、工程(engineering)、数学(mathematics)专业。

(二)我国产业升级急需核心科技,国际人才竞争趋同并加剧

当前中国已位列全球第二大经济体,产业链在全球范围内深度延展,但总体上我国工业化水平仍处于“少数领跑、一批并跑、大批跟跑”的大而不强层面,核心元部件高度依赖进口,缺乏核心科技支撑。比如,中国 90%以上的高端工作母机、高档成套设备,以及绝大多数高端核心部件和元器件,包括 90%以上的高端芯片,均依赖进口。依靠人才驱动的产业转型升级迫在眉睫。而随着浙江省经济发展方式从粗放发展到高质量发展,率先进入大规模转型升级,我们与发达国家或地区从错位竞争转到同质化竞争,人才需求的结构与发达国家越来越相近,拥有核心科技的高端人才将成为重点争夺对象。

(三)人才国际竞争力依然处于中上水平,人才工作任重道远

要分析浙江省的人才竞争优劣势,我们不仅需要在全国范围内进行研判,更需要在全球范围内进行审视。比较之后,我们才能知道我们在全球的位置,我们的短板在哪里,而浙江又可能处于什么态势。2018 年公布的《2018 年全球竞争力报告》(中国第 28 位)和《世界人才发展报告》(中国第 40 位)都揭示了我国在人才发展上依然任重道远。在竞争力中与人才有关的指标上,包括劳动力市场、人才技能、健康与教育等方面,我国都处于相对较低水平,人才强国(省)战略应作为长期战略。

世界经济论坛发布的《2018 年全球竞争力报告》提供了一个新算法,我们称之为研究方法 4.0。研究方法 4.0 总共采用了 12 个维度 98 个指标评估国际竞争力,这 12 个维度包括机构(政府行政效率)、基础设施、信息通信技术采用、宏观经济稳定性、健康、教育与技能水平、产品市场、劳动力市场、金融体系、市场规模、商业活力以及创新能力。在新兴数字化技术加速推动世界转型的大背景下,经济竞争力性质的变化对政府和企业提出了一系列新挑战,所以,新的评估方法捕捉了第四次工业革命中一系列拉抬生产力和使其长期增长的动力,引入众多有望在未来推动竞争力发展方面产生重大影响却未成为主要政策焦点的因素,包括商业活力中的创意、企业文化、开放性和灵活性。这些新增要素的更细三级指标比如有:开放性,涉及低关税、非关税壁垒、外国劳工雇佣便利性及专利申请合作;包容性,指我们不仅需要拔尖的人才,我们更要包容所有人,涉及完善再分配政策、社会保障体系、人力资本的投资和解决收入不平等的累进税等;企业文化则考量其创业文化、公司对颠覆性理念的接受程度、多方利益相关者的合作、批判性思维、精英管理和社会信任等。按照这些指标,综合排名前五的国家有美国、新加坡、德国、瑞士、日本,中国排名第 28 位,其中,中国在与人才资本以及人才环境关联的指标上都处于更靠后的位置,比如中国的“教育与技能水平”排在第 63 位、“劳动力市场”排在第 69 位、“机构(政府行政效率)”排在第 65 位、“商业活力”排在第 43 位。新评估方法强调了第四次工业革命对全球经济动态的影响,以及数字化技术对经济社会的影响,尤其凸显了

“人力资本”要素是中枢性的要素,可解读出持续创新以及时刻应对变化的文化和机制、公共部门效率对竞争力的重要性。

洛桑管理学院每年发布的《IMD 世界人才报告》,评估了在全球他们所关心的经济体(63 个国家(地区))的人才竞争态势。该评估用了“投入与发展”“吸引力”“技术就绪度”这三大类的指标。前两个指标反映一个国家获得并留住人才的能力,“技术就绪度”则着眼于对国家大环境的评价。在该报告中,全球不同国家被分为几个区域,表现比较强劲的是西欧、北美和英联邦地区,2018 年中国排名第 40 位,在 20～40 名的第二梯队里。虽然,中国从 2013 年的第 48 位上升到当前的第 40 位,总体呈上升态势,但与我国在全球竞争力排名中的第 28 位相比,这个排名揭示了我们的人力资本状况跟不上经济社会的发展,而且在人才综合实力上与别国存在很大的差距的现实。

在三大维度评估指标中,我国排名最靠后的是吸引力指标(当前处于 54 位),这也成了中国人才总体排名上升的主要阻力(见图 1①)。从评估指标上来看,吸引力重点考察国家吸引国外高技术劳动力的能力、企业吸引和留住人才的主要方式、人才外流对国家竞争力的影响以及人才的积极性等。它关注当地劳动力情况、海外人才挖掘情况以及特定经济体的生活成本和生活质量。鉴于工资和税收对于一个经济体能否保持有效的人才流动有影响,所以,企业给人才工资的高低、税收等一系列因素对吸引力有影响。研究发现,中国在对人才吸引力方面做得好的地方是靠政府大力推进的,依靠市场机制发挥的作用还不够,通过市场配置导致的对人才吸引和居留的力量依然不足。也就是说,我国国家推动因素对人才发展的作用有了长足进步,但市场推动的作用还需进一步加强。今后,浙江省人才工作的着力点也应该放在加大通过市场的力量来吸引人才到浙江来的作用上。

(四)世界政经局势动荡,我国参与国际人才竞争出现一定利好

当前各国不断增加移民限制条件,科技人才回国发展意愿有所加强。以澳大利亚现推出的移民政策为例,技术移民者需要具备边远地区工作经历方可到中心城市流动,科技人才的移民成本显著提升。此外,近年来国外动荡的政治环境也助推了科技人才回国发展。我国正迎来大规模“海归潮”,归国人才有望带回技术。伴随着我国留学归国人员数量的不断增加,我国进入了海外人才快速积聚期和加速回流期。这些归国人才有望将自己在国外所学的科技知识带回中国,发挥所长,浙江省下一步引才可将归国留学生作为精准引才目标群体。

---

① 郑颖,张志强,陈云伟等. IMD 世界人才报告解读及中国人才态势分析[J]. 世界科技研究与发展, 2018(3):239-248.

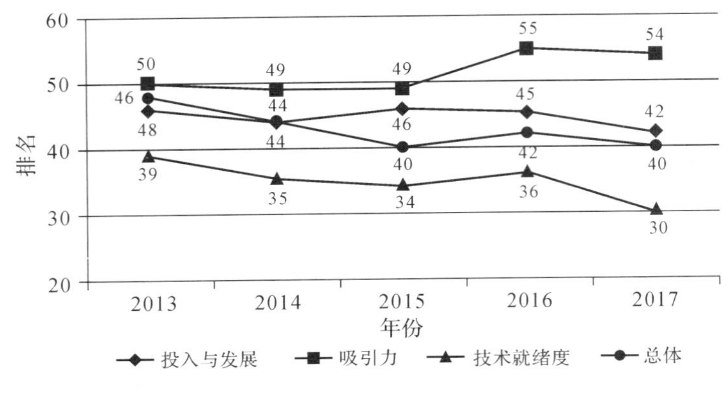

图1 中国人才因素排名变化趋势(2013—2017)

(五)国内区域人才竞争进入竞争空间全球化、竞争手段多元化、竞争模式趋同化和竞争态势持续化的新局面

我们比较研究了2018年江苏、上海、北京、浙江、广东和湖北六省市的人才政策,得出了六省市人才竞争的共性和差异性特征。区域人才竞争从共性上看表现为:在坚持党管人才的原则下,各地纷纷深化人才发展体制机制改革,鼓励多方共同参与人才服务;激发人才创新活力,更多地推动构建人才发展长效机制;把握区域人才供需矛盾,着力做大人才基数。也就是说,各地都认为相对于经济社会发展水平来说,当地人才总基数远远不够。但是各区域人才竞争的政府着力点也存在不同侧重:(1)人才需求类别存在差异,各地人才需求存在需求惯性,这与其产业结构和其经济社会发展特征有关。北京、上海有更多的政策聚焦于海外人才和创新创业的科技人才,江、浙、粤的政策聚焦于企业家人才、青年人才和高技能人才。(2)人才平台建设的重点存在差异。各区域都已经将聚焦于个体的人才激励转向做平台的营造,江苏、上海更多地重视产业平台的搭建,北京更加重视产学研合作平台建设,浙江对各类平台建设都投入了极大的关注。(3)体制机制创新的突破方向存在差异。上海注重金融服务系统,构建以创业创新项目为中心的融资服务机制(促进产业链和资金链结合);北京发展京、津、冀人才一体化建设;江苏推动各类人才支持计划的统筹、考核和退出机制;浙江则着力于"最多跑一次"改革带动下的政府行政效率提升等人才服务机制。

二、新时期浙江人才强省战略实施中的问题、挑战和机遇

在改革开放的四十年里,浙江省始终将人才作为第一资源,在加大人才投入、聚力人才引进、打造人才生态环境以及推进人才发展的体制机制改革上都走在全国前列。尽管浙江省四十年的人才工作已取得一定的成绩,但我们也应充分认识到浙江省人才

工作已暴露出的问题与面临的挑战。比如，对浙江来说非常大的短板是高端人才(如战略科学家)紧缺、高等教育规模仍需扩大、人才培养体系亟须完善。当前人才工作存在问题及优势和机遇如下。

(一)人才工作理念的问题

一是人才工作的长期导向有待进一步确立，用人主体作用有待进一步发挥。当前浙江各地政府非常重视引才工作，成效也显著，但政府部门需要意识到，人才不是速效救心丸，人才培育具有隔代的特点，短期内无法涌现大量成果。政府的人才工作应该以长期建设为导向，致力于做好环境支持等长远的服务工作，短期调控的激励政策要逐渐让位于市场力量。

二是人才理念缺乏人文精神，缺少对所有“人”的尊重。当下人才工作的基本理念还需要增加符合时代要求的人文精神，人才工作不仅要提倡尊重“人才”，更应该提倡尊重每个“人”。我们无法判断每个人身上有多少能量或者未来有多高的水平，只有尊重所有“人”才是人才工作的根本，是人人可以成才的前提。

三是各地市人才政策同质化现象依然存在，差异化竞争格局有待进一步形成。省内各地市在经济地理、形象定位、资源禀赋等方面具有不同的优势，但当前浙江省各地人才政策的标杆相似，胜在相互学习和取经，在围绕区域特色构建特色化的政策体系方面尚有待加强。

(二)人才引进方面的问题

当前以人才计划为龙头的引才活动仍然是各地引才的主要手段，但太多使用各类“人才计划”引进人才的现象出现，导致高端人才跳槽频繁，“人才计划”外的本土人才不公平感加剧。此外，各地将高端人才数量列入考核指标，导致各单位纷纷用高待遇争夺高端人才。尽管一些流动解决了人才与地区需求不适配的问题，但跳槽现象严重影响了科研团队的稳定性。以浙江大学为例，2006—2017 年引才成效显著，但人才流失也持续存在(见图 2)，如浙江大学国家“百千万人才工程”人才流失率为 18.29%、求是特聘教授流失率为 7.14%、文科领军人才流失率为 6.67%、国家“杰青”流失率为 7.64%、国家“优青”流失率为 2.36%。此外，虽然近年来浙江越来越多的地方已开始实施梯度人才政策，但普惠包容性政策仍不足，未给予中低端人才发展空间、包容和关怀。一个高端人才大概需要五六个中低端人才配合，才能发挥作用。城市的发展不仅需要引进高端人才，更要为各层次人才提供发展空间。

(三)人才培养方面的问题

高等教育是浙江的短板(人口本身也是浙江的短板)，浙江人才培养缺乏全覆盖立体化的思维和体系。浙江省高校总数少于江苏、湖北和广东，且双一流高校数是六省市

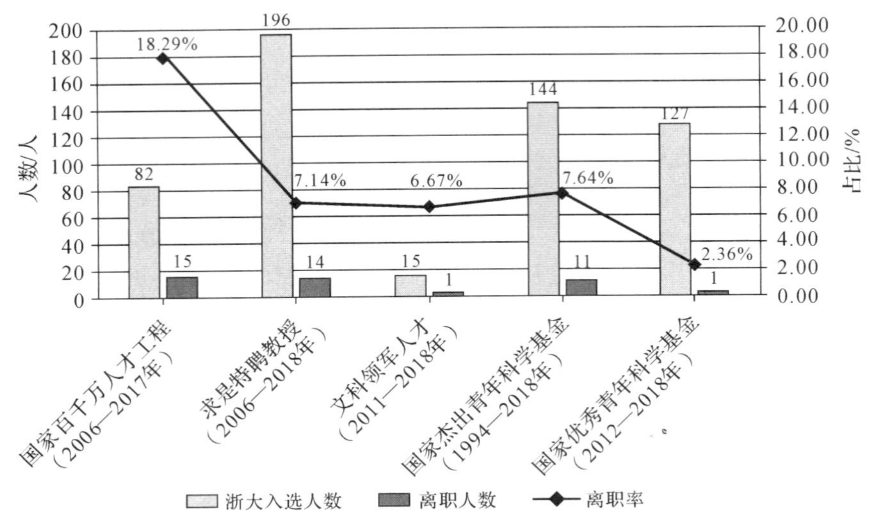

图 2　浙江大学 2006—2017 年引才成效

中最少的，若将普通在校本科生和常住人口比值作为衡量高素质人才供给的指标，浙江(1.09%)仅比广东(0.98%)稍微好一点，比江苏(1.34%)、湖北(1.46%)、北京(2.36)和上海(1.53%)都低得多(见图 3)。

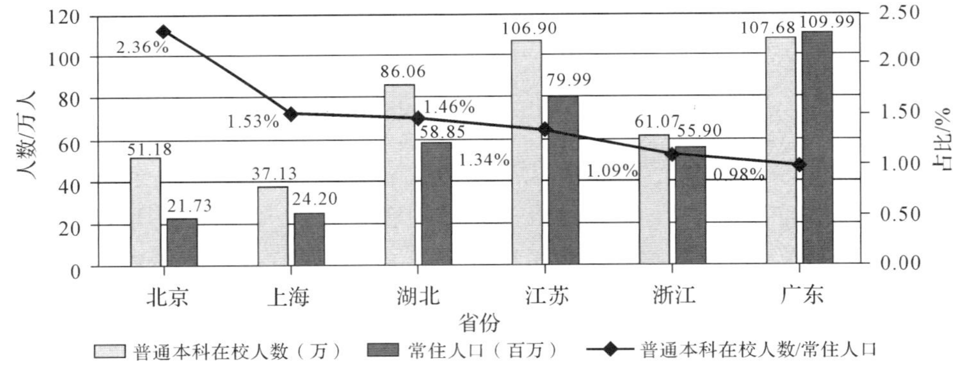

图 3　六省市普通本科在校学生数与常住人口的比例

浙江近年来已经意识到这个不足，大力进行高等教育建设，但力度和广度都不如广东，无法满足经济社会发展的需要。目前广东对高等教育的投资非常大，这对浙江形成了巨大挑战。此外，原有人才培养结构难以适应新业态需求，就业难可能重现。一方面，浙江传统制造业近期面临下行压力；另一方面，浙江新经济、新业态发展迅速，其人才需求与原有人才培养的结构明显错位，预计 2019 年高校毕业生就业形势严峻。

(四)人才激励与使用方面的问题

自浙江省实施人才新政以来，大力推进人才发展的体制机制改革，但人才管理和激励中的体制机制痼疾依然存在：(1)人才计划的马太效应严重，实际效用有待考查。各类人才计划叠加享受的情况比较普遍，人才计划边际效用递减。多数人才计划仍然注重论文数量和项目数量等数量指标，不注重成果转化等实际产出指标，其实际绩效有待检验。(2)科研经费管理制度成科技人才的隐形枷锁。经费管理依然表现为“机脑”重过“人脑”，人才价值体现不足。此外，高校等机构科研经费的财务报销流程烦琐，耗费科技人才大量精力，明显降低了项目绩效。(3)科研人才有关成果转化的法律风险意识增强，存在安全感忧虑。当前政策变革多侧重于如何使人才的贡献和报酬相符合，但现实案件未打消科技人才对法律风险的忧虑。(4)国企人才激励机制亟须改进，人才流失有恶化趋势。目前，国有企业集聚了大量科研中坚人才和优秀应届毕业生，由于人才激励机制(如工资总额框定等)问题，部分国企人才外流有加剧趋势。(5)智库人才等供不应求，缺乏较好的利用党政退休人才的“旋转门”机制和政策。一方面智库人才和基层治理人才存在严重供不应求情况；另一方面受制于纪委规定等因素，杭州等地许多高素质的党政退休人才无法成为参与智库建设和基层治理的高端后备力量。

(五)人才生态环境建设方面的问题

浙江近年来重点致力于最优人才生态环境建设，成效有目共睹，尤其是在“最多跑一次”改革的带领下，地方政府的行政效率显著提高，政务环境提质增效，但在真正吸引和留住高端人才的良好人才生态方面尚显不足。(1)人才平台建设任重道远。高等教育平台、产业平台、产学研合作平台是人才培育、成长和发挥作用的三类基础平台，除了产业平台，浙江与江苏、广东、北京、上海等标杆省市相比，其他两类平台都严重不足。(2)高质量公共服务供给不足。当前浙江在国际化社区、高端国际学校和高端医疗资源上与深圳、北京、上海等地还有一定差距，提升空间较大。此外，浙江的政务环境良好，政府人才服务到位，但人才相关的法治环境建设有待加强。(3)城市生活成本渐高。在2018年12月粤港澳大湾区研究院新发布的《2018年中国城市营商环境评价报告》中，杭州的排名较2017年有所下滑，位列第八名。较大的负面因素是与房价关联的生活成本上升问题，比如省会杭州。(4)知识产权保护意识增强，法治规范建设尚不完备。人才立法对浙江来说是一个非常紧迫的问题。

(六)浙江省人才发展的优势和机遇

第一，浙江省的行政效率走在全国前列，营商环境和人才生态环境相对良好。浙江的人才政策兑现率高，2018年以来获得了各地人才的普遍好评。第二，浙江省地处长三角区域的核心位置，与周边省市无论在经济模式还是产业结构上都形成了互补互促关系，且浙江省的农村可支配收入排在全国第一位，所以，人才城乡均衡发展和不同区域人才一体化建设(比如长三角人才一体化)大有可为。第三，市场主体的人才需求萌发强劲,我们不需要干预它的行为,只需要给予更多诱导,需要多元合力来提升对人才的吸引。第四,浙江这两年一直在创新人才工作的容错机制,在这个容错机制下面,党委和政府对人才工作的重视度越来越高。我们也率先建设了人才诚信机制,为人才工作法治化奠定了基础。

三、新时期浙江省人才强省战略的突破方向和优化路径

在新时期,浙江亟须高站位布局人才工作,在坚持党管人才的大局下持续激发改革开放的力量,持续发挥市场用人主体在人才资源配置中的决定性作用,坚持推进放权松绑不动摇。在新时期,浙江亟须确立人才强省战略的突破方向与优化路径,实施战略转型,抓大放小,真正把浙江省打造成人才安居乐业的最优生态环境,即自然而然的学术环境、自由自在的成长环境、应有尽有的物质环境、自创自利的制度环境。具体对策如下。

(一)实施战略转型,高站位布局政府主导的重点人才工作

新时期党委政府主导的人才工作一定要秉持抓大放小的原则,全面谋划人才工作的七方面转型:从条块式的碎片化管理走向统筹式的系统化管理;从注重财政收入计划管理走向财政预算的绩效管理;从行政化管理走向法制化管理;从物质驱动管理走向精神激励管理;从政绩驱动管理走向战略引领管理;从单一项目的经费支出管理走向全方位的生态环境管理;从政府主导走向市场引领。

而在战略转型中,政府重点做好四方面工作,即抓重点人才、抓重点平台、抓体制机制、抓综合环境。涉及重点人才,我们需要明确浙江的人才优势、需求惯性和最大短板,持续布局下述重点人才队伍建设:顶尖科技人才(战略科学家)、杰出企业家、顶尖金融人才(风险投资家)、大国工匠型产业人才和教育大师。而在重点平台和综合环境建设上,以重点抓高教平台为龙头,鼓励各地方政府持续加大投入,建立人才平台和综合环境建设的投入经费保障机制。在体制机制改革上,重点在突破现有制度痼疾,解决改革“最后一公里”问题。在综合环境建设上,重点是在夯实服务环境的基础上加强法治环境建设。

(二)鼓励多元参与,全方位构建立体化的人才培养体系

加快推动人才工作从重引进向重培养转化,从重个体到重总数、重基数,从政府主导跨入到鼓励多元主体的教育投入,多主体、多手段培养多类型人才。以西湖大学创办试点为契机,鼓励政、商、教结合办高等教育;鼓励不同层次的中外合作国际教育机构落地浙江,推进教育国际化;鼓励企业办校,扶持龙头企业建立行业技能的人才培养基地;推动校地、校企、校研等多类型合作体系。加快调整高校和职业院校的专业设置结构来

适应新的经济结构、产业结构对人才知识结构的要求。

（三）发挥市场主体力量，大力推进产业与人才的融合

政府从激励人才个体到激励用人主体，鼓励用人主体自行推进人才计划和项目。推动各类人才支持计划的整合，做好内外人才并重、鼓励海外人才与本土人才合作的支持计划。实施人才计划的预算绩效管理，推行人才计划的考核、惩戒和退出制度。推动以用人单位为主体的海外引才：鼓励以企业为主的海外研发中心和离岸孵化器建设；支持引才法律顾问团队；鼓励浙籍人才加入国际组织；政府加大对海外人才引进地的法律法规研究的投入。

坚守浙江制造业根基，促进产业与人才融合，扭转当前较严重的“四个脱节”现象。推动人才管理部门简政放权，消除对用人主体的过度干预，让企业真正成为科技人才创新的主体，实现科技人才与经济对接；围绕产业链部署创新链，围绕创新链完善资金链，消除人才科技创新中的“孤岛现象”，实现创新成果与产业对接；鼓励和引导优秀人才向企业集聚，总结推广浙江现有的各类创新创业孵化模式，持续打造一批低成本、便利化、开放式的众创空间，实现创新项目同现实生产力对接，降低对外技术依存度；借鉴美国1980 年推出《拜杜法案》促成短期科技成果转化率提高 10 倍的经验，切实保障科技人才、相关组织对创新成果拥有归属权和成果转化收益权，实现创新劳动与利益收入对接。

（四）持续深化体制机制改革，着力解决改革的“最后一公里”问题

继续推进以“最多跑一次”为龙头的政府行政效率增进改革，解决关键性的人才管理体制中改革的“最后一公里”问题。促成浙江省“以增加知识价值为导向的分配政策”的真正落地，解决好省委省政府人才科技新政与高校科研院所执行现规的对接问题，尽快颁布实施细则，推动科研经费管理制度变革，提高科研项目的人才劳务分成，联合个体信用信息简化财务报销的前置审批，加强后道审计。推动职称制度改革中分类评价和用人主体评价权的真正落地，人才计划中变申报制为提名制，扭转填表式的人才评价，真正建立科学合理的人才评价制度。强化和落实知识产权保护制度，对科研人才的知识产权进行确权，进一步将科技成果的使用权、处置权、收益权下放给科研院所和发明者，让科研人才不畏惧科技成果转化中涉及的“踩线”问题。切实建立人才“旋转门”机制，突破对体制内党政离退休人才为智库等发挥作用的制度束缚。建立创新创业容错机制，保护企业家精神，坚持改革开放，持续释放所有普通人的企业家精神。

（五）实施城乡融合发展，推进长三角人才一体化和城乡人才一体化战略

浙江农村可支配收入在全国属于领先水平，但 11 个地市间人才数量、人才吸引力等差距明显，不平等、不均衡发展一直存在，舟山自贸区建设人才引进问题一直是瓶颈，丽水在人才总量上劣势明显。以往城乡均衡发展更多是采取援助计划和错位竞争战略，

在新时期应思考山海联动策略、陆海联动策略,要以城市群、都市圈建设为契机构建一体化人才战略,实施类似于长三角人才一体化等各类区域人才一体化的联动性人才政策体系、一体化共享式的公共服务平台。

(六)推动人才工作立法,人才工作从行政化管理转向法治化管理

启动和实施人才工作立法,提供稳定有序的法治环境。迄今为止全国已有一省(云南)四市(珠海、深圳、南通和石家庄)颁布了人才工作条例或人才发展促进条例,通过对人才政策的顶层设计、系统集成,以立法形式强化人才工作。当前浙江在党管人才方面有所作为,走在全国前列,非常需要以党内或人大立法形式全面固化浙江经验,加强党对人才工作的领导,推动人才强省战略落实。尽快确立浙江人才工作立法的基本思路,把人才立法纳入立法计划,使党委政府的人才工作具有权威性、持续性、稳定性、公开性和强制性,让人才产生合理政策预期。

(七)实施区域人才发展评估,全面助推人才最优生态环境建设

转变以千人指标为导向的人才工作考核机制,实施区域人才发展指数的评估,用国际惯例的关乎人才又不是点卯人才的三大类客观指标“投入与发展、吸引力和技术就绪度”来评估全省各区域的人才发展状况,用技术工具来理性赋能人才工作,通过客观指数来导引问题追踪,打造党委政府建设综合人才生态的合理体系。

提高公共服务供给水平,提升人才满意度和获得感。加快建设一流的基础设施,包括国际化社区、高端国际学校和高端医疗诊所等住房、教育、医疗设施,切实满足人才,尤其是海外高层次人才的基本生活需求。通过稳定的商品和服务指数、宜居的生活环境来增强浙江省各地对人才的吸引力。同时,进一步降低普惠性人才政策的限制条件,在公共租赁住房、基础医疗保障等方面为所有人才创设包容平等的支持环境。

课题组成员:陈丽君　范柏乃　桂昭明　蓝蔚青　卓勇良　谢小云

宁波加快建设国际人才社区的对策研究

□ 宁波市高层次人才服务中心课题组

建设国际人才社区是吸引集聚国际化人才，营造适合国际化人才创新发展、和谐宜居的"类海外"环境，大力推进城市国际化的有效途径。习近平总书记曾多次强调：要以更加开放的视野引进和集聚人才，用国际通行的有效办法、更有吸引力和竞争力的政策措施、更便捷的服务吸引国际化人才。建设国际人才社区可在一定程度上满足国际高端人才流动和创新发展的需要，也是当前各地积极吸引集聚国际化人才行之有效的方法。因此，宁波加快建设国际人才社区，对于优化引才聚才环境、提升城市综合品质具有重要意义。本课题通过与宁波诺丁汉大学相关专家学者合作，采用文献分析、实地调研、问卷调查、个别访谈等方法，赴北京、上海考察当地国际人才社区建设现状，通过走访调研宁波相关国际人才集聚区域，面向国际人才发放调查问卷 100 余份（回收率 95%），并多次召开课题研讨交流会，在充分掌握第一手资料和相关课题研究成果的基础上形成本调研报告。

一、建设国际人才社区的重要意义

国际人才社区是指以一定地域为基础，社区中国际化人才数量达到一定比例，社区相应的组织制度、服务体系、环境设施趋向国际标准，包容各类文化和生活方式，不同国家、种族、民族背景的人能够和谐共处的城市社区。20 世纪 80 年代以来，全球范围内的政治、经济和文化的广泛交流加速了主要城市的国际化进程。这一过程不仅是经济产业和资源集聚的过程，更是一个人口重新组合和集聚融合的过程，吸引了大量海外移民，使城市人口变得更国际化。城市国际化发展和城市移民国际化直接催生了国际人才社区的形成。国际人才社区的发展和完善，能够为国际化移民提供良好的生活条件，为城市国际化的发展奠定坚实的物质和文化基础，是加快城市国际化进程、提升城市国际化品质的基本方略。城市国际化、移民国际化与国际化社区之间形成了一种互相影响的互动关系(见图 1)。

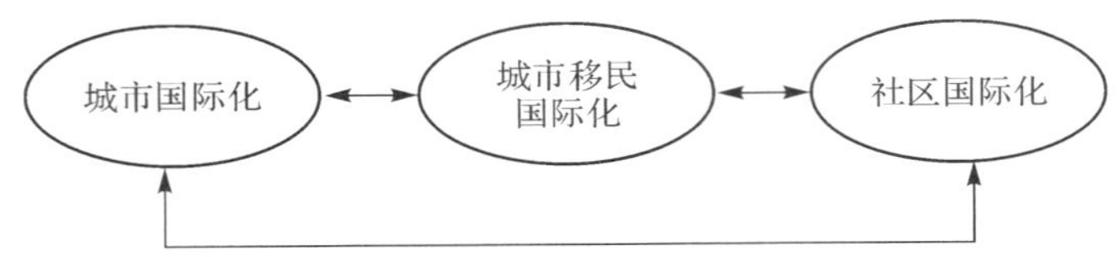

图 1　城市国际化、城市移民国际化与国际化社区之间的互动

第一,建设国际人才社区能够增强对国际化人才的吸引力。最新发布的福布斯中国《2018 全球人才流动和资产配置趋势报告》指出,国际人才流动除了受到人才政策、经济格局、社会环境和科技创新这四大传统因素的影响外,还受到政治因素、文化历史形象、影响生活质量的因素、文化体验感的重要影响。优质的生活工作环境是吸引国际化人才的重要因素。

第二,建设国际人才社区能够增强国际化人才对该区域的归属感。国际人才社区能够直接为国际化人才提供高品质的生活保障,人们共同拥有的特定文化环境和类似的生活行为方式、心理情感结构、价值体系更贴近国际化人才的自身行为、情感和价值体系,容易令国际化人才产生心灵连接,让人才有家的感觉,提高归属感。

第三,建设国际人才社区能够激发国际人才的创业创新激情。国际人才社区能够为国际化人才提供更加优质的创业创新一体化服务,满足国际化人才多元化的社交需求,营造良好的创业创新环境,为国际化人才创业创新提供更强助力。

二、相关高能级城市国际人才社区建设经验

(一)北京:统筹谋划四个国际人才社区试点

北京市政府 2017 年出台的《关于推进首都国际人才社区建设的指导意见》中统筹谋划建设朝阳望京、中关村大街、未来科学城、新首钢等四个国际人才社区试点区域,以国际化人才需求为导向,打造一批有海外氛围、有多元文化、有创新事业、有宜居生活、有服务保障的特色区域。北京市将建设国际人才社区作为优化首都人才发展环境、提高北京吸引集聚国际化人才能力的重要手段和载体。北京市通过国际人才社区建设为国际人才创业创新搭建良好的承载平台,提供住创一体的生活配套,确保国际化人才引得进、留得住、用得好,着力打造“国际人才聚集区、人才政策试验区、创新创业示范区、宜居宜业典范区”。北京市将国际人才社区建设分为中期目标和远期目标。中期目标为到 2020 年,首批国际人才社区试点区域建设基本完成,与国际化人才相适应的政策体系基本建立,公共管理服务水平不断提高,国际化工作、生活、文化氛围逐渐显现,首都国际人

才社区品牌初步树立，取得明显的人才集聚效应。远期目标为到2030年，国际人才社区集聚人才的能力不断增强，成为国际人才创业创新与宜居宜业协调发展的典范，社区试点范围逐步扩大，城市国际化水平大幅提升，辐射带动京津冀区域形成更大范围的国际人才聚集区。

（二）上海：持续发挥国际人才社区人才集聚作用

上海市作为国际化大都市，一直都是国际化人才集聚度较高的区域。上海在20世纪90年代就建设了碧云国际人才社区，该社区以超前的规划和理念，按照外向型、多功能、现代化国际新城的功能定位，参照国际标准和惯例进行建设，是迄今为止上海规模最大、社区配套功能最完善、综合环境最具创意的国际人才社区，聚集了来自世界60多个国家和地区的1000余户外籍人才家庭。最近，上海在推进全球科技中心建设的过程中，同步加大对新类型国际人才社区建设的关注和投入。为满足部分科学家、科研人员、高级人才的居住需求，上海2018年谋划在张江核心区域建设国际社区人才公寓，那是一个以科创为特色，集创业工作、生活学习和休闲娱乐为一体的现代新型宜居城区和市级公共中心。张江国际社区人才公寓以小尺度、多层为主，开放的街区增加了周边居民的接触活动，增强社区活力。

（三）建设启示

从北京、上海两地国际人才社区建设实践来看，在国际人才社区建设中要综合考虑多方面因素：一是要选择经济活力强和就业机会高的区域；二是要在设计上兼顾文化多样性，呈现出包容开放的姿态；三是要以明确的出入境政策和有效的治理来聚集高端人才；四是在建设模式上可以使用政府引导、市场力量参与的共建模式，充分发挥各方优势，共同为社区建设做出贡献；五是要配备国际化高标准的设施和服务，确保居住在社区内的国际居民的生活品质（见图2）。

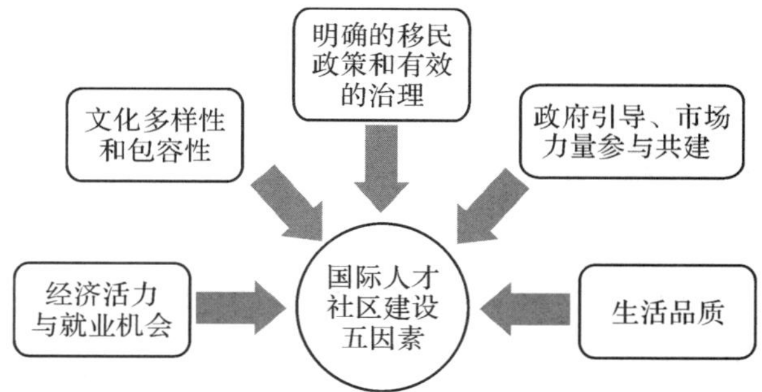

图2　先发城市国际人才社区建设的重要影响因素

三、宁波建设国际人才社区的现实意义和基础条件

(一)在甬国际化人才需要国际人才社区的有效支撑

截至2017年年底,稳定在宁波工作的外籍人才约有2700人,加上家属成员,在宁波的外籍人士共计8000人左右,主要来自韩国、美国、日本、英国和德国等。2700名外籍人才中,高端人才(A类)682人,占外籍人才总数的25.72%,专业人才(B类)1737人,占外籍人才总数的65.50%,其他外籍人才(C类)203人,占外籍人才总数的7.65%(见图3)。稳定在宁波工作的外籍人才男女比例为8∶2,主要年龄段在30～50岁。上述外籍人才中,30%拥有硕士或博士学位,55%为本科学历,涉及用人单位约2000家。同时,宁波还拥有海外归国人才3.5万人左右,其中海外高层次人才1.1万人左右。

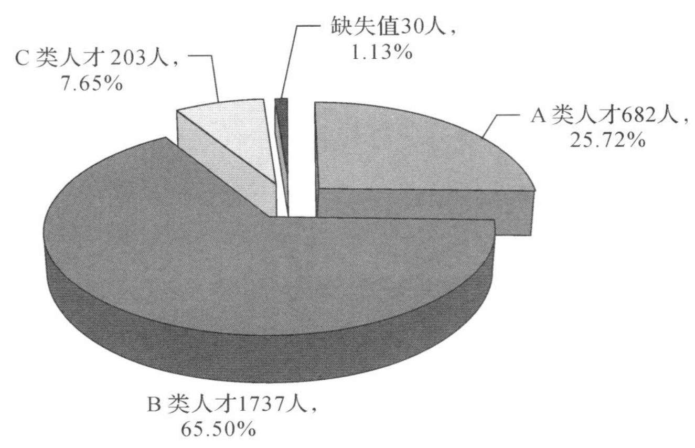

图3　宁波外籍人才的总量结构

调研显示,85%以上的在甬国际化人才(含外籍人才和海外归国人才)对在宁波生活和创业创新表示满意,但同时有82%以上的国际化人才表示宁波有必要建设国际人才社区,并期望自己能居住在国际人才社区内。

(二)国际人才社区有助于解决当前国际化人才的切实需要

调研显示,国际化人才选择在宁波生活和工作最看重的因素依次为:生活安全舒适度、优质的健康和医疗服务、低环境污染、宁波的经济发展和就业前景。国际化人才在宁波面临的主要挑战是住房、医疗、子女教育等问题。在住(租)房方面,33%以上受访者表示寻找到合适住(租)房非常困难,37%的受访者表示一般,认为寻找住(租)房容易的外籍人员低于30%,主要问题在于认为不易于寻找到有较好配套服务的住(租)房屋。在医疗方面,国际化人才认为中国医生对于病人隐私的保护意识薄弱,一些“近距离身体接触”的中式诊治方式容易令外籍人才产生不适,去公立医院治疗会耗费大量时间成

本。在子女教育方面,60%以上的国际化人才认为在工作地点附近无法找到较为优质的国际化教育资源,影响了生活居住的质量。建设高品质的国际人才社区将有助于解决国际化人才最关注的生活安全度问题,为国际化人才提供系统化、高品质的居住、医疗和子女教育服务。

(三)宁波具有建设国际人才社区的良好基础

宁波从2016年年初就启动了建设国际人才社区的实践探索。老外滩作为宁波市独特的中西经济文化交流的特色街区,积聚了大量人气,具备较好的外籍人士活动基础。宁波在老外滩核心区域挂牌"老外滩国际人才社区",由市场机构负责实际管理。宁波老外滩国际人才社区以引产聚才打造宜居宜业国际化家园为目的,主要设置三大区域板块:人才资本项目的碰撞聚变区、国外智力项目的信息汇集区以及国际化人才休闲区。在此基础上建立四大功能平台:信息发布平台、综合服务平台、文化交流平台和商务对接平台,从生活、居住、休闲、工作和创业各方面,为外国人才、海外留学归国人才、在宁波的留学生、准备出国的预备人才以及来自港澳台地区的人才提供服务。老外滩国际人才社区的建设强调软硬实力同步发展,既为国际化人才在宁波的生活和工作提供良好的居住和就业环境,也为建立更紧密的文化纽带、加深国际化人才尤其是外籍人才对于宁波的了解并增强对宁波的感情提供平台和窗口。

(四)宁波为国际化人才服务的市场化机构活跃

目前,宁波已集聚一批为外籍人才服务的第三方机构和社交群体。在外籍人才服务方面,较有知名度的第三方机构有宁波灵达商务服务有限公司,专业为外籍人士提供综合安居、搬迁及商旅服务。另有沐兰和Find in China两大专为外籍人士提供信息交流的平台,主要职能为发布宁波政策、发布生活和工作信息、搭建网上二手市场、组织宁波及周边地区的活动和旅游。此类第三方机构已具有一定的市场影响力,比如灵达商务的服务对象遍布宁波,且与宁波外籍员工主要用人企业建立了良好的合作关系,沐兰和Find in China两大服务机构的平台外籍使用者都在500人以上,在外籍人才圈内有一定声誉。此外,宁波外籍人才还自发组织了一批社交群体,如宁波外派人员社群、宁波国际女性社群以及外籍人士创新创意社群等。

四、宁波建设国际人才社区的方向和基本要求

(一)宁波国际人才社区的建设方向

宁波建设国际人才社区的目标人群应该是具备高素质、高技能、有创造性的国际高端人才,要通过营造"舒适、安全、便捷、包容性强"的、有国际氛围的、有多元文化的、有宜

居生活的、有服务保障的、有经济活力的、有较高人气的特色区域，提升国际化人才在宁波生活和工作的幸福感和归属感。国际人才社区应该以宁波特有的品牌和文化为根基，以国际化人才需求为导向，开发适合宁波国际化人才的社区元素，让国际人才社区成为“聚天下英才”的人才高地。

(二)宁波国际人才社区建设应当把握的基本要求

——政府引导，市场主体。处理好政府引导与市场主体的关系，充分尊重市场规律，通过积极发挥政府的推动作用来撬动市场力量。通过在国际人才社区综合谋划实施支持创新创业的产业政策、人才政策，在居住空间、创业空间、医疗保险等方面给予国际人才相应的政策支持，引导国际创新创业人才向宁波集聚。

——多元包容，开放共享。从国际化人才需求角度出发，尊重不同国家人才的文化差异、信仰差异、语言差异和习惯差异，求同存异，促进共生，追求和谐，着力形成多元文化背景人才共存交融的宽松氛围。在园区规划、空间布局、公共服务等方面坚持开放共享，引导国际化人才便捷、均等地享有各类创业创新支持举措。

——系统全面，宜居宜业。按照国际理念和国际标准，整合区域内教育、医疗、文体等优质资源，营造良好的创业创新和营商环境，吸引外籍人才创业孵化机构、国际商业服务和中介机构入驻，打造一流的硬件设施，提供一流的政务服务，培育一流的双创生态，建设融工作、生活于一体的国际人才公寓和创客小镇等国际化人才聚集区，最大限度地实现国际化人才引得进、留得住、用得好的目标。

——上下联动、协同发力。市、县、乡三级协同联动，加大各类资源要素向国际人才社区倾斜力度，合力打造国际化人才聚集高地。通过政策引导和支持，吸引符合宁波市重点发展产业的海外高端人才，打造具有国际核心竞争力的特色产业集群，搭建科技成果就地转化服务平台，实现创业与创新的联动，突出创新核心，整合区域优质创新资源，建立健全创新创业生态系统。

五、宁波国际人才社区建设的具体路径

(一)明确宁波国际人才社区建设选址和功能定位

宁波国际人才社区建设要充分借鉴北京、上海等地的实践经验，结合宁波区域实际，综合考虑区域资源禀赋、建设基础、文化氛围、产业集聚和政策支持力度等因素，以有步骤、分区域的方式推进建设，重点谋划三个国际人才社区区块，打造“一体两翼”的宁波国际人才社区建设格局。“一体”就是东部新城国际人才社区，集聚市、区两级资源，在宁波城市新的核心区块探索建设一个全新的国际人才社区。发挥东部新城新兴产业基础

较好、交通便利、配套完善、城市品质较高等综合优势，依托甬江科创大走廊、东部科创中心等平台，辐射南北两大高教园区、国家自主创新示范区等重点区域，提供高品质的国际化医疗、教育和安居服务，成为宁波国际化人才集聚新高地。“两翼”：一是整合提升老外滩国际人才社区，充分发挥老外滩国际人才集聚的优势和原有国际人才社区的建设基础，突出政策服务、创业交流、生活休闲主题，适当谋划整合一批适合国际化人才租住的高品质人才公寓，新建国际人才一体化综合服务平台，支持江北区人才资源服务产业园拓展国际人才资源的供需配给和保障服务功能，整体提升现有老外滩国际人才社区的综合服务功能；二是探索建设北仑国际人才社区。远期考虑在北仑区块建设国际人才社区，发挥滨海城区优势，依托北仑区国家引进国外智力示范区和海外工程师集聚的良好基础，支持北仑区建设国际人才社区，引导国际化人才为北仑区和梅山新区的海洋经济发展提供更大助力。

（二）创新举措集聚各类国际创新创业人才

一是加快国际化人才出入境等特殊支持政策落地。加快宁波争取外国人出入境事项便利化政策落地，加大国际人才社区的宣传和推广力度，为国际化人才提供包括出入境管理便利措施、来华签证特殊政策、永久居留权等事项办理服务。积极争取外籍高端人才个人所得税补贴、科研设备进口税收减免等政策在国际人才社区逐步推行，鼓励国际人才参与各类科研项目，与宁波企业合作课题攻关，推动股权激励、成果收益分红等政策向参与联合攻关的国际化人才适用。积极推动国际职业资质认证、国际人才职称评定等许可事项落地。

二是支持国际人才社区引进国际化人才资源。鼓励支持国际人才社区引进以外籍人才为主的创业团队，支持高新技术企业直接聘用外籍人才，对引进外籍人才达到一定数量的园区和企业给予奖励。支持外国留学生在国际人才社区就业创业，鼓励支持区域内企业、机构和组织按照条件聘用外国留学生，组织外国留学生招聘会，为企业吸引延揽外国留学生人才搭建平台。用足用好外国留学生相关支持政策，支持外国留学生到高新技术企业就业或创办高新技术企业，对聘用外国留学生达到一定数量的企业、吸引外国留学生创业团队达到一定数量的创业载体给予一定奖励。

三是推动社区人才国际化发展。支持国际人才社区内符合条件的单位设立博士后科研工作站，将博士后日常经费资助、科研活动资助、国际化培养交流资助适当向社区内的博士后科研工作站倾斜，支持工作站开展国际化人才培养，包括申请“甬江学者计划”、国际化培养交流派出和引进计划等。聘用外国专家和海外工程师等到国际人才社区开展短期技术咨询、服务及交流，对其提供国际旅费、生活费等经费支持。支持社区国际化人才申报国家、省“千人计划”、市“3315 系列计划”等人才支持政策。

(三)健全完善国际人才社区服务支撑平台

一是建设国际人才政务服务中心。整合政府相关部门服务资源，在重点国际人才社区建立国际人才政务服务中心，打造集人力资源、社会保障、公安户籍等功能于一体的高端人才服务体系。落实国家移民局支持宁波有关出入境政策便利措施，推进外籍人才出入境管理改革试点建设。建立一支国际交往能力突出、业务能力熟练的工作人员队伍，更好为国际化人才提供便捷高效的服务。加强信息化建设，建立国际高端人才基础信息库，动态掌握国际化人才的流动情况、需求情况和发展情况，提高国际化人才服务效能。

二是完善国际化人才资源的市场服务。进一步做大做强宁波现有国际人才市场化服务机构，支持江北区、鄞州区和保税区人力资源服务产业园区发展国际化人力资源服务业务。加快推动放开外资人力资源机构准入限制，吸引知名的国际科技中介、人力资源中介、商业服务机构、商会组织总部等中介入驻国际人才社区或设立分中心，通过中介机构搭建起国际化人才来甬创业或工作的桥梁纽带，并用市场化方式满足国际化人才的各类服务需求。

三是打造国际人才创新创业平台。在国际人才社区支持打造国际人才创新创业园区，重点支持国际化众创空间、留学人员创业孵化器等国际人才创新创业聚集空间建设。支持东部新城国际人才社区建设国际人才大厦，选取东部新城“门户”区域商务楼宇，运用智能建筑、智慧办公等技术手段，建设国际人才大厦。根据人才工作需求，提供国际互联网、全球电视电话会议系统、数据跨国处理云办公系统等硬件环境。

(四)积极打造“类海外”社区公共服务环境

一是打造国际化教育服务体系。进一步满足国际高端人才对子女的国际化教育需求，利用3年左右的时间，在国际人才社区内规划建设3所以上与国际完全接轨的国际学校。整合提升现有华茂外国语学校、宁波滨海国际学校等国际学校的办学水平，构建能够满足国际化人才需求的基础教育服务体系，为区域内各类国际化人才子女教育提供优质服务。

二是打造国际化医疗服务体系。通过与国际医院合作成立合资医院，或引进国际医学人才，确保在宁波储备相当数量的精通外语、医术精湛的国际医生。争取与上海等地合作，共享医疗资源，邀请上海和杭州的国际医生定期到国际人才社区出诊或提供咨询服务。努力创造条件，尽快建设若干家符合国际标准的综合医疗机构，利用优质医疗资源为国际人才提供便捷、优质的医疗服务。加强与国际主流保险公司合作，在定点医院实现与国际医疗保险结算体系直接衔接。

三是打造国际化社区环境。加强统筹规划，在国际人才社区内的重点交通枢纽、道路沿线、景观绿地、公共设施及重点单位设立多语种图文标识，建设一套符合国际标准、融入中国元素、美观通俗易懂的标识体系。系统编制国际人才社区公共区域景观提升方案，在现有基础上，增加景观绿量，全面提升区域绿化水平。科学考虑国际人才社区环境规划，采取规范户外广告设置、打造优美大街等措施，促进社区环境更加整洁、文明、规范、有序，营造美丽的城市景观环境。

附件 1

上海碧云国际人才社区调查分析报告

上海碧云国际人才社区是最早按照外向型、多功能、现代化国际新城的功能定位，并参照国际标准和惯例，以超前的规划和理念建设的新型国际人才社区，也是迄今上海规模最大、社区配套功能最完善、综合环境最具创意特色的国际人才社区。

一、基本情况

碧云国际人才社区位于金桥出口加工区西侧，由上海金桥（集团）有限公司等国资平台负责开发建设，交通便捷，地理优势明显。数据显示，碧云国际人才社区聚集了来自世界 60 多个国家和地区的 1000 余户外籍人才家庭，并且这一数量在持续上升，是上海外籍人士家庭集聚最密集的国际社区。碧云社区环境优雅，绿化密集，通过了上海 ISO 4000 环境认证，是上海市内最早空气质量标准到达一级水平的社区，在 2014 年荣获迪拜国际改善居住环境最佳范例奖金奖。

碧云国际人才社区占地总面积约 4 平方公里，总建筑面积达 20 余万平方米。这些住宅以出租为主要运营模式，由专业物业公司统一运作。产品形式多样，别墅、花园洋房和酒店式公寓一应俱全。社区内建筑规划凸显人性化宜居特点，功能布局合理，所有生活相关场所，如住宅、商店、学校、医院等，均在步行范围内，且处于交通便捷的区域（见图 1 和图 2）。

碧云社区内的教育资源良好，既有配套的国际幼儿园和学校，又有品牌商学院——中欧商学院。医院方面配有国际医院和诊所，如中外合资华山医院浦东分院和 Worldlink 诊所，提供英语医疗服务，部分医院诊所提供小语种医疗服务，医疗程序与世界接轨。而主要的商业配置，如餐饮、购物场所，出于满足社区内居民需求，多以西式风格为主（见图 3）。社区内所有配套服务设施均提供双语服务，商店工作人员和餐馆服务人员均具备基本英语会话能力。考虑到西方人士的运动休闲习惯，碧云社区内的体育设施丰富多样，既有综合体育中心又有专项体育场，比如足球场和橄榄球场。

功能布局

碧云国际社区区位图

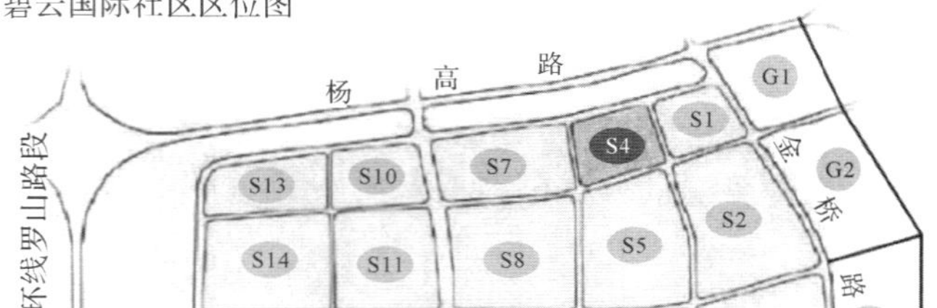

· G1、G3：商贸办公、酒店、医院和大学为主要功能
· G2：为18万平方米的绿地
· S1：已经建成金桥酒店公寓以及一个Mini高尔夫练习场
· S2：上海平和双语学校、上海协和国际学校
· S3、S6：中国福利会幼儿园以及百富丽山庄
· S4：凤凰大厦、碧云花园
· S5：沪上顶级外销全出租别墅——碧云别墅
· S7：家乐福和OBI建材超市
· S8、S11：商业街、酒吧、餐馆等商业设施，5万平的绿地
· S9、S10、S12：多层和小高层住宅区
· S13、S15：18万平方米的中高档住宅区——时代金领·金桥爱建园
· S14：罗山花苑二期正在筹备之中

1. 社区均需综合设置，必须将住宅、商店、学校、公共设施等社区居民生活中不可缺少的各项设施和活动场所整合，形成多功能的综合体

2. 将尽可能多的设施安排在相互可以轻松步行抵达的范围之内

3. 社区内必须有商业活动、居民服务、文化活动等能集中进行的场所

4. 社区必须保持有相当的面积，用于广场、绿化带、社区公园等特定用途的、任何居民都可以使用的开放空间

5. 在社区内应该逐步建设生态建筑，以迎合国际人士热爱自然、关注健康的趋势

图 1　上海碧云国际人才社区功能布局

主要写字楼、学校配套布置在区域的交通干道旁，利于区域外客户交通，开放性大

➢主要教育配套国际学校等均布置在区域交通干道旁，辐射金桥开发区和浦东新区，便于区域外客户交通

➢写字楼、学校分布相对集中

➢区内生活设施配套与国际接轨，是新世纪上海市区中规划完善、规模独具的新兴高层次国际化社区。

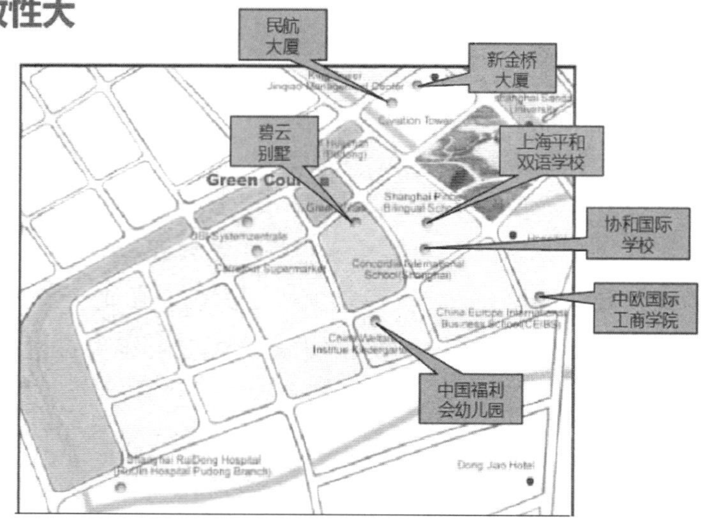

图 2　上海碧云国际人才社区办公和教育配套布局

而其他高级配套，如高档酒店、高尔夫练习场和医院，既是社区内功能组成部分，也对外开放，满足大众需求，用来提升区域价值(见图 4)。

近年来，碧云社区以建设“安全、便利、舒适、愉悦”的生活为目标，在原有基础上加入

商业配套主要满足社区内的需要，开放性小

- 以家乐福为中心的商业中心的功能是满足社区内居民的购物需求，对外无辐射力
- 区内特色商业街在靠近碧云路环道的单侧布置，形成消费专区，如酒吧街、食街等，满足社区内居民的饮食需求，对城市的吸引力较小

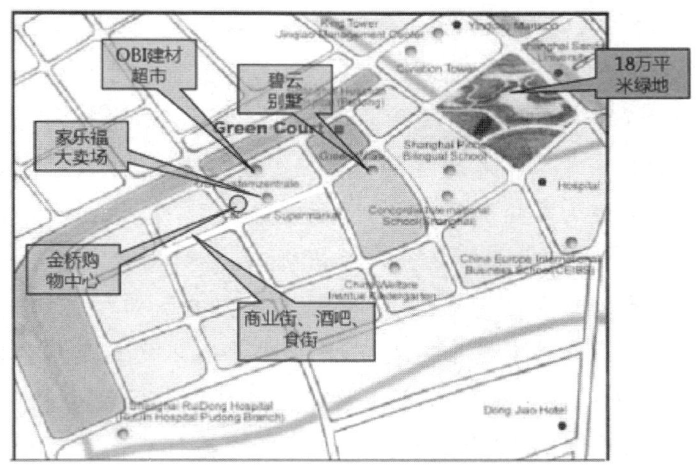

图 3　上海碧云国际人才社区主要商业配置分布

其他配套作为城市的功能配套，满足城市需要

- 高尔夫练习场和教堂可以满足部分人群的需要，提升整个区域价值
- 社区内外籍人口居多是形成高档酒店的驱动因素
- 医院是市级甲级医院，外来务工是城市的功能组成部分

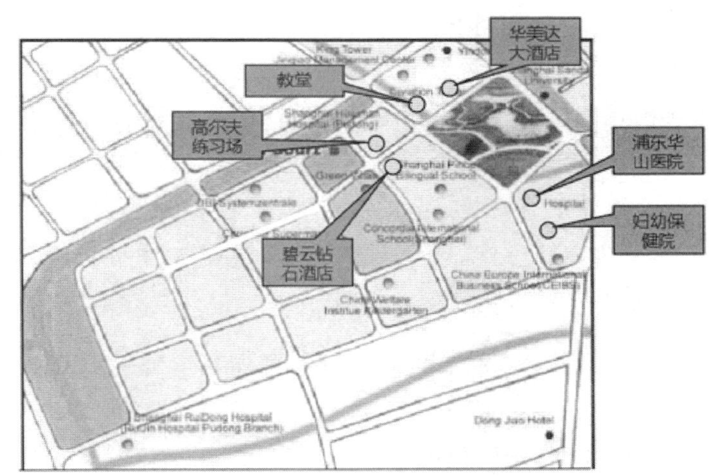

图 4　上海碧云国际人才社区其他商业配置分布

了智能化元素，比如为每户家庭安装“碧云大管家”智能型家庭信息终端系统，帮助社区居民获取社区内实时服务信息。同时以“碧云大管家”为中心，开通多功能银行信用卡“碧云炫卡”，居民可以直接在社区内完成服务预订、消费、支付一体化。在离家无法使用“碧云大管家”时，居民可以通过社区信息门户网站实时获取信息。此外，碧云社区引进“智能医疗”体系，医疗机构通过与智能科技公司合作，设立智能医疗服务平台，方便居民寻医、就诊及复检。

在配备优质硬件设施的同时，碧云社区也十分注重软性设施建设。社区内的上海众心国际社区服务中心(Community Center Shanghai，简称上海众心)是外籍人士社交、学习、活动的好场所。作为一家非营利服务型民间组织，上海众心以帮助在上海的国际人士更好地融入上海这座城市为使命，为他们提供生活及工作方面的信息和资源，搭建互助平台促进人际交往。上海众心提供四大服务板块，分别为课程学习、慈善活动、心理咨询以及社区活动。课程学习内容主要包括语言教学、中国文化学习、家庭与健康、技能提高以及兴趣爱好培养等方面，帮助在华外籍人士更好融入中华文化，提升生活质量。同时，社区中心提供涉外服务人员培训，比如针对外籍家庭保姆和司机的技能培训，帮助他们提升日常英语沟通能力、对西方文化的认知和服务规范。慈善活动是组织外籍人员帮助上海当地有困难的人群，比如外来务工人员子弟和国内贫困地区，通过公益服务形式，帮助外籍人士与当地社区建立联系。多语种心理咨询服务则帮助外籍人士消除在移居过程中的心理障碍，比如面对新环境产生的不适感、抑郁、焦虑，以及解决生活中的实际问题，例如处理人际和家庭关系、解决文化冲突问题。为进一步加强外籍人士和当地社区间的联络，加深外籍人士的融入感，上海众心还定期举办各类文化体验活动，既有中式文化活动，也有涵盖各国民俗特点的国际文化活动。

在管理方面，金桥镇党委政府自2010年开始接手碧云社区管理职责后，建立了碧云社区服务与管理工作联席会。该机制由政府主导，社区主要单位代表(如国际学校代表)和社区居民代表作为参与方，定期举行“议事会”，讨论社区建设相关事务。2016年7月，由金桥镇党委牵头，碧云居民区党支部与21家驻区单位签订共建协议，成立社区党建理事会。通过组织对接、需求对接、服务对接，让碧云社区实现党务、政务、社会资源的充分整合，形成单位党建、行业党建双赢的党建工作格局，推动居民自治共治。

二、上海碧云国际人才社区成功因素

作为深受国际高端人士喜爱的老牌国际社区，碧云国际社区的成功取决于下列因素：

一是区域优势明显，既临近主要城市通道(内环线和杨浦大桥)和浦东机场，又有很好的产业基础。本身地处金桥、外高桥产业集聚区，且与张江科技园区和陆家嘴金融贸易区联动，确保了社区周边的经济活力和良好的就业机会。

二是设计观念超前，秉持着“开放的理念、开放的空间、便利的服务、融合的文化”四大核心要素，社区内每一处设计——无论是硬件设施还是软性服务——均凸显人文宜居性和文化多元性，不仅社区内居民非常国际化，社区设施、服务管理均考虑到外籍人士的文化习惯，并达到国际先进水平，极大地提升了国际人才的生活品质及其对社区的认同感。

三是政府与非政府组织各司其职，政府部门给予政策引导、宏观指导和统筹规划，社会民间组织和相关企业在政府政策允许的范围内可自发开展服务和文化建设，实现了共建共享的社区建设模式，充分发挥了各自的优势。

四是以宽广的国际化视野建设多元文化融合的社区文化和精神，注重国际化品牌建设，成为上海国际精神和文化的符号、国际化社区的标志，进一步扩大了其在国际人才中的品牌效应和口碑。

附件2

宁波国际人才对国际人才社区需求调查

宁波国际人才社区建设的实证研究包含访谈和问卷调研两部分。访谈对象：一是宁波政府机构管理人员，如外专局和江北区人社局领导；二是宁波国际人才社区和外籍人士服务机构负责人，如宁波老外滩国际人才社区（李宅）、沐兰和Find in China的平台负责人；三是在宁波工作的外籍人士。每个访谈平均花一小时。访谈内容主要围绕外籍人才来宁波的原因和满意度、工作和生活中遇到的困难以及宁波在建设国际人才社区时需要注意的方面这三大类问题。

问卷调研对象为在宁波生活和工作的外籍A类、B类签证持有者及其家属和海外留学归国人士（以下简称海归）。问卷的设计出自访谈内容以及学术文献，囊括了六大类问题：(1)国际人才来到宁波的原因；(2)影响国际人才留在宁波的主要因素；(3)在宁波生活和工作的满意程度；(4)在宁波生活和工作遇到的主要困难；(5)宁波国际人才社区的组成部分；(6)政府在建设宁波国际人才社区中起到的作用。鉴于外籍人才和海归人才可能有不同的需求点，研究组设计了两份调研问卷，在保证主要问题一致的情况下，对小部分问题加以调整，确保问卷内容更符合两类国际人才的实际情况。外籍人才使用英语答题，海归人才使用中文答题。两份问卷完成答卷的总人数有105人，其中65人为外籍人士，40人为海外归国人员。

由于访谈的主要目的是为问卷设计做准备，其重要内容已经被设计在调研问卷中，本报告仅展示问卷调研的结果，对单个访谈不进行详细描述。所有访谈要点统一整理归纳在最后关于建设国际人才社区的建议部分。

一、问卷调研对象的基本信息

（一）参与问卷调研的外籍人才的基本信息

在65名外籍问卷参与者中，36名为男性，28名为女性，1名未注明性别身份，平均年龄为36岁。其中57%的外籍人士拥有硕士及以上学位。参加调研的外籍人士来自

27个国家和地区,韩国、美国和英国的外籍人士数量位居前列。外籍调研对象在宁波的时间平均为4年半。其中有35名外籍人士是携带家属同来宁波的,占总的参与调研人数的53%。这35名外籍人士中有27人的孩子居住在宁波。45名外籍问卷调研对象受雇于本地或者外资机构,占总人数的69%,其中任职于本地机构(例如政府或社会行政部门、高等院校、国企等)的21人,任职于宁波诺丁汉大学的13人,任职于外资机构(例如外企、国际学校等)的11人。余下的20名外籍问卷参与者中,14人处于非就业状态,7人是作为家属陪同来到宁波的,创业者、自由职业者和独立投资人的数目最少,不超过总人数的10%。

数据显示,在宁波的外籍人士的工作地点主要集中在经济和教育文化发达的地区,排在前三位的是鄞州区(高教园区)、江北(老外滩、来福士广场、三江口)地区以及鄞州区(高新科技区),其休闲场所则多集中在鄞州区(高教园区)、鄞州区(万达、印象城、南部商务区)和江北(老外滩、来福士广场、三江口)地区三大区块。图1至图3为宁波外籍人士工作、居住和生活的区域分布。

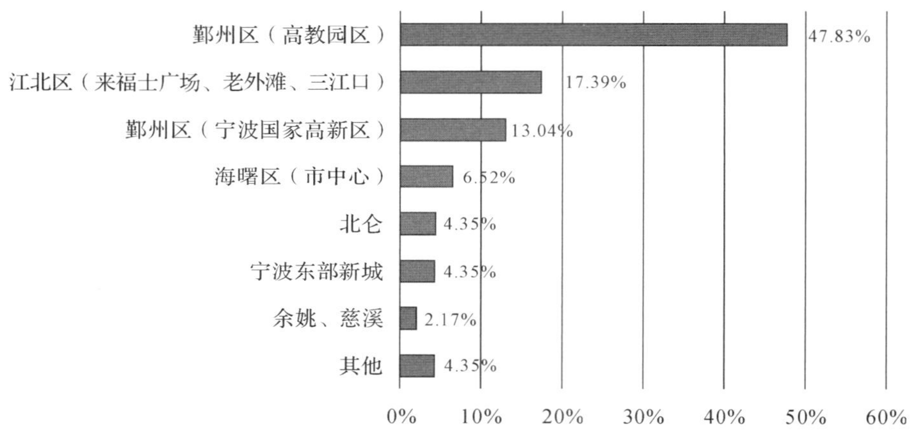

图1　宁波外籍人员工作区域分布

(二)参与问卷调研的海外归国人才的基本信息

总共有40名海外归国人员参与了问卷调查,其中23名为女性,17名为男性。被调研的海归平均年龄为30岁。80%的海归拥有硕士及以上学位。这些海归平均回国时间在5～6年。26名海归调研对象有家人在宁波,占海归总调研人数的62.5%。这26人中有16人的配偶在宁波,11人的孩子在宁波落户。67.5%的调研对象受雇于本地或者外资机构,其中任职于宁波诺丁汉大学的比例最高,占总人数的44.4%。

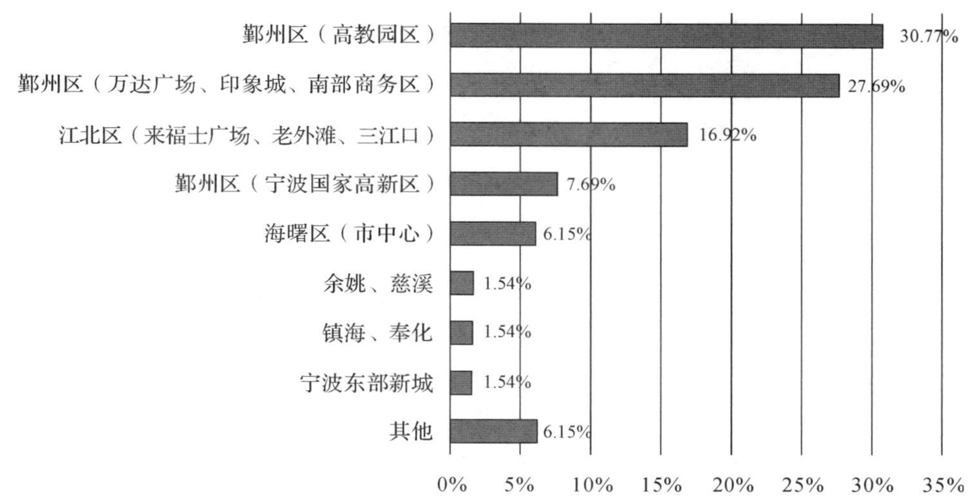

图 2　外籍人员居住区域分布

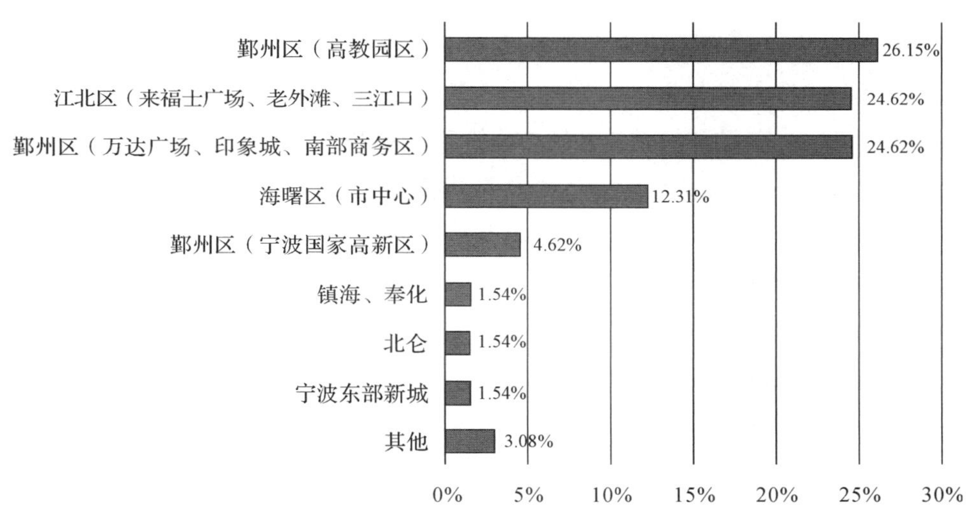

图 3　外籍人员休闲区域分布

二、调研结论

(一)关于来宁波的原因

外籍人士来宁波的主要原因是工作，占所有参与问卷的外籍人士的 70%。55.4%的外籍人士来宁波的原因是找到了一份在宁波的工作，13.9%的外籍人士是被公司外派到宁波工作。10.8%的外籍人士表示是在宁波上学后留在宁波。参与调研的海归人才中，有一半是土生土长的宁波人或者来自宁波周边地区，实现学成返乡的愿望是这些海归人才回国的主要原因。非宁波或浙江的海归人员多因为工作原因来到宁波，在调查对象里没有因工作外派来宁波的海归人员。

从数据来看,无论是外籍还是海归人才,大多数人员是自主选择在宁波落户,小部分外籍人员是被外派到宁波工作的。需要指出的是,这两个群体中都有一定数量的人才有在宁波求学的经历,有此经历的人才对宁波的归属感更强,也更乐意选择在宁波长期工作和生活。

(二)影响国际人才留在宁波的重要因素

为进一步了解吸引国际人才和家属落户宁波的主要原因,问卷中列举了可能影响外籍和海归人才在宁波生活和工作的因素,主要分为生活和就业两类。生活类的因素涉及房价和住房质量、空气质量、生活安全度、健康和医疗服务、子女教育、购物方便程度、公共交通便捷性、休闲场所/公园/亲子场所、与国际人才的社交及文化活动。就业类因素包含:宁波的综合就业发展前景和机会、国际人才补贴、优化创业环境和政策以及相关政策和资金补助。所有调研对象需要对上述因素进行打分。考虑到外籍人士在签证居留和跨文化适应上有特殊需求,外籍人士还就移民政策和签证办理流程、与当地人才的互动和文化交流以及本国文化特色的饮食等附加因素进行打分。

结果显示,外籍和海归人才来到宁波生活和工作最看重以下因素:生活安全度、优质的健康和医疗服务、低环境污染、宁波的经济发展和就业前景。此外,子女教育、住房质量、休闲场所和公园以及便捷的公共交通体系也是吸引国际人才和家属长期留在宁波的重要因素。而来华津贴和补助、创业支持的重要性较低。值得注意的是,移民政策和签证办理流程对外籍人士来说较为重要。图 4 和图 5 为影响国际人才在宁波工作和生活的重要因素。

(三)在宁波生活和工作的满意程度

接下来,两类国际人才对在宁波生活和工作的满意程度进行打分。关于满意度的选项与上述提出的重要因素完全一致。总体而言,外籍和海归人才对宁波生活的安全度、购物方便程度、公共交通便捷性和休闲场所设施满意度较高,对于国际人才社交环境、创业支持和对国际人才的资金补助的满意度偏低。值得注意的是,海归人员对于宁波环境质量的满意度较高,而外籍人才给宁波的环境质量的评分在所有选项中垫底。相较于外籍人才,海归人才对于宁波的经济前景和就业机会满意度更低,海归人才对宁波健康和医疗服务不太满意,而外籍人才则对宁波的教育系统更不满意。图 6 和图 7 反映了国际人才在宁波工作和生活的满意程度。

(四)在宁波生活和工作的主要挑战

结合问卷调研结果和访谈内容,我们针对国际人才在宁波生活工作中面临的四大主要挑战,即住房、医疗、就业居留及子女教育,作进一步分析。

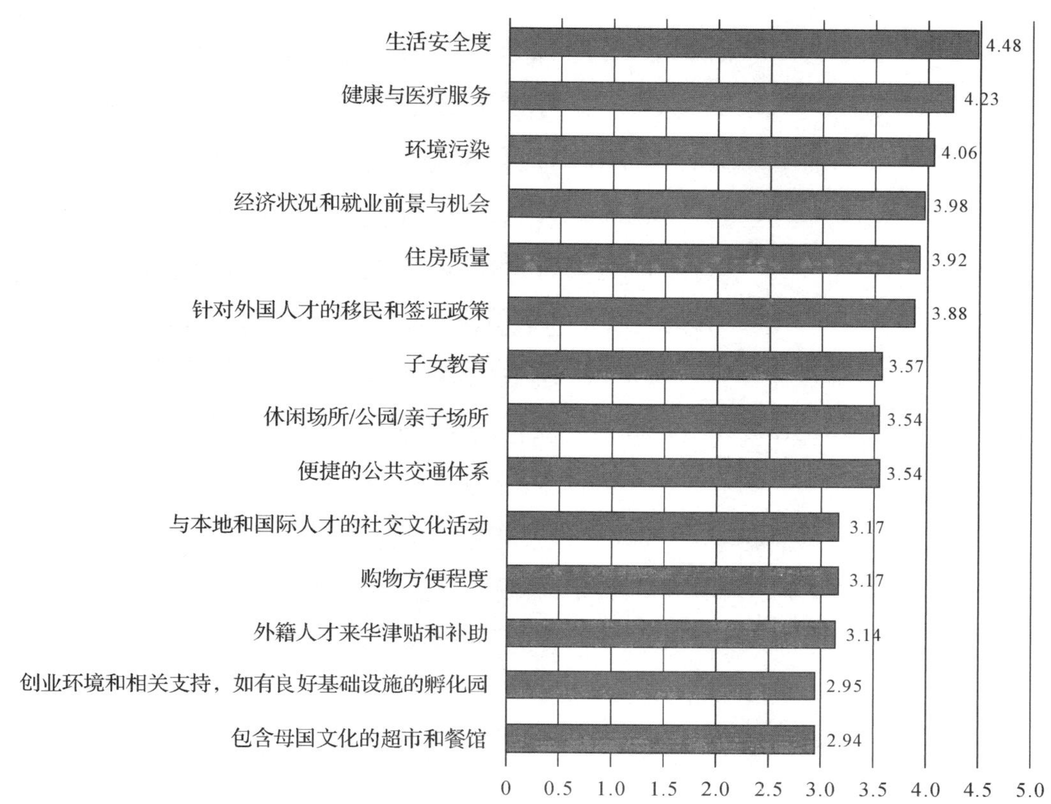

图 4　影响外籍人才在宁波工作和生活的因素的重要程度

1. 关于住房

相对于无语言障碍的海外归国人员，外籍人才如果没有雇主单位帮助，在寻找住房时通常会遇到更多困难。因此在外籍人才问卷中，特别设置住房问题，包括“租房难易程度”、“租房途径”以及“租房中遇到的具体挑战”。数据显示，三分之一的外籍调研对象表示寻找到合适住房非常困难，37%的问卷参与者持中立态度，表示寻找住房容易的外籍人才低于30%。从租房途径来看，房产中介和雇主单位支持是外籍人才寻找住房的首要途径，此外，外籍人才也会通过租房应用软件和租房网站找寻住房信息，或者向同单位的中国同事求助。

在描述住房问题时，多数受访外籍人才表示宁波房屋市场缺乏公开透明的租房条约以及法律规范，大部分中介和房东不会英语并且存在不规范操作的问题，比如收取高额中介费、不按合同规定提前结束租房期、私自提高租房价格或者在合同范围外添加收费项目。外籍人才表示，如果没有懂中文的本地人帮助，很难找到价格适中的优质住房。由于具备英文服务的房屋中介少，会出现价格垄断的现象。由于不熟悉语言和文化，外籍人才往往无法通过申诉来维护自己的权益。较多外籍人才表示，宁波出租房质量参

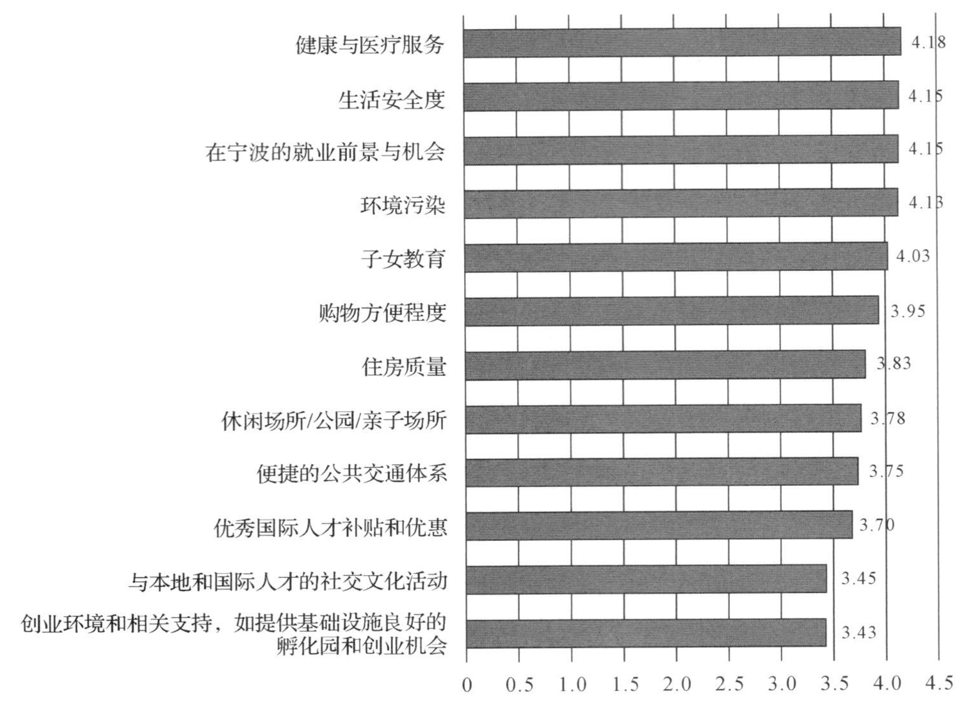

图5 影响海归人才在宁波生活和工作的因素的重要程度

差不齐，总体住房条件与租金不匹配。一些出租房屋存在卫生环境差、设备陈旧或不齐全等问题，并且缺乏配套的服务。因此，需要设立更多有资质、合法规范、能为外籍人才服务的房屋中介，完善涉外租房体系和法规，使外籍人才在宁波租房有所保障。

2.关于医疗

享受优质的医疗服务对外籍和海归人才同等重要，因此在问卷中，设置了与医疗相关的问题，主要涵盖三方面："独立就医难度"、"就医途径"以及"就医过程中的困难"。调研显示，将近一半的外籍人才表示在宁波没有熟人帮忙的情况下自己找医院和医生非常困难。在寻求就医途径方面，大多数外籍人才首选"医院的VIP服务"、"雇主"以及"单位里的中国同事"帮助。

在陈述就医途中遇到的困难时，最突出的问题就是在宁波会说英语的医生数量非常有限，外籍病患无法与医生畅通交流。同时，中外医疗文化差异巨大，中国医生对于病人隐私的保护意识薄弱，常常引起外籍病患的不满。此外，一些"近距离身体接触"的中式诊治方式容易令外籍人才产生不适感，并感觉尴尬。一部分外籍人才认为宁波整体就医环境和服务质量不高，因此，在患有较为严重的疾病时，很多外籍人才更愿意选择去上海、杭州等一线城市就医。虽然无语言障碍，但海归人才在就医时也困难重重。首先，他们无法像大多数外籍人才那样享受医院的VIP服务，只能依赖于公共医疗系统，

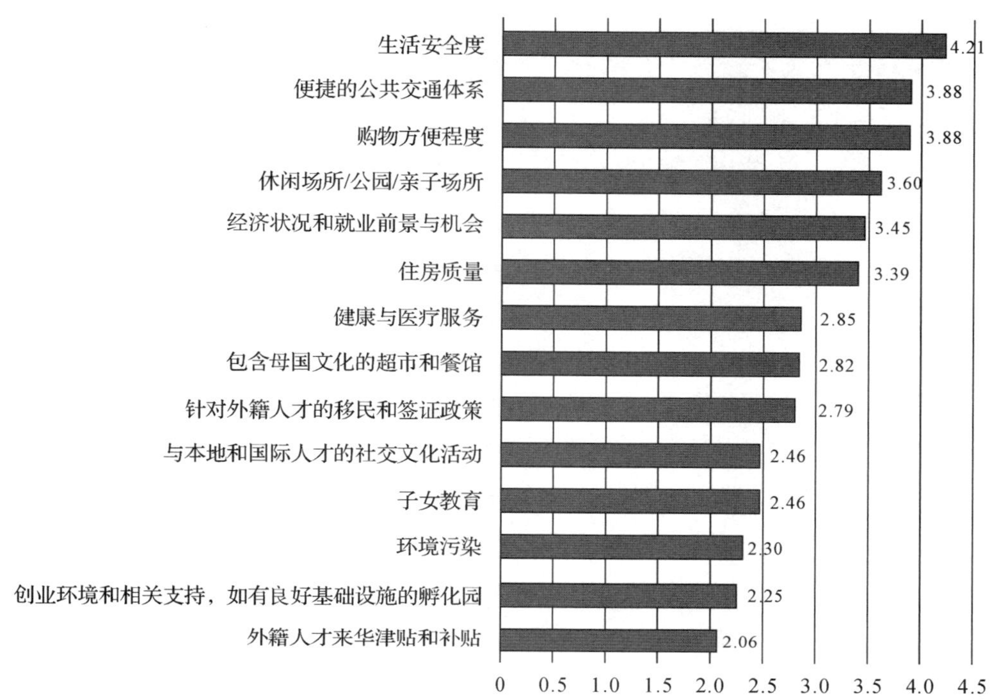

图 6　外籍人才在宁波工作和生活的满意程度

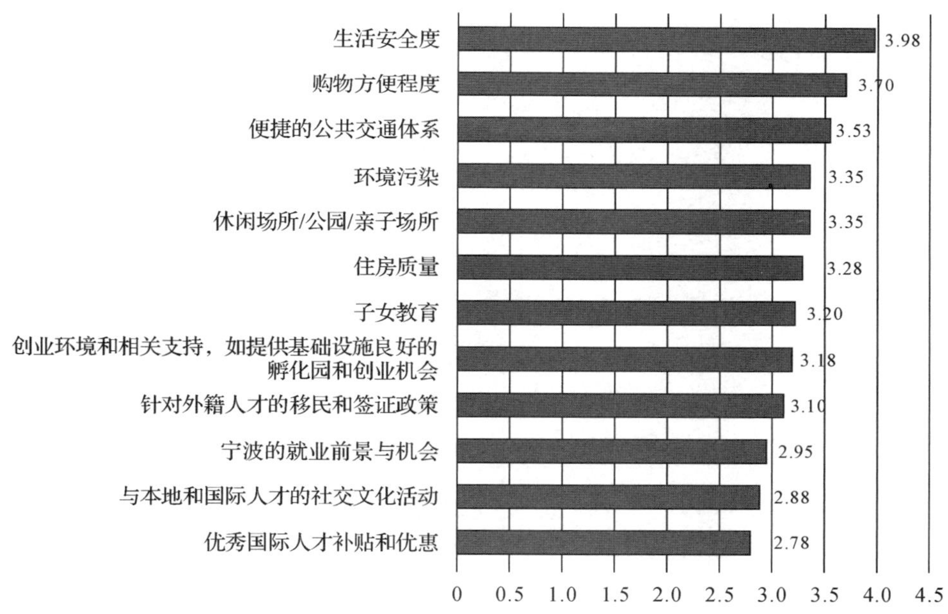

图 7　海归人才在宁波工作和生活的满意程度

每次去公立医院治疗会耗费大量时间成本。即使可以选择时间成本较小、金钱成本较高的私立医院，也需要通过关系网络寻找品质可靠的医院和医生。一些海归人才指出，在宁波的公共医疗体系中,与心理健康咨询相关的项目缺乏,因此,当国际人才出现心理压力或者问题时,他们无法找到缓解心理压力的方法,找不到心理疏导的场所。

结合目前宁波的医疗现状,外籍和海归人才希望有更多一流的国际医院或者健康理疗机构入驻宁波,并在这些医院内匹配一定数量的具备良好英语沟通能力的医生。同时,宁波的本地医院也可以和国内其他城市的国际医院合作,定期邀请外籍医生前来客座会诊,并给国内医生传授给外籍病人诊治时需要注意的事项,比如诊治中的隐私保护和行医举止等。

3. 关于就业及创业

在就业方面,外籍人才找工作的首要途径排名前三位的是:个人关系网、针对外国人和海归的线上求职平台和招聘单位自发组织的海外招聘会。海归人员找工作的首要途径也是个人关系网络,这点和外籍人才的选择相同,排在第二、三位的是国内主流招聘网站和政府组织的海外人才招聘会及商业活动。值得注意的是,相较于海归人才就业平台而言,外籍人才就业平台的使用率明显更高。

外籍人才在宁波就业时面临的主要问题是工作签证的办理和延签。首先,申请中国工作签证的程序比较复杂烦琐,需要准备大量文件,耗时较长。加上与签证、工作许可相关的英语信息十分有限,如果没有雇主帮助,独立办理签证比较困难(见图8)。一些外籍人员通过中介机构办理工作签证,为此他们需要支付给中介机构较高的服务费。其次,对于非A类高端人才而言,最长的工作签证不超过两年,即使有长期工作合同在手,也必须每两年重办一次签证。重复办理签证致使一部分外籍人才在签证到期前萌生去意。相当数量的外籍人员表示配偶在宁波就业不易。由于持有的配偶签证不允许工作,配偶必须申请工作签证。除非配偶被归为A类人才可以直接在中国办理工作签证,被归为B类和C类人才的配偶必须持雇用合同离境办理工作签证,这个过程漫长而复杂。

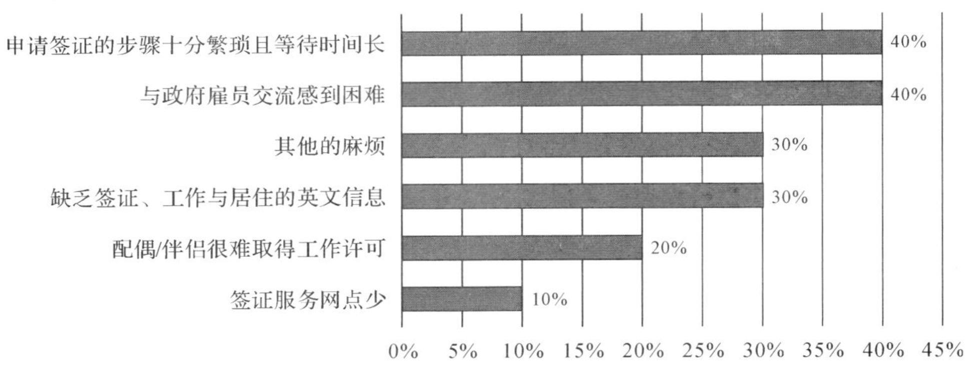

图8 外籍人才办理工作签证时遇到的主要困难

虽然在签证问题上海归人才没有太大困难,但是他们比较关注海归人才政策和宁波的就业机会，确保他们能够发挥自身价值，并有提升空间。这意味着人才政策和就业信息的发布必须更加公开透明。

4. 关于子女教育

有子女在身边的国际人才反映宁波可以选择的国际学校相当有限，如果工作或者居住点不在国际学校附近，交通十分不便。另一个困扰外籍家庭子女教育的地方是宁波国际学校资质体系并不完善，课程设置和师资保障均存在不足。一些外籍人士表示，对于国际学校的审核不够严谨，导致学校在出现问题的时候不能被及时发现和纠正。因此，他们建议政府设立一个专门审查国际学校资质的部门，对国际学校的资质进行严格审核，确保国际学校的教育质量。此外，中外联姻的家庭以及华裔海归家庭更希望孩子在公立学校上学。这些国际人才呼吁对外籍人才子女开放定量公立学校名额，可以通过学校评估来决定子女是否适合在公立学校上学。

（五）国际人才社区的组成部分

在完成对国际人才目前生活和工作状况的初步调查后，我们在问卷中列举了国际人才社区可以包含的设施项目，要求调研对象就这些项目的重要性打分，从而判断哪些项目应该在社区建设时被优先考虑。图 9 和图 10 反映了外籍人才和海归眼中国际社区组成部分的重要程度。

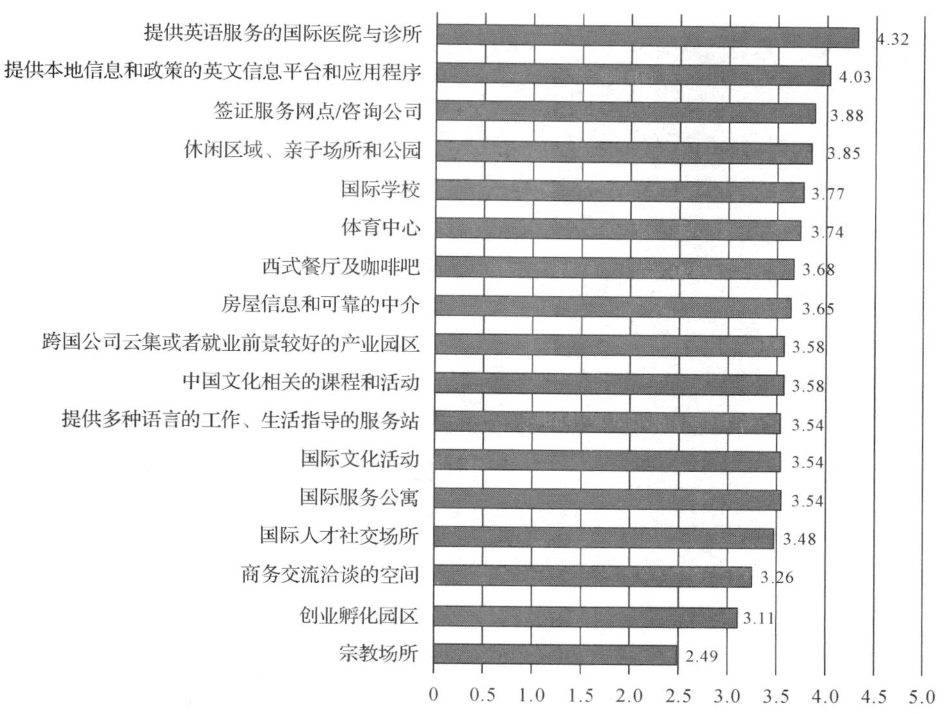

图 9　外籍人才眼中国际人才社区组成部分的重要程度

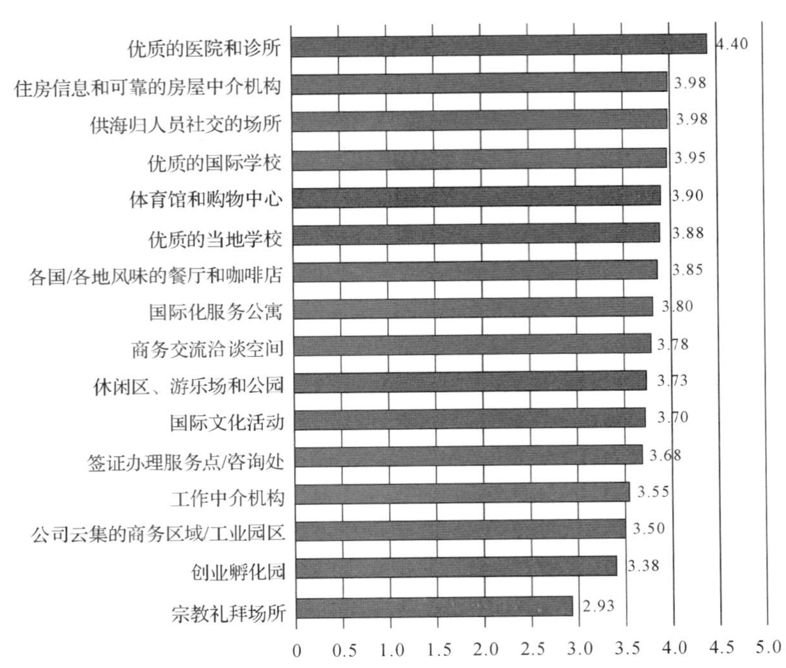

图 10　海归眼中国际人才社区组成部分的重要程度

综合外籍人士和海归人才的打分结果，总结出宁波在建设国际人才社区时首要考虑建设及完善的设施项目为：优质的国际医院和诊所、高质量的国际学校、可靠的房屋中介机构和房屋信息源、体育场和休闲场所、西式餐厅咖啡馆。为方便外籍人士更好地掌握生活和工作信息，国际社区应建立英语网站和相关公众平台（如微信），便于国际人才查询生活、工作和签证信息。同时，在社区内或者周边设立签证服务和咨询机构，协助外籍人士办理签证。海归人员在宁波的社交圈较小，平时较难接触到具有相似海外留学经历的人才。因此，在国际人才社区内应开辟国际人才社交场所，并定期举办国际人才社交活动，这对聚集高素质海归人才、促进人才间互动交流将起到积极的推动作用。令人意外的是，虽然较多外籍人才认为在宁波找到高品质住房困难，但他们并不认为在国际人才社区内建设国际服务公寓是必要的。相较于入住国际公寓，他们更倾向于在宁波找到更多可靠的房屋中介机构可以提供优质房源和更规范完善的租房服务。总体而言，参与本调研的国际人才对于国际人才社区的期待多偏重于生活方面，除了外籍人员工作签证相关项外，与就业相关的选项都被排在靠后位置。为了促进职业发展，社区内可以提供商业交流、互动的机会和平台，文化及宗教活动和场所则不是很重要。

关于国际人才社区的选址，首选地应为经济发达、交通便捷的区域。鄞州区（例如高教园区、万达印象城等商业区）、海曙区（市中心）和江北区（老外滩和来福士广场区域）是外籍和海归人才认为最佳的国际人才社区建设区域。小部分海归人才指出，除了在上述三块经济商务集中的区域外，国际人才社区可以建设在各方面资源良好的东部新城。

绍兴全面融入杭州湾人才一体化发展的路径研究
——基于SWOT分析

□ 中共绍兴市委人才办课题组

当前,浙江省委省政府正在加快推进以环杭州湾经济区为核心的大湾区建设,聚焦杭绍甬融合发展,打造现代化先行区。要推动区域一体化的进程,必须整合好区域内的各项资源,特别是区域中思维最活跃、最具有创造性的核心因素——人力资源。环杭州湾经济区作为中国的人才资源聚集的重要基地,人才一体化能为环杭州湾经济区建设向纵深推进提供智力支持,是大湾区建设的重要一环。

绍兴是环杭州湾经济区和杭绍甬一体化的重要支点城市。人才是支撑创新驱动发展的核心要素。绍兴如何抢抓战略机遇,做好"人才+"文章,尽快融入环杭州湾经济区人才一体化发展(以下简称"杭州湾人才一体化"),是当前绍兴市人才工作面临的一项重大而紧迫的现实课题。市委人才办课题组立足绍兴人才工作实际,采用SWOT分析法,在系统分析绍兴人才工作面临的机遇、挑战、优势和短板的基础上,提出了全面融于杭州湾人才一体化发展的战略路径。

一、绍兴全面融入杭州湾人才一体化发展的机遇和挑战

(一)机遇

1. 环杭州湾经济区建设提供战略机遇

浙江省第十四次党代会提出,浙江要谋划实施大湾区建设,重点建设环杭州湾经济区,大力发展湾区经济。在2017年11月29日举行的第四届世界浙商大会"四个强省"专题活动之一的浙江省大湾区建设重大项目推介会上,省发改委有关负责人首次向外

透露了大湾区建设由"十大任务、十大平台、百个项目和万亿投资"构成,"绍兴先进智造基地"位列十大高能级平台之一,至此,绍兴站在了杭州湾大湾区建设的前沿。环杭州湾经济区建设为绍兴全面融入杭州湾人才一体化发展提供了重大战略机遇。

2.现代化综合交通体系提供现实保障

自《义甬舟开放大通道建设规划》提出以来,浙江构建起"上天入地"的互联互通大格局,助推浙江各地区对接"一带一路"建设,绍兴融入其中,深受其益。在大开放、大融合建设的背景下,一条条对外连接的陆上、海上、空中道路构筑起绍兴互联互通的交通脉络。比如,杭绍台高速公路建设如火如荼、金甬铁路完成初步设计,绍兴城市轨道交通1号线、杭绍城际铁路相继开工,让绍兴迎来了"轨道时代"。这对绍兴立足长三角、接轨沪杭宁的意义不言而喻。在《杭绍甬一体化发展绍兴行动计划(2018—2020年)》中,绍兴市委市政府提出加强轨道交通、公路、快速路、航道、信息等跨区域基础设施协同规划建设,构建一体化现代综合交通体系,形成杭绍同城一小时通勤圈、甬绍一体一小时交通圈。这些都为绍兴融入杭州湾人才一体化发展提供了现实保障。

(二)挑战

1.同质化发展导致人才无序竞争

湾区竞争力主要取决于创新能力。长期以来,浙江省内乃至长江经济带沿线的城市间内部生产力布局不尽合理,产业同质化较严重,区域间竞争大于合作,要素自由流动不畅,产业整合难。仅从产业领域来看,环杭州湾经济区部分城市发展存在产业结构同质化的问题,有的产业几乎是每个城市都在同时发展,没有形成协同效应,无法形成有效合理的分工。产业发展上的同质化,导致城市之间对人才类型和人才层次的追求同质化,城市间引才政策和举措同质化,区域内部人才合作规划的统一程度比较低,人才合作开发过程中政策兼容度低。

2.制度性壁垒加大人才流动成本

此前一直高调的长三角人才一体化,一直停留在业务领域,如异地招聘、人才派遣、人才资格证书互认层面,而在人才政策协调、人才保障等"深水区"尚无实质性突破,真正的人才自由流动并未实现,社会保障一体化进程缓慢成为制约地区人才一体化的瓶颈之一。户籍制度和社会保障制度都是以地市、直辖市为统筹单位,这些统筹单位在管理户籍以及社会保障事务时往往相互分隔,并共同构成了一个分隔化的体系。这不仅在一定程度上阻碍了正常的人力资源跨区域流动,还引发了部分人才在流入地无法得到与本地人完全相同的公共服务与社会保障的问题。所以,杭州湾人才一体化最主要的问题是如何在区域内实现社会保障制度的无缝衔接,最终达到统一。

3."虹吸效应"影响高端人才集聚

沪杭宁是全国人才、教育、科技、金融等的资源宝库,凭借其在政治、经济、服务及发展环境等方面强大的竞争优势,吸引生产要素大量聚集,对周边城市都会产生一定的"虹吸效应"。而绍兴由于特殊的地理位置,地处杭州和宁波两大城市之间,"虹吸效应"较为明显,顶尖人才、领军人才资源更多地向杭州、宁波集聚,绍兴引进集聚高端人才受到客观因素上的牵制。而伴随着户籍限制的放松和城际交通的完善,尤其是都市区一小时通勤圈一旦形成,引进高端人才的难度将进一步加大。

二、绍兴全面融入杭州湾人才一体化发展的优势和短板

(一)优势

1. 区位交通优势

人才一体化,交通要先行,交通建设作为一体化发展率先突破的领域,一直是绍兴基础设施投资中的重中之重。作为环杭州湾经济区"A"字形支点城市,区位是绍兴得天独厚的优势,绍兴到杭州、宁波的一小时交通圈已经形成。杭绍台高铁、杭绍城际铁路、杭绍台高速项目进展顺利,杭绍甬智慧高速、金甬铁路、诸暨市域列车项目前期扎实推进。以"六横八纵"为主架构的市区快速路网规划及实施方案编制完成,规划连接杭州和宁波的快速路或主干路 17 条、二环北路等 4 条快速路建设前期工作扎实推进,越东路快速路项目管线迁改进场施工。绍兴在环杭州湾一体化发展中的区位优势将进一步提升。

2. 产业集群优势

这些年来,绍兴围绕"绿色高端、世界领先"目标,统筹实施传统产业和开发区改造提升、上市公司引领产业发展示范区建设省级试点,有序推进产业有机更新。目前已经形成了以纺织、化工、金属加工三大产业为主的传统产业板块,并积极打造"时尚纺织之都"、全球高端染料和绿色化工创制中心以及国内有影响力的高端金属加工基地。同时形成了以黄酒、珍珠两大产业为主的历史经典产业板块,致力于打造"世界黄酒之都",建设国际一流的珠宝加工和贸易中心。此外,坚持"两条腿"走路,聚焦高端装备、电子信息、现代医药、新材料四大重点领域,大力培育发展新兴产业,加快实现新旧动能转换。绍兴拥有 75 家上市公司、4500 余家规上企业,鲜明的产业特色和雄厚的民企民资为人才发展提供了坚实的基础。

3. 生活成本优势

由于住房、交通等各种因素,上海、杭州等城市长期以来保有的人才吸引力优势正

在被渐渐打破。大城市的户籍、住房、交通、子女教育、生活压力等问题,会一定程度影响就业者的地域选择,使高端人才对大城市尤其是上海、杭州等特大型城市的兴趣呈下降趋势,从而产生人才的"溢出效应"。得益于这种"溢出效应",绍兴因生活成本低、房价低、交通便捷等优势,对人才产生了较大吸引力。同时,绍兴具有厚重的历史文化,人才在绍兴生活和工作,能够零距离体验"赏山水、写书法、品黄酒、听越剧、秀时尚"的东方水城生活文化。可以说,绍兴是一片宜居、宜业、宜游的热土,是人才创业创新的优选之地。

4. 人才政策优势

2016年以来,绍兴在全省率先出台"人才新政"20条,加大对高层次创业创新人才的扶持力度,对入选并落户的绍兴"海内外英才计划"人才给予最高500万元的资助,以及创投跟进奖励、贷款贴息、优先采购等"一揽子"后续扶持政策,顶尖人才还可以"一事一议",专门制定支持政策。同时配套出台大学生就业创业、技能人才培养、高层次人才社保等专项人才政策,构建了更加完整的人才政策链,涵盖了各个层次的人才,以及人才引进、培养、激励等各个环节。总体来看,人才政策水平处于全省中上水平,部分政策处于全省前列。同时,深化人才发展体制机制改革,建立房票补贴、子女入学、社会保险等制度,落实"最多跑一次"人才专项,进一步优化人才创业发展环境。

(二)短板

1. 领军型人才集聚较欠缺

总体来看,绍兴海内外高层次人才规模还不够大,全市拥有副高及以上专业技术职称的人才数量仅占人才总量的2.43%,技师以上高技能人才只占技能人才总数的8.1%。尤其是高端尖子人才、领军型创业人才明显偏少,缺乏在全省有较大影响力、具有标杆性和辐射带动作用的领军人才典型。

2. 人才供需结构矛盾较突出

一方面,绍兴很多企业都觉得人才不够用,但另一方面却存在人才相不中、培养激励机制跟不上的问题。从传统产业看,主要缺乏引领产业改造提升的高层次人才,企业依托市场化手段引才的意识不强,政府搭建的引才平台涉及企业的广度和深度不够。从新兴产业看,不仅高层次人才创业企业的规模有待进一步扩大,还急需大量与之相配套的具有较高素质的一线技术人员。同时,多数企业普遍存在用工短缺,特别是技能人才紧缺的问题,全市企业对技能人才和熟练工的需求人数占到总需求人数的76%以上。

3. 人才平台层次还不够高

虽然绍兴在推进浙江"千人计划"绍兴产业园建设方面取得了积极成效,但总体上,人才创业平台小而散、专业化程度不高的问题还十分突出,人才集聚效应不够明显。高校院所数量少、层次低，对高端人才的承载能力较弱，在引进集聚领军人才方面与周边地市存在较大差距，如绍兴文理学院近年来仅入选 1 名“国千”。

4. 引才优势尚未充分展现

绍兴文化深厚、生态宜居、交通便捷，房价和生活成本、创业成本相对较低，特别是制造业基础扎实、上市公司量多质优，这些都是绍兴引才育才的重要优势，许多方面绍兴在积极推进，但在更广的范围、更深的层次上还没有很好地转化为集聚人才的优势，需要下大力气研究和推动，以更大的力度促进“大湾区”人才一体化发展。

三、京津冀人才一体化的经验启示

(一)顶层设计逐步完善

京津冀人才一体化的顶层设计正在逐步完善。2005 年京津冀三地共同签署《京津冀人才开发一体化合作协议书》。2011 年又签订了《京津冀区域人才合作框架协议书》。2014 年以来，人才一体化伴随京津冀协同发展重大国家战略而驶入快车道，在人才的政策、交流及保障等方面取得阶段性成果。2016 年 2 月，北京、天津、河北三地党委组织部在北京宣布成立京津冀人才一体化发展部际协调小组，该协调小组由京津冀三地党委常委、组织部长任组长，将通过长效稳定、高效协同的区域人才工作合作运行机制，推动京津冀人才一体化发展。2017 年，部际协调小组以三地人才工作领导小组名义联合印发《京津冀人才一体化发展规划(2017—2030 年)》(以下简称《规划》)，中央组织部以组通字文件予以转发，这是我国第一个跨区域的人才规划，也是首个服务国家重大战略的人才专项规划。此后，部际协调小组办公室经过反复多轮征求意见，制定出台了《〈规划〉任务分工方案》，将《规划》分解为 69 项重点工作任务，明确了责任单位，建立了规划督查落实机制，并及时启动实施了“全球高端人才延揽计划”“冬奥人才发展工程”等部分重点工程，京津冀人才一体化建设进入实质性阶段。

(二)体制机制不断优化

京津冀加强人社一体化省级合作签署《推动人力资源和社会保障深化合作协议》，互认 9075 家定点医疗机构，三地共同建立职工养老保险关系转移疑难问题的会商机制，简化转移、认定等手续，推动医疗保险统一结算、异地支付。三地人社部门打破区域限制共同签署《京津冀专业技术人员职称资格互认协议》《京津冀专业技术人员继续教育合作备忘录》等，已在专业技术职务任职资格、继续教育证书、外国人工作证、人才中介机构四方面进行了人才资质的互认。知识产权部门实现三地知识产权举报投诉和维权援助服务互通。卫生计生部门签订了《卫生计生人才交流与合作框架协议》，区域人才政策衔接互认取得新进展。出台《通武廊高层次人才服务绿卡制度(试行)》《通武廊区域人才挂职交流工作管理暂行办法》等多项政策,完善《通武廊区域创新平台共享共用目录》,通武廊人才一体化发展体制机制建设成效显著。

(三)人才交流向纵深延伸

2014 年京津冀三地建立引智合作机制以来,开展了一系列合作项目和交流活动,在延揽人才方面共同举办"京津冀高层次和急需紧缺人才引进计划新闻发布会",加快推进人才一体化协调发展。在智库交流平台方面,三地共同开发了京津冀高级专家数据库平台,为共享高层次人才资源奠定基础。2017 年,随着三地协同发展战略的深入推进和人才一体化发展的拓展深化,三地地区间、领域间的人才合作更加广泛和深入,2017 年新签订人才合作协议 160 余份,合作内容涉及冬奥会筹备及人才战略储备、海外人才和项目引进、医疗服务均衡化、文化人才离岸创新创业、科技人才服务活动等多个方面。

(四)事业平台更加广阔

为落实京津冀协同发展战略关于北京创新创造、天津研发转化、河北推广提升的错位发展布局,三地发挥市场配置研发资源的决定性作用,大力搭建成果转移转化平台,推动人才链与产业链、创新链整合衔接。三地以中关村各园区为主要平台,加速人才集聚和跨区创新创业,北京中关村(曹妃甸)高新技术成果转化基地、天津滨海—中关村科技园、张承云计算产业园、保定—中关村创新中心、石家庄(正定)中关村集成电路产业基地、京津中关村科技城、中关村海创园等一大批高水平承接载体建设成效显著。中国技术交易所运营的"京津冀技术交易河北平台""京津冀技术交易河北中心"等平台,已汇聚河北各类创新需求 12000 余项,导入创新项目 5000 余项。中关村天合科技成果转化促进中心在京津冀地区举行科技成果发布和推介会近 20 场,累计推介优质科技成果项目 200 余项,达成合作意向 577 项。

四、杭州湾人才一体化发展的顶层设计初探

(一)面临困境

从目前来看,环杭州湾经济区要实现人才一体化,面临的问题不少。首先是思想壁垒、各地的文化差异和思想差异等,导致人才一体化无法高效地推进。二是各地的产业结构冲突,环杭州湾经济区城市间的同质化发展,使各地的人才需求存在着一定的重合,为湾区人才一体化发展带来了一定程度的影响。三是行政壁垒,目前环杭州湾经济区一体化发展还在规划阶段,一体化程度并不是很高,在人才合作的过程中存在一定程度的行政壁垒,导致人才政策存在着不衔接的情况,为区域人才市场的设置带来了一定

程度的障碍，导致人才的流动受到了一定的限制，也直接阻碍了区域内部的人才合作。

另外，由于多方面的原因，在环杭州湾经济区中，沪杭宁三地经济社会发展远超湾区内其他城市，集中了大量的优质资源，对人才具有极强的吸引力，长期以来对人才的聚集效应十分明显。与此同时，其他城市则缺少高层次人才的支撑，经济社会发展相对滞后，导致对高层次人才的吸引力减弱，这不但增加了人才引进的难度，且自身的人才储备也不断流失，使得人才资源分配不均的趋势进一步加剧，削弱了周边城市接受沪杭宁经济辐射的能力。

(二)发展方向

以上困境难以通过市场手段缓解，必须依靠政府的行政手段加以引导。对标京津冀人才一体化，杭州湾人才一体化必须从上到下，从思想上进行革新，树立良好的人才发展观念，强化大局意识，从制度上完善顶层设计，优化体制机制，加快市场融合，促进区域合作，从政策上向湾区内除沪杭宁以外的其他城市倾斜。

1. 理念革新

杭州湾人才一体化发展过程面临诸多发展困境，树立“大人才观”，提升全局意识，实现湾区人才发展整体观的形成，促进湾区人才合作决策系统观的建立，是突破这些困境的关键。决策者和管理者必须意识到，要严格避免地区歧视意识的形成，将不同地区人力资源共享、上下有效沟通、左右协同的意识贯穿于杭州湾人才一体化发展的始终。要打破各市人才工作各自为政的格局，实现地区间优质信息集聚、跨地区有序分工和交流，将“一荣俱荣、一辱俱辱”的全局观念贯穿于杭州湾人才一体化发展的始末。

为此，杭州湾人才一体化发展应该做到湾区内政策体系互通互认、信息库共享共建、公共服务互接互通、产业发展互补互促、人文法治环境共创共推等，对各类人才供求趋势进行科学预测，消除人才一体化发展和地区一体化发展“脱节”现象，推动人才开发和地区协同发展的良性互动。

2. 市场融合

杭州湾人才一体化必须破除行政区划观念的限制，从区域经济社会发展的高度出发，打破狭隘的“人才为地方所有”的旧观念，大力推动区域人才培养和发展的交流与合作，将地级市的“人才小市场”主动融入大湾区的“人才大市场”，做到信息互通、资源共用、优势共享，形成一体化的人才引进和管理机制以及鼓励人才创业的公共服务体系，促进区域内各类型人才按照市场需求自由流动，实现人力资源的优化配置。

3. 政策倾斜

当前环杭州湾经济区的高端人才主要集聚于沪杭宁，周围其他城市高端人才相对较少。为改变这种人才集聚不平衡现象，促进人才向相对弱势的城市流动，决策者必须制定相应的人才一体化发展战略,改变一贯以一线城市为核心的政策制定思维,打破人才培养区域不平等的格局,在制定政策时适当向湾区内其他城市倾斜,改变这些城市教育资源、人力资本匮乏的局面,使除沪杭宁以外的湾区内其他城市成为人才一体化的受益者、互动者而非被动接受者,强化周围城市人才一体化的主人翁责任感,探寻一种新的"核心—外围"发展模式,实现真正意义上的人才一体化发展新格局。

五、绍兴全面融入杭州湾人才一体化发展的战略路径选择

绍兴全面融入杭州湾人才一体化,既要取他人之长,又要补自身之短,既要加强区域合作,又要突出地方特色。要以开放的杭州湾人才市场为纽带,促进柔性人才流动,深化区域合作;要以人才资质评价互认互准、社会保障互认互通为助力,推动人才合作体制机制不断优化;要以环杭州湾经济区对绍兴市的定位为依据,根据绍兴自身发展所需,差异化引才聚才。

(一)加强区域合作

只有完善区域人才合作,才能实现区域人才一体化发展。绍兴要大力加强与沪杭宁的政府部门、高校、科研院所和企业的联系与合作,共享人才资源,从人才开发合作中捕捉机遇。主动承接这些城市人才要素的"柔性外溢",搭建人才柔性流动信息网络服务平台,建立人才柔性流动中介机构,建立人才柔性共享机制。

1. 建立柔性流动机制,实现人才共享

从环杭州湾经济区的发展规划来看,即便是在高科技人才密集、高科技创新能力最强的上海、杭州,相比北京、深圳等其他一线城市乃至其他世界性大湾区的龙头城市而言,其科技实力也是不足的。此外,环杭州湾经济区内存在不同程度的产业分工与定位的重叠,对于人才的需求具有一定的竞争性,导致区域经济发展与人才共享具有矛盾性。因此,各地凭借在本区域内的行政权,更多地推进对本地区有利的条款,在执行过程中维护本地的优质资源和项目,在人才一体化过程中态度相对保守,这就使得即使人才一体化的政策不断出台,也可能收效甚微。因此,人才的柔性共享是目前可以利用行政手段来缓解湾区内人才资源不足的有效且比较可行的办法。

一是搭建柔性流动平台系统。要搭建人才柔性流动信息网络服务平台,对供需双方的信息进行分类集中管理,实现信息采集汇总、信息存储和集中管理。要建立人才柔性流动中介机构,以便于供需双方可以高效率匹配,协助供需双方进行沟通,充当供需双方达成协议的催化剂。要以提高环杭州湾经济区人才合作效率为核心,以促进湾区创新创业为出发点,遵循为人才服务的原则,建设人才柔性流动线上、线下基地。线下基

地主要依托区域内高新技术开发区、经济技术开发区、产业园区、创业园区、技术示范基地等设立,为人才创新创业、技术研发及相关项目合作提供合适场所。线上基地主要借鉴“虚拟组织”的理念,构建官方网络平台,最大限度地打破时间和空间的限制,提高人才柔性流动的效率。

二是创造柔性流动的必要条件。绍兴应鼓励开展人才的柔性引进并创造必要的条件,在人才柔性工作期间,应协助用人单位解决引进人才的住房、医疗、子女教育等问题。此外,还应对柔性引进高端人才的相关企业给予一定的政策支持。从以往经验来看,引进的柔性人才大多从事创造性的智力活动,难以对工作任务进行定量化计算。因此,柔性管理的一个重要方面就是激励机制的柔性化,要求采用多样化、个性化的激励机制。例如:可以采用绩效付酬和风险付酬相结合的报酬体系,激励柔性引进人才积极参与本单位的工作。对于部分高端人才而言,除了给予一定量的金钱和物质奖励外,更应注重精神上的嘉奖,如进行职务奖励、荣誉奖励等。

三是维护用人单位合法权益。由于柔性引进人才具有较大的流动性和不确定性,而且这些高端人才往往掌握着大量的技术和商业机密,因此在流动过程中不可避免地涉及商业秘密与知识产权的保护问题。此外,科技人才共享多少会给原单位带来人才、管理的诸多问题,而且工作期间的成果归属也是柔性人才流动面临的一个主要矛盾,这都导致部分单位对柔性人才流动积极性不高。因此,在柔性流动过程中应注重对原单位的合法权益的保护和补偿,所得成果的所有权是否可以共享,还是最终归原单位、柔性单位或个人享有,这些都应在柔性引进时加以说明,以更好地保护原单位、柔性引进单位以及引进人才的合法权益,消除柔性引进人才的后顾之忧,使其能够全身心地投入工作中。

四是建立相应的绩效考核制度。绍兴应建立与高端人才柔性引进相适应的工作绩效评估标准,形成专门的评估体系,由评估部门对高端人才柔性政策的实施情况、资金使用情况以及阶段性成果等进行定期评估,并进行及时的反馈,使用人单位和柔性工作者对工作进行实时调整。同时,结合柔性引进的特点,将刚性管理考核制度逐渐演变为以任务为中心的灵活考核制度。柔性引进人才能否取得预期的成果在很大程度上还受到用人单位技术水平的限制,因此在考核过程中应摒弃以往的以个人绩效为核心的评估方法,而采用以组织绩效为核心的方式,确认引进柔性人才后对单位的整体素质或科研水平提升的效果,对柔性引进人员进行全面的考核。

2. 共享教育培训资源,深化多元合作

一是整合区域教育资源,深化校地合作。加快湾区教育资源的融合,促进知名大学和教育进入绍兴单独或合作办学,形成区域内的“大教育圈”。可效仿美国的常春藤联盟、大学联合会、德国的工业大学联盟等成功先例,实现多所特色院校优势整合,共享优质教育资源。在环杭州湾区域深化合作的有利大环境下,绍兴可从更广泛的角度来拓展与沪杭两地著名院校的深入合作。要高度统一思想,以教学资源共享、师生交流互换、远程网络协作、互相承认学历学制等模式,弥补绍兴在高等教育资源方面的弱势,培养更高素质的人才。

二是实现培训资源共享,深化校企合作。加快发展环杭州湾经济区域培训产业,将区域内的高校和各种培训机构进行优化整合,建立合作培训平台与机制,开展跨省市的人才培训机制。按照区域内的市场需求,在师资力量建设、培训项目选择以及培训基础设施的建设等方面开展协作,实现培训资源的共享。倡导学校与企业交替培养人才,共同发挥作用,在人才造就的不同阶段给予相应的培训支持;通过订单式培养,提高学生对单位的适应性,提高学生的上手能力,减少理论和实际的差距;学校也可以通过企业反馈与需要,对教学内容进行修订和补充,以满足实践的需要。

(二)突出地方特色

1. 创新体制机制,建构具有比较优势的人才政策

一是实施重大人才工程,完善投入机制。当前,浙江省内区域人才竞争日趋激烈,在人才引进上,不进则退、慢进也是退。2017 年年底,绍兴市委出台《高水平建设人才强市三年行动计划》,对高水平推进人才强市建设作了全面部署。全面融入杭州湾人才一体化,重点是要按照绍兴市委的部署抓好重大人才工程落实,通过"四个一"工程(国内引进一批、海外引进一批、柔性凝聚一批、高新区平台吸附一批)增强绍兴人才的输血能力。全面实施绍兴"海内外英才计划"和"十百千万"重大引才工程,加快引进一批具有重大原始创新能力的科技领军人才团队,柔性引进百名海内外院士专家智力,加快集聚千名高层次创业创新人才。面向大院名校和世界 500 强、上市公司建立人才招引清单,实施重点人才项目市县领导挂联招引机制。加强与沪杭宁人才科技项目合作,积极承接浙江杭州国际人才交流合作大会、浙江宁波人才科技周等高端人才智力资源。

同时,要进一步完善人才投入机制。首先,要提高教育、科技等支出的资金占比。无论单位类别如何,高层次人才都特别重视科研经费。因此,加大财政预算中对教育、科技等方面的资金占比,确保教育、科技支出增长幅度高于财政经常性收入增长幅度,尤其是对高层次人才科研经费的投入。其次,要健全利益回报机制。按收入与贡献挂钩的原则,形成凭技术技能得到使用提升、凭业绩贡献确定收入分配的机制。

二是健全人才发展政策,打破流通壁垒。绍兴要制定完善的具有比较优势的人才政策体系,提高人才政策的"含金量",针对不同类别的高层次人才,细化强化政策支持,切实加大对人才创新创业的激励、扶持力度,用实在的优惠政策,吸引、留住人才。当前,绍兴"海内外英才计划"入选人才最高可获得 500 万元资助,重点技术创新团队最高可获

得1000万元资助，顶尖人才团队可“一事一议”。总的来看，绍兴的政策水平与杭州、宁波基本处于同一水平。但在政策的灵活度、覆盖面、整合度上，尤其是对初创企业的扶持政策上，绍兴还存在短板，与杭州相比还存在一些差距。要融入杭州湾人才一体化，人才政策也要一体化，甚至要优于杭州、宁波，绍兴在引才上才有竞争力。比如，整合人才、科技、产业有关政策，加大对初创企业的扶持，在研发补贴、风投奖励、销售奖励、税收优惠、产业基金跟进等方面进一步降低政策门槛，加大政策落实力度，对初创企业既要“扶上马”、也要“送一程”。同时，要主动承接沪杭宁的重大人才项目，构建总部在沪杭宁、生产基地在绍兴的人才创业新业态。

同时，在打破人才流通壁垒的同时，也要打破思维惯性。当前，人才生活在杭州、工作在绍兴的情况逐步变得普遍，很多在杭州的大学生平时工作在绍兴、周末回杭州，在“国千”“省千”等高层次人才队伍里，部分人才也希望在杭州买房、享受杭州的教育资源，但目前人才政策保障对象主要还是全职引进或创业的人才，对落户、社保等有一定要求，其保障对象、保障范围也停留在本区域内。要激发人才创业创新活力，要在人才政策创新和体制机制改革上下工夫，打破人才流动障碍，推动沪杭宁优质资源共享，促进更多人才为绍兴发展服务，营造人才发展的新业态、新模式，推动人才一体化发展。比如，对全职落户在绍兴的高层次人才(比如“国千”“省千”)，允许在杭州买房，享受绍兴的购房补贴。

三是优化重大平台布局，加强载体建设。绍兴要加强高水平科研发展，建设或升级一批高端研发平台，高规格建成一批人才载体，为高层次人才开展科研活动提供物质基础。近两年来，绍兴大力推进“千人计划”产业园建设，各地也因地制宜建设“e游小镇”等重大人才科技平台，取得了初步成效，但全面对标杭州和宁波，绍兴重大平台建设起步晚、层次低，还存在不少差距。为此，一要抓好现有平台的提质扩量。对标杭州“未来科技城”、宁波新材料科技城，全面提升浙江“千人计划”绍兴产业园，进一步优化产业园空间规划，做强功能区块，扩大创业创新大赛的影响力，加快集聚海内外高层次创业创新人才，积极打造人才发展先行区、人才生态最优区、产城融合示范区。二要抓好规划中平台的优质增量。加快推动绍兴“科创大走廊”建设，依托产业布局优化科研院所布局，打造一个与中科院宁波材料所并驾齐驱的科研和成果转化机构。全面支持创建绍兴大学，推动“鉴湖实验室”建设，全面提升高等教育质量，进而提升人才培养质量。推进浙江(绍兴)外国高端人才创新集聚区建设，支持诸暨市创建省级“千人计划”产业园，建成海智汇·绍兴国际人才创业创新服务中心和市级高层次人才创业创新孵化中心，在临杭、临甬区域率先建设人才社区和人才村，以平台人才培养为依托，增强绍兴人才的造血能力。

四是完善人才评价机制，实现人才共享。绍兴要发挥人才评价的指挥棒作用，建立以实绩论英雄、以项目为纽带的评价导向,进一步打破户籍、地域、人事关系等限制,充分利用沪杭宁的人才、科技资源,进一步加大柔性引进力度,加大产学研合作力度,加大人才、科技政策对柔性引才和项目合作的扶持力度,尤其是要利用绍兴良好的区位优势、政策优势、土地资源优势,推动沪杭宁科技成果在绍兴的转化和产业化。比如,对沪杭宁高校院所教授、博士来绍开展产学研合作的,按照项目绩效给予一定比例的人才奖励,按照人才实际在绍情况给予租房补贴或提供专家公寓。建立人才项目市场化评价导向,对高层次人才项目来绍兴对接落户的,采取更加灵活的方式加大政策扶持力度。

2. 优化聚才环境,建设具有绍兴特色的人才生态环境

优化聚才环境,既要打造基础设施、生态环境的硬环境,又要提升公共服务的软环境,更要营建"崇才爱才"的文化氛围,大力宣传科学的人才观、加强舆论宣传引导,构建理解人才、关心人才、爱护人才、支持人才的人才生态环境。

一是加强城市基础建设,打造"高质量"硬环境。在制定、调整、修改各项引智政策的同时,绍兴要切实加快城市建设,在打造"高质量"硬环境上下工夫。首先是进一步提升城市基础设施建设,尤其是高层次人才较为集中的开发区生活配套设施建设,切实改善生活环境,提升城市生活便利度。同时,优化城市公共空间和街道空间,通过优化路网结构、合理配置停车资源、推进绿道建设、完善城市慢行系统等途径,有效地改善交通出行条件,合理推进城市更新改造,改善社区人居环境,提升城市魅力。其次是高标准优化城市生态环境,推进水环境治理,完善城市绿地系统结构,提升城市公园绿地品质,建设一个更加现代化、健康态的"宜居绍兴",吸引各类人才来绍工作生活。

二是深化人才服务提升,打造"优服务"软环境。当前的人才竞争逐步由拼政策向拼服务、拼环境转变。绍兴要改善人才管理方式,开设"一站式"服务窗口,推行一人一策、特事特办,特别是针对海外高层次人才打造个性化的人才服务体系,强化高端人才优质服务。要全面落实"人才新政"20 条,强化人才服务举措,不断优化人才创业创新环境。加强国际学校、国际医院、国际社区建设,深化完善外来投资者服务卡制度,为高层次人才提供社保、居住、教育、医疗、旅游等各方面便利,出台高层次人才社保转续实施办法,简化流程与手续,深入推动社保互通,免去高端人才的后顾之忧。要聚焦人才领域"最多跑一次"改革,按照全国一流、全省领先的标准,加快建设海智汇·绍兴国际人才创业创新服务中心,着力打造集人才服务、政策兑现、工作展示、项目对接、创业创新、联谊交流等功能于一体的人才服务综合平台。全面实行"一次性受理、一站式服务",将分散在各有关部门的政策兑现受理口子,集中统一到海智汇人才综合服务中心,建立部门间的协调机制,实现所有人才政策兑现"最多跑一次",且最多跑一个部门。建立网上政策兑现办理机制,构建由人才综合服务中心统筹、各有关部门联动的线上政策兑现办理机制,实行网上受理、网上办理、网上反馈,让"人才跑"变"数据跑"。

三是塑造城市开放文化，营建“崇才爱才”氛围。绍兴既要充分发挥历史文化名城优势，把绍兴传统文化保护好、传承好、弘扬好，也要塑造高度开放的城市文化体系，提高城市开放度和美誉度，塑造城市独特文化品格。一方面，要树立求贤若渴的城市形象。总结提炼新时代的绍兴精神，利用绍兴历史文化名城的优势，优化人文环境，将绍兴打造成极具包容度、创新性、市场化和国际化的魅力城市。加强城市品牌宣传，进一步提升绍兴的城市知名度和影响力，增强城市发展的聚集效应。同时，要加大、加密绍兴的引智频率，在海内外人才群体中树立绍兴求贤若渴的形象。从引人、引才到引智，不求所有，但求所用；不仅求传统人才，更求高科技人才；不仅求成熟型人才，同时求成长型人才。另一方面，要营造重才爱才、开放宽容的社会氛围。光引人还不够，还要营造关心人才、爱护人才、宽容失败的社会氛围。鼓励标新立异、开放宽容、无拘无束、充分交流的创新氛围，充分理解人才、信任人才、尊重人才、关心人才、爱护人才、支持人才，最大限度地宽容人才的失败，提高人才对城市的责任感和忠诚度。

创新招才引智新路径　打造海洋人才新高地

——舟山市打造海洋特色产业政产学研一体化平台调研报告

□ 舟山市委常委、组织部部长张明超

人才是推动产业发展、提升城市活力的关键所在。舟山作为一座功能并不突出的海岛城市,如何在当前新一轮人才抢夺战中发挥海洋优势,进一步开辟精准引才新路径,增强人才集聚新功能,培育产业发展新动能,是我在日常工作中经常思考的问题。通过调研发现,聚焦产业特色,打造政产学研一体化平台,精准引进集聚、用好用活人才,是我们在现有条件下创新招才引智方式的有效举措。根据省委"大学习、大调研、大抓落实"活动要求,近期我重点围绕海洋生物、海洋电子信息等特色产业,对政产学研一体化平台建设进行了集中调研,较全面地了解了现状、分析了问题,也进一步理清了思路、提出了举措。

一、现状和特点

1. 具备打造海洋特色政产学研一体化平台的科研条件

舟山海域幅员辽阔,综合海况完整,资源能源富足,具有发展涉海科研的优越条件。在自然资源方面,海域面积占浙江全省的49%、全国的5.6%,岛屿数量占全省的45%、全国的20%,拥有海洋生物1163种。在设备设施方面,建有重点实验室、企业研发中心、科技岛、科创园区等各类涉海创新平台,能够有效满足各类涉海产品和服务的小试、中试和海试需求。特别是对于海洋生物和海洋电子信息这两个领域来说,舟山海域有着深浅、盐度、温差、流速、浑浊度各异的海况环境,是我国最大的近海渔场和重要的海洋生物基因库,并拥有海洋生物领域设备设施2万余台(套)、海洋电子信息领域设备设施1万余台(套),具备成熟的科研基础条件。这些资源设施条件,能够对海洋生物和海洋电子信息产业人才集聚形成有效的吸附、支撑和黏合效应。

2. 具备打造海洋特色政产学研一体化平台的主体优势

目前，舟山已发展成为全国海洋经济比重最高的城市，海洋经济增加值占全市 GDP 的 70%以上，尤其是海洋生物和海洋电子信息产业已经形成一定的规模效应，全市拥有海洋生物企业 370 余家、海洋电子信息企业 500 余家，涌现出了海力生、盛海达、中裕通信、同博科技等一批行业龙头企业，并建有以浙江大学海洋学院、浙江海洋大学、浙江省海洋开发研究院、浙江大学舟山海洋研究中心等为核心的一批重点高校和科研机构。这些骨干企业和高等院校具有强有力的科研条件、人才资源和技术支撑，既是推动政产学研一体化平台建设的创新主体，也是集聚人才、吸纳人才的承载主体。

3. 具备打造海洋特色政产学研一体化平台的人才基础

近年来，舟山市坚持“走出去”与“请进来”相结合，通过国家、省“千人计划”与“万人计划”、市“5313”科技创业行动计划以及新区紧缺高端人才引进计划等人才工程，不断加大海洋经济创新创业人才引育力度，在重点产业领域较好集聚了一批高端人才。目前，全市拥有海洋生物和海洋电子信息领域海内外院士、“千人计划”和“万人计划”专家等“高精尖”创新人才近 50 人，市“5313”科技创业行动计划领军人才(团队)90 个、博士 125 人。这些人才的集聚，为打造海洋生物和海洋电子信息产业政产学研一体化平台提供了坚实的智力支持，也有利于行业领域内“人才圈”“人才链”的拓展和延伸，进一步提升平台对人才的虹吸效应。

二、问题和原因

1. 认识不到位

一是对政产学研一体化平台的引才作用体会不深。长期以来，人才工作思维多停留在出台优惠政策上，对依托产业特色、打造政产学研一体化平台在引才过程中的作用体会不深、实践不足，而依靠特色平台、形成黏合效应、通过差异化引育人才的思路和方法不多，导致像舟山这样财力、功能并不突出的城市劣势更加明显。

二是对政产学研一体化平台的内涵实质理解不够。不少单位简单地认为，政产学研一体化平台就是一个实验室，最多也就是个创新的研发机构。实则真正意义上的政产学研平台，融合了产业、人才、技术、企业等多种要素，是一个创新要素互联互通、共享共用的生态圈。大家普遍缺乏对这一内涵实质的深刻理解。

三是对舟山海洋产业特色优势的认知不足。虽然海洋特色是舟山产业发展的最大优势，但这种认知有时还停留在概念层面，对海洋、海岛、海域的研究还不够深入具体，有的也缺少翔实的数据资料支撑，不利于达成推进海洋特色产业政产学研一体化平台建设的共识。

2.行动不到位

一是价值需求不同导致动力不足。当前,高校科研院所普遍存在着青年教师横向课题较少、科研不够接地气、成果转化脱节等问题,企业则存在着高层次人才引进难、科研创新技术力量不足等问题。究其原因,主要是二者人才评价标准不同,前者追求的主要是出论文、出课题、出学术成果,后者考虑更多的是投入产出的经济性。缺乏互评互认的有效机制,这是导致政产学研一体化工作各方缺乏动力的关键。

二是龙头骨干较少导致引领不足。现阶段舟山海洋生物和海洋电子信息产业虽然已成一定规模,但相比青岛、上海等沿海重点城市,龙头型企业、领军型人才等还是比较缺乏,比如全市相关高新技术企业仅17家、省部级以上层次人才不到40人,导致创新主体的带动效应还不够明显,产业、科研领域重大项目资源很难得到有效引领和聚焦。

三是设施设备分散导致整合不足。舟山虽然已具备较齐全的涉海科研设施设备,但总的还是各自所有、零散分布。这一方面导致利用率不高,发达国家的设备利用率一般在170%～200%,而舟山市多数设备利用率不到20%;另一方面导致整合度较低,很难形成从小试、中试到产业化的完整创新链。

3.机制不到位

一是缺乏高效化的统筹协调机制。政产学研一体化平台建设是一项系统工程,需要各个主体的合作和运行机制的支撑,但目前来看还缺乏政府有效的顶层谋划、牵头抓总和组织协调,诸如领导小组构成、团队组建方式、发展规划、工作计划等问题,都亟待尽快予以明确。

二是缺乏系统性的成果转化机制。由于高校、科研院所的科研项目在小试和中试阶段就可以发表文章和申请专利,加上目前财政对科研项目的资助更多放在前期立项与投入上,对成果的转化没有具体要求,都造成了现成的科研成果、专利无法有效转让,而企业实际需求的技术成果又无法引进。

三是缺乏可持续的利益分享机制。政产学研一体化平台建设关键是人才,但核心还是利益共享、风险共担问题。在实际推进过程中,现阶段我们对成果价值评价、合作主体投资比例与利益分配、创新成果和知识产权归属、相互兼职待遇等问题,普遍还缺乏有效的机制办法予以保障,这也导致了政产学研合作中一些壁垒和障碍的长期存在。

三、目标和举措

围绕打造立足舟山、放眼全国、开放共享的海洋特色产业政产学研一体化平台,推动人才链与创新链、产业链、政策链深度融合，促进创新要素集聚、创新活力迸发、创新源泉涌现，着力打造形成海洋特色人才高地、技术创新高地和产业发展高地。

1. 依托政产学研一体化平台，做好精准"引"的文章

一是梳理形成"三张清单"。对海洋生物和海洋电子信息产业发展情况进行全面调查，分别梳理形成现有自然条件、设备设施等科研条件清单，本土人才、机构和企业清单，以及全国范围内海洋领域主要大学、科研机构和知名专家清单，同时制定行业领域人才数据库和分布图，为针对性引才提供基础支撑。

二是开展定向精准推介。充分发挥舟山"海"字特色和具备的科研条件优势，聚焦青岛、厦门、上海、广州、西安等国内海洋生物和海洋电子信息产业发展重点城市，集中到符合舟山实际、匹配度较高的重点高校院所进行定向推介，进一步对接人才技术需求，寻求多方合作空间。

三是实行引人才与引项目、引机构并重。在定向推介的基础上，立足产业科研需求，与相关重点高校、科研院所和企业开展合作，联合向上申报重大科技专项、产业化项目和重大科学装置等，并通过刚性引进以及挂职、兼职、项目合作等柔性利用方式，精准招引一批海洋生物和海洋电子信息产业领域专业人才、项目和机构。

2. 依托政产学研一体化平台，做好专业"聚"的文章

一是打造产业人才队伍。充分依托和放大海洋生物、海洋电子信息产业发展优势，推动相关科技型企业、科研机构、高层次人才等创新要素加速聚集，并以产业创新发展带动各类基础人才的集聚，加快打造形成一支结构合理、梯次分明的海洋特色产业人才队伍。

二是组建专业人才团队。针对产业领域内人才使用分散、作用发挥不够充分的问题，探索组团引才用才新机制，通过"领军人才＋骨干人才"的组团形式，先期组建海洋生物、海洋电子信息产业两个特色团队，并通过在新区高层次人才"特支计划"中设立专项等办法，支持创新人才团队建设，今后再向其他细分产业领域逐步推开。

三是建立行业人才联盟。以市内专家人才为基础，在全国范围内对接确定一批海洋生物、海洋电子信息领域的院士专家、"国千""省千"等重点人才，加快组建市级行业人才联盟，形成专业人才集聚的良好生态圈，特别是对一体化平台建设急需的高层次人才，优先纳入浙江省海洋经济创新发展院和浙江大学海洋学院人才驿站，并提供事业身份管理、人事关系挂靠、创新资源共享等服务，更好推动相关领域关键人才智力集聚。

3. 依托政产学研一体化平台，做好高效"用"的文章

一是推动人才互联互通。落实科研人员离岗创业、科技成果转移转化等政策办法，重点研究和建立人才融合使用机制，加快制定高校科研院所科研人员与企业人才双向

挂职兼职、联合进行技术攻关等融合使用办法，并探索在舟高校院所科研人员服务地方绩效评价办法，建立企业经历与高校经历、纵向课题与横向课题同等对待的评价体系。

二是促进设施设备共享共用。以增加产业创新有效供给为核心，制定出台鼓励各方科研设施设备整合使用的管理办法，按照“清单式整合、会员制共享”模式建立平台运行机制，通过建立公共服务网站整合资源、派单使用，推动高校院所和企业间共享设备设施和加强技术合作。

三是开展技术分类协同攻关。以产业转型升级需求为导向，全面梳理制定企业技术攻关需求清单。一方面，推进行业关键共性技术攻关，由政府部门出题出资，高校院所和行业企业解题；另一方面，推进企业个性技术攻关，由行业企业出题，高校院所解题，政府部门协助解决利益分配、成果归属等问题，并根据产业发展特点和企业实际需求，科学制定技术攻关的长期规划和短期计划，努力实现每年技术攻关一批、成果转化一批。

四、认识和启发

1.加快人才集聚是提升城市活力的有效途径

习近平总书记强调，“硬实力、软实力，归根到底要靠人才实力”。一个城市的发展亦如此，有了人才就有了活力，人才的集聚直接外化于这个城市的整体活力和发展优势。现阶段，舟山既缺人才、也缺人口，人才与人口事关新区、自贸试验区建设大局，必须坚持把“人”的问题与城市发展紧密结合起来，统筹人才资源与人力资源一起抓，加快推动人才、人口和人气集聚。打造海洋特色产业政产学研一体化平台，通过引人才来引项目、引机构，能够有效集聚一批高层次专家和大学生基础人才，为舟山发展带来积极的“鲶鱼效应”，进一步提升城市发展的核心竞争力。

2.吸引留住人才既要拼政策，更要拼特色

人才来创业创新，给资金、给政策是一个方面，更重要的是这个地方必须有创新配套链、上下游产业链和市场需求链，这样才能形成黏合效应，真正吸引集聚一批想干事的人才。调研中大家有一个共识，舟山作为一个区位优势并不突出的城市，要在当前的人才抢夺战中赢得主动，并不具备比拼政策的条件，关键还是要靠比拼特色。海洋是我们最大的特色和优势，海洋产业是最具基础、最有特色的产业。做好海洋生物、海洋电子信息等特色产业政产学研一体化平台建设这篇“文章”，将特色平台作为吸引集聚人才最重要的载体和依托，能够把舟山的长板拉得更长，通过围绕优势产业精准引才育才，抢我们需要的人，真正做到人才“引得进、留得住、用得好”。

3.政府统筹协调是平台建设的关键所在

发挥市场在人才资源配置中的决定性作用，政府作用仍然不可或缺。调研中我们发现，政产学研一体化的概念由来已久，各地虽有很多探索创新，但实际效果并不尽如人意，其中原因主要有存在统筹谋划上的协同性、资源整合上的共享性和工作机制上的有效性不足等问题，但关键还是政府引导作用发挥不够，缺乏统一有效的协调机制。舟山要成功打造海洋特色产业政产学研一体化平台，必须始终坚持以企业需求为引导、院校科研为支撑、政府统筹为龙头，特别是政府要进一步强化顶层设计，把统筹协调的着眼点放在服务人才资源效益最大化上，加快完善人才合作、利益分配、绩效约束的良性运行机制，为各方合作搭建桥梁纽带，提供必要的创新资源引导，定期研究解决协同创新中遇到的重大问题，努力消除互动障碍，形成合作“磁场”。

浙江省人才立法的可行性和主体框架研究

□ 浙江省人才发展研究院课题组

古人云:“治国之道,务在举贤”“致安之本,惟在得人”“贤才不备,不足以为治”。在知识经济时代,知识、创新正在成为新的关键生产要素,而人才正是这些要素的载体。谁拥有人才,谁就占领了科技创新的制高点,谁就获得了经济社会发展的新优势。尽管以往几年浙江省在人才培育、人才引进、人才激励等方面取得了较大成就,但随着上海、广东、江苏、湖北等省市在“人才争夺战”中的异军突起,浙江省要建设成为人才一流强省仍存在着许多问题。本课题组通过调研走访、数据收集、座谈论证,认为以党内法规的形式制定《浙江省委关于人才工作的若干规定》,是促进浙江省人才工作的重要路径。

一、浙江省人才工作的成效和主要问题

浙江省已出台多项人才政策、规划等措施,培养和汇聚人才,先后出台“151 人才工程计划”、人才发展“十三五”规划,以及海外高层次人才、技能型人才、大学生等各类人才专项计划,人才工作成效显著。(1)人才吸引力不断提升。根据《2017 年度浙江省人力资源和社会保障事业发展统计公报》数据显示,截至 2017 年年底,全省留学回国人员总数近 15 万人,其中 2017 年回国约 2.5 万人,比上年增长 20%。全省引进各类国(境)外专家 5.1 万人次,14 名外国专家入选国家“千人计划”,连续 4 年居全国首位。(2)高层次人才存量不断增加。《2017 年度浙江省人力资源和社会保障事业发展统计公报》的数据显示,截至 2017 年年底,浙江省有两院院士 46 人,享受政府特殊津贴专家 2198 人,省突出贡献中青年专家 598 人,国家“百千万人才工程”入选者 155 人,省“151 人才工程”培养人员 8907 人。(3)人才培育能力进一步提升。西湖大学、浙江大学工程师学院宁波分院、中国科学院大学宁波材料工程学院、北京航空航天大学宁波创新研究院等高等院

校和科研院所的设立,不仅有助于缓解人才供给不足,而且将吸引和培养更多人才。

人才工作主要包括引才、育才、留才、励才四个方面。调研发现,浙江省人才工作尽管已取得了很大成绩,但依然存在一些问题。

1."引才"方面的问题

在当前中国,户口与众多隐性的利益相关。能否落户、落户是否方便,这些问题直接关系到人才对城市的选择。所以,不少城市在人才抢夺战中以方便"落户"作为工作抓手和切入点。

与其他城市相比,浙江省(特别是杭州)的人才引进与落户政策已没有明显优势。2017 年以来,西安、长沙、济南、石家庄、郑州、成都、南京、重庆等一批城市纷纷出台人才引进新政。例如,2018 年 1 月,西安实施大中专毕业生只要凭毕业证和身份证就能落户的"史上最方便"的落户政策。即使是严控人口的北京,也在 2018 年 4 月 11 日全面开放积分落户政策。反观杭州的人才引进政策,只有硕士以上学历的,才可享受先落户后就业的政策,全日制普通高等学校本科学历的,还需在杭州市区落实工作单位的,才可办理本人户口进杭。此外,课题组在杭州调研中还发现,海外人才落户难的现象依然存在。所以,如果杭州没有落户新政出台,那么有可能在这场人才引进争夺战中丧失先机。

2."育才"方面的问题

长期以来,浙江的高等教育实力都与其经济地位极不相称。浙江不仅是经济强省,更是文化名邦,自古以来浙江对教育的重视程度都可谓首屈一指。然而,多年来很多人提起浙江的大学,除了一枝独秀的浙江大学外,其他大学的排名都不靠前,浙江的大学教育整体水平在全国不处于领先地位。更令人尴尬的是,近邻江苏和上海的高等教育综合实力始终位居全国前列,不仅坐拥顶尖名校,而且强校林立,一直以来都稳居全国第一梯队。从全国范围看,浙江的高教综合实力与湖北、陕西等诸多高教强省差距也很大,在数量和质量上都长期处于弱势。

浙江省在高等教育方面的短板在于总体水平不高,结构不合理。具体来说,主要表现在:高水平大学缺乏;有影响力的学科偏少;高层次人才培养规模较小;许多高校学科专业雷同,缺少发展特色;学科专业结构调整滞后于产业转型升级和新兴产业发展;人才培养尤其是学生创新创业能力培养与经济社会发展需要仍有很大差距,特别是应用型人才、高素质技能技术型人才缺乏。

3."留才"方面的问题

随着更多城市加入才争夺战,各地政策不断加码,落户条件越来越松,提供补贴的额度和种类也越来越多。其实,落户条件、提供补贴的引才效应是短期的,比降低落户门槛、提供落户补贴更能持久产生效应的,是提升城市的教育、医疗等各种公共服务水平,让年轻人不仅能在当地就业、创业，也能够在当地休养生息、结婚生子，并让其后代能接受良好的教育和医疗保障。

虽然浙江省在医疗、教育等方面已有了很大改善，但人才对美好生活的需要与公共服务供给不充分、不平衡之间的矛盾依然存在，特别表现在高品质医疗与教育资源等公共服务的供给不充分、不均衡现象依然突出。人才对子女的教育特别重视，他们不仅需要子女能方便就学，而且需要高质量地就学。例如在杭州，2018 年 4 月 16 日媒体上的一篇报道的标题是“杭州小学入学面试家长通宵排队　现场家长人山人海”，这已充分表明杭州优质小学资源远远不能满足需求。因此，浙江应当把增加优质教育与医疗资源的供给作为供给侧改革的重要内容，进一步提升基础教育水平，着力增强优质医疗服务供给，方便人才就医。上述对人才及其子女教育、医疗方面的增加供给和均衡供给，需要以人才立法的形式加以确保。

4.“励才”方面的问题

横向对比北上广深四市面向青年人才的政策，上海市的“励才”政策体系更为完备。北广深三市当前相关政策仅侧重青年领军人才、拔尖骨干，而上海市的“青年科技启明星计划”“青年科技英才扬帆计划”“青年拔尖人才开发计划”是为青年人才专设的 3 项政策，前两者分别给以资助 40 万元(3 年)、10 万元(3 年)，后者则是打造约 600 人的高素质青年英才队伍的 5 年计划。3 项政策辐射不同层次的人才，涵盖青年人才起步、崭露头角、拔尖三个阶段，对作为未来科技队伍中坚力量的青年人才的吸引力巨大。

相比之下，根据有关文件，浙江省高校中青年学科带头人培养期为 3 年，每年培养资助经费不少于 1 万元，资助力度明显偏低。浙江省杭州市“131”中青年人才培养专项政策，投入强度(8 万元/5 年)也相对较低。青年科技人才是科技创新的生力军，浙江省在未来的人才政策布局中，仍需依据人才的市场行情，适当增强面向多层次青年人才的扶持、引领力度，提高政策竞争力。

总体上看，浙江人才政策与其他省市区域相比未能形成明显优势，甚至还存在劣势。而且，浙江人才政策存在碎片化现象，缺乏系统化、法治化的顶层设计，因此迫切需要通过人才立法，把现行的优质人才政策法制化，优化现行人才政策，并进一步上升到地方性立法的高度。

二、浙江省人才立法的必要性

人才立法是围绕人才问题的法律规范，一般由国家或地方立法机关根据立法权限对人才的培养、流动和管理制定法律规范。但本课题研究认为，在我国党管人才的大原则下、在加强党内立法的大背景下，人才立法也可以是党的活动，即以党内立法的形式进行制度规范。

1. 人才立法是法治浙江的重要有机组成部分

2006 年 4 月，时任浙江省委书记习近平主持召开省委十一届十次全会，做出了建设法治浙江的重大决策，率先开始了建设法治中国在省域层面的实践探索，建设法治浙江成为全省上下的共同使命和责任担当。法治浙江建设是一项长期的、系统的工程，历届浙江省委沿着习近平同志开创的法治浙江道路砥砺前行，一任接着一任干，不断赋予浙江现代化总体布局新的时代内涵，不断提炼法治浙江建设新的工作重点和载体抓手，续写了法治浙江建设新的篇章。2014 年 12 月，省委十三届六次全会审议通过了《中共浙江省委关于全面深化法治浙江建设的决定》。2017 年 6 月，省第十四次党代会提出，在提升各领域法治化水平上更进一步、更快一步，努力建设法治浙江。法治浙江建设是全面推进依法治国在浙江的先行实践，充分体现了浙江省在全国先行先试、走在前列的政治担当。法治浙江，要求各领域全面法治化，人才工作也必须包括在内，浙江省有责任在人才法治建设方面进行积极探索，使人才立法成为法治浙江的重要有机组成部分，以适应浙江省经济社会发展走在前列的客观需要，并为建设社会主义法治国家作出应有的贡献。

2. 人才工作中的根本问题必须依靠立法解决

人才工作中人才及各用人主体之间的社会关系调整可采用市场机制、政策手段、立法手段等形式，这些形式各有特点，各有侧重。就政策与立法这两种形式来看，政策具有一定的灵活性和适应性，体现着各地各部门的自由裁量权，在人才工作实践中发挥了一定的作用。但单纯依靠政策推动人才工作，是不稳定的、不系统的，也造成了当前人才工作政出多门、政策碎片化的态势以及在强制规范方面缺乏整体设计的问题。而法律法规具有稳定性、强制性，因此，加强人才立法有助于强化人才工作的系统性、权威性和长期性。所以，人才工作中的一些根本问题必须依靠立法来解决。前述的浙江“引才”中的落户难、“育才”中的高等教育发展短板、“励才”中的资助力度不足等问题，要从根本上解决，必须依赖人才立法。党管人才的一个重要职责，就是领导和促进人才工作立法建设，在协调推进“四个全面”战略布局的时代背景下，应加快人才工作法治化进程，把人才工作纳入法治化轨道，使人才工作的方方面面都有法可依、有法必依、违法必究。

3. 人才立法是浙江省产业转型升级的迫切需要

随着人口红利逐渐丧失，浙江省曾依靠大量外来务工人员维持的人力资源密集型制造业优势已经不复存在，浙江省急需进行产业转型升级，从之前的人力资源密集型产业向高新技术产业转型发展。浙江省“十三五”规划明确指出，应以提高自主创新能力为核心，对产业结构进行进一步的优化，增强创新能力，完善产学研合作机制，保持和提升浙江经济在全国的领先地位。产业转型升级需要技术、设备、资本、市场和管理方式等方面的转型和升级。而技术、设备、资本、市场和管理的升级,都需要人才作为基本的储备,这就直接导致对人才需求量和人才需求层次的提升。因此,吸引人才、留住人才、发挥人才作用,是完成产业转型升级的前提条件。浙江省要完成产业转型升级,就需要引进更多的高层次人才,从专业技术型人才到管理型人才、从科学研究型人才到创新创业型人才,这迫切需要浙江通过人才立法对目前的人才战略进行相应的调整,做出进一步的改革优化。

4.人才立法是浙江省“走在前列”的现实需要

在知识经济大背景下,一个国家或者一个区域的竞争力取决于知识创造力、创新创业力,人才是竞争的核心要素,是促进发展的最强动力。我国各地正是意识到“人才是第一资源”这一点,所以从争投资转向争人才。2018 年 3 月,《北京市引进人才管理办法(试行)》强调,要“通过多种方式不拘一格地为本市行政区域内各类创新主体引进紧缺急需人才”。2018 年 3 月 26 日,《上海加快实施人才高峰工程行动方案》公布,上海市委书记李强表示,要对人才政策进行大刀阔斧的改革,要形成对全球高峰人才的“磁吸效应”。北京和上海,作为一线城市,一方面在控制人口,另一方面又在争抢人才,“一控一抢”的目的在于优化人口结构,筛选引进人才,提升城市竞争力。

高等教育是浙江省经济社会发展中,特别是创新发展中的突出短板,这已经是共识。弥补这一短板有育才、引才两个基本路径:一方面需要实施高教强省战略,大力发展高等教育;另一方面是大力引进人才,引进优秀高校毕业生。深圳,相对于其城市与人口的体量,其高等教育也是短板,但通过引进大量其他城市的优秀高校毕业生,较好解决了其人才短缺问题。育才、引才这两个基本路径,恰恰就是人才立法的重点内容。而且,目前云南等省和珠海、深圳等城市已经出台人才立法,这倒逼浙江——如果浙江要实现习近平总书记对浙江提出的“走在前列”的要求,必须尽快进行人才立法。

5.人才立法是强化党管人才原则的客观要求

党管人才是人才工作的重要原则。2012 年 8 月,中共中央办公厅印发《关于进一步加强党管人才工作的意见》,并发出通知,要求各地区各部门结合实际认真贯彻执行。通知指出,党管人才是人才工作的重要原则,落实好这一原则,进一步加强党对人才工作的领导,对于保证人才工作的正确方向,促进人才强国战略的更好实施和建设人才强国目标的顺利实现意义重大。《关于进一步加强党管人才工作的意见》,进一步明确了加强党管人才工作的重要意义、指导思想、总体要求,对于健全党管人才领导体制和工作格局、完善党管人才工作运行机制、创新党管人才方式方法、加强党管人才保障措施等作了系统的规定。党的十九大报告强调,要坚持党管人才原则,聚天下英才而用之,加快建设人才强国。

《关于进一步加强党管人才工作的意见》和党的十九大报告都要求浙江省按照中央的要求，切实加强党对人才工作的领导，健全党管人才的领导体制和工作格局，完善党管人才工作的运行机制，创新党管人才的方式方法，加强人才工作机构和队伍建设，不断提高人才工作科学化水平。近年来，浙江省委认真贯彻党管人才原则，人才工作取得了新成绩，积累了新经验，但党管人才体制机制不够健全、党管人才方式方法不够适应、党管人才保障不够有力等问题，还不同程度地存在。因此，人才立法是强化党管人才原则的客观要求。浙江省通过党内立法的形式加强党管人才工作，通过对人才政策的顶层设计、系统集成，必将对浙江省人才工作产生深远的积极影响。

三、浙江省人才立法的可行性

1.《党内法规条例》赋予党人才立法权

党的十八大以来，以习近平同志为核心的党中央把管党治党作为治国理政的先手棋，提出坚持依规治党，举全党之力、集全党之智，立体式、全方位推进党内法规制度体系建设，取得历史性成就。2013 年 5 月，经中央批准，《中国共产党党内法规制定条例》《中国共产党党内法规和规范性文件备案规定》公开发布，使中国共产党第一次拥有正式党内“立法法”。2013 年 11 月公布的《中央党内法规制定工作五年规划纲要(2013—2017年)》明确要求“健全党管人才方面的党内法规”，要求研究制定人才工作条例。这虽然是党中央的人才立法规划，但对浙江省地方党内人才立法具有重要的指示意义。

《中国共产党党内法规制定条例》明确指出：“中央纪律检查委员会、中央各部门和省、自治区、直辖市党委就其职权范围内有关事项制定党内法规”，这就给浙江省委的人才立法提供了依据和赋权。《中国共产党党内法规制定条例》还明确指出：“中央纪律检查委员会、中央各部门和省、自治区、直辖市党委制定的党内法规，称为规则、规定、办法、细则”。据此，本课题建议浙江省党内人才立法的名称为《浙江省委关于人才工作的若干规定》，使浙江省的人才工作符合科学执政、民主执政、依法执政的要求，推进党管人才工作的制度化、规范化、程序化，维护党管人才工作制度体系的统一性和权威性。

2. 法治浙江的实践经验提供了实践基础

法治浙江是法治中国在基层的“领头羊”。近十年来，浙江一直在全国基层法治建设中起着引领作用。早在 2003 年，在浙江省委做出的“八八战略”重大决策中，“法治浙江”建设就被列为优化浙江发展软环境的重中之重。2006 年，浙江省委就做出了建设“法治浙江”的决策部署。十年间，浙江走出了一条经济先发地区法治先行的新路径，创设了基层法治建设的“浙江样本”，由此涌现了许多走在全国前列的法治实践经验。2018 年 1 月 20 日，浙江立法研究院在杭州成立，该研究院的成立为浙江省汇集各方英才、引领智慧立法、提升人才立法研究水平、更好地服务人才立法工作提供了有力支撑。

更重要的是，浙江已有丰富的地方立法经验，已制定和实施了一系列具有浙江特色的地方性法规，为人才立法提供了经验借鉴。2017 年 7 月 28 日，《浙江省河长制规定》经省人大常委会审议通过，于同年 10 月 1 日正式实施。这是全国首个专门规范河长制内容的地方性法规。党的十八大以来，浙江省人大常委会共制定（修订）地方性法规 50 件，修改和废止 22 件，基本形成了与国家法律法规相配套、与浙江经济社会发展要求相适应、比较系统的地方性法规体系。

3. 已有政策为人才立法提供了政策基础

浙江省已经出台的人才政策着眼于浙江省自身面临的问题提出解决方案，其中一些政策内容可以进一步固化并上升为地方性法规，这是浙江省人才立法的重要基础和条件。2016 年 7 月，中共浙江省委、浙江省人民政府《关于深化人才发展体制机制改革，支持人才创业创新的意见》（浙委发〔2016〕14 号）指出，要制定实施浙江省高层次人才特殊支持计划。同年 9 月，浙江省人民政府办公厅根据《浙江省国民经济和社会发展第十三个五年规划纲要》和《浙江省中长期人才发展规划纲要（2010—2020 年）》，制定并印发了《浙江省人才发展“十三五”规划》，将“制定实施省高层次人才特殊支持计划”纳入省人才发展“十三五”规划。

2017 年 11 月，中共浙江省委、浙江省人民政府出台《高水平建设人才强省行动纲要》（浙委发〔2017〕42 号），明确指出：统筹推进“五位一体”总体布局，协调推进“四个全面”战略布局在浙江的生动实践，贯彻落实创新、协调、绿色、开放、共享的发展理念，建设“六个浙江”、实现“两个高水平”奋斗目标，必须高水平建设人才强省，最大限度激发人才活力，把各方面优秀人才集聚到经济社会发展的各项事业中来。这就把人才工作放到经济社会发展中极其重要的地位。这是浙江省进行人才立法的重要依据和基础。此外，杭州、宁波、温州等市已出台的人才规划、计划和意见等政策文件，也为浙江省人才立法提供了比较充分的“养料”。

4. 相关省市已有人才立法可供浙江借鉴

早在 2007 年，云南省就已颁布全国省级层面第一部关于人才资源开发的地方性法规《云南省人才资源开发促进条例》，对人才资源开发的预测与规划、培养与引进、评价与使用、监督与奖惩等做出明确规定，将人才资源开发以立法的形式确定下来。2013 年 7 月，广东省珠海市人大常委会表决通过《珠海经济特区人才开发促进条例》。由珠海市委组织部、珠海市人力资源和社会保障局与中国人事科学研究院联合研究起草的这个条例，是《国家中长期人才发展规划纲要(2010—2020年)》实施以来诞生的全国首部地方性人才法规。《深圳经济特区人才工作条例》于2017年11月1日起施行，使得深圳经济特区的人才优先发展有了法治保障。《深圳经济特区人才工作条例》主要就两个方面进行规定：一是对人才工作体制机制相关规定进行突破或者创新；二是将目前人才工作中成熟的、需要长期适用的政策通过立法予以固化。《广东省人才发展促进条例》目前处于“草案修改稿征求意见稿”阶段。上述地方性法规，对于浙江人才立法具有极其重要的借鉴意义。

四、对浙江省人才立法工作的若干建议

1.尽快把人才立法纳入立法计划

与有关省市相比，浙江省人才立法工作并未走在前列。本研究报告前面已指出，《云南省人才资源开发促进条例》《深圳经济特区人才工作条例》等早已出台，《广东省人才发展促进条例》已出征求意见稿。北京市重视人才发展并较早动员部署人才立法，早在2016年发布的《中共北京市委关于深化首都人才体制机制改革的实施意见》就明确提出，要制定地方性人才法规。2017年5月，“人才发展促进条例”作为调研项目列入北京市政府2017年立法工作计划。因此，为落实习近平总书记对浙江提出的“走在前列”的要求，本研究报告建议，尽快以党内法规的形式制定《浙江省委关于人才工作的若干规定》。

2.准确确立人才立法的基本思路

人才立法的基本思路主要应当包括立法的总体要求、具体目标、基本路径等。

浙江省人才立法的总体要求应当是：正确处理党管人才与尊重人才成长规律、发挥市场在人才资源配置中基础性作用的关系，充分调动社会各方面力量参与人才工作的积极性；创新党管人才领导体制机制，改进党管人才的方式方法，不断提高人才工作的科学化水平；通过进一步加强党管人才工作，使党对人才工作的领导更加有力，全社会重视人才工作、支持人才发展的氛围更加浓厚，努力形成人才辈出、人尽其才、才尽其用的生动局面，为更好地实施人才强省战略提供坚强的政治和组织保证。

浙江省人才立法的具体目标：一是增加人才，从而增加人力资本；二是人尽其才，充分发挥人力资本的作用。根据人才流动“推拉理论”“激励理论”，实现上述目标的基本路径是通过激励以增加对人才的拉力(即吸收力)、以减少对人才的推力(即排斥力)，使人才自身发展与浙江经济社会发展需要相一致。依靠党管人才，党组织在思想上主动引导、工作上创造条件、生活上关心照顾，提升党对人才的政治感召力，使各类人才与党同

心同德、同向同行,从而实现人才作用得到充分发挥的目标。

3.全面确立人才立法的主体框架

确立人才工作的领导体制。一是要加强党委统一领导,发挥党委(党组)在人才工作中的核心领导作用,保证党的人才工作方针政策全面贯彻落实。确立人才优先发展战略布局,坚持人才资源优先开发、人才结构优先调整、人才投资优先保证、人才制度优先创新。二是要发挥组织部门牵头抓总作用,各级党委组织部门要在党委领导下,切实担负起人才工作牵头抓总的责任,当好参谋、创新实践、整合资源、示范引领。省级组织部门要重点抓好战略思想研究、总体规划制定、重要政策统筹、创新工程策划、高端人才培养、重大典型宣传等工作。

完善人才工作的运行机制。完善党管人才工作运行机制,凡涉及人才工作的重要文件、重要活动安排等,都要提交人才工作领导小组审议,重大事项要报同级党委(党组)审定。完善分工协作机制,建立沟通交流机制,促进职能部门各司其职、密切配合。按照统一领导、分类管理的原则,根据部门职能,科学划分有关部门在人才工作和人才队伍建设中的职责。把人才体制改革嵌入全面深化改革中,既要注重顶层设计,又要鼓励基层创新。切实发挥用人单位的主体作用,使各党政职能部门和企事业单位齐抓共管、通力合作,共同推动人才工作各项任务的落实。

明确人才工作的管理方式。充分发挥市场作用,把党管人才与市场配置人才资源有机结合起来。发挥党的思想政治优势、组织优势和密切联系群众优势,加强对人才工作的宏观管理和综合协调。尊重社会主义市场经济规律,健全人才市场体系,充分发挥市场在人才资源配置中的基础性作用,实现人才资源高效配置。

把握人才工作的主要内容。(1)“引才”立法——引进人才是人尽其才的基础。一要突出重点、按需引才;二应树立科学的引才理念,改变唯物质奖励的引才手段;三应确立科学的引才标准。(2)“育才”立法——培育人才是人尽其才的源泉。一要大力支持育人的工作母机——学校的发展;二要实施高教强省战略,大力发展高等教育;三要大力支持和发展人才培训机构,促进人才更新知识、提升能力。(3)“留才”立法——留住人才是人尽其才的前提。一要为留住人才设置科学的工资、岗位、工作条件等;二要完善人才留用与评价体系;三要改善人才创新创业环境,通过人才管理、人才流动,保证人才能按自身的特点、社会的需求寻求到合适的“席位”。(4)“励才”立法——激励人才是人尽其才的方法。一要进一步改革人才晋升制度;二要设立人才突出贡献和创新奖;三要赋予人才更大经费支配权,提高科研项目人力资源成本费用支出比例,改变经费使用上“见物不见人”的现象。

4.建立人才工作的保障措施

(1)落实工作责任。实行县级以上地方党政领导班子人才工作目标责任制,科学设置考核指标，建立完善考核办法，合理运用考核结果，推动人才工作任务落实；建立人才工作容错免责机制，合理界定和规范完善有利于人才工作创新的容错尺度，探索实行容错正面清单和负面清单制度。(2)加强人才工作机构和队伍建设。省、市、县三级的党委组织部门要建立健全人才工作机构，配齐配强工作力量；健全完善人才工作荣誉体系，加大人才工作荣誉激励，打造人才工作知名品牌，对人才工作作出重大贡献的人才和先进单位，按照有关规定进行表彰奖励。(3)保证人才投入。坚持人才投资优先保证，建立健全政府、社会、用人单位和个人多元化投入机制；加大人才发展资金投入力度，保障重大人才项目实施；鼓励支持企业和社会组织建立人才发展基金。(4)营造良好环境。加强政策引导和舆论宣传，大力营造尊重人才、见贤思齐的社会环境，鼓励创新、宽容失败的工作环境，待遇适当、无后顾之忧的生活环境，公开平等、竞争择优的制度环境。

课题组成员：周亚越　唐　朝

让企业成为引才育才用才留才的主力军

——激发企业人才主体内生动力调研报告

□ 中共金华市委组织部课题组

党的十八大以来,以习近平总书记为核心的党中央高度关注和重视人才工作。习近平总书记指出:“要遵循国际人才流动规律,更好发挥企业、高校、科研机构等用人单位的主体作用。”企业是引才育才用才最重要、最关键的主体,如何激发企业人才主体内生动力,对于更好推进人才工作,实现创新驱动发展至关重要。近期,我们围绕这一课题,赴金东、东阳、永康、金华开发区等地,实地走访了12家企业,其中,既有规模较大的集团企业,也有中小型企业,既有高科技企业,也有传统制造企业。通过了解企业人才状况,采取与企业负责人、人力资源主管、高端人才访谈等形式,深入开展调研,从中获得了一些有益的启示。

一、“企业要生存、要发展,逼着我们去找人才、引人才”

我们走访的12家企业中,既有年销售额达360亿元的大企业,也有产值千万左右的小企业,行业领域和发展阶段各不相同,但无论是企业主还是员工都逐步认识到,企业要想在市场中存活,要想做大做强,只能依靠人才和创新。横店集团人力资源部副总监张军说:“横店集团能有今天的规模,实现多元发展、全国知名,靠的就是人才。”像横店集团这样的大企业可以说主动抢占“智”高点,已经尝到“人才红利”,进而在人才引进、研发投入、产学研合作等方面也逐步形成了清晰的战略思想和行动方案。而一些中小企业,特别是传统制造行业,面对空间环境、资源要素、用工成本“三大制约”,在市场的阵痛中开始转变观念。金东区金锅有限公司董事长吕后明告诉我们,企业过去是一家以制造A级锅炉为主业的传统制造企业,产品单一滞后,科技含量不高,特别是随着新能源经济的蓬勃发展,锅炉行业日渐式微,企业生存都成了问题。“我们也下了决心想转型,但怎么转、转到哪里去，一点底都没有，只能看着企业一天一天倒下去，直到我们遇到了'双龙计划'专家顾立锋。”企业在顾立锋的帮助下，找到了生产新型环保设备这个新出路。吕后明感慨地说：“企业的发展，市场的竞争，都倒逼着我们去找人才。如果没有人才，金锅现在可能已经倒闭了；而把人才引进来，我们不仅顺利实现转型，也焕发了企业第二春。”

二、“留住人才，就是留住了技术，留住了发展的希望，这逼着我们千方百计做好留人的文章”

调研中，有的企业直言不讳地说，企业花了几十万、几百万引进人才，肯定想把人才长期留住。人才搞了一个产品就拍拍屁股走了，从某种意义上说，就是企业的失败，没有把人才价值最大化。永康威力集团有限公司总经理李峰说：“企业也不想三天两头老是出去挖人才，一是这样牵扯的精力太大，二是只有人才队伍稳定了，我们才有更多精力去管生产、去开拓市场。”在调研中我们发现，很多企业在留人才方面有不少招数，取得了较好效果。比如事业留人。东阳普洛家园药业研究院副院长、专家詹威强坦言，他从美国回到横店这么一个乡镇工作，除了家乡情结，看中的不是一时的薪资高低、福利好坏，更重要的是看事业发展、看未来前景。金华开发区博蓝特光电技术有限公司运管副总、来自台湾的蓝文安博士从广东东莞跳槽到人生地不熟的金华工作，让他下定决心的也是金华企业提供的更好的事业平台。我们了解到，不少企业为留人，纷纷与高层次人才合作创业，或提供股权，为人才留下来创造了条件。又比如感情留人，让人才时刻都感受到来自企业的温暖、体验家人般的关怀。金东区金锅有限公司自 2014 年引进原华东设计院院长王煦教授。董事长吕后明对王煦教授嘘寒问暖，关心备至。“我与王教授就像父子一样，老人家重病之际还念叨着金锅的发展，留下遗言把毕生所有的科研资料、所有成果交给金锅。”在追悼会上，王教授遗孀子女主动要求吕后明致悼词，把他当作自家人看待。

三、“激发不了人才活力、创造力，对企业来说就是效益的流失，这逼着我们打破惯性思维，不拘一格用人才”

在调研中企业负责人提到最多的就是如何用好人才，发挥人才的积极性和潜能，把人才的理念和技术更好地转化为企业的产品和效益。我们普遍感到，企业对用好人才、发挥人才效应下足了功夫，给予人才高度自主权，在资金、产地、团队等各个方面予以满足。东阳的浙江日升昌药业有限公司总经理助理任伟扬说，公司打破常规，对人才实行单独管理，根据产品研发目标和要求，研发人员上下班一律不打卡，不必遵守公司规定的作息时间,研发实验室 24 小时不间断提供服务。该公司自主研发的“孚诺”软膏单品销售收入超亿元,创造了“一支软膏打天下”的市场奇迹。2018 年公司准备正式上市。东阳普洛家园药业研究院副院长、专家詹威强说,作为引进人才,原先担心的是企业干预技术研发,怕束缚住手脚,现在公司把权力下放给他,把 200 多人的研发团队交给他管理,自己带着团队安心搞研发,极大地释放了大家的潜能。通过调研,我们也感到,好的企业对人才少了一份功利,多了一些人文情怀,人才与企业的互动逐渐形成了良性循环。永康世明光学科技有限公司董事长胡智明说,以前有一些企业,因为几个产品研发失败或市场销售不好,就对人才冷眼相看。如果企业主没有宽容失败的度量,就会挫败人才的积极性,最后只能是一条路走了一半就放弃,将难得的人才拱手让人。

四、“技术创新是企业永远的追求,这逼着我们既要引进金凤凰,又要培养自己的草根人才,做到两条腿走路”

在调研中我们了解到,除了借力引智,企业也注重在生产一线发现、选拔人才,通过企业内部培养机制塑造人才。永康鉴丰电子科技有限公司董事长黄建丰说:“企业引进高端人才固然重要,但也要未雨绸缪,如果哪天高端人才走了,技术研发是不是就要断掉。如果我们手里有一支自己的基层技术研发队伍,至少心里不会发慌。”在调研中我们了解到,许多企业都制定了员工学历提升奖励办法,鼓励员工参加高层次学历教育。比如浙江日升昌药业有限公司与华东理工大学合作,出资选派员工参加硕士研读。浙江花园生物高科股份有限公司 2017 年一年就选派了 3 名技术人员参加硕士教育,为企业培养了一批研发力量。又比如金东的浙江白马实业公司,主要技术人才都是自己在实践中培养成长起来的老员工。为了解决技术人才紧缺问题,不少企业还与金华职业技术学院等合作,开设人才订单班,定向培养企业所需人才。白马实业公司企业负责人向我们介绍,2018 年在金职院学生实训见习合作中,就发现了一个好苗子,老员工手把手带了一个月,该学生就已胜任机械制图工作,企业打算把他留下来,并为他以后继续深造成长为技术骨干提供支持。

从调研情况看,企业对人才工作有较清醒的认识,在引才、育才、用才、留才等各方面积极主动。但我们发现,影响企业内生动力的因素依然存在,主要有四个方面问题。

一是人才理念的问题。人才投入是最典型的“轻资产、高风险”投资,投入大、周期长、见效慢,不少企业主偏重于生产实践和经济效益,把大量资金投入到设备、厂房、原料等硬件上。永康世明光学董事长胡智宁直言:“引进人才搞技术创新过程太艰辛。如果让我重新选择一次,我宁愿去买断别人的科研成果,而不是把资金投入到引进人才、建设研发机构上来。”

二是政策受益面的问题。调研中不少企业谈到，目前政府的人才政策都很好、力度也很大，但很多政策举措面向的是院士、“千人计划”等高端人才。现阶段，多数的企业需要的是一些工程技术人才、高技能人才，极少数企业有高端人才的需求，一些政策受益面不宽，只是墙上挂挂，企业是看得到却够不着。

三是人才发展体制机制问题。调研中不少企业指出，人才评价和激励保障看学历、资历，重论文数量、获奖数量情况还是比较突出，分类评价体制尚不健全。一些企业急需的一些“低学历、高技能”的草根人才因缺少学历、职称，往往享受不到政策优惠。尤其在生活居住、子女教育、社保等方面的意见比较集中，呼声强烈。

四是人才工作市场化的问题。调研中很多人才谈到，目前，对人才服务以政府主导为主，政府充当着“管家婆”角色，而冲在一线，冲锋陷阵，从人才需求出发“换位思考”不够。一些企业主坦言，政府提供的人才服务内容很多，但有些不一定是人才想要的，而有一些人才想要的，政府服务事项里又没有。比如，高层次人才住房，政府的诚心很足、力度也很大，但毕竟房源有限，不少企业引进的高端人才只能排队等候。又比如，对高层次人才人文关怀类的服务偏少，缺少沟通交流的实体化平台，感到 8 小时外没有“生活圈”。横店集团人力资源部副总监张军说，高端人才到金华工作，除了工作、生活的孤单，还有学术孤单的问题，有的人才说，没有同层次人才交流，不能及时了解最新学术，感觉自己的水平从一流跌入了二流。

我们认为，人才工作是一项系统性、长期性工程。正如浙江省委车俊书记指出的那样，对面上来说，不是靠党委政府猛打猛冲一阵子就能做好的；对一家企业来说，也不是靠企业家头脑一热一阵子就能做成的。激发企业主体内生动力，关键是处理好“有为政府”和“有效市场”的关系，根据政府与市场的职能，将政府的主要职能转移到营造人才发展环境、建立人才市场秩序、监管人才市场服务等方面来。通过加快政府放权，逐步将部分政府人才工作职能转移给市场主体，以此来改善和加强企业育才、引才、留才的条件和氛围，政企协同、久久为功，引导创新成果到企业转化、优秀人才向企业流动，使企业成为引才、育才、用才、留才的主力军。

1. 要牢固树立人才第一资源导向

理念是行动的先导，企业主的人才理念影响着主体作用的发挥。要加强领军型企业家队伍建设，大力开展领军型企业家培训、多领域高层次论坛以及海内外考察实践等，锻造具有战略眼光和创新思维的企业家群体，支持企业引进和培育一支既懂技术又懂管理的现代化复合型管理人才队伍。要引导企业提高管理决策水平、优化股权治理结构、拓宽人才晋升空间，建立科学的内部激励体系。要加大人才工作宣传，树立人才工作典型，探索开展人才强企建设，将企业人才指标与经济指标捆绑考核，对考核排名靠前的企业在全市性大会上通报表彰，营造比学赶超的引才氛围。

2. 要建立市场化人才发展的体制机制

坚持需求导向、问题导向,充分发挥市场资源配置作用,让市场选择人才、评价人才、激励人才。要进一步健全市场化评价体系,总结推广信息经济网络“草根”人才评价、五大千亿产业工程师直评等制度,探索按照企业纳税额分配享受政府高端人才补贴的人才名额,将人才评定、职称评审权限下放给企业。要转变政策供给方式,进一步优化人才引进政策的顶层设计,既要紧盯“高精尖”人才,又要抓牢基础性、实用性人才,不断优化人才“金字塔”形的结构。要建立正向激励体系,将“政府引进人才、政府奖励人才”的模式转变为“市场主体引进人才,政府奖励市场主体”的模式,强化对企业的奖励和支持,对龙头企业实行“一企一策”“一人一策”,让企业当好引才的急先锋。

3. 着力搭建各层次人才创新平台

人才创业创新平台是人才挥洒才华的舞台。既要有大平台的支撑,也有要创新载体的同频共振。要借力金义科创廊道建设这个东风,争创省级金华“千人计划”产业园,对接省海外高层次人才联谊会合作打造电子信息研究院,争取国家“千人计划”专家联谊会设立长三角“千人计划”创业服务中心,为企业招引高端人才筑巢搭台。要围绕人才创业创新的需求,在各地建设一批孵化器、加速器、中试基地、公共技术服务平台,形成健全的创新生态。同时,要实行以奖代补,大力扶持企业引进成立重点研究院、院士专家工作站。探索支持企业发起、共同成立产业转型升级中心,集聚共享创新研发人才。

4. 全力打造最优人才生态

按照“政府引导、市场运作”的原则,逐步推进市场化、专业化的中介服务体系建设,以政府买服务的方式,为人才提供个性化、专业化的服务,增强工作的科学性和实效性。党委政府要分层分类落实人才服务,组织部门牵头抓总,但又不能照单全收,主要负责抓好高层次人才服务,人社、经信、科技等部门负责抓好产业人才服务。要结合“最多跑一次”改革,不断完善人才“金卡”服务制度,针对当前人才反映比较集中的住房、子女教育、社保等问题,加强人才专用房建设,逐步提高企业人才的社会保障水平,努力做到人才住房优先保障、人才子女教育优先解决、人才社保待遇优先提高。政治安排和评优评先向各类人才倾斜,真正让人才有成就感、荣誉感。

关于构建人才项目产业化服务体系的实践与思考

——以浙江省德清县的实践探索为例

□ 中共德清县委组织部(人才办)课题组

党的十八大报告提出,要"实施创新驱动发展战略""引导人才向科研生产一线流动""提高科学研究水平和成果转化能力"。党的十八届五中全会又做出"深入实施人才优先发展战略""加快建设人才强国"等战略部署。党的十八大以来,中央紧紧围绕两大战略部署,加速推进科技、人才与经济发展融合,特别是2018年以来中央先后出台了《关于深化人才发展体制机制改革的意见》《促进科技成果转移转化行动方案》等系列新政。

人才项目作为科技创新、人才引领、科研成果的结合体,是科研成果的直观呈现,更是连接科技与经济的桥梁。推进人才项目产业化,是促进产业结构调整、全面提升产业核心竞争力的决定性因素。当前,人才项目产业化服务及其体系构建,正逐步成为推进人才项目实现效益最大化、促进科研成果转化为现实生产力的重要因素。如何在创新驱动发展的新形势下,科学把握人才发展规律,系统研究人才项目服务,科学构建服务体系,提升人才项目绩效,值得各级政府关注和重视。

基于以上目的,我们开展了关于构建人才项目产业化服务体系的研究。

"产业化"在一般情况下定义为某种产业在市场经济条件下,以行业需求为导向,以实现效益为目标,依靠专业服务和质量管理,形成的系列化和品牌化的经营方式和组织形式。"人才项目产业化",是人才项目成长的最终目的,主要是指人才通过科学研究、技术创新、工艺优化等途径开发出具有实用价值的新产品、新工艺、新材料,并通过后续的试验、开发、应用、推广,成为有产值、有销售,实现盈利且良好发展的过程,是实现"科技"与"经济"结合的关键环节。本文所称的"人才项目产业化服务"是指在人才项目研发、生产、销售等产业化全过程中,政府和各类市场主体通过最优资源配置、专业服务等,为满足或催化人才项目实现产业化提供精准有效的服务活动总和。在研究过程中,调研组通过问卷调查、访谈座谈、实地查看等方式,较为全面地掌握和分析了全县人才项目产业化服务情况,采用对比研究、数据分析等方法,起草形成了课题调研报告。

一、德清县人才项目产业化服务的几个特点

2014年以来,德清县先后争取到国家和省级以上各类改革试点45项,勇于改革、奋勇争先的县域经济社会发展环境,为做好人才工作提供了强有力的保障。自2004年起吹响"人才强县"的号角,经过10余年的探索和实践,德清县已走出了一条德清特色的"人才强县"之路。当前,德清正努力打造人才生态最优县域,其在人才项目产业化服务中呈现的特点具有较强的代表性。

1.项目产业化服务环境更加全面化

人才项目成长具有生态化特点,其服务环境也呈现出全面化的新特点。在新形势下,德清县逐步改变了以往碎片化、随机化的服务模式。在县域层面,重点以人才集聚、作用发挥、平台提升、政策创新、创业服务"五位一体"人才生态优化工程为抓手构筑大生态。在人才项目层面,遵循"全过程、全社会、全要素"三大服务方针,即贯穿人才项目成长的"全过程",调配利用"全社会"资源,提供产业化所需的技术、资金、人才、政策、法律等"全要素"。以德清县高层次人才服务中心2015年服务情况为例,服务中心全年为83个人才项目提供各类服务132次(件),涉及21个部门、11个乡镇,服务领域贯彻融资对接、人力资源、后勤保障、产品推荐等人才项目成长各个环节(见图1)。

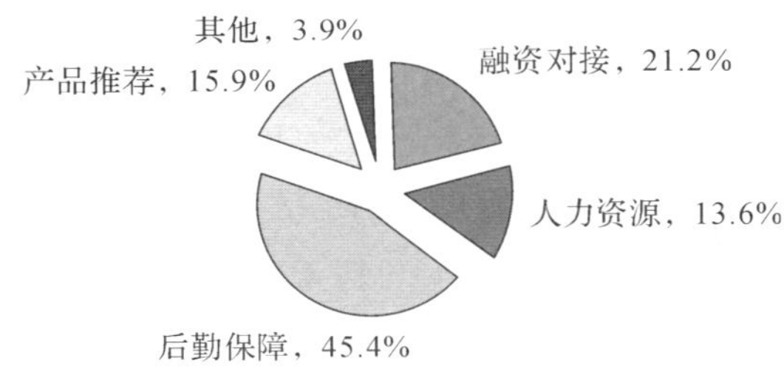

图1 高层次人才服务中心服务事项统计

2.项目产业化服务个体更趋复杂化

人才是项目的核心。随着经济社会的发展,各类高层次人才团队引育力度更强,项目种类也日趋多元化,高层次人才的来源呈现多样化特点。同时,项目的成长周期较长、变数较多,也对项目产业化服务提出了挑战。以"湖州市南太湖精英计划项目"申报为例,2008年申报种类为领军人才和创新团队两类,到2018年申报种类已细化到领军创业、创新长期、创新短期、创新团队、院士专家工作站五大类。全县112个市级以上领军人才项目,涉及电子信息、新材料、新能源、先进装备制造等12个产业领域,其中,领军人

才为外籍华人的有 19 个，占 16.96%，75.5%以上的领军人才都具有国外学习工作经历（含访问学者）。

3. 项目产业化服务供给更加精准化

以人才项目服务需求是服务体系最基本的制度安排，必须精准掌握、分类施策。从层次上来说，人才项目分为国家“千人计划”、省“千人计划”和“南太湖精英计划”等。从类型上来分，可以分为创业类项目和创新类项目等。截至 2016 年 10 月，全县共引育市以上高层次人才项目 112 个，其中创业类 62 个，创新类 50 个，涉及信息经济、健康产业、生物医药和高端装备制造等四大领域。110 个项目横跨 2008 年至 2016 年 8 个年度，项目成长速度不尽相同。要推进这些不同层次、不同类型、不同领域、不同时间的人才项目，实现产业化，势必需要个性化的“定制”服务供给。

4. 项目产业化服务队伍更加专业化

人才干部是人才服务队伍的骨干力量，其服务质量直接关系到人才项目的成长。浙江省提出打造最优人才生态环境，各地、市也纷纷提出为人才提供“店小二式”“保姆式”“妈妈式”服务。优质的服务需要专业的队伍、专业的干部来保障。以德清县为例，15 名镇（街道）、平台的人才工作联络员中，有 12 人为单位工办负责人，其余 3 人则具有金融、经济等相关专业背景，27 个高层次人才服务联盟成员单位中有 21 个单位安排了业务科室骨干担任服务专员（其余为办公室等综合科室），占 77.8%，这一系列人员安排，较好地保障了人才项目产业化服务的质量。

二、德清县人才项目产业化服务的实践探索

近年来，德清县大力实施“人才强县”战略，人才工作紧扣转型发展主线，人才工作持续为县域经济社会发展助力，人才项目产业化服务体系日趋完善。2012—2015 年，德清县市级以上创业类人才项目企业产值、销售、利税、利润连续 4 年位居全杭州市第一。2012 年、2015 年先后两次获得浙江省党政领导科技进步与人才工作目标责任制考核先进县称号。

1. 立足县域实际，科学打造政策机制

在制定出台涵盖创业场所、税收优惠、帮扶资金、生活保障等内容的《关于实施人才发展新政策的若干意见》这个“1”的基础上，会同相关部门商议出台了 18 项具体的服务配套细则，配合已出台的各类服务办法，形成“1＋N”系列政策体系。在体制机制方面，调整优化县委人才工作领导小组，建立镇、街道“一把手”不定期列席领导小组会议制度，定期召开服务人才专项例会，发挥各成员单位群策群力的作用，协调开展全县人才工

作。创新实施“一镇一品”人才工程,建立人才工作站,切实做好跟踪协调服务工作,确保重大项目、重点人才成功落地。在企业层面,实施人才服务“一企一策”机制。每年在全县规模以上企业和科技型企业中,遴选确定部分重点企业作为主体单位,帮助企业量身定制符合实际发展需求的年度推进计划书,充分调动资源和力量,不断提升人才工作服务水平。

2. 搭建平台载体,孵化人才项目成长

高起点、高质量规划,整合高新区、临杭工业区、科技新城等三大平台相关产业基地,依托总投资 3600 万元的长三角生物医药产业技术研究园、国内首家专业地理信息众创空间——地信梦工场、浙北单体面积最大的 4300 平方米众创空间——菁英部落等平台载体,抱团引才、组团服务,重点孵化生物医药、高端装备制造、信息经济等高端人才项目,为人才项目提供办公生产、税收减免、安居保障、生活津贴等全方位扶持。根据不同群体的创业需求,因地制宜地搭建各类项目承载平台,建设浙江“千人计划”德清产业园、省地理信息小镇、科技创业园等高端人才集聚园区,满足各类人才项目扩大再生产需求,引导中试成功、产能扩大的人才项目往产业匹配的平台发展,完善差异化、高端化、国际化的人才项目服务。

3. 配强人员资金,助推项目成长服务

实行“1+3”服务专员选派模式,为每个高层次人才项目安排 3 名服务专员。服务专员由不同岗位选派的一批懂经济、懂政策、善协调的干部担任,实行保姆式服务,协助解决创业创新难题,最大限度地提升项目落地速度。探索实施政府无偿资助和产业基金股权投资相结合的“拨+投”模式,进一步畅通金融“毛细血管”。提高政府“拨”的力度,实行资助扶持政策,主要面向高层次领军人才、产业紧缺急需人才和海外智力项目等给予 100 万~900 万元的资金资助和配套奖励。对国际顶尖创新团队、研究院等重大人才项目实行“一事一议”,给予最高 5 亿元资助。有效创新“投”的方式,整合科技、金融和相关平台资源,设立“人才引导基金”,在现有每年安排近 7000 万元人才发展基金的基础上,分层建立 2 个政府参股的人才引导子基金,健全“引导基金+产业基金+风投创投”人才投入机制,撬动社会资本投入,加快人才项目产业化。

4. 加强后勤保障,优化整体服务环境

在县级层面建立高层次人才服务中心,在高新区、科技创业园、“千人计划”产业园等高端人才集聚园区和各镇(街道)、平台开设高层次人才服务窗口,为各类人才提供子女就学、家属就业、项目申报等一条龙服务。特别是为到中国来开展技术项目合作的外国专家,开设外籍人才“一站式”服务窗口。依托高层次人才服务中心、服务联盟和高层次人才俱乐部,定期开展资智对接洽谈、项目路演、“创业导师团”帮带等活动。分两期建成

360套2.2万平方米人才公寓，深化高层次人才服务绿卡，为“千人计划”专家、省市有突出贡献中青年专家等高层次人才建立健康档案，开辟就医绿色通道，提供个性化诊疗服务，让人才享受优质医疗资源，解决人才创新创业的后顾之忧。

三、当前人才项目产业化服务中存在的主要问题及原因分析

项目产业化是人才项目成长的“最后一公里”，也是人才服务的关键一环。结合调研情况，我们认为，当前人才项目产业化服务亟须解决以下问题。

1.从思想认识上讲，人才项目服务意识不够全面

这主要表现在两个方面：一方面是主动服务人才意识还不强。部分人才工作者仅注重配合工作任务、听从上级指令、安排集中服务等，局限于碰到问题才相应地采取措施，开展协调服务、事项代办等工作，平时主动对接高层次人才、经常性沟通不多，缺乏自发性，主动意识没有确立，积极性不强。另一方面是服务意识有所偏颇。比如重“前期服务”，轻“跟踪服务”。在人才项目的引进和申报方面，基本上能把好“方向盘”，提供证照办理、申报书填写、附件材料准备、答辩集中辅导培训等服务，但在项目注册落地后，对发展过程中遇到的问题“跟踪服务”不到位，特别是没有实时跟踪掌握人才在生产生活过程中出现的问题和提出的意见建议。此外，“重经济，轻人才”的问题没有从根本上解决，有的地方和单位对项目还是停留在“看产出论成败、看税单论英雄”，对人才服务只是写在纸上、喊在嘴上，没有实质性的行动。

2.从人员队伍上讲，队伍结构和管理激励不够科学

调研发现，这方面主要存在三个问题：一是服务人员分散。目前人才服务专员和人才工作联络员都是由各镇(街道)、部门(平台)的干部兼职担任，主要工作精力还是放在自身本职工作上，缺乏专职人员。二是专业化程度不高。部分干部对人才政策没有吃透，缺少相关专业知识，与高层次人才交流沟通时存在“说不上话”的情况，只能提供低层次的一般服务。三是参与服务的激励性不足。对参与服务的群体没有一定形式的褒奖和激励，缺乏相应的激励机制，导致部分人员认为服务人才项目只是为了完成工作任务，对服务认识有偏差，对服务的整体满足感不强烈。

3.从资金扶持上讲，人才项目创业资金短缺问题较难解决

调查问卷反映，66%的人才企业对银行贷款、风险投资意愿不强，92.8%的企业将政府扶持列为首要资金来源，对银行贷款倾向于长期的无息或低息贷款(见图2)。资金是制约人才项目启动的主要短板。主要表现为：一是资金来源渠道少。现有的人才项目融资渠道比较单一，政府扶持和银行贷款是项目获取资金的主要来源，通过引入私募股

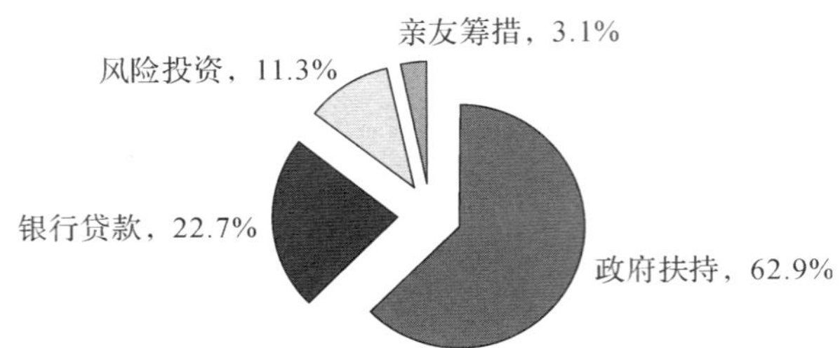

图2 人才企业融资意愿情况

(数据截至2016年8月)

权、风险投资的企业比重较少,资金渠道亟须创新。二是金融服务途径窄。人才创业项目多数是轻资产企业,向银行贷款时往往抵押物较少,银行对人才项目企业的授信评级也较低,由于制度顶层设计原因,专门面向人才创业项目的金融产品不多。三是政府扶持力度不够。部分项目前期筹备周期长,未能按照创业计划书的进度推进,根据评估结果达不到下一步拨付资金的条件要求,而资金短缺进一步制约了项目的推进,形成恶性循环。此外,政府对人才项目的资金扶持缺乏具体抓手,对金融机构、风投机构的服务“盲区”无法直接“补位”。

4.从保障服务上讲,政府服务与实际需求不够匹配

问卷调查反映,36.1%的人才对政府服务表示满意,54.6%的人才表示服务还有提升空间,9.3%的人才表示不满意,认为部分服务项目可有可无(见图3)。调查问卷反映出当前服务与需求不对路的问题。主要表现为三个方面:一是保障服务内容缺乏针对性。当前,各地都为高层次人才发放了“人才服务卡”,旨在为高层次人才开通注册落户、项目申报、子女就学、家属就业等方面的“绿色通道”,为人才的生产生活提供高效便捷服务。德清也发放了“人才服务绿卡”。但在实际操作过程中,不同的人才对子女就学、家属就业等方面有不同的预期,一旦人才需要涉及私立学校、私营企业等主体时,政府介入办法有限,针对性不明显,服务效果不理想。二是服务方式缺乏灵活性。如部分人才不愿意住高层次人才公寓,希望政府给予租房补贴让其自由择房,但在实践中租房存在较大的管理、服务漏洞,县区缺乏参照依据或较好范例,租房补贴标准难以确定。三是基

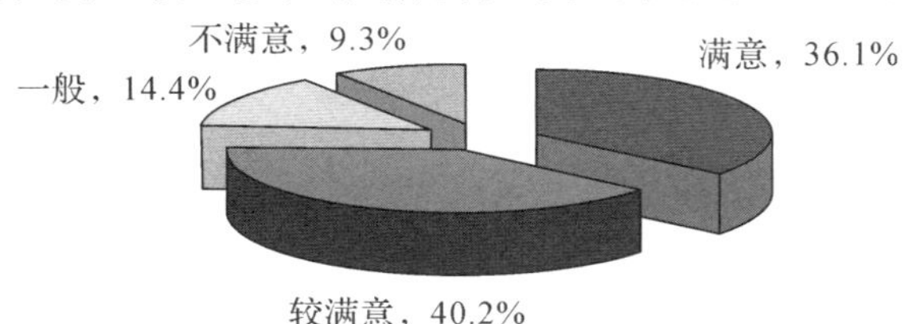

图3 人才项目政府保障服务满意度情况

(数据截至2016年8月)

础配套服务缺位。德清县高层次人才分布在科技新城、科创园、开发区和各镇(街道),集聚度不高,除了部分平台和镇区设立了公共自行车站点、园区微公交等公共交通方式,大部分镇区存在基础配套建设滞后的情况。

5. 从服务平台上讲,服务成效和作用发挥不够明显

问卷调查中,36.1%的人才表示从未在"一站式"服务平台办理过事项(见图4)。主要表现为:一是平台对外知晓程度还不够高。中心对外宣传力度不够,仅仅依靠举办、承办一些人才活动作为宣传载体,效果并不理想。而且中心选址相对比较偏僻,导致只有参加过相关平台活动和中心附近企业的高层次人才知晓。二是平台实际服务成效还不明显。一方面,人才项目所在的镇(平台)都有全程代理员帮助人才代办审批事项,使得高层次人才服务中心日常代办审批的作用发挥得不够好。另一方面,服务中心权限不足,往往成了"二传手",导致部分服务事项落实不到位,不能快速有效解决问题。三是引才桥梁功能还不突出。中心开展活动以被动式居多,形式多偏向于参观考察,且多数活动只是简单展示高层次人才服务中心的基本功能设置,真正坐下来开展洽谈交流的自主举办活动比较少,存在人才俱乐部、路演中心等场所利用率不高的现象。

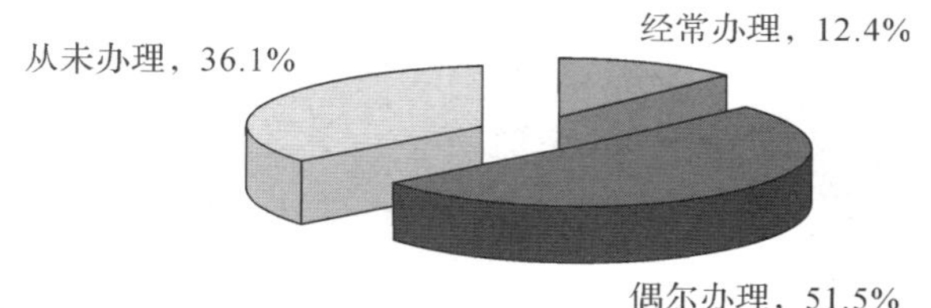

图4 高层次人才服务中心使用情况

(数据截至2016年8月)

深挖根源,才能解决问题。对以上问题进行梳理归纳,制约人才项目产业化服务有效性的有其主观原因和客观原因。从主观原因上讲,主要存在两个方面因素:在人才干部层面,主动服务意识和服务手段受制于人才项目产业化发展趋势,人才干部对经济工作相对不够熟悉,运用"有形之手"与"无形之手"助推项目产业化的方法还不够精熟。在人才自身层面,一方面部分领军人才精力不够到位,另一方面,尤其是在创业类人才项目中,部分领军人才对技术理论知识较为熟悉,但是对企业运营管理缺乏经验,制约了企业壮大和产业化进程的推进速度。从客观原因上讲,主要存在三个方面因素:一是项目成长周期。人才项目引进跟农业物种引进一样,都有一个"适应水土、落地生根、开花结果"的生长周期。个别项目本身的成长周期就比较长,产业化转化率相对较慢。二是市场现状制约。部分人才项目产品本身技术含量较高,产品可以实现量产,但由于消费者接受度不高,市场拓展难,导致产品很难扩大生产。同时,部分项目与区域产业结构不够匹配,没能形成上下游链条市场环境,也制约了人才项目成长。三是区域环境制约。

由于德清县临近上海、杭州的地域特点，部分企业将研发中心和孵化中心放在杭州、上海，将生产基地放在德清县，导致在德清从事研发的高层次人才集聚度不高，研发载体平台的承载力不足，缺乏带动整个产业的领军人才。

四、构建人才项目产业化服务体系的对策举措

为有效助推人才项目成长，加快项目产业化进程，我们认为要正视和分析当前人才服务中存在的问题和不足，切实转变思想，不断完善服务机制，构建持久化、人性化、效益化、优质化人才项目服务新体系。现从政府层面提出以下四点建议。

1.健全制度体系，树立服务导向

政府部门对人才的服务意识和工作态度、方式及效率是吸引人才项目最有力的“聚光灯”。一是完善党委(党组)负责制。坚持党管人才原则，完善党政领导联系高层次人才项目制度，把人才项目服务工作纳入党委(党组)重要工作内容，指导督促党委(党组)加强对人才服务工作的研究部署和落实。强化相关单位“顶层设计”，指导乡镇(平台)建立由“一把手”担任组长的人才工作领导小组，全面统筹辖区内人才服务工作。二是建立健全服务考核评价机制。针对基层镇(街道)、平台人才工作人员和服务专员，把人才项目服务与具体工作成效联系起来，采取平时考核、年度考核相结合和领导评议、服务对象评议相结合的方法，对人才项目服务人员的服务情况进行严格考核、科学评价，把人才服务工作成效与干部选拔任用相挂钩。三是营造支持人才发展的浓厚氛围。充分发挥组织部门特有的思想政治优势、组织优势和密切联系群众的优势，强化对人才项目服务工作的宣传和贯彻。想方设法抓住主体班次、专题班次等培训机会，有效利用党校或成校、中介机构，以及手机、电视、网络新媒体等培训宣传载体，大力倡导“人才强县”发展战略和“人才是第一资源”的理念，唱响服务人才“主旋律”，营造服务人才“新风气”，促使全社会重视人才工作、支持人才项目发展。

2.加强队伍建设，提升服务水平

人才工作者冲在人才项目服务工作第一线，是人才项目发展的“助推手”，人才工作者水平的高低在很大程度上决定了所服务项目发展的快慢。一是探索建立多元化的专业服务队伍。在历年引进的机关事业单位紧缺急需高层次人才和县管后备干部中择优选择法律、金融、环保、建设等专业干部担任项目人才服务专员。建立健全培训机制，定期举办人才项目服务专员“业务大讲堂”和心得交流座谈会，针对人才项目的专业特点和发展过程中可能遇到的实际问题，邀请生物、环保、金融、人力资源管理等方面的专家为服务专员进行基础专业知识的培训，让他们与高层次人才说得上话、上得了门、帮得

上忙，使“蜻蜓点水式服务”变成“内行专家式服务”。二是建立健全激励保障机制。对于承担重大项目、重点工作或完成特定目标任务的人才工作者，实施物质奖励与精神奖励相结合的奖励措施，更好地发挥激励作用。定期开展优秀人才项目服务人员评选表彰活动，增强人才工作者的荣誉感。三是试行市场化人才项目服务模式。鼓励引导条件成熟的镇(街道)、平台试行市场化人才项目服务模式，以政府购买服务的方式，委托中介机构为人才项目成长提供专业高效的服务，对运作管理成效明显的地方，给予表彰奖励。

3.深化平台建设，发挥服务实效

着眼为人才项目服务工作营造良好环境，把“管用高效”的高层次人才服务平台建设落到实处。一是开展标准化建设。建议省级层面出台高层次人才服务平台建设和服务标准，根据功能定位、实际特点分类设计不同窗口的具体服务标准，构建“一口受理、全程代理、一站办结”的服务机制。建立人才项目信息管理系统，对人才项目在居住、交通、子女就学、家属就业等方面的实际需求进行整理和细化。成立“高层次人才之家”，定期开展主题沙龙、资本对接洽谈会、人才座谈咨询会、创业导师团暨创业论坛等人才交流活动，创造温馨、便捷的服务环境。二是不断完善人才服务网络。组建人才高层次创新创业服务联盟，建立人才项目落地绿色直通车。推进镇(街道)、平台人才服务专区建设，在确定服务事项、规范服务流程、打通使用环节上做重点性指导，为高层次人才提供精细化、个性化、全方位服务。帮助基层人才服务专区建立服务架构，完善服务流程，开设服务热线，搭建县域范围纵横交错的人才服务网络。引导鼓励基层人才服务专区积极引入各类猎头、创投、科技等中介机构，为各类人才项目提供专业化个性化服务。三是建立提前介入人才项目机制。县高层次人才服务平台与各镇(街道)、平台间建立互通联动的运行模式，高层次人才服务平台提前介入在谈的高层次人才项目，从专利申请、项目申报、注册落户，到后续人才引进、企业融资、子女就学等需求，均由高层次人才服务平台跟踪开展“一条龙”服务工作，同时利用入驻中心的科技中介、人才中介机构的资源优势，主动出击，实现服务平台服务成效最大化。

4.拓宽融资渠道，强化服务保障

资金是限制人才项目发展的瓶颈制约要素，想让资金和人才在高度融合中产生聚变效应，首先要破解人才项目融资难的问题。一是加大金融政策扶持力度。建议省级层面建立健全国家、省“千人计划”等高层次人才项目企业的信用信息征集和信用等级评价体系，鼓励科技银行、商业银行等金融机构对符合条件的高层次人才创业融资，给予无须担保抵押的平价贷款。制定完善小微企业贷款风险补偿、税收优惠、贷款抵质押登记和评估等相关优惠政策，把有限的财政资金用在“刀刃”上，为不同的人才项目量身定制“全链条”金融扶持机制，给予各类人才项目“创业初期扶一把，关键时刻拉一把，成长时期推一把”的待遇。二是探索实施人才项目“拨＋投”模式。坚持人才投资优先保障，加大人才发展财政专项投入，加大优秀人才项目的资金扶持力度。探索建立政府人才引导基金或政府参股的子基金，对优质人才项目除了政府“拨”一次性无偿奖励补助外，鼓励人才引导基金给予相应的“投”，将政府获利部分让利于人才项目。三是加快撬动社会资本进入人才项目。建立政府、企业、社会多元化人才投入机制，推动银行等金融机构加大对人才项目的授信力度，促使银行从“惜贷”转向“多贷”。以财政投入大力引导风险投资、股权投资发展，鼓励更多社会资本投向人才项目，探索发展股权投资基金、私募基金、互联网金融、风险池等各类金融服务，以金融资金杠杆提高投入产出效率。

5.坚持党建引领，加大服务力度

人才项目服务涉及方方面面，要整合利用各方资源，因地制宜地为人才提供全方位服务。一是规范日常运行机制。组建企业人才工作联络员队伍，定期碰头分析，信息沟通常态化，交流梳理人才项目发展过程中遇到的问题和困难。实施人才办主任会商制，不定期召集人社、科技、经信等部门分析研判人才项目服务，会商解决方案。健全落实人才服务例会制度，商议落实人才办主任会商不能解决的问题和困难。二是发挥企业党员作用。利用企业党建平台，做好党员人才工程和人才项目服务结合文章，拓展企业“党员人才工作室”功能，新增人才项目服务事项，引导企业党员积极参与人才项目服务工作，鼓励党员为人才项目发展献言献策。三是调动各方力量参与人才工作。积极引导工会、妇联、文联、社科联等人民团体和政协、民主党派等力量积极参与人才项目服务工作。出台扶持各类人才中介机构发展的政策，鼓励和支持人才培训机构、人才引育中介以及从事国际人才交流的民间机构创新服务方式和内容，为人才项目提供个性化和多样化服务。

RENCAIDUIWUPIAN

人才队伍篇

2018 年浙江科技人才发展调研报告

□ 浙江省科技厅课题组

2018 年，按照浙江省委省政府“六个浙江”“四个全面”战略布局和“两个高水平”建设要求，科技部门以全面实施创新驱动发展战略为主线，以率先建成创新型省份和科技强省为目标，积极贯彻落实浙江省《高水平建设人才强省行动纲要》，不断深化科技人才发展体制机制改革与政策创新，着力破除制约科技人才发展的制度藩篱，大力营造具有活力、效率和开放性的科技人才政策环境，创造具有竞争力的科技人才制度优势，取得积极成效。

一、科技人才发展环境日益优化

（一）完善科技计划管理体制改革

一是深化“三评”改革。制定《关于深化项目评审、人才评价、机构评估改革的实施意见》，改进科研人才评价方式，统筹科技人才计划，科学设立人才评价标准，树立正确的人才评价使用导向，克服评价结果终身化。保障和落实用人单位自主权，推进人才评价领域“放管服”改革工作，调动用人主体的积极性，支持各类用人主体根据不同评价项目、人才群体，最大限度地自主开展人才评价。

二是深化科研项目管理体制改革。优化重点研发计划项目立项和组织实施方式，简化申报和过程管理，健全分级责任担当机制，强化项目绩效评价，着力把创新主体的活力激发出来，把创新主体的责任挺在前头，逐步形成政府部门立项、承担单位实施、专业机构评估的全程精细化、专业化、透明化管理体制。

三是改革科研项目后管理方式，从过程管理向效果管理转变。出台《关于进一步完善省财政科研项目资金管理等政策的实施意见》《浙江省科技计划专项、基金项目实施及经费管理使用监督检查办法》《浙江省科技计划（专项、基金）项目验收管理办法》《浙江省科技计划(专项、基金)信用管理和科研不端行为处理办法》《浙江省科技计划(专项、基金)科技报告管理暂行办法》等有关办法,探索科研项目管理新模式,探索推行首席专家负责制,赋予科研人员更大的人财物自主支配权和技术路线决策权,减少繁文缛节。

四是完善科研机构评估制度。落实法人自主权,推动科研事业单位制定实施章程,依章程管理,确保机构运行各项事务有章可循。根据科研事业单位职责定位,分类构建评价指标和方法,建立综合评价与年度抽查评价相结合的绩效评价长效机制。优化科技创新载体评价体系,整合省内各类创新载体,避免低水平、交叉和重复建设。

(二)改革完善人才激励政策

一是出台《关于实行以增加知识价值为导向分配政策的实施意见》,提出高含金量的改革举措。如:对考核合格及以上的单位,按规定增加一定比例的绩效工资总量;项目承担单位在统筹安排间接经费时,取消绩效支出比例限制;对科技工作成绩突出、科技成果转化显著的科研院所,可适当提高高级专业技术岗位结构比例、扩大横向项目经费等收入使用自主权等。

二是探索赋予职务科技成果所有权或长期使用权。对完成科技成果做出重要贡献的人员可给予70%以上的权属奖励。2018年浙江理工大学的一项技术成果通过作价入股的方式以1750万元的价格进行转让(其中成果完成人获得90%的股份奖励),是省属高校首例作价投资的成功案例。把科技成果转化和科技人才工作列入市县党政领导科技进步目标责任制考核,充分调动科技人员转化科技成果的积极性。

三是完善科技奖励和科研诚信制度。修订科技奖励办法,实行提名制,提高科技奖励标准。加强科研诚信建设,对学术不端行为零容忍。

(三)创新科技人才培育和引进方式

一是政产学研联合培养专业人才。前置专业学位研究生培养到企业,创立高校与政府、企业三位一体联合培养人才的新机制。根据企业提出的技术课题需求清单,以学校导师为课题责任人、企业导师配合指导、研究生团队为实施主体、联合培养基地为条件依托、政府支持企业投入并提供运行保障,形成了产、学、研深度融合与良性互动的专业学位研究生培养模式。联合培养基地以专业学位研究生工程应用能力的培养为重心,解决企业工程技术问题,为企业输送专业人才,实现高层次应用型专门人才培养和地方经济发展的双赢。如新昌县率先建立了具有示范意义的研究生联合培养基地,长期在新昌的高校研发团队从2014年的6支增加到目前的50余支。

二是加大对青年人才的支持力度。出台《进一步加强博士后工作培养高层次创新型青年人才的意见》,发挥政府引导与博士后设站单位主体相结合、人才引进与培养使用相结合、产学研相结合、人才项目与科技市场相结合的原则,引导各类创新要素围绕博士后人才集聚融合增效，有效激发青年人才创新创业活力。提高博士后青年创新人才支持力度，在各类人才培养计划中设立青年人才专项，提高青年人才入选比例。

三是构建海外人才集聚平台，加大科技人才国际交流与合作。会同省级有关部门制定出台《浙江省海外创新孵化中心建设与管理办法(试行)》，2018 年新建省海外创新孵化中心 6 家、累计 16 家，与超过 200 家海外相关机构建立紧密合作关系，累计引进落地浙江项目 276 个、科技人才 334 人。

(四)打造最优科技人才生态

以推进"两市两县两区"全面创新改革试验为契机，集聚优秀人才，全面打造最优人才生态。比如杭州余杭区因地制宜，科学设置招才计划，将招才纳入人才工作体系，明确各单位一把手为"第一责任人"，健全"种子仓—孵化器—加速器—产业园"接力式创新生态链条，以人才国际化工程、引才"十百千"工程、高层次人才倍增计划、人口年轻与结构优化计划工程为抓手，充分发挥全面创新改革试验区先行先试作用，积极招引优秀人才，促进当地发展进步。又比如杭州高新区(滨江)每年安排预算不少于 1.5 亿元，实施"5050"计划，吸引和保障海内外高端人才带技术、带团队落地创业，对"5050"计划的入选项目给予研发经费补助、创业发展资助、银行贷款贴息和房租补贴，2018 年滨江区发出全省第一张外籍高层次人才永久居留证，优化全区人才国际化生态，积极试点建设国际人才创业创新园，合作建成"Nihub"国际众创空间。

(五)引导科技创新创业和科技人才服务基层

一是引导和服务科技创新创业。加强孵化器、众创空间等创新创业平台与服务体系建设，加大政策引导深化教育改革，促进创新创业人才培养。科技人才教育中心、科技开发中心等联合地方科技管理部门、金融机构等举办科技创业人才投资训练营等活动，搭建创业辅导和投融资对接平台。

二是引导和支持科技人才服务基层。引导科技人才服务企业，创新政府科技资源配置方式，支持建设省级高新技术企业研发中心、省级企业研究院、省级重点企业研究院等企业研发机构，推进企业博士后工作站和院士专家工作站建设，促进科技人才向企业流动和聚集，引导科技人才服务地方。

三是引导和鼓励科技人才服务加快发展的地区。出台《关于深入推行科技特派员制度的实施意见》，引导和鼓励人才下沉、科技下乡、服务农民、抱团联合、因地派人，努力破解农村科技人才短缺问题，开启农业高质量发展的通道，着力打破小农经济与现代大生产之间的藩篱，加快促成浙江农村"一村一品、一镇一韵"的发展格局。

二、重大科技人才工程持续推进

(一)“千人计划”引进一批海外高层次人才

为大力实施人才强省战略,加快建设创新型省份,以人才集聚推动经济转型发展、科学发展,根据省委省政府《关于大力实施海外优秀创业创新人才引进计划的意见》、《浙江省“海外高层次人才引进计划”暂行办法》,浙江省实施了海外高层次人才引进的“千人计划”。围绕浙江省经济社会发展需求,面向海外引进从事创业创新,具有国际国内领先技术水平,或拥有自主知识产权、富有产业化发展潜力的科研成果,在浙江省经济社会发展重点产业、重点学科的学科带头人、科技领军人才和高层次创业人才。2018 年浙江省入选国家“千人计划”外国专家 20 人,位列全国各省(区、市)第一,省“千人计划”外专千人入选 48 人。

(二)领军型创新创业团队

根据省委办公厅、省政府办公厅《关于实施领军型创新创业团队引进培育计划的意见》《浙江省领军型创新创业团队引进培育计划实施细则(试行)》的要求,组织实施省领军型创新创业团队引进工作。重点围绕科技支撑经济社会持续健康发展和改善民生等创新需求,聚焦信息经济、节能环保、健康、高端装备制造与新材料等万亿级产业,引进一批引领产业发展、带动技术创新的领军型创新创业团队。2018 年遴选 25 个领军型团队,其中以企业为依托单位的创新创业团队 19 个,以高校和科研院所为依托单位开展基础研究的创新团队 6 个。从 2018 年对部分批次领军型创新创业团队的检查情况看,45 家在建设期内的团队新引进核心成员 64 人,共凝聚高层次人才 337 人(包括团队负责人和核心成员),其中院士 1 人(澳大利亚国家工程院外籍院士)、国家“千人计划”专家 52 人、省“千人计划”专家 55 人、国家“万人计划”专家 2 人、长江学者和国家杰出青年基金获得者各 1 人。产生了一批知识产权成果,申请专利 1005 件,其中发明专利 601 件,PCT 专利 53 件,主持制订各类标准 14 项。承接了一批国家和省部级科技项目,共获得省部级(含)以上项目 68 项,总经费达 29.7 亿元,其中国家级项目 24 项,累计经费 25.3 亿元,省部级项目 44 项,累计经费 4.4 亿元。获得了一批科技成果奖励。

(三)“万人计划”杰出人才、科技创新领军人才和科技创业领军人才

按照《关于印发〈浙江省高层次人才特殊支持计划〉的通知》要求,紧密围绕浙江省“十三五”期间对科技创新和产业布局要求,面向信息经济、节能环保、健康、高端装备制造与新材料等八大万亿级产业,根据实施《中国制造 2025 浙江行动纲要》、建设新型农业技术体系、强化科技支撑社会持续健康发展和改善民生等创新需求,遴选支持一批引领

浙江省学科建设和产业科技创新、推动产业发展和关键技术研发的杰出人才、科技创新领军人才和科技创业领军人才。2018 年共遴选 10 名杰出人才、60 名科技创新领军人才、25 名科技创业领军人才，其中 20%专项名额支持数字经济领域人才。

（四）国家创新人才工程

按照科技部《创新人才推进计划实施方案》及年度申报通知要求，积极做好国家创新人才计划初评、申报推荐和视频答辩等工作，近 5 年内共入选国家中青年科技创新领军人才 54 名、科技创新创业人才 73 名、重点领域创新团队 8 个、创新人才示范基地 6 个。

三、科技人才队伍建设取得新进展

科技人才是具有一定的专业知识或专门技能，从事创造性科学技术活动，并对科学技术事业和经济社会发展做出贡献的劳动者。浙江省科技人才队伍蓬勃发展，为提升浙江省的自主创新能力、促进产业技术进步、改善民生等做出了重要贡献。

（一）科技人力资源规模不断壮大

近年来，浙江省科技人才一直保持稳定增长态势，2018 年浙江省地方国有企事业单位专业技术人员数总量达到 107.4 万人，比上年增长 2.5%，是 2014 年的 1.1 倍。其中，工程技术、科学技术、农业技术和卫生技术专业技术人员数 41.5 万，占专业技术人员数的 38.7%（见图 1）。

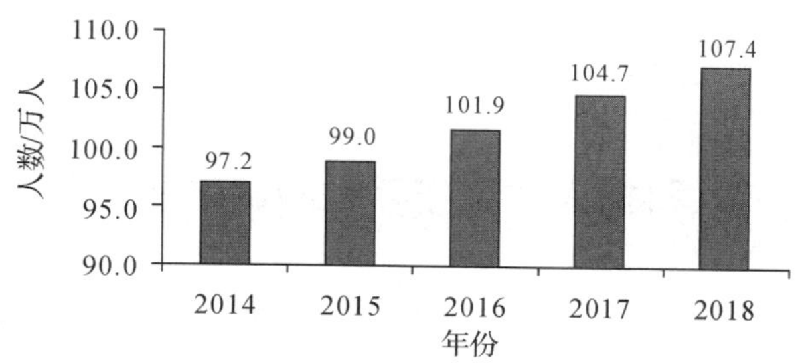

注：2018 年为估计数

图 1　2014—2018 年浙江省地方国有企事业单位单位技术人员数总量

资料来源：浙江省统计局、浙江省科技厅

（二）研究与试验发展（R&D）人员总数高速增长

R&D 人员队伍是科研能力和水平的重要保障，万名就业人员中 R&D 人员数量是测度 R&D 人力资源投入强度的重要指标，反映了科技人力资源的总体水平。近年来，浙江省 R&D 人员总量保持高速增长态势，数量和质量大幅提升。

2017年全社会R&D人员总量为39.8万人年，每万名就业人员中R&D人员为104.9人年，比2016年增加4.8人年(见图2)。其中企业R&D人员占83.8%，企业高层次创新型科技人才的数量及重点产业领域的人才数均有较大提高，为创新型省份建设提供了有力的人才支撑。

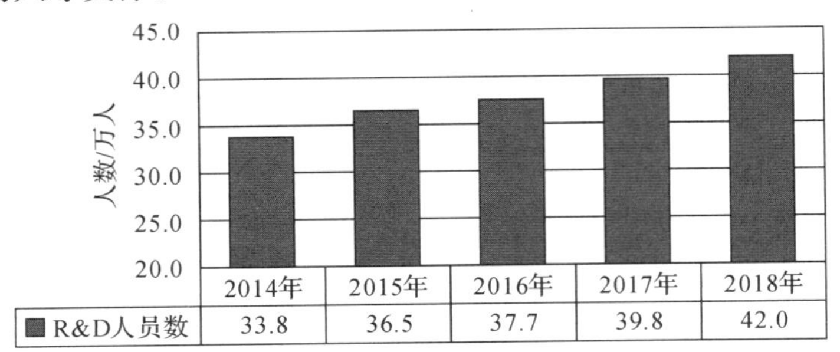

注：2018年为预估数

图2　2014—2018年浙江省R&D人员总量

资料来源：浙江省统计局、浙江省科技厅

(三)科技人才后备力量稳步提升

留学归国人才是我国高层次科技人力资源的重要组成部分。据估计浙江省每年出国留学人数在1.2万～1.5万人。随着省内经济的不断发展、创新创业环境的不断改善、留学人才回国工作鼓励和资助政策的推动，留学回国人员数量也在快速增加，九成左右的留学人员都回国就业、创业。

研究生是青年科技人才的重要力量，2017年浙江省在校研究生74404人，毕业研究生数量为18717人，呈现稳定增长态势。

四、科技人才工作存在的困难和问题

尽管2018年浙江省科技人才工作取得积极成效，但在工作中还存在许多困难和问题。主要体现在以下几个方面：

一是部分深层次问题尚未完全破题。绩效工资、职称评聘制度是高校和科研院所反映最多、存在时间较长、破除较难的一个“老大难”问题，严重影响了科技人员的积极性。

二是科技成果转化激励政策执行还不够到位。近年来，国家和浙江省都不断加大对科研人员参与科技成果转化的奖励力度。但在实际操作中，由于省级有关部门和科研院所没有出台相关实施细则，以及财政、审计等部门对成果转化评估结果是否认可等问题，科技人员还存有顾虑，持有观望态度，影响了科技创新的积极性。

三是人才的发展环境有待进一步优化。在如何帮助科技人才解决创新创业资金、技术等难题，完善众创空间、孵化器等平台服务机制，建立全链条服务体系、切实解决人才"关键小事"等方面，有待进一步创新思路、加大力度。

四是科技管理体制需要进一步完善。政府部门还在直接管理具体科研项目，项目专业管理机构的培育有待加快，如何进一步加强宏观管理和统筹协调，减少微观管理，努力提升各类科技计划项目的科研绩效，需要加大改革力度，推进政府职能从研发管理向创新服务转变。同时，科技创新政策与人才、经济、产业政策的统筹衔接还不够，政策体系化设计能力和精准化落实不足。

五、下一步科技人才工作思路和举措

科技人才是浙江创新驱动发展的"第一资源"，为实现省第十四次党代会提出的两个"高水平"建设目标，推动高质量发展提供战略支撑。下一步科技人才工作将在以下几方面持续发力，全力打造科技人才生态最优省。

（一）优化创新创业生态环境，服务科技人才创新创业

一是推进科技成果转化。深化国家科技成果转移转化示范区建设，着力构建浙江省技术转移转化体系。充分利用大数据和人工智能技术，加速打造集线上服务平台、线下服务中心和技术转移生态体系的"互联网＋"浙江科技大市场。继续探索"互联网＋"科技成果竞价（拍卖）模式，依托网上技术市场平台，实施场内电子竞价、网上动态报价等交易模式。

二是促进科技金融结合。使用好省科技成果转化引导基金，做好国家科技成果转化引导基金的争取工作，更好发挥财政科技资金的杠杆和引导作用。推动创业风险投资、多层次资本市场与科技企业的对接，推动浙江股权交易中心建立科技板。

三是打造知识产权保护最严最优省份。加快知识产权强省建设，深化知识产权领域改革，深入推进知识产权管理体制改革创新，严格知识产权保护，建立快速处理机制，完善知识产权维权援助和信用体系，提高知识产权质量效益，优化知识产权服务环境。

（二）深化人才发展体制机制改革，激发科技人才创新创业活力

坚持以放权松绑为核心，推进人才发展体制机制改革向纵深推进。以"最多跑一次"改革为牵引，深入推进科技系统办事事项的流程再造、数据共享，加强行政审批、事中事后监管和公共服务改革，全面推动机关自身改革。深入实施《中华人民共和国促进科技成果转化法》和新修订的《浙江省促进科技成果转化条例》，加快落实高校院所的科技成果使用权、处置权和收益权，激发科研人员创新创业活力。建立高校院所及其科研人员

的中长期目标考核评价机制，对有条件的科研院所探索实行按绩效考核挂钩方式给予财政支持，形成潜心研究、勇攀高峰、宽容失败的创新氛围。积极下放科研项目相关经费调整审批权，落实横向经费收入管理措施。落实以增加知识价值为导向的分配政策，健全以激励创新为导向的用人制度和薪酬分配制度，让科技人员各得其所，依法合理“名利双收”。

(三)推进科技创新平台和载体建设，为人才创新创业搭建平台

一是全力推进之江实验室建设。支持之江实验室用好政策、用好资金，抓紧引进一批国际顶尖人才、实施一批重大科技项目、启动建设若干大科学装置，推动省内高校院所与之江实验室开展合作研究，努力争创国家实验室。支持阿里巴巴集团和杭州市政府联合建设国家数据智能技术创新中心。

二是加快杭州城西科创大走廊建设。加快紫金港科技城、未来科技城、青山湖科技城建设，共建网络大数据协同创新中心、浙江知识产权交易平台，打造国际水平的创新联盟，加快建设具有全球影响力的信息经济科创中心、国家级创新策源地。

三是加快自创区、高新区、科技城建设。积极推进杭州国家自创区的政策先行先试和发展规划、空间布局规划的深化完善，全力推进宁波、温州国家自主创新示范区建设工作，加强高新区的提升发展。鼓励有条件的市县规划建设科技城，重点支持建设一批以高新技术为主导的特色小镇，打造区域创新平台，示范引领高新技术集聚发展。

(四)加大创新人才和团队引进培养力度，统筹使用国际国内人才资源

一是积极开展领军型创新创业团队引进工作。完善省领军型创新创业团队引进培育计划，鼓励高校、科研院所新引进的基础研究团队申报，新引进一批符合全省产业发展导向、创新路径清晰、创业成果显著、预期效益明确的领军型创新创业团队。

二是做好浙江省“万人计划”等人才工程遴选工作。做好浙江省“万人计划”杰出人才、科技创新领军人才和科技创业领军人才遴选工作。做好国家和省“千人计划”、国家“创新人才推进计划”等重大人才计划有关工作。

三是加强基础研究。更好发挥国家基金委联合基金的作用，加强省基础公益研究计划的顶层设计，在竞争择优基础上探索对优秀科研人员进行持续支持，提升杰出青年科学基金支持强度，稳定和壮大基础研究队伍。做好和社会团体等设立的联合基金的组织实施工作，引导社会力量加大对基础研究的投入。加大各类计划对青年人才的支持力度。

四是扩大人才对外交流合作。鼓励有实力的科技型企业在海外设立、兼并研发机构，就近利用当地科技人才，积极参与国际科技合作、国际大科学计划和有关外援计划，加强与国外顶尖科学家与团队的交流合作。

(五)加快科技型企业培育发展,积极引导创新人才向产业集聚

深入实施科技企业"双倍增"行动计划,加快建立科技型中小企业和高新技术企业的梯度培育机制,发展壮大高新技术产业的创新主体。力争到 2022 年,全省科技型中小企业和高新技术企业分别达到 6 万家、2 万家,较 2017 年翻一番。加强产业创新服务综合体建设,围绕战略性新兴产业发展壮大和传统产业改造提升需求,择优建设 300 家左右产业创新服务综合体。积极发展众创、众包、众扶、众筹等新模式,构建一批低成本、便利化、专业化、全要素、开放式众创空间,扶持一批新型科技企业孵化器,推进高新区科技企业孵化器全覆盖,打造"创业苗圃—孵化器—加速器"的创业孵化链条。在全球密集地打造一批海外创新孵化中心、海外人才离岸创新创业基地。抓好创新政策宣传培训,开展创业创新政策专题巡讲。

产业人才队伍建设和发展规律研究
——浙江的实践与启示

□ 浙江省人力资源和社会保障科学研究院、
浙江省人才发展研究院课题组

产业是经济发展的强大引擎,人才是产业发展的第一推动力。改革开放40年来,贯穿经济的一个重要主题就是产业化。从哲学层面看,我国产业发展成功的基本经验在于遵循了共性和个性相统一的基本原理,具体就是坚持生产力决定生产关系进程的共性规律,同时又尊重了独特国情省情背景,而且将二者进行了有效结合。一定的工业基础、巨大的国内市场、"无限供给"的低成本劳动力(包括广泛的产业工人和产业人才)、相对稳定的环境、后发优势等,构成了我国产业发展和推进产业人才建设的"背景优势"。在新一轮产业革命背景下,加强产业人才队伍建设和发展规律研究,基于产业化及其产业人才的共性规律,制定科学的产业化人才发展战略和相关发展政策,对于提高产业人才的融合发展能力、提高产业人才资源的市场配置能力、提高党对产业人才的引领吸纳能力、提升产业国际竞争力和促进"两个高水平"奋斗目标实现,具有重要的理论意义和现实意义。

一、推进产业人才队伍建设的理论依据和现实意义

习近平总书记强调,择天下英才而用之,关键是要遵循社会主义市场经济规律和人才成长规律。历史表明,一个国家在不同经济发展阶段所对应的增长模式和经济结构有其特殊性。在社会主义市场经济条件下推进产业人才发展,必须遵循市场配置资源的一些基本规律,如价值规律、供求规律和竞争规律等。同时,人才成长有其自身规律,离不开市场驱动、市场激励等外部环境条件,市场发挥作用要遵循基本的人才成长法则等。国内外大量理论研究认为,产业和人才发展具有正相关关系,即产业(经济)发展决

定人才发展，人才发展同时又是推动产业（经济）转型的比较优势，形成“产业—人才—更高产业”良性的螺旋式前进的发展规律。

（一）理论依据

1.人才是推动产业发展的根本动力

从人类社会发展的一般规律来看，生产力与生产关系的矛盾运动，是推动人类社会进步的动力。一方面，人作为生产力中最活跃的要素，人的能动性和创造性，推动了生产力由低级向高级演进，人力资本也经历了从低到高的积累过程，决定了产业结构的变化，促进人类社会从原始社会、农业社会、工业革命社会向后工业社会的发展。产业结构的转化本质是对包括物质资源、劳动力和人力资本等生产要素进行重新配置的过程。在农业社会，人力资本主要集聚在第一产业，随着工业革命的到来，人力资本开始从第一产业向第二产业转移和集聚。美国经济学家库兹涅兹的研究表明，劳动力从低效率的农业转向高效率的工业是推动经济增长的重要力量。当工业革命向后工业社会和信息社会发展时，这一阶段的人力资本又开始从第二产业逐渐向更高效率的第三产业转移和集聚。产业结构层次越高，对人力资本存量的要求相应也越高。人力资本积累的技术吸收和创新的融合性，使原来分工明确的产业组合成新的产业，从而推动产业结构升级。

2.人才结构是产业结构调整的基础

经济增长过程实质上就是产业结构不断升级的过程，这种转变的顺利实现要以人力资本的不断提高为前提。舒尔茨明确提出人力资本的基本概念。人力资本作为“个人拥有的能够创造个人、社会和经济福祉的知识、技能、能力和素质”，无疑是影响经济增长和产业结构升级的重要因素。产业结构的升级关键需要人才，人才的形成是人力资本投资的产物。罗默把生产投入分为物质劳动和人力资本，运用在生产模型中，并认为只有人力资本才能促进经济增长。卢卡斯使用更加微观的方法分析人力资本，在舒尔茨人力资本理论的基础上，结合索洛技术决定论的增长模型，最后得出专业化人力资本积累增长模型，认为只有专业化人力资本才能促进经济增长①。人才是生产力诸要素中最活跃的因素，一切生产过程都必须有人的参与，都必须有人的体力和脑力的付出。经济增长客观上要求物质资本要与人力资本相互适应。产业升级的过程，实质上是两种形式的资本在数量上增加和质量上提高的过程，也是两种形式的资本相辅相成、相互促进的过程。

① 杨瑞.人力资本与产业结构关系的述评[J].时代金融，2016(2):163-164.

3. 人才与产业结构匹配协调是高质量发展的重要保证

波特把生产要素分为基本要素和高级要素。其中,基本要素包括自然资源、地理位置、非熟练劳动力等一国先天拥有的要素,高级要素包括现代化电信网络、技能劳动力、先进技术等需要通过长期投资和后天开发才能获得的要素。在高级要素中,人力资本的消长是动态比较优势的决定因素。在从传统产业向新兴产业转型的过程中,人力资本配置也随着产业演进发生相应转移和递进,即人力资本结构(包括人力资本积累和配置)也有着逐步高级化的过程。高素质的人才不仅有助于提高经济系统的产出,而且有助于催生高技术及高技术产业,引导一般性资源流向高技术产业,促进高技术产业的成长,推动着产业结构的不断调整和升级[①]。

4. 人力资本存量、质量和结构通过影响产业结构进而影响经济增长

生产资料必须与劳动力按适当的比例配置,才能使生产正常进行,任何一种要素的不适当增加或使其闲置,都会造成生产率的下降。运用比较优势理论分析得出,分工提高了个人的专业化水平,从而加速个人人力资本的积累并促进经济增长的动态均衡过程。林毅夫等也强调,从产业随一国的资本—人力资本要素禀赋的提高而实现升级的重要性或微观角度可以说明人力资本与产业结构的关系,得出人力资本是产业结构升级的关键。研究表明,在生产力水平比较低的情况下,人才的数量产生的作用比较大,人才数量的充足可以弥补物质资本的不足,形成劳动密集型产业。当人的知识、技术、智力物化为物质资本中技术资本的量越来越多,人才的数量的作用开始下降,质量的水平开始发挥越来越重要的作用,生产结构也开始从劳动密集型产业向资本密集型和技术资本密集型产业转移。在产业结构的演变中,人才总是处于积极主动的地位。没有一定的人才数量和质量作基础,仅仅依靠体制改革、产业政策倾斜、产权关系的调整,很难带来生产要素与资源的优化配置,产业结构的合理化和高级化也难以实现。

5. 人才以市场配置为基础是产业发展和结构调整的决定性因素

产业结构升级的核心是人力资本的有效供给,产业转换速度是由人力资本的有效供给决定的。高的人力资本水平以及供给效率将促进产业结构的优化升级[②]。依据克拉克等的研究,产业结构转化本质上是物质资源、劳动力和人力资本等生产要素进行重新配置的一个动态过程,这一过程需要通过市场配置来实现。目前,不同国家和地区在产业结构上存在着较大的差异,其重要原因是各地资源禀赋和人力资本供给结构存在着差异。舒尔茨认为,人力资本是投资的产物,他把人力资本投资分为五类。在影响产

① 赵光辉.人才结构与产业结构互动的一般规律研究[J].商业研究,2008(2):34-39.

② 刘智勇,李海峥,胡永远,等.人力资本结构高级化与经济增长——兼论东中西部地区差距的形成和缩小[J].经济研究,2018(3):50-63.

业结构变动的供给因素中，劳动力、投资与人力资本有着密切的关系。充分发挥市场在促进人力资本整体水平的提高以及人力资本在产业间、区域间的合理配置和充分利用中的基础性决定性作用，增强人力资本投资意识、加大人力资本投资力度、大力发展教育事业、改善人力资本的产业和区域配置结构、加快经济增长方式转变、发挥人力资本效能、建立区域人力资本良性循环机制等，是产业发展和结构调整的决定性因素。

（二）现实意义

当前，全球经济面临重大挑战，国际贸易摩擦与竞争的核心是技术的竞争、创新的竞争和人才的竞争。因此，当新工业革命到来之时，如何加强产业人才队伍建设，以适应产业发展对人才的需求，是一个国家和地区保持核心竞争力的关键所在。

1. 产业人才队伍建设是发展现代产业体系的重要途径

现代产业体系是动态演进的产业体系。动态演进核心是人才具有的技术进步与产业创新能力，动态演进结果就是产业体系的不断自我更新、不断进行技术进步与新兴产业的诞生与发展①。在动态演进过程中重要的推动力就是产业政策制定、企业主体确立及相应人才投入支撑保障。现代产业体系是整体产业内容的转变、是整体技术与组织方式的转变，更是整个制度与人力资源体系的转变。这种转变不仅是面向未来基于知识与人力资本新的比较优势基础的、可持续科学发展的、先进的新型产业体系，也是供给侧结构改革的最终目标和中国经济与社会的和谐高质量发展长期可靠的目标。只有人力资本雄厚、创新能力强大，才能通过自主创新实现产业核心技术掌控，推动产品与服务的品质升级，实现人才链、产业链、价值链位置的高端化，进而获得具有较高附加价值收益的增长。没有产业人才优势，就不可能有产业优势，也很难形成现代化产业体系。

2. 产业人才队伍建设是转变发展方式的重要抓手

中国特色社会主义进入了新时代，基本特征就是经济由高速增长阶段转向高质量发展阶段。所谓发展方式转变，即推动我国经济转向高质量发展，不仅要把握国内外环境的变化趋势与历史性机遇，更要加快推动经济发展质量变革、效率变革、动力变革，提高全要素生产率，从要素驱动转向创新驱动。当前，支撑产业快速增长的成本优势日益弱化，能源资源和环境约束不断趋紧，传统粗放型发展模式难以为继，经济发展必须更多依靠技术进步和劳动者素质的提高。只有从“人才支撑”转向“人才引领”，从“数量追赶”转向“质量追赶”，从“要素驱动”转向“创新驱动”，才能推进产业价值链向中高端跃升，促进发展模式向绿色集约方向转型，才能实现发展方式的根本性转变。人才引领发展也是释放资源活力、激发增长新动力的必由之路。

---

① 芮明杰. 构建现代产业体系的战略思路、目标与路径[J]. 中国工业经济，2018(9)：24-40.

3. 产业人才队伍建设是转换增长动力的重要支撑

党的十九大报告强调:要加快发展先进制造业,推动互联网、大数据、人工智能和实体经济深度融合,在中高端消费、创新引领、绿色低碳、共享经济、现代供应链、人力资本服务等领域培育新增长点、形成新动能。根据经济发展新阶段的新特点,产业人才已经从经济社会发展的支撑要素转变为核心要素。纵观当今世界,国家核心竞争力越来越表现为对人力资本的培育、拥有和运用的能力上。只有吸引、集聚、培育世界一流的创新人才,才能赢得国际竞争的主动权、拥有创新驱动发展优势。只有完善人才发展机制,用好用活创新人才,才能突破资源禀赋、要素约束的限制,盘活和聚合资本、技术、信息等各种创新资源,促进人才链与创新链、产业链、资金链有机衔接,形成创新优势、科技优势、产业优势;只有加强产业人才队伍建设,从而形成"人才集聚—产业发展—人才驱动"的良性循环和具有高度创新优势的产业集群,才能真正把创新驱动发展战略落到实处。

二、浙江产业人才队伍建设的实践与成效

当今世界正处于大发展、大变革、大调整时期,国内外形势发生了深刻、复杂的变化。如果说浙江经济现在处于从高速增长向高质量发展转换的"攻关期",那么,推动产业人才高质量发展就是最主要、最关键的"攻关利器"。浙江紧紧抓住这一历史性机遇和挑战,推动产业人才队伍建设,在促进经济从高速增长阶段向高质量经济发展阶段转换的关口,在跨越的进程中,亮点突出、成效明显。

1. 坚持把握方向,实现产业人才与重点产业发展同频共振

把握产业发展方向,坚持"人才+产业"发展路径。紧跟产业调整、优化、升级步伐,根据产业发展规划,研究制订人才引进导向目录,突出培养和引进浙江现代产业体系发展需要的各类人才,走"人才带技术、技术变项目、项目融资本、实现产业化"之路。一是大力培养优势主导产业人才。根据省委省政府打造八大万亿产业的部署,编制了《八大万亿产业引才参考目录》。确定重点领域,结合产业需求、企业需求、创业需求,进一步明确引才重点和引才方向,推进引才工作提档升级,不断提高人才引进与产业发展的匹配度。从近几年来的就业弹性和年均值看,旅游、节能环保、信息经济、金融、文化和健康等产业新增就业人数较多,产业发展对人才资源具有正向拉动效应(见表1)。二是大力培育战略性新兴产业人才。坚持高端引领,重点开发新能源汽车、生物制药、新能源、新材料和节能环保等战略性新兴产业人才,依托园区规划建设好一批战略新兴产业园,完善以企业为主体的现代产业创新体系,为新兴产业抢占制高点、提升竞争力再添人才发展新优势。在数字经济"一号工程"推动下,信息经济高端智力资源不断集聚,信息经济人

才培育能力稳步提升，全省高等院校开设的信息经济相关本科专业点达377个，本科生在校生近12万人、研究生在校生0.9万余人。三是加快培养现代服务业人才。浙江三次产业比例由2002年的8.6∶51.1∶40.3，调整为2017年的3.9∶43.4∶52.7，第三产业从业人员占全社会从业人员的比重上升到42.0%，知识密集型和高技术服务业发展迅速。以现代服务业高层次领军人才和经营管理人才队伍建设为重点，统筹推进旅游文化、信息服务、现代金融等领域人才的培养，引领现代服务业高质量发展。

表1　2013—2016年浙江八大万亿产业从业人员情况

	2013年/万人	2014年/万人	2015年/万人	2016年			2014—2016平均就业弹性
				人数/万人	比上年增长/%	就业弹性	
全省	3708.7	3714.2	3733.7	3760	0.7	0.09	0.06
信息经济核心产业	106.2	106.8	105.6	112.9	6.9	0.37	0.12
健康产业	725.8	767.7	777.2	781.2	0.5	0.04	0.21
旅游产业	276.6	279.1	286.8	306.1	6.7	0.53	0.3
金融产业	65.7	68.4	73.7	79	7.2	1.2	5.53
规模以上节能环保产业	—	—	112.9	121.3	7.4	1.01	0.32
规模以上时尚产业	255.9	248.6	238.8	231.8	−2.9	−0.56	−0.54
规模以上高端装备制造产业	97.8	99.7	99	98.3	−0.7	−0.07	0.04
高新技术产业	155.6	156.9	154.3	160.9	4.3	—	—
文化及特色产业	—	141	144	148.2	2.9	0.22	0.18

数据来源：省统计局2017年调研报告《创新对浙江经济增长和就业增收的影响分析》

2.坚持探索创新，把产业人才作为增长动力转换重要法宝

“腾笼换鸟、凤凰涅槃”是新旧动能转换在浙江的具体表现，其深刻内涵就是通过创业人才创新驱动，对现有产业优化提升，换来新的产业、新的体制和新的增长方式，让有限的资源发挥更大的效益①。浙江始终把创新作为实现经济增长的道路选择、作为发展的第一驱动力，通过创新投入和平台建设实现新动力转换和发展方式转变。全省研究与试验发展经费支出占生产总值比例由2002年的0.72%提高到2017年的2.45%（居全国第6位），研究与试验发展人员总量（39.8万人）稳居全国第3位，全社会研究与试验发展人员达37.7万人年，每万名就业人员中的研究与试验发展人员达100.1人/年。“国千”“省千”人才分别达672和1970人。发明专利授权量增至2.9万件，每万人发明

① 盛世豪.从“腾笼换鸟、凤凰涅槃”到高质量发展[N].浙江日报，2018-07-19.

专利拥有量达19.7件,居全国各省(区)第2位。因而,近几年来,全社会劳动生产率、科技进步贡献率逐年提高(见表2),推动产业层次明显提升。

表2 浙江省创新发展综合成效

年份	全社会劳动生产率/万元	比上年增长/%	科技进步贡献率/%
2010	7.7	9.6	50.6
2011	8.9	7.8	51.5
2012	9.4	7.2	52.8
2013	10.2	7.7	55.3
2014	10.8	7.3	56.0
2015	11.5	7.6	57.0
2016	12.6	6.8	58.6

注:根据浙江省统计局数据整理

提高产业人才自主创新能力,推动经济增长方式转变到依靠科技进步和提高劳动者素质的轨道上来,是发展动能转换的基本路径。尤其是在新技术、新产业、新业态、新模式的"四新"和产业智慧化、智慧产业化、跨界融合化、品牌高端化的"四化"方面,以产业人才创业创新为支撑,成为浙江经济发展的有力驱动。

3.坚持企业主体,把产业人才作为高质量发展重要支撑

浙江民营经济发达,中小企业数量多、集聚度高;民间资本丰厚,具有较强的市场活力。发达的民营企业和丰厚的民间资本为产业人才的创业创新提供了广阔的空间。根据省统计局"2017年浙江规模以上工业企业创新情况"调查分析,当年规模以上工业企业中,开展创新活动的企业24878家,占62.3%,其中实现创新的企业22922家,占57.4%,88.0%的企业家认同创新对企业生存和发展起到作用,其中29.1%的企业家认为起到重要作用。在全球顶级网络安全大会——美国"黑帽子"大会上演讲的首个中国人范渊,带领团队把我国网络安全研究能力提升到世界一流水平①。获美国阿肯色大学医学院病理科医学博士学位的丁列明,带领团队成功研发出中国首个具有完全自主知识产权的小分子靶向抗癌药——盐酸埃克替尼(商品名:凯美纳),被誉为民生领域的"两弹一星"。海内外高层次人才的大批到来,打造了浙江人才"梦之队"。2016年浙江省新昌县列入省全面创新改革试验区,在全省率先开展产学研综合体制改革试点,目前该县已形成了一批国内乃至世界"单打冠军"。在高端装备制造、生物医药等产业中,有的企

① 苏靖,夏丹.浙江工业 美丽蝶变[N].浙江日报,2018-06-27.

业已成为国内行业的龙头，机械装备等智能化率达到70%，工业应用指数44.76，居浙江省第一。

4. 坚持平台阵地，把产业人才集聚辐射效应作为宝贵资源

产业平台是人才创业创新的重要舞台和空间，同样，人才创新要素集聚是推进产业发展的根本动力，两者相辅相成，共生共荣。浙江充分运用自身资源禀赋和比较优势，坚持"筑巢引凤"和"引凤筑巢"相结合，积极搭建各类人才发展平台，为产业转型升级提供有力的人才支撑。一是依托园区平台集聚人才。相比以往，浙江越来越重视"优化配置产学研用协同创新"：之江实验室落户未来科技城，并争创国家实验室；支持阿里巴巴集团创建国家数据智能技术创新中心；建成浙江大学、中国美院等5个国家大学科技园，鼓励高校院所建平台、办企业、促转化。杭州城西科创大走廊已成为全省人才最为密集、活跃度最高、增长速度最快的人才高地。依靠创新驱动的杭州高新区企业，人才需求旺盛，近些年来硕博人才引进数列全杭州各区(县、市)第一。大力建设杭州东部"人才港""科技港"的经开区，积极引进和培育科研水平高、带动作用强的海内外顶尖人才和创新团队，着力构筑一流人才高地，良好的发展生态环境，加快了高端企业和创新创业人才集聚。大江东产业集聚区以其独有的战略地位开启创新驱动发展新引擎，在靶向引才模式下大手笔全球"圈人"，一大批与大江东主导产业高度匹配的高精尖人才项目落地，加速产业、人才"双集聚"。宁波、嘉兴等科技城高水平推进高层次人才创业创新基地、创新人才培养示范基地建设，大力推进人才强园工作，把每个园区建成产业人才小高地，把每个企业建成引才聚才的活跃主体。二是围绕特色小镇形成人才集群。特色小镇的"特"，是浙江特色产业、新型城市化与"两美浙江"建设碰撞在一起的产物，是以集聚产业、人才、文化、旅游等为一体的新型空间、新型社区。特色小镇的建立，产业是根基，人才是核心。以优秀人才催生新兴产业，实现高层次人才、高科技成果、高新技术产业"三高联动"。目前全省已经形成2个省级特色小镇、106个省级创建小镇、64个省级培育小镇的梯度建设格局，集聚大批创业创新人才。三是培育孵化器辐射各类产业人才。大力发展众创空间、科技企业孵化器等多层次、全要素的创新创业孵化载体，为全面完善创新创业孵化链条，培育一批创新企业和人才，发挥了创新创业空间载体的辐射带动和引领作用。四是依靠重大项目、重大工程集聚人才。项目建设是快速引进资金、技术和人才的重要载体。通过实施高新技术企业"百企创强"培育专项行动、企业上市和并购重组"凤凰行动"计划等，加大高端人才引进培育等支持力度，促进企业成长壮大。通过培育专业化、国际化人才资源服务机构，规范推动人才服务，激发人才活力。同时，大力实施"浙商回归"等工程，顺应人才区域化、国际化的特点，围绕重点发展产业，在国内外重点地区建立一批引才联络站，聘请一批引才"大使"，开展一系列人才资本对接活动，着力引进一批优质投资项目和高端产业人才。

5. 坚持机制保障,把建设产业人才“宜聚”环境作为服务基准

一是人才规划。深入对接浙江省“十三五”产业发展规划,突出产业导向原则,精心编制“十三五”人才发展规划,统筹抓好各类产业人才队伍建设,不断满足产业发展的人才需求,推动产业结构优化升级。坚持聚焦产业转型发展,推进人才政策创新。根据《高水平建设人才强省行动纲要》等人才发展总体规划,高站位谋划人才优先发展布局,进一步完善人才与产业融合发展体系。二是政策创新。制定实施《浙江省高层次人才特殊支持计划》,修订特级专家制度,深化“院士智力集聚工程”,提高对院士、专家的支持力度。同时,制定进一步提升人才国际化水平、推进以知识价值为导向的分配制度改革、进一步加强党委联系服务专家的工作制度等,出台了涵盖人才培养支持、评价使用、流动激励、海外引才等政策文件,为实现产业人才发展治理能力现代化提供制度保障。三是优化环境。打造良好的发展生态是汇聚人才支撑产业发展的重要保障。积极推进“最多跑一次”窗口公共服务再升级。如杭州市以办理一件事“最多跑一次”为标准,整合人事档案、户口挂靠、毕业生就业、流动党员服务等窗口经办业务,形成前台窗口与后台支持的有机衔接,实现了“一窗受理,集成服务”。目前,高校毕业生就业协议鉴证、高校毕业生报到、高校毕业生就业调整、流动人员人事档案接收、流动人员人事档案转出、流动人员人事档案材料收集、为符合相关规定的单位提供档案查(借)阅服务、依据档案记载出具相关证明、为相关单位提供档案政审(考察)服务等九个事项,已实现了“最多跑一次”。良好的人才发展服务环境,使杭州成为近几年来全国外来人才流入最多的城市。

三、深入推进产业人才队伍建设的启示

作为东部沿海发达省份,浙江产业现代化发展较早,产业人才发展基础也较好,但产业人才发展水平,特别是关键核心技术创新能力同国际先进水平相比还有很大差距。主要表现为:科技创新还没有真正成为经济社会发展的内生动力,支撑高质量发展的源头供给能力不足;国际一流的科技领军人才和创新团队偏少,符合科技创新规律和产业人才发展规律的评价体系还有待健全;良好的产业人才创新生态和创新氛围还有待完善。为此,直面当前产业人才队伍建设中存在的问题,进一步转变思想观念,科学认识和遵循产业人才发展的基本规律,巩固提升以人才优势转化为产业发展优势,是建设人才强省和经济强省的战略重点。

1. 充分认识产业人才开发规律,把握人才与现代产业体系协同发展的关系

充分认识产业人才开发规律的主要意义在于要明确人才资源是建设协同发展的现代产业体系的关键支撑。产业对人才存在着强烈的资源依赖性,如制造业在研发阶段

需要高水平科技人才，在生产阶段需要高效率技术技能人才，在营销阶段需要高素质经营人才，各个环节都离不开产业人才的支撑。因此，产业人才队伍建设作为一个有机整体，一方面，要坚持高端引领，解决“顶天”问题。另一方面，要加强整体开发，解决“立地”问题。高端人才是人才队伍的领军力量，对所在行业领域发展具有引领带动作用。基础人才是人才队伍的主体力量，决定了人才队伍的“基本盘”。此外，产业创新需要跨界人才。真正的技术/产业人才是一方面能洞悉甚至参与前沿研发，从先进的科研成果中汲取养料；另一方面具备杰出的商业组织才能和百折不挠的毅力，能把前沿成果转化为可盈利的产业这样的人才。因此，要坚持有的放矢、因地制宜、人岗相适的原则，找准人才发展和产业发展的共赢点，促进人才引进培育与重点产业、重要领域、重大项目相结合，打造“引进一批人才、发展一大产业、培育一个经济增长点”的链式效应，根据产业链布局人才链、打造创新链，形成人才引领产业、产业集聚人才的良性循环。

2. 充分认识产业人才成长规律，把握有效市场与有为政府的关系

充分认识产业人才成长规律的主要意义更在于要明确人力资源是促进经济增长方式转变的根本因素。人才成长是一个人力资本不断积累释放的过程，人才在实践中成长是人才成长的根本规律。首先，在产业人才培养上，要突出培养重点，将适应经济社会发展需要的急需紧缺人才和适应未来发展需要的人才作为培养重点。要完善培养方式，坚持培养与使用相结合，加大岗位培养岗位成才力度，坚持在创新实践中培养产业人才。要改进培养内容，要突出培养产业人才的创新创业能力[①]。其次，要遵循人才成长规律，加大对产业人才的投入力度，树立人力资本投入是效率最高的投资理念。更好发挥政府引导、企业主体、市场主导的作用，充分调动社会各方面力量开发投入产业人才队伍建设的积极性，推动形成有机统一、相互补充、相互协调、相互促进的产业人才投入发展新格局。再次，要加快构建资源要素优化配置的有效机制，让市场在资源配置中起决定性作用，是实现产业人才队伍建设的内在要求。宏观调控和要素制约形成的“倒逼机制”，可以在经济结构调整、增长方式转变上发挥重大的革命性的作用。这种“倒逼机制”要求人才工作探索权力清单、责任清单，厘清政府和市场的职责边界。更好运用市场化手段，发挥企业、高校、科研机构等的主体作用，建立市场化人才引进、评价、激励机制，把产业人才发展的目标落实到体制、机制、法制的建设上，为推动产业和经济保持速度比较快、效益比较好、活力比较强的发展态势，提供坚实的长效的人才制度保障。

3. 充分认识产业人才价值规律，把握创新发展与有效使用的关系

充分认识产业人才价值规律的主要意义在于要明确改革和创新是转换增长动力的

---

① 孙建立. 把握人才发展规律 推动人才工作科学发展[J]. 中国人才，2013(9)：54-55.

重要支撑。人才价值在使用中体现,在激励中迸发和增值。对浙江来说,目前人才数量已经不是主要矛盾,关键是要优化结构、提升素质。我们要从重视人才数量向重视人才作用发挥转变,突出以产业需求为导向,加强产业链和人才链的连接,精准引才育才。不断优化产业人才供给质量,推动产业人才结构战略性调整,努力把产业人才数量优势转化为产业人才结构和素质优势。要紧紧抓住科技创新这个"牛鼻子",找准产业跨越发展的突破口,优化科技创新力量布局,强化关键核心技术攻关,加快重大创新突破和科技成果转化应用,在重大科技攻关实践中培养造就高水平产业人才。人才工作要坚持以用为本,最大限度发挥人才作用,实现人才价值。破除人才使用上的传统思维,打破区域、部门、行业、身份限制,可采取项目合作、技术顾问、挂职兼职、成果转化、远程教学等方式,变"引才"为"借智",把柔性引才的文章用活、用足。坚持不拘一格用人才,特别是在专业人才和特殊人才的引进上,要坚持不唯学历、不唯身份、不唯职称,看实际能力和贡献大小,唯才是举,真正促进产业人才的创新创业活力得到竞相迸发。

4.充分认识产业人才发现规律,把握人才评价与发展平台的关系

发现人才的关键是建立完善科学的人才评价机制。要遵循产业人才发现规律,尊重基础研究、技术创新、成果转化和产业化各个环节的创新活动规律,坚持以职业分类为基础,科学设计人才评价机制的总体框架,做好改革的顶层设计;要加快推进职称制度分类改革,完善符合产业人才自身规律和特点的分类评价标准;要按照社会和业内认可的要求,完善人才评价机制,规范评价程序、创新评价手段、理顺评价工作机制。特别是对待特殊人才要通过特殊方式进行评价,不能都用一把尺子衡量,提高评价结果的有效性、公认性,真正实现人才评价"用的评得上、评的用得上"。平台建设是产业人才高质量发展的主战场。要加快规划建设一批集聚高新技术、高端要素的载体,打造一批富有产业特色、人文底蕴和生态禀赋的特色小镇。加快引进和建设一批国内顶尖、世界一流的大院名所和重大科学装置,全力推动之江实验室和若干重大创新载体建设,加快杭州城西科创大走廊、国家自主创新示范区、沪嘉杭金科创走廊等大平台建设,建成"互联网+"世界科技创新高地。加快整合提升现有产业集聚区、高新区、各类开发区发展水平,实现人才、智力、技术等创新要素的快速集聚,让人才在园区企业、机构的重要岗位上挑大梁、唱主角,把产业人才资本引向创新发展的一线舞台。

5.充分认识产业人才竞争规律,把握统筹整合和营造生态的关系

新时代的人才竞争规律的关键是人才生态的竞争。要提高党管人才的统筹整合能力,完善齐抓共管新格局,理顺党委和政府人才工作职能部门职责,做到管产业就要管人才。必须持之以恒地坚持人才生态导向,持续努力、久久为功,着力营造"近悦远来"的良好人才生态。要继续以"最多跑一次"改革为牵引,从市场环境、产业环境、法治环境、

生活环境等方面综合施策，为人才提供全方位、全链条、全周期服务，再创人才体制机制新优势，营造人才发展新环境。要让人才引得进、留得住、用得好，还必须从人文关怀等方面下足功夫。以诚待人：各产业单位要用最大的诚意招揽人才，舍得拿出政策、拿出待遇、拿出位置、拿出平台来给人才，各地在项目扶持、职称评定、身份编制、配偶就业、子女教育等方面要给予产业人才特殊政策倾斜。以情感人：建立与产业高端人才联系制度，多与他们谈心谈话做朋友，了解和帮助人才解决工作上和生活上的实际问题，使他们心无旁骛、集中精力投入到产业发展中去。用心留人：要尊重和包容人才的个性，避免求全责备。积极营造鼓励创新、宽容失败的工作氛围，为人才改革创新扫清障碍，真正让想干事、能成事的都有机会获得发展、取得成功。

课题组成员：吴　玮　陈诗达

青年人才与城市共生发展研究
——杭州城市实证分析

□ 中共杭州市委组织部(人才办)课题组

青年兴则城市兴,青年强则城市强。世界城市发展史反复证明,人才,尤其是青年人才与城市发展具有共生共荣的紧密关系,人才兴旺则城市兴盛,人才凋零则城市衰落。当前,在改革发展的需求和压力之下,各大城市不遗余力地争夺人才,各显神通吸引人才,既形成了尊重人才、尊重创新的浓厚氛围,也在局部出现了某些"用力过猛""用力过偏"的问题。如何遵循人才成长规律、科学集聚青年人才、高质量服务经济社会发展,已成为各级党委、政府高度关注并着力解决的重大问题。

本课题以习近平新时代中国特色社会主义思想为指导,以发现问题、分析问题、解决问题为导向,综合运用社会学、政治学、管理学、组织学、行为学、心理学、统计学、现象学、解释学等学科方法。课题组先后赴上海、深圳、西安、成都、武汉等地考察调研,召开座谈会12次,采用无结构访谈法和问卷调查法对在杭工作的1030位青年人才进行了调研,尝试以青年人才与城市共生发展为中心语境,结合杭州招引青年人才的实践探索,探讨青年人才成长规律,对城市集聚青年人才提出工作思路和意见建议。

一、青年人才对城市发展的重要意义

(一)青年人才的内涵界定

1.青年的界定

青年是对人的年龄的界定,在不同时期,不同国家、不同组织、不同语境下有着不同的含义。目前,比较通行的有5种界定:联合国教科文组织界定为16～45周岁;中共中央、国务院印发的《中长期青年发展规划(2016—2025年)》界定为14～35周岁;中国国家统计局界定为 15～34 周岁；中国共青团界定为 14～28 周岁；中华全国青年联合会界定为 18～40 周岁。

2. 人才的界定

人才的概念相对宽泛，根据百度百科，人才是指具有一定的专业知识或专门技能，进行创造性劳动，并对社会做出贡献的人，是人力资源中能力和素质较高的劳动者。

3. 青年人才的界定

参照以上界定，结合杭州实际，本课题中的“青年人才”主要是指 40 周岁以下，具有相当于专科及以上学历或高级工及以上职业资格的人才，以及其他做出重要贡献、得到广泛认可的人才。

（二）青年人才的特点

1. 高成长性

青年人才具有很强的成长性，一个人在其青年时期取得成果和成才的概率最大。国外有学者对 435 位诺贝尔自然科学奖获得者的年龄进行统计发现，取得获奖成果最年轻的科学家只有 21 岁，259 人取得获奖成果的年龄在 25～40 岁，占总数的 59.54%。古今中外众多人才的成长实践也证明，青年时期是成才的关键期。马克思、恩格斯完成《共产党宣言》时分别是 30 岁、28 岁，屈原创作《离骚》时 23 岁，牛顿创立万有引力学说时 25 岁，达尔文创立物种起源理论时 29 岁，爱因斯坦提出狭义相对论时 26 岁。此外，还有人对哲学家、经济学家、军事人才等也做过调查统计，其结果都证明了青年期成才成名的现象是普遍的。

2. 高需求性

青年处于人生中的关键时期，他们从家庭步入社会，需求随着成长而日益广泛。马斯洛“需求层次理论”认为，人们的需求层次结构同所属国家的经济、科技水平，以及他们的受教育程度等直接相关。随着我国跨入新时代，人们对美好生活的需求日益增长，尤其跟随改革开放成长起来的新一代青年人才，对社交、尊重和自我实现的需求更为重视。具体而言，青年人才有强烈寻求社会交往的需要，其特征是逐渐从以血缘关系为重，转为以学缘、业缘关系为重，重构社会归属感。青年人才有着强烈的“成就需要”，渴望实现自身价值的最大化。这些需求成为最重要的内在驱动力，推动青年人才不断塑造自我、完善自我、超越自我。

3. 高选择性

马克思在名篇《青年在选择职业时的考虑》中谈道：“认真地考虑这种选择是开始走上生活道路而又不愿拿自己最重要的事业去碰运气的青年的首要责任。”青年人才作为同龄人中的佼佼者，富有激情、活力，可塑性大，他们既有选择的能力，又有选择的意愿。结合我们的实际情况来看，随着人才战略上升为国家战略，青年人才施展才华的舞台更加广阔，可选择的范围不断扩大，流动的意愿也不断加强。青年人才充沛的精力、丰富的新知识储备、活跃的创新意识，为其做出各种选择提供了保证，而现代社会中先进的媒介、快速的信息传播手段、海量的各类信息，又为青年人才提供了更多的机会与选择。

(三)青年人才与城市共生发展

1.城市为青年人才提供发展空间

城市是人类文明的标志。从世界城市发展史看，城市的演变不断丰富着人类对美好生活的想象。城市能够提高人类的生活品质，为人类提供更为优质、配套、便捷的人性化、多元化、丰富性的公共服务。城市作为优质基础设施和公共服务的聚集者，为处于人生转型中的青年人才提供了更加全面发展的空间。

2.青年人才为城市带来繁荣进步

青年人才作为活力充沛、蓬勃向上的社会力量，其在城市中的聚集为城市带来了繁荣、活力与创新。青年人才向城市的大规模流动，极大地推动了城市化进程，成为城镇化、工业化、现代化、信息化进程的先锋队和生力军，为经济社会发展提供了可观的人口红利和人才红利，促使城市进一步发展壮大。

3.青年人才与城市共生共荣

一方面，青年人才的聚集支撑了城市的产业体系，为城市经济发展提供支柱和主导；另一方面，产业集群规模效应，又加速了先进生产要素和优秀人力资源的集聚。一个城市的产业能够把有着相同追求、不同特性的人吸引在一起，这也是城市之于人类尤其是青年的魅力所在。

二、青年人才选择杭州的影响因素分析

(一)杭州市青年人才流动调查概况

1.研究方法

课题组对1030位在杭州工作一年以上的、学历为专科以上、年龄在40岁以下的青年人才进行了随机抽样调研，着重了解他们选择杭州的原因。本次调查采用无结构访谈法和问卷调查法相结合的方法，问卷中的题目采用李克特五点量表法进行测量和评价。无结构访问法是指在调查过程中调查者不依据预先设计好的问题询问受访者，而是围绕调研主题采用自由交流的方式了解受访者的内心活动和想法。本次调查共发放

问卷 1100 份,有效回收 1030 份,有效率达 93.64%。

2. 调查内容

课题组围绕影响杭州青年人才流动的主要因素来展开研究,对人才政策因素、就业和发展因素、政府治理因素、公共服务因素、人居环境因素、社会文化因素等六个方面 20 余项指标调查采集的数据进行相关性分析。

3. 样本信息

从受访者的年龄结构看,年龄在 22～35 岁的占 67.96 %,35 岁以上的占 27.19 %,22 岁以下的占 4.85 %(见图 1)。

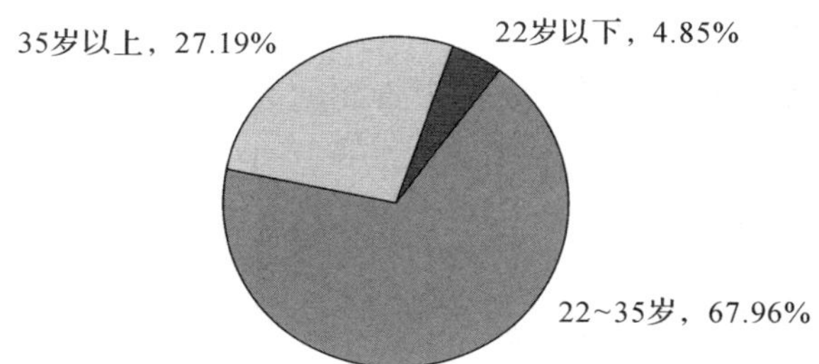

图 1　受访者年龄层次分布

从受访者的学历层次看，52.43%的受访者的最高学历为本科,17.47%的受访者最高具有博士学位,28.16%的受访者最高具有硕士学位,1.94%的受访者在海外获得学历(见图 2)。

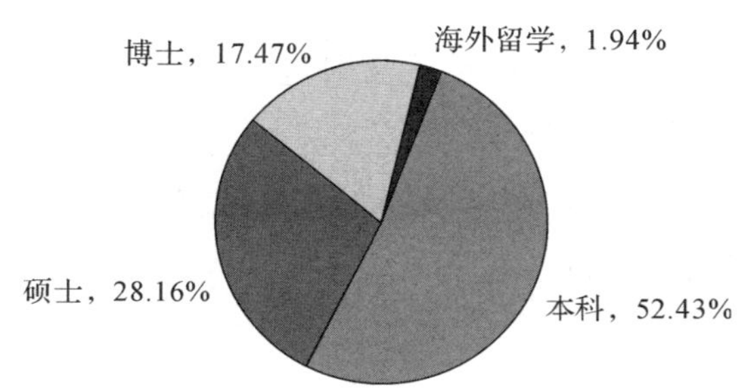

图 2　受访者最高学历分布

从调查行业看,受访者中从事互联网业的有 360 人,金融业 240 人,装备业 108 人,环保业 73 人,时尚业 86 人,健康业 48 人,教育业 45 人,其他行业 70 人(见图 3)。

(二)杭州市青年人才生态环境总体评价

调查显示,受访者认为杭州人才生态环境总体较好,与同类城市相比优势明显。大多数受访者对于杭州的人才生态环境表示满意。73.4 %的受访者认为杭州总体人才环境“非常好”或“比较好”。在与成都、武汉、西安、长沙等城市的对比中,52.2%的受访者

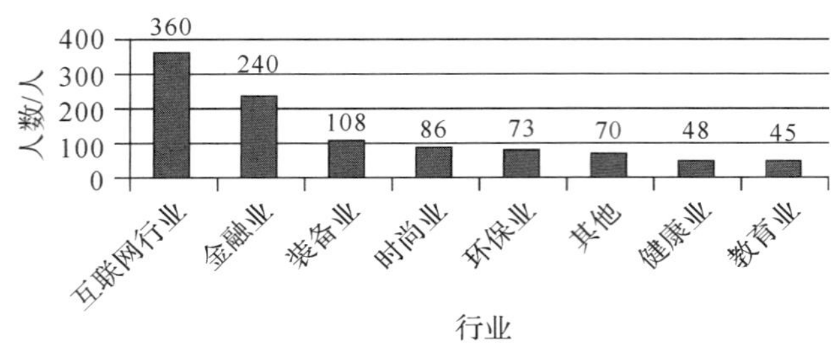

图3 受访者所在行业分布

认为杭州人才环境更具吸引力。

上述结果与猎聘网的大数据统计相吻合。根据国内中高端人才职业发展平台猎聘网《2018年杭州中高端人才及杭漂大数据报告》和《2018Q1中高端人才薪酬与流动大数据报告》,在2016年四季度至2018年一季度的全国15个重点城市的人才净流入率排名中,杭州人才净流入率排名第一。

(三)杭州青年人才流动的影响因素分析

1. 人才政策因素

近年来,全国各大城市纷纷出台招才引智政策,优待力度不断加码。互联网大数据显示,关注热度排名前八的人才政策主要集中在深圳、上海、杭州、西安、成都等城市。调查中,84.3%的受访者认为杭州的人才政策令人满意,尤其是2015年以来杭州接连出台的"人才新政27条"人才"若干意见22条""全球聚才十条""开放育才六条"等一系列含金量较高的政策,受到广泛好评。在对杭州引进人才政策进行评估和满意度调查时,55.2%的受访者对人才政策表示"比较满意",21.6%的受访者表示"非常满意",50.8%的受访者认为杭州人才政策"非常健全",38.6%的受访者认为"比较健全"。数据表明,青年人才选择城市时对人才政策特别关注和看重。

2. 就业和发展因素

本次调查对象中,外地来杭就业的比例较高。58.1%的受访者家乡在省外;1.94%的受访者具有留学经历,在国外取得最高学位;57.9%的受访者毕业于市外的高校。调查中,60.3%的受访者表示选择来杭的主要原因是"能提供优良的个人发展平台",70.2%的受访者看中"民营经济发达,创业就业机会多",45.5%的受访者看中"互联网带来更多就业机会"。数据表明,强劲的数字经济产业、发达的民营经济和可预期的事业发展空间是吸引青年人才来杭的重要因素。

3. 政府治理因素

政府治理因素是杭州吸引青年人才的一大亮点。71.6%的受访者对杭州政府的综合治理能力表示“非常满意”或“满意”，67.1%的受访者对政府简化办事程序表示“非常满意”，59.4%的受访者认为杭州政府机关办事效率“非常高”。在二级指标中，受访者对杭州政府公平公正、政务公开等方面的指标上给予较高分值。这表明“最多跑一次”的改革卓有成效，成为吸引青年人才来杭的主要助力之一。

4. 公共服务因素

良好的公共服务也是青年人才选择杭州的因素之一。75.2%的受访者对杭州的整体公共服务表示“非常满意”或“满意”。在二级指标中，56.7%的受访者对杭州丰富多样的公共服务表示“非常满意”，78.2%的受访者对杭州的公共安全表示“非常满意”。这一数据与“2015—2016 年中国公共服务十佳城市”的评比结果相符合（杭州以 79.68 分夺取 15 城市公共服务满意度榜首）。值得注意的是，有 51.3%的受访者对杭州的养老服务表示“非常满意”，这表明尽管青年人才处于人生的黄金期，但是仍然把父母的养老和自己未来的养老纳入职业规划的总体考虑中。

5. 人居环境因素

调查显示，青年人才对于居住环境和居住成本十分关注。77.5%的受访者对于杭州的人居环境整体表示“非常满意”或“满意”。其中，杭州的绿化覆盖率、人居公共绿地面积及环保占 GDP 的比重等二级指标分值较高。30.5%的受访者在访谈中表示，杭州街头无处不在的公园、花园，配套设施完善的公共活动区域是吸引其留杭的因素之一。57.6%的受访者对杭州的居住条件表示满意，但 58.4%的受访者认为杭州住（租）房成本过高，对其生活造成了压力，影响了居住体验。

6. 社会文化因素

城市的文明程度、文化氛围是青年人才选择城市的重要考量。74.7%的受访者对杭州的文明程度给予积极评价，72.3%的受访者对杭州市民的素质“非常满意”。调查中，杭州的“最美现象”和礼让行人等文明行为让众多受访者感受到杭州是一座包容的、有温度的城市。55.4%的受访者表示杭州作为历史文化名城，文脉悠长，底蕴深厚，对自己有较大吸引力。通过线性回归分析发现，社会文化因素对青年人才选择具有较显著影响，43.2%的受访者将社会文化因素作为来杭工作的原因。在二级指标中，影响最大的因子是丰富的文化生活，特别是西湖景区免费开放让众多青年人才感受到了杭州城市的开放与友好。杭州独特的社会文化资源成为青年人才选择杭州的重要加分项。

综上所述，良好的人才政策和制度环境、广阔的就业前景、高效的政府治理能力、优质的公共服务、良好的人居环境、悠久的历史文化，构成了青年人才选择杭州的主要原因。

三、杭州引育青年人才的实践探索

习近平总书记指出:“青年强则国家强。全党要关心和爱护青年,为他们实现人生出彩搭建舞台。”浙江省委书记车俊强调,要抓好青年人才的培养,鼓励“小年轻”挑“大担子”、干“大事业”。杭州市委书记周江勇要求,以超常规举措做好青年人才工作,让更多有梦想的青年人才愿意生活在杭州、工作在杭州、发展在杭州。近年来,杭州市着眼做大青年人才基本盘,根据青年人才主要特点和成长规律,改革青年人才引育路径,吹响了青年人才集结号。据猎聘网大数据分析的结果,2018 年前三季度杭州人才净流入率为 10.32%,继续保持全国城市首位,流入人群中 40 周岁以下的占 94.48%,杭州对青年人才具有较大吸引力。下面介绍杭州在引育青年人才方面的主要探索。

(一)树立科学工作理念,推进新时代青年人才工作

进入新时代后,人才工作领域的广度、深度有了很大提升,更加要求以科学的理念指导、推进人才工作。杭州始终坚持“清醒、坚定、有为”,以“更新与坚守”在变与不变之中,确立科学的人才工作理念。一方面,根据人才工作的新变化、新发展,不断更新、优化人才工作理念。2015 年率先提出打造人才生态最优城市,以人才生态的系统优势延揽人才。2016 年提出打造人才生态的产业、政策、营商、社会、宜居等五大环境,突出人才生态系统中人才感知度和关注度最高的重点环节。2017 年提出“以一流环境吸引一流人才、以一流人才建设一流城市”,人才和人才生态的互动关系进一步清晰,人才生态观基本形成。2018 年提出“所有提升城市品质的工作都是人才工作”的“广义人才工作观”,致力于打造“热带雨林式”的人才最优生态。这一提法呼应了中央和省委的要求、呼应了杭州经济社会发展的实际、呼应了广大人才的关切,标志着杭州人才生态观的深化提升。另一方面,根据人才工作的内在规律和逻辑,坚守人才工作的基本判断。坚持抓人才工作就是抓生产关系,围绕经济社会发展配置好人才要素,优化生产关系,解放和促进人才这一生产力中最活跃的要素。坚持抓人才工作就是抓制度供给,“制度是对实际生活中已经存在的需求的响应”,要通过提供制度这一公共产品,为人才及其相关活动提供效率最高的行为规则。坚持抓人才工作就是抓长期投资,人才工作是长期投资、长效投资,一定意义上也是风险投资,不以一个项目成败、一笔投入产出论英雄,要有静待花开的定力。

(二)坚持党管人才原则,引导青年人才爱国奋斗

青年人才既是城市的未来又是祖国的希望。杭州把对青年人才的政治引领和政治吸纳作为党管人才的重要内容,切实抓紧抓好。根据中组部、中宣部和省委组织部、省委

宣传部的部署要求，在全市知识分子中开展“弘扬爱国奋斗精神、建功立业新时代”活动，在活动中突出青年人才群体，组织青年人才认真学习习近平新时代中国特色社会主义思想，深入研讨爱国奋斗精神，立足岗位建功立业。举办“爱国奋斗”主题教育理论学习班，引导广大青年人才坚定“四个自信”，增强“四个意识”，把个人理想自觉融入改革发展事业。选树青年人才典型，发挥典型榜样的示范带动作用。印发《关于加强在高知识群体中发展党员工作的通知》，优化“五个一”工作机制（开展一次大摸排、组织一次大谈心、建立一份大名单、举办一次大培训、进行一次大督查），加强在青年人才中发展党员工作，突出青年党员的典型挖掘、培养使用和作用发挥。

（三）构建人才政策体系，加大青年人才支持力度

人才政策是人才工作的风向标。自 2015 年开始，杭州市坚持系统谋划、重点突破，持续推进人才政策创新，着力构建领先全国的人才政策体系。2015 年，出台《杭州市高层次人才、创新创业人才及团队引进培养工作的若干意见》，即“人才新政 27 条”，创新提出人才分类认定办法，分类认定人才，分层给予保障。2016 年，出台《关于深化人才发展体制机制改革完善人才新政的若干意见》，即人才“若干意见 22 条”，在市场化的人才评价、人才激励、管理服务、职称评审等方面提出改革意见。2017 年，出台《关于加快推进杭州人才国际化的实施意见》，围绕外国人才引进和本土人才国际化培养，提出“全球聚才十条”“开放育才六条”等政策。在以上政策制定过程中，特别考虑到了青年人才的实际需要，有意识地向青年人才倾斜。比如，“人才新政 27 条”分类认定中开设偏才、专才认定通道，为青年人才脱颖而出预留窗口。再比如，人才“若干意见 22 条”中提出向新引进到杭州工作的应届毕业硕士发放每人 2 万元、博士每人 3 万元的一次性生活补贴。这项政策自 2017 年 5 月 31 日正式启动，截至 2018 年 10 月 31 日，已累计拨付补贴约 6.4987 亿元，惠及硕士以上应届毕业生 32032 人。还比如，人才国际化《实施意见》中提出外国人才在杭可享受在华永久居留、出入境签证、居留许可、口岸签证等七项出入境便利政策，为外国青年人才来杭发展创造了有利条件。此外，杭州市全球引才“521”计划特别增设青年人才专项，2018 年新评定市“521”人才中青年人才占比达到 68.3%。

（四）发挥市场主体作用，释放青年人才资源活力

发挥市场在人才资源配置中的决定性作用是人才体制机制改革的核心要义。杭州市场经济发育较好，民营经济发达。近年来，杭州坚持政府引导、市场运作的改革方向，引导全市上下充分发挥市场主体作用，有效激发青年人才的活力。充分激发用人单位主体作用，总结企事业单位聚才用才“十法”，发挥阿里巴巴、万向集团、海康威视、华鹰控股等龙头企业用才聚才示范作用。指导成立市信息经济人才协会、市金融人才协会、市旅游休闲人才协会、市文化创意人才协会和市人才猎头专业委员会等系列人才协会，有

序承接政府转移职能。成功创建国家人力资源产业园和国家首个国际人力资源产业园,吸引荷兰任仕达等一批国际知名人力资源企业落户杭州,设立500万元人力资源服务业发展资金。探索"人才＋项目＋资本"有效路径。杭州市本级设有创业投资引导等3只基金,投资人才项目349个、金额近50亿元;引导民营资本设立各类基金2844只、规模达3080亿元;设立5000万美元的市跨境风险投资引导基金,为青年人才创新创业提供了强有力的金融支持。目前,全市市场主导的创业活动平均每天有10场以上,涌现了以赛伯乐基金、贝壳社孵化器等为代表的集聚人才的市场主体。

(五)举办系列品牌活动,吸引青年人才来杭发展

高质量的人才活动对于提升城市的知晓度、美誉度和影响力至关重要。调研中,我们发现外地青年人才对杭州的了解远远没有想象中的高,因此"酒香也要勤吆喝"。2018年杭州通过"市场＋政府"分别在上下半年举办两场品牌人才活动,吸引了全国乃至全球青年人才的关注,集聚了人气、扩大了影响。上半年,支持云栖基金会举办"2050大会"。"2050大会"是志愿性、公益性青年聚会活动,以"追逐早上八九点钟的太阳"为愿景,吸引2万余名全球科技青年来杭州团聚。下半年,以政府为主体着力打造"一会一赛"海外引才"金名片"。"一会"即杭州国际人才交流与项目合作大会,自2009年起每年举办;"一赛"即创客天下·杭州市海外高层次人才创新创业大赛,自2015年起每年举办。2018杭州国际人才交流与项目合作大会,更加突出"国际性、市场性、高端性、实效性",安排了8大板块114项人才活动,5.2万人参加,其中97%以上是青年人才。开幕当天有3.7万人参加主会场活动,比上届增长516%。8200余人次进行项目洽谈,达成合作意向758个,比上届分别增长45.7%和51.6%。大会共签约人才项目263个、金额43.49亿元,比上届增长38%和48%,受到社会各界的广泛赞誉。

(六)聚焦高教科研资源,提升人才引育平台能级

高端教育科研平台兼具"磁吸效应"和"溢出效应",既能够集聚人才,又能够培育人才。杭州积极推进"三名"建设工程,出台《关于"名校名院名所"建设的若干意见》。计划用10年时间,引进世界一流大学建设1所独立法人的中外合作大学;引进5所以上国内一流大学来杭建设分校、校区或研究生院;引进建设20个高等教育层次的非独立法人中外合作办学机构或中外合作办学项目;引进国内外优质高等教育和科研资源或世界500强企业建设30个高水平科研院所。"三名工程"实施以来,进展顺利。2018年2月,教育部正式批准设立西湖大学。西湖大学是社会力量举办、国家重点支持的新型高等学校,由中科院院士施一公担任校长。西湖大学从发起倡议到正式设立,只用了3年不到的时间,创造了"杭州速度"。教育部评价西湖大学"开创了中国高等教育改革发展之先河"。目前,西湖大学面向全球引进了88名高端学术人才,其中国家"千人计划"青年人

才7名、省“千人计划”专家6名、市“521”计划专家5名，与浙江大学、复旦大学联合招收博士研究生139名。阿里达摩院成功落户杭州市余杭区，目前已经形成了一支100余人的青年人才队伍，其中高端人才50余人。西湖大学、阿里达摩院已成为杭州市引育青年人才新的增长极。2018年4月，杭州市政府与中国科学院大学签约共建国科大杭州高等研究院，杭州又添一重量级的青年人才引育平台。在推进“三名工程”的同时，积极赋能各类人才平台，2018年新设国家级博士后工作站8家，省级博士后工作站13家，引进76名博士后研究人员。支持引导众创平台建设，累计培育创建特色小镇65个，国家级众创空间和国家级孵化器分别达到35家和30家，国家级高新技术企业研发中心662家，居全国前列。

（七）深挖高校学生富矿，优化大学生招引工作

大学生是青年人才的主力军。吸引优秀大学生来杭发展始终是杭州人才工作的重点。研究出台《杭州市接收大学生实习办法》，明确机关事业单位接收大学生实习操作方法，对符合条件的来杭实习大学生参照杭州市月最低工资标准给予适当生活补贴，针对研究生阶段部分在校生有服务社会的科研能力和自身实习的实际需求，首次探索向非毕业学年研究生提供实习补助，获得在校研究生和相关企事业单位的欢迎。鼓励支持大学生创业，深入实施《杭州市大学生创业三年行动计划（2017—2019年）》，全方位加大大学生创业就业支持力度。进一步改进校园招聘方式，探索市场化招引大学生工作。注重发挥中介机构和企业等市场主体招引大学生的优势。回应国家长三角区域一体化战略，在国际人才大会上面向长三角地区举办高层次人才招聘会，来自长三角的790家企事业单位提供了1.9万个岗位，发动全国129所高校组织1.6万名大学生前来应聘，其中硕士及以上学历者占66%，“双一流”高校毕业生占50%，另有1.5万大学生自发参会。截至2018年10月31日，杭州市共接收2018届高校毕业生78705人，其中接收硕士及以上学历毕业生11010人，同比增加22.44%。

（八）打造高效办事之城，做优青年人才公共服务

高效的办事服务、优质的公共配套对青年人才有着天然的吸引力。杭州以“最多跑一次”改革为引领，优化人才认定、人才政策申请、人才中介许可事项等人才项目办事流程，只要青年人才带着idea（创意）来，完善周到的政策服务、多层次的金融支持、类型多样的众创空间、经验丰富的创业导师、互助共赢的创业伙伴等就会一应俱全，助其插上腾飞的翅膀。杭州积极打造移动支付之城，目前，全市98%的出租车、95%的超市便利店支持移动支付，只要带上一部手机，就能走遍杭州，这也成为众多青年热爱杭州、扎根杭州的重要原因。杭州紧抓“后峰会、亚运会、现代化”机遇，加快推进有独特韵味、别样精彩的世界名城建设，努力打造展示新时代中国特色社会主义重要窗口，经济社会实现

高水平上的新发展,健全的教育医疗、文明的社会风尚、全面的平安治理吸引了大量优秀青年人才来杭发展。

四、对城市青年人才工作的几点建议

城市依靠青年人才而兴盛,青年人才借助城市而成长。城市青年人才工作应秉持"为发展谋人才、为人才谋发展"的初心,立足城市发展定位,把握人才成长规律,通过强化政治引领、事业集聚、平台赋能、公共服务,引导青年人才为城市发展贡献力量,同时也为青年人才自身发展搭建阶梯,形成青年人才与城市共生发展的良好态势。

(一)以"爱国奋斗"活动为契机,强化政治引领

青年人才是人才队伍中思想相对活跃的一部分人,他们接触新事物、新环境比较多,世界观、人生观、价值观还未完全定型。如何引导青年人才坚定理想信念,系好思想的第一粒纽扣,同时又乐观向上、正能量满满,是摆在各级党委、政府面前的一道重要考题。成功团结带领青年,是我们党取得革命、建设、改革伟大成就的一条基本经验。进入新时代后,我们要适应青年特别是青年人才的思想特征、行为特点、价值追求,有针对性地加强政治引导,做好思想政治工作。当前,全国范围内正在开展"弘扬爱国奋斗精神、建功立业新时代"活动,要在活动中突出青年人才群体,紧紧围绕"爱国"和"奋斗"这两大核心价值,通过理论学习、选树典型、榜样带动、正面激励等多种方式,引导青年人才把个人梦、团队梦自觉融入中国梦,真正把广大青年人才团结吸引到党和人民的伟大事业中来。

(二)以城市发展定位为方向,强化事业聚才

成熟的城市有自身的发展定位,成熟的人才有自己的目标追求。城市在招引青年人才时应充分考虑到自身的实际,明晰"要什么""要多少"的问题。一个城市在某一发展阶段会有具体发展重点和实际需要,引进青年人才时要确定重点、有的放矢。比如,当前杭州着力打造"数字经济第一城",对数字经济相关领域的人才就有很大的需求。同时杭州之所以提出打造"数字经济第一城"的目标,源于杭州有阿里巴巴、蚂蚁金服、海康威视等一大批数字经济龙头企业和众多数字经济优秀人才,这些对青年人才都具有很大杀伤力、吸引力,杭州逐渐成为数字经济人才的集散地。诚然,人才越多越好,同时,也不乏一个人才兴起一个产业、振兴一座城市的案例。但一个城市在某一发展阶段对人才的承载力是有限的。2018 年上半年,个别城市在引才政策制定过程中,缺乏对这一问题的重视,造成了一定影响。城市引才一定要对人才的结构、数量等关键问题有科学的预期和把控能力,坚持以事业引才,充分评估引才重点和对人才的承载能力。

（三）以人才成长发展为关键，强化平台能级

随着青年人才家庭条件的改善和学历层次的提升，货币补贴等物质刺激的影响开始变小，个人事业发展的空间平台对人才吸引力则越来越大。“没有梧桐树，难引金凤凰”成为人才工作中的突出问题。为此，要在为青年人才成长发展提供阶梯、搭建舞台方面有所作为。为了让青年人才尽展所长，让城市焕发勃勃生机，不仅要发挥行业龙头企业的引才用才作用，还要依托高等院校、科研院所，发挥好其对青年人才的“磁吸效应”，将高端教育和科研机构作为引育青年人才的重要平台。要加强博士后工作站建设，创新引才渠道，吸引优秀青年人才进站工作，提高博士后科研项目择优资助标准。要支持产业园平台和众创空间建设，为创业者营造一个舒适的、具有生长性以及自循环可能的生态环境。要加强孵化器建设，降低创业者的创业风险和创业成本，提高创业成功率。

（四）以“改革创新”为指引，强化公共服务

坚持解放思想，敢于担当，对于有利于城市青年人才队伍建设的政策和举措，属于市级职权范围内的要大力推进，超出市级职权范围的要积极向上级争取。要以改革创新的精神积极回应青年人才在落户、住房、职称评审、科研经费管理、办事服务等方面的声音。进一步降低落户门槛，放宽对优秀青年人才落户的限制。加强住房保障，有条件的城市应积极建设人才租赁住房、廉租房、人才公寓，探索共有产权住房，缓解青年人才住房压力。建立符合青年人才成长规律的职称评审制度，采取简便高效的科研经费管理方式，探索提供针对青年人才实际需求的金融服务，为青年人才创新创业提供多角度、强有力的支撑。强化地方治理能力，优化人才办事流程，降低办事成本，高效快捷兑现各类人才政策，加强平安建设、美丽建设，优化教育、医疗等公共服务，提升对青年人才的吸引力。

宁波市增强对优秀大学生吸引力的对策研究

□ 浙江省人才发展研究院课题组

人才是第一资源。大学生作为重要的人才资源,正日益受到全社会的重视和关注。近期,各城市纷纷出台人才新政,通过降低落户门槛、提供各类补贴等手段,大力吸引以大学生为主的青年人才,以此抢夺发展先机,城市之间的"人才争夺战"愈演愈烈。

宁波市委市政府历来高度重视人才工作,坚持实施人才优先发展战略,稳步推进人才强市建设。在市委市政府的领导下,宁波市人才工作持续发力,大力实施"3315 计划"等重大人才开发计划,先后出台《关于实施人才发展新政策的意见》等一系列文件,大学生吸引工作取得了一系列成效。第三方权威性数据机构麦可思发布的《2017 年中国大学生就业报告》显示,宁波在新一线城市中就业满意度仅次于杭州,在全国范围内高于广州、深圳、天津、南京、苏州、武汉等城市。但是,面对杭州、武汉等城市的强力竞争,宁波还需认识到自身在未来青年人才资源竞争中的薄弱之处。目前,相较杭州等城市,宁波每万人在校大学生数明显偏少,本地大学生储备量相对不足。此外,宁波每年接收高校毕业生人数持续下降,市外大学生流入情况不容乐观。在短期内难以迅速提升大学生储备量的背景下,宁波急需提升大学生吸引力,着力提高市内高校毕业生留甬率和市外高校毕业生入甬率。

一、研究综述

人才经济地理学的开创者、美国学者理查德·佛罗里达认为,人才对定居地包含五个层面的需求,由低到高排列分别是:机会、基本服务、领导力、价值观、审美情趣。在人才选择定居地的过程中,在低层次需要未获满足前,高层次需要即使被满足也不会显示出很强的激励效果。但是一旦低层次需要被满足,低层次需要因素的激励作用将大大降低,高层次需要因素的激励作用则会凸显,上升为影响人才去留的重要因素。

当前,各地层出不穷的人才优惠政策首先满足了人才对机会的需求,在低级需求满足的前提下可以预期的现行政策的激励作用尽管仍然存在,但是效果将大为降低,着眼于满足城市基本服务、提高公共部门领导水平等高层次需求要素的人才政策才能显现出新的影响力。

理查德·佛罗里达的人才经济地理学理论建立在较强的西方背景之下,在对中国人才流动现实进行解释时,还需要考量就业政策①、乡土情结②等在中国背景下尤为重要的影响因素。

因此,结合人才经济地理学理论和中国背景下独特的就业地选择影响因素,本研究重点关注了就业前景、公共服务、政务政策、生活环境、个人情感等五大维度(见图1),并收集了各城市的大量统计数据进行对比分析,客观比较各城市对于大学生吸引力的差异,并深入了解宁波在吸引高校毕业生入甬发展中的优势和短板,最终为宁波市制定合理有效的大学生吸引政策奠定坚实的基础。

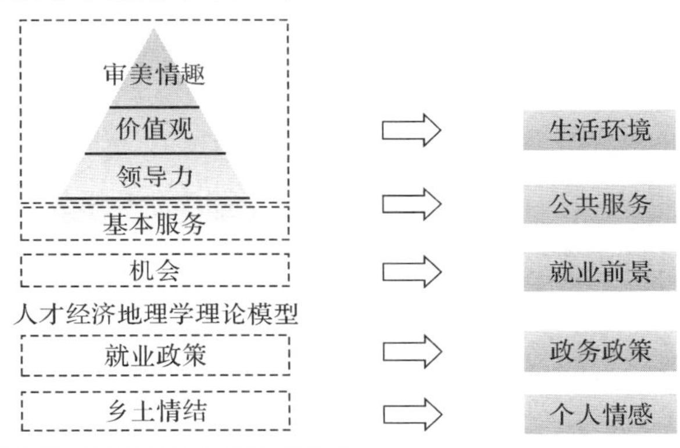

图1 本研究关注的就业地选择五大维度

二、宁波市大学生吸引力现状

为充分厘清宁波市大学生流动活动的现状与趋势,使结果更加具有针对性,选择上海、杭州、深圳、青岛和武汉作为对标城市。近五年来,宁波接收高校毕业生数量维持在每年5万人左右,但是整体呈下降趋势,接收大学生情况不容乐观。武汉、上海等五市均

---

① 喻名峰,陈成文,李恒全.回顾与前瞻:大学生就业问题研究十年(2001—2011)[J].高等教育研究,2012,33(2):79—86.

② 陈迎明.影响大学生就业因素研究十年回顾:2003—2013——基于CNKI核心期刊文献的分析[J].现代大学教育,2013(4):35—44.

呈扩张态势,高校毕业生数量持续上升。武汉、上海两市高校众多,教育资源丰富,深圳、杭州、青岛、宁波四市高等教育资源相对缺乏,但深、杭、青三市持续扩张的大学生流入量侧面反映了宁波在近五年大学生吸引方面处于相对劣势地位(见表1)。

表1 2013—2017年宁波及其对标城市接收高校毕业生数量 (单位:万人)

城市	2017年	2016年	2015年	2014年	2013年
武汉	—	15	—	—	—
上海	—	9.7	—	—	—
深圳	10.11	8.09	7.1	6.07	5.7
杭州	7.93	7.57	7.67	7.02	6.77
青岛	—	—	7.52	7.19	7.11
宁波	4.85	4.83	5.01	5.23	5.3

按照籍贯划分,宁波市2017年接收的48543名高校毕业生中,包括27353名甬籍大学生(占56.35%)和7557名省内非甬籍大学生(占15.57%),甬籍大学生在留甬就业大学生中占比过半。按照就读城市来划分,省内(市外)高校毕业生是在甬就业大学生的主要来源,2017年甬地高校毕业生留甬就业人数为13818人(占28.47%),省内其他城市高校毕业生在甬就业人数为19234人(占39.62%)。按照学历层次划分,2017年在甬大学生主要集中在本科(占50.99%)和专科(占43.81%人),硕博及以上学历层次人数较少,整体大学生学历层次较低。在就业单位性质方面,企业一直是宁波市新流入大学生的主要接收单位,每年大约有85%的大学生选择进入企业就业。

在大学生本地供给上,作为高等教育后发和新兴地区,20世纪末以来,通过连续实施科教兴市"一号工程"(1999—2004年)、构建和深化服务型教育体系(2005—2012年)、实施产教协同创新发展(2013年至今)等三大战略,基本形成了结构完整、体制多样、类型丰富、特色鲜明的高等教育体系。目前全市共有全日制普通高校15所,其中全日制本科高校7所,高职高专院校6所,成人高校2所。近年来,宁波高等教育建设成果斐然,高等院校的知名度与影响力不断提升。宁波大学已经成功入选国家"双一流"建设高校,浙江大学宁波"五位一体"校区和中国科学院大学宁波材料工程学院建设等项目正有序推进。

五年来,宁波高等学校毕业生数和在校学生数不断增长,为宁波经济转型发展奠定了良好的大学生"人才池"基础。但另一方面,与武汉、上海等高教强市相比,宁波市大学生资源还远远不足。优质的高等教育资源将为区域人才集聚提供宽广的平台,但是如果缺少充分的就业机会、优质的公共服务、良好的城市环境等要件,"留不住人才"也将成为常态，课题组搜集并整理了宁波六所高校[①] 2016 年、2017 年的就业报告，发现整体上本地高校培养的大学生留甬比例呈下降趋势，进杭比例却有所提升。近年来宁波每年新接收大学生中约有二分之一来自省内其他城市的高校，浙江省内其他地区是宁波吸引外地大学生的主要来源。课题组根据浙江省内其他地区高校[②]的就业报告分析整理发现，宁波在推进杭州高素质大学生留甬就业方面吸引力不足。

总体来看，受高等教育资源供给短缺（内部）、沪杭等城市产业优势加强（外部）等因素的影响，宁波市内外毕业生留甬就业比例均有所下滑，宁波市的大学生吸引力已与上海、深圳、杭州等市拉开差距。尤其需要注意的是，留甬就业大学生中，本科以上学历占比逐年下降，大专学历占比却在提升，这表明宁波不仅面临着大学生整体吸引力逐年下降的危机，还在吸引高素质大学生方面受到更大的挑战。

三、大学生留甬影响因素分析

本研究重点选取了就业前景、公共服务、生活环境、政务政策、个人情感等五大维度，对大学生就业地选择影响因素进行分析。结果发现，目前在大学生选择就业城市的权衡过程中，就业前景的影响作用最大，其次是公共服务和生活环境，个人情感和政务政策的影响作用则较小。这一结果也与人才经济地理学研究成果相契合。

（一）宏观层面：宁波与对标城市大学生吸引力比较

1. 就业前景不容乐观，产业结构亟须转型

就业前景作为人才定居地需求模型中最基础的机会需求，是大学生选择就业城市的关键影响因素。其中，目标城市的经济发展情况、产业结构、大型企业发展情况、薪酬水平等因素直接影响到了大学生对该城市就业前景的判断。

（1）经济发展情况

地区生产总值（地区 GDP）是衡量城市整体经济发展情况的重要标准。对比 2012—2016 年宁波与对标城市的地区 GDP 及其增速情况，宁波的地区 GDP 在六座城市中一直处于最低位置，且 GDP 增速在六座城市中也基本保持在较低水平（见表 2）。

---

① 包括宁波大学、浙江大学宁波理工学院、宁波大红鹰学院、宁波大学科学技术学院、浙江万里学院、宁波工程学院。

② 包括浙江大学、浙江工业大学、杭州电子科技大学、长江工商大学、浙江理工大学、杭州师范大学、中国计量大学、浙江师范大学、台州学院、浙江海洋大学、温州大学、丽水学院、湖州师范学校、嘉兴学院。

表 2 2012—2016 年宁波与对标城市 GDP 情况

城市	2012 年		2013 年		2014 年		2015 年		2016 年	
	地区 GDP /亿元	增速	地区 GDP /亿元	增速	地区 GDP /亿元	增速	地区 GDP /亿元	增速	地区 GDP /亿元	增速
上海	20181.70	5.14%	21818.15	8.11%	23567.70	8.02%	25123.45	6.60%	28178.65	12.16%
杭州	7802.00	11.15%	8343.52	6.94%	9206.16	10.34%	10050.21	9.17%	11313.72	12.57%
深圳	12950.10	12.56%	14500.23	11.97%	16001.82	10.36%	17502.86	9.38%	19492.6	11.37%
青岛	7302.10	10.38%	8006.6	9.65%	8692.10	8.56%	9300.07	6.99%	10011.29	7.65%
武汉	8003.80	18.36%	9051.27	13.09%	10069.48	11.25%	10905.6	8.30%	11912.61	9.23%
宁波	6582.20	8.63%	7128.87	8.31%	7610.28	6.75%	8003.61	5.17%	8686.49	8.53%

(2)产业结构

三大产业的比重分布是衡量地区产业结构合理与否的重要标准,尤其是以消费、服务、技术升级为主要特征的第三产业在地区 GDP 中的比重,宁波的产业结构以第二产业为主,经济增长仍然主要依靠工业驱动,仍以电器、化工、石油、食品等传统产业为主,缺乏新兴产业带动,与其他城市相比产业结构不够合理,亟待转型升级(见表 3 和表 4)。

表 3 2012—2016 年宁波与对标城市三大产业比重情况

城市	指标	2012 年	2013 年	2014 年	2015 年	2016 年
上海	第一产业比重	0.63%	0.57%	0.53%	0.44%	0.39%
	第二产业比重	38.92%	36.24%	34.66%	31.81%	29.83%
	第三产业比重	60.45%	63.18%	64.82%	67.76%	69.78%
杭州	第一产业比重	3.27%	3.18%	2.98%	2.87%	2.69%
	第二产业比重	45.79%	43.89%	41.77%	38.89%	36.42%
	第三产业比重	50.94%	52.93%	55.25%	58.24%	60.89%
深圳	第一产业比重	0.05%	0.04%	0.03%	0.04%	0.04%
	第二产业比重	44.31%	43.43%	42.57%	41.18%	39.91%
	第三产业比重	55.65%	56.54%	57.39%	58.78%	60.05%
青岛	第一产业比重	4.44%	4.40%	4.02%	3.91%	3.71%
	第二产业比重	46.59%	45.48%	44.76%	43.29%	41.56%
	第三产业比重	48.97%	50.12%	51.22%	52.79%	54.73%
武汉	第一产业比重	3.76%	3.71%	3.48%	3.30%	3.28%
	第二产业比重	48.35%	48.57%	47.53%	45.68%	43.88%
	第三产业比重	47.89%	47.72%	49.00%	51.02%	52.84%

续表

城市	指标	2012 年	2013 年	2014 年	2015 年	2016 年
宁波	第一产业比重	4.08%	3.88%	3.62%	3.56%	3.48%
	第二产业比重	53.43%	52.49%	52.30%	51.20%	51.29%
	第三产业比重	42.49%	43.64%	44.07%	45.24%	45.23%

表 4　2016 年宁波与对标城市规模以上工业企业主营业务收入情况

城市	产业	主营业务收入/亿元	占比
上海	汽车制造业	7213.54	30.83%
	电子信息产品制造业	6456.82	27.59%
	成套设备制造业	3953.08	16.89%
	石油化工及精细化工制造业	3419.88	14.61%
	精品钢材制造业	1351.27	5.77%
杭州	电子信息产品制造业	2284	18.47%
	电气机械和器材制造业	1152.9	9.32%
	化学原料和化学制品制造业	948.67	7.67%
	电力、热力、燃气及水的生产和供应业	906.84	7.33%
	汽车制造业	842.13	6.81%
深圳	电子信息产品制造业	15696.9	58.65%
	电气机械和器材制造业	2316.54	8.66%
	文教、工美、体育和娱乐用品制造业	973.16	3.64%
	电力、热力和生产和供应业	807.35	3.02%
	专用设备制造业	758.43	2.83%
青岛	电气机械和器材制造业	1748.72	11.09%
	农副食品加工业	1362.41	8.64%
	金属制品业	1231.82	7.81%
	铁路、船舶、航空航天和其他运输设备制造业	1157.58	7.34%
	电子信息产品制造业	1045.97	6.63%
武汉	汽车制造业	2795.72	23.06%
	电子信息产品制造业	1827.31	15.07%
	电力、热力的生产和供应业	904.17	7.46%
	黑色金属冶炼和压延加工业	901.29	7.43%
	电气机械和器材制造业	872.11	7.19%

续表

城市	产业	主营业务收入/亿元	占比
宁波	汽车制造业	1907.3	13.98%
	电气机械和器材制造业	1607.36	11.78%
	化学原料和化学制品制造业	1363.4	10.00%
	石油加工、炼焦和核燃料加工业	1022.49	7.50%
	电力、热力的生产和供应业	826.25	6.06%

(3)大型企业发展情况

大型企业是承担就业的重要载体,一个城市的大型企业情况深刻影响着城市对于大学生的吸引力。宁波在大型企业培育方面表现相对较好,但是与上海、深圳、杭州相比还有着较大差距,企业活力有所下降,发展速度较为缓慢,并且缺乏知名度较高的明星企业(见图 2)。

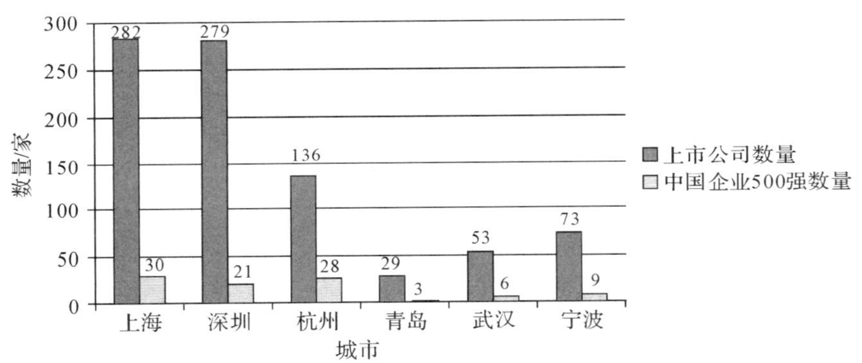

图 2　宁波与对标城市的上市公司及入选中国企业 500 强企业数量

(4)薪酬水平

薪酬水平是直接影响大学生选择就业城市的风向标。宁波与对标城市薪酬差距正在逐渐拉大(见表 5)。这一方面抬高了宁波的引才成本,另一方面却有利于宁波进行差异化竞争,强化"引才"结果与"用才"结果间的匹配。

表 5　2012—2016 年宁波与对标城市在岗职工年平均工资　(单位:元)

城市	2012 年	2013 年	2014 年	2015 年	2016 年
上海	80191.0	91477	100623.0	109279	120503
杭州	56417.8	64958	70823.4	77816	87153
深圳	59009.6	77721	73492.4	81034	89757
青岛	49052.3	55334	62096.8	69465	76616
武汉	48941.7	53684	60624.5	65720	71963
宁波	56255.5	63362	70227.6	74989	83656

2. 公共服务供给充足，高等教育短板明显

安居，方能乐业。尽管“公共服务”可能不是人才选择就业城市时首要的考虑因素，但是良好的公共服务对于保持对人才的持续吸引力必不可少。教育、医疗是当下市民重点关心的公共服务项目，也是人才选择就业城市时不可忽视的考虑因素。

(1)公共预算支出情况

公共预算是政府提供公共服务的财力基础，公共预算支出情况可以大致衡量一个城市的公共服务水平。宁波与杭州、武汉和青岛相比，人均公共预算支出相差不大，但是宁波是四座城市中人均公共预算支出最高的，有赖于较少的常住人口，这也表明以宁波现有的经济实力与财政能力，在保持公共水平的同时足以供给更多的人才(见表 6)。

表 6　2016 年宁波及各对标城市一般公共预算支出情况

城市	常住人口数/万人	一般公共预算支出/亿元	人均公共预算支出/万元
上海	2419.70	6918.94	2.86
杭州	918.80	1404.31	1.53
深圳	1190.84	4211.04	3.54
青岛	920.40	1352.85	1.47
武汉	1076.62	1524.68	1.42
宁波	787.50	1289.26	1.64

(2)教育资源

教育是发展科技和培养人才的基础，在城市发展中具有基础性、先导性、全局性作用。宁波教育资源相对紧张，尤其是高等教育资源存在明显短板(见表 7)。

表 7　2016 年宁波及各对标城市教育事业部分指标情况

城市	平均每个教师负担学生数/人		普通高等学校	
	普通小学	普通中学	学校数/所	在校学生数/万人
上海	15.00	10.00	64	51.4683
杭州	16.68	11.06	39	42.7978
深圳	19.39	12.92	12	9.1883
青岛	15.38	9.13	26	34.0875
武汉	18.24	9.85	84	94.8768
宁波	18.20	11.80	14	15.5144

(3)医疗资源

优质、充足的医疗资源同样是吸纳人才的重要推动力量。宁波在整体医疗资源供给方面并没有太大差距,但是在优质医疗资源方面差劣势明显,目前宁波共有8所三甲医院,仅高于深圳(5所),与上海(59所)、武汉(35所)、青岛(21所)和杭州(20所)差距较大(见表8)。

表8　2016年宁波及各对标城市医疗资源部分指标情况

城市	每万人口医生数/人	每万人口医疗机构病床数/张
上海	45.0	89.0
杭州	—	—
深圳	25.7	35.0
青岛	34.9	63.9
武汉	32.3	69.2
宁波	41.0	64.0

3.城市宜居基础良好,生活成本压力适中

生活环境维度包含了对于个人生活需求与城市建设之间、个人生活节奏与城市效率之间以及个人心理特质与城市气质之间的契合程度的衡量,是人才选择就业城市时较高层次的需求,也是城市难以被模仿的人才竞争核心吸引力之一。课题组借鉴了中国社科院历年发布的"城市宜居竞争力"指标为参考,生活压力(尤其是房价压力)是当下大学生普遍感受到并关注的影响因素,因此特将生活压力因素列出分析。

(1)宜居程度

宜居是人类对城市生活的基本追求,宜居程度则是对城市生态环境和城建水平的综合评价。课题组参考了中国社科院每年发布的《中国城市竞争力报告》中的宜居竞争力排名(见表9)。从表中排名变化可以看出宁波的宜居程度不断提高,宜居竞争力不断增强。

表9　2012—2016年宁波及各对标城市宜居竞争力指数排名情况

城市	2013年	2014年	2015年	2016年	2017年
上海	10	11	2	10	12
杭州	9	9	7	6	3
深圳	6	5	5	7	10
青岛	11	14	16	26	25
武汉	23	26	15	11	14
宁波	29	35	12	12	9

(2)生活成本

生活成本是生活环境重要的构成要素,当前中国城市最大的生活成本便是住房成本。宁波房价处于较为合理的水平,回甬就业大学生的购房压力相对小一些(见表 10)。

表 10　2012—2016 年宁波及各对标城市工资/房价比情况

指标	2012 年	2013 年	2014 年	2015 年	2016 年
上海	5.70	5.57	5.99	5.22	4.87
杭州	4.24	4.43	5.05	5.28	5.38
宁波	5.01	5.71	6.54	7.00	7.45
青岛	6.09	6.56	7.44	7.80	8.30
武汉	6.66	6.96	7.62	7.68	7.16
深圳	3.01	3.19	2.97	2.39	1.99

通过对比宁波与各对标城市在就业前景、公共服务和生活环境三个维度的表现,在就业前景上,宁波经济发展相对滞后、产业结构亟待优化、大型企业发展和薪酬水平与先进城市差距不断扩大,面临着"强兵愈强,追兵渐至"的严峻态势,吸引力相对较弱。在公共服务上,宁波表现相对较好,但仍然存在高等教育、优质医疗资源等方面的短板。在生活环境方面,宁波宜居程度不断上升,房价相对合理,竞争力较强。但是总体而言,在与各对标城市的对比之下,宁波在就业吸引力方面与上海、深圳、杭州存在较大差距,与武汉、青岛互有优劣,但宁波的优势并不明显,亟待提升各方面的吸引力(见表 11)。

表 11　宁波及各对标城市的就业吸引力因素排名情况

城市	就业前景						公共服务				生活环境	
	GDP	GDP 增速	第三产业比重	新兴产业比重	大型企业数量	薪酬水平	公共预算支出	基础教育资源	高等教育资源	医疗资源	宜居程度	生活成本
上海	1	2	1	2	1	1	2	1	2	1	4	5
杭州	3	1	2	3	3	3	4	3	3	—	1	4
深圳	2	3	3	1	2	2	1	6	6	5	3	6
青岛	5	6	4	5	6	5	5	2	4	3	6	1
武汉	4	4	5	4	5	6	6	5	1	4	5	3
宁波	6	5	6	6	4	4	3	4	5	2	2	2

(二)微观层面:大学生来甬、留甬就业影响因素分析

问卷调查结果显示,在影响受访浙江大学学生选择就业城市的因素中,"就业前景"影响作用最大,其次是"生活环境"维度,"公共服务"次之,"个人情感"和"政务政策"的影

响作用最小,并且受访者学历越高,对“公共服务”和“政务政策”维度的重视程度就越高。具体影响因素中,薪酬待遇水平、城市发展前景和升迁发展机会是受访浙江大学学生在选择就业城市时最关心的三个因素。而政务办理的手续及流程、朋友圈子和政务信息获取则是毕业生在选择就业城市时最不关心的三个因素(见表12)。

表12 受访浙江大学学生对选择就业城市影响因素的评分情况

维度	具体影响因素	分项得分	总体得分
就业前景	产业发展水平	4.22	4.26
	创新创业氛围	3.86	
	升迁发展机会	4.41	
	薪酬待遇水平	4.53	
生活环境	自然生态环境	3.82	4.16
	社会文明程度	4.26	
	城市发展前景	4.43	
	住房及其他生活成本	4.12	
公共服务	子女教育	4.00	4.13
	医疗卫生	4.28	
	社会保障	4.10	
个人情感	城市认同感和归属感	4.13	3.65
	父母意愿	3.49	
	朋友圈子	3.45	
	爱人所在地	3.51	
政务政策	引进和评聘政策	3.70	3.55
	居留落户政策	3.77	
	政务信息获取	3.27	
	政务办理手续及流程	3.46	

这一结果也符合人才经济地理学研究成果。尽管各个城市纷纷出台了居留落户、资金补贴等方面的人才优惠政策,但是这些政策在吸引高校毕业生就业方面的表现可能并不尽如人意。“人才新政”更多的是“锦上添花”而不是“雪中送炭”,对高校毕业生的影响也是有限的。

在问卷调查中,关于是否考虑去宁波就业,仅有不超过20%的受访大学生做出肯定回答,而80%的受访大学生则表示不考虑去宁波就业。课题组结合访谈成果,对吸引和阻碍大学生赴甬就业的因素进行了分析。

4. 吸引大学生赴甬就业，生活环境宜居是关键

问卷调查结果显示，考虑去宁波就业的浙江大学学生所选择的吸引因素之中，排在前两位的是城市发展前景、住房及其他生活成本，排在第四位和第五位的则是社会文明程度和自然生态环境。吸引大学生赴甬就业因素的前五位中，生活环境维度的因素占了四位（见图 3）。由此可见，生活环境是吸引大学生赴甬就业的关键因素。

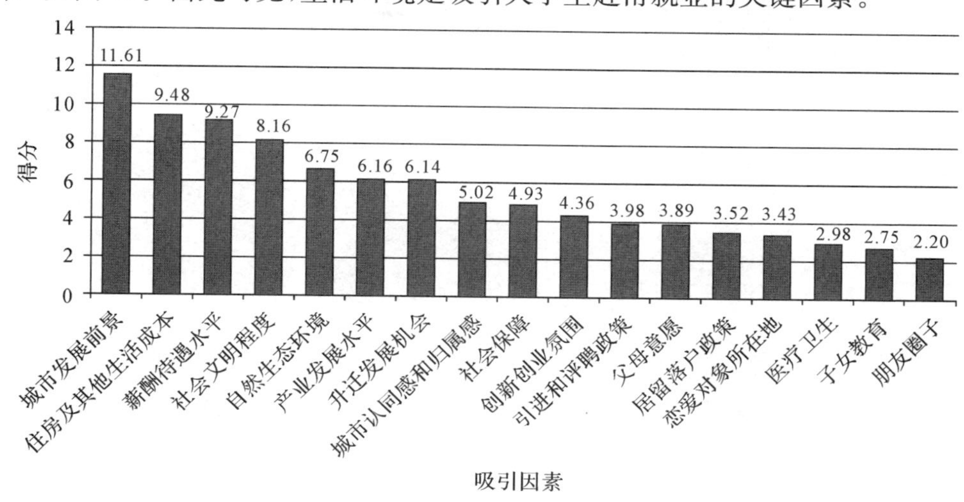

图 3　吸引浙江大学学生赴甬就业具体因素得分排名

而在访谈中，除了宁波的政治地位和经济基础等之外，多位受访者指出，宁波的竞争优势还包括良好的人居环境、较高的生活品质、适度的生活节奏等。受访者中就有对于工作收入要求不高，但对生活品质要求较高的大学生表示，回甬就业是自己的首选。

此外，房价也是高校毕业生选择最终就业城市的重要影响因素，宁波相对较低的房价就成为吸引大学生回甬就业的底牌。大多数受访甬籍毕业生表示，在一线城市工作一段时间后，如果买房无望，很可能会回甬寻找合适的工作机会并定居。

5. 阻碍大学生赴甬就业，地缘情感认同度低，就业前景竞争力弱

问卷调查结果显示，不考虑去宁波就业的大学生在选择阻碍其前往宁波就业的因素时，将城市认同感和归属感排在了第一位，排在第三、第四位的分别是朋友圈子和父母意愿。然而多数甬籍受访者对于宁波十分热爱和自豪，有着强烈的认同感和归属感，表示将来可能会考虑在宁波就业。在浙江大学非甬籍学生看来，宁波的就业前景、公共服务水平尚佳，但由于对宁波文化等方面的信息缺乏了解，加上在杭州等地已有成熟的交际圈，因此宁波的优先级要相对降低。对于宁波的城市认同感和归属感等个人情感因素因籍贯产生较大差异，非甬籍大学生对于宁波的城市认同感和归属感较低，进而阻碍了其赴甬就业的意愿（见图 4）。

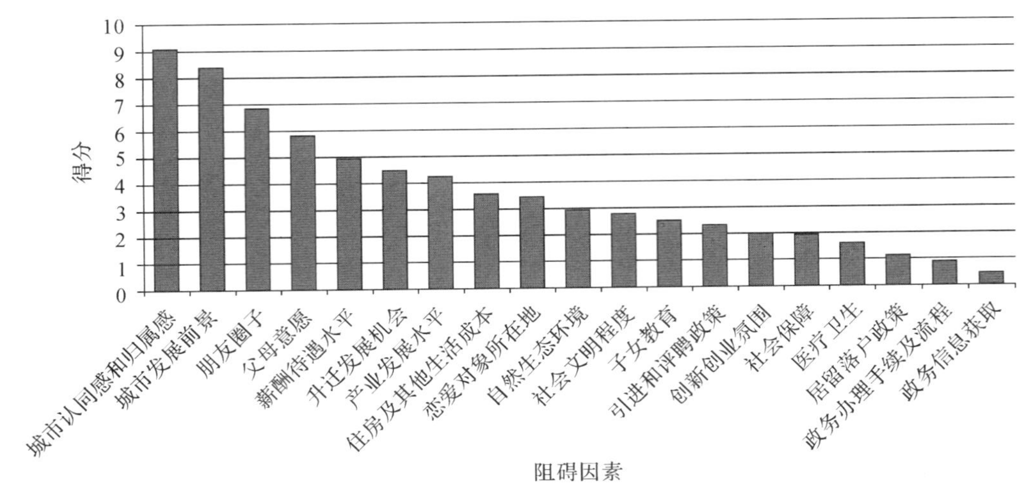

图4　阻碍浙江大学学生赴甬就业具体因素得分排名

薪酬待遇水平和升迁发展机会两个因素也影响了大学生来甬就业,多数受访大学生预计毕业后首先选择在沪、杭等城市初次就业,即使之后因为房价等问题回甬就业,也需要做好薪酬待遇下降的心理准备。对于宁波市的民营企业,甬籍高校毕业生普遍认可其对宁波经济发展的巨大推动作用,但是大多未将其作为就业备选。究其原因,一方面,宁波做大做强的民营企业大多为家族管理模式,毕业生们认为他们可能无法适应企业的管理方式、组织氛围等方面。另一方面,毕业生们认为,深圳、杭州等城市的信息技术产业、现代服务业等发展迅速,比宁波市较为传统的港口经济更具发展前景。同时,课题组在访谈中了解到,公务员和国企员工是毕业生回甬就业的主要职业选择方向。受宁波市行政级别为副省级计划单列市的影响,宁波市公务员工资相对较高,加上稳定的工作性质、较高的社会地位等因素的影响,公务员受到多数甬籍高校毕业生及其父母的追捧。

四、宁波市吸引大学生面临的挑战

(一)产业结构不合理,高素质大学生难以找到优质岗位

良好的就业前景为人才集聚搭建了坚实的平台,它是城市在经济增长、产业布局、企业活力等各方面实力的综合展示。宁波经济基础较好,但是与上海、杭州、深圳、武汉、青岛等城市相比,宁波在提供良好的就业前景方面尚未具备明显优势。

1. 经济发展与先进城市差距扩大,产业结构亟须转型升级

宁波市GDP和增速在六城市中排名不佳,且有进一步下降趋势。在产业结构方面,

区域经济增长仍主要依靠附加值低、污染较高的传统工业驱动，2016 年工业单个产业产值占 GDP 比重高达 45.83%，而第三产业占 GDP 比重仅为 45.23%。上海、深圳等对标城市的第三产业比重均已达到 50%以上。同时，第二产业中电子信息产品制造业等新兴产业比重较低，产业结构亟须转型。

以第二产业为重心的产业结构阻碍了宁波对高素质大学生的吸纳。与以第二产业为重的产业结构相呼应，宁波市劳动力需求仍主要集中在技能型人才，而非重点高校培养的创新型人才。问卷调查和访谈结果显示，充分的高层次就业岗位是杭州等城市吸引重点高校大学生的首要驱动力，而匮乏的高层次就业岗位则是高素质大学生留甬就业的“拦路虎”，重点高校大学生普遍对“能否在宁波找到合适的工作岗位”持不确定态度。

2. 企业宣传力度弱，大学生对甬企普遍缺乏了解

企业是吸引大学生就业的重要抓手。不管政府出台怎样优惠的政策，最后留住人才还是要靠本地有吸引力的企业。市外高校大学生大多未能对宁波企业的实力形成较为清晰的认识，无论是就业意愿较高的国企，还是就业意愿较低的民企、外企，多数市外高校毕业生都不能列举出具有代表性的明星企业，也不了解与甬企实现精准对接的各类平台。企业与高校毕业生间存在比较严重的信息不对称现象。究其原因，企业未实施有效的招聘宣传工作，导致高校毕业生不能及时、准确地与岗位信息相对接。

（二）缺乏优质医疗教育资源，高素质大学生留甬意愿不足

一方面，留住本土大学生相对于从外地引进大学生而言难度较低，受益于丰富的高等教育资源，上海和武汉的大学生政策往往事半功倍，与五个对标城市相比之下，宁波市高等教育资源匮乏，大学生资源储备劣势明显，例如 2016 年宁波市高等学校毕业生数仅约为武汉的 1/6，上海的 1/3，青岛的 1/2。

另一方面，宁波虽然医疗资源总体较为充足，但是在访谈过程中，课题组了解到存在医疗资源分布不均的问题，市区医疗资源较为丰富，周边县市医疗资源相对薄弱。以慈溪为例，全市只有 1 所大型医院，科室人员配备也并不齐全，肿瘤等技术要求较高的医疗问题都无法在当地解决，当地人一般看病更倾向去上海或者杭州。市内医疗资源分配状况还有待改善。

（三）政策内容分散且宣传不足，大学生未能及时掌握关键信息

1. 政策内容分散，大学生不是宁波市相关政策的核心对象

2015 年至 2018 年间，宁波多次发布人才发展相关政策，其中与大学生相关的政策均只是以某一条文内容出现，宁波市人才政策的重心都放在了高层次人才、海外人才和技能人才等人才类型上，而忽视了有关大学生这一特定群体的政策的制定工作。比较

武汉等城市专门的大学生政策,宁波市大学生政策存在着针对性不强、政策知晓度不高等问题。

2.政策营销不足,大学生不能迅速定位宁波的城市地位与形象

相较上海、杭州、武汉、成都等城市,宁波在招才引才宣传方面较为低调,也没有确立核心的城市形象定位,因此给多数毕业生“比上不足,比下有余”之感,只能沦为就业的备选城市,与杭州、武汉等“网红城市”更是相差甚远。访谈中受访大学生普遍认为,相对较低的房价水平、相对较高的收入水平相结合形成的“高性价比”是宁波重要的竞争优势,应当深入挖掘并加以宣传,以便吸引更多重视生活质量的青年群体,产生人才集聚收益。

(四)地缘情感吸引作用不显著,甬籍大学生回甬就业意愿弱

多数甬籍大学生仅将宁波作为“比上不足,比下有余”的备选城市,区内外不同籍贯大学生回甬意愿也存在明显差异。许多原籍地为宁波市区外,如余姚、慈溪等县市的大学生对于宁波的城市认同感和归属感不强,回甬就业意愿较弱,在他们看来回到宁波的县一级地区就业范围过于狭窄,而到宁波市区则跟去杭州、上海等地一样都是需要拼搏的地方,杭州等城市明显就业前景更好,因此更愿意在一线城市就业。

五、宁波市吸引大学生政策建议

(一)增加本地大学生供给,提高毕业生留甬比例

1.加快引进高校科研院所,提升宁波高等教育水平

继续开展与高校科研院所的战略合作,推进“名校名院名所名人”引进工程,利用外地高校来甬设立分校区、成立研究院等形式,高起点建设一批与宁波经济发展紧密关联的人才培养基地,增加本地高等院校数量,提升高等教育质量水平,吸引优秀大学生来甬,扩大本地优秀高端人才池。

2.搭建校企合作平台,增强甬企知名度和吸引力

政府出面牵线搭桥,为宁波高校和品牌企业搭建合作平台,提前让企业与大学生对接,组织宁波高校大学生前往甬企进行实习实践、参观学习,增进大学生对于甬企的认识和了解,促进校企合作就业、合作发展,提高甬企在大学生中的知名度,吸引更多的宁波高校毕业生前往甬企就业。

3.实施大学生留甬专项计划,强化大学生留甬意愿

对标大学生政策先进城市,出台实施大学生留甬专项计划,从落户安居、就业创业等方面为大学生留甬提供全方位保障,进一步简化落户手续,建设大学生公寓,为大学

生创业提供培训和资金支持。重点针对宁波大学等毕业生留甬率持续下降的高校，通过组织校园专场招聘会、政策宣传进校园等形式，强化毕业生留甬意愿，吸引更多大学生扎根宁波。

（二）多管齐下，吸引外地大学生来甬就业

1. 发挥比较优势前置引才，重点高校合作引进高素质大学生

充分发挥和进一步巩固宁波生活压力小、环境适宜的比较优势，建设宜居生态之城，进一步改进教育、医疗资源供给短板，特别是高等教育资源和优质医疗资源建设，将引才与发展公共资源相结合，形成“公共资源因人才而优，人才因公共资源而留”的良好局面，鼓励甬企与相对落后地区高校开展定向招生培养等手段进行前置引才。

充分了解重点产业企业的招聘需求，围绕宁波产业发展的整体布局，加强与浙江大学、宁波大学等省内高校以及合肥工业大学、南昌大学等大学生输送重点高校合作，及时与各大高校就业信息网站对接，公开人才需求目录、供给岗位和待遇，通过组织甬企进校园、邀请优秀大学生来甬参观实践等形式，畅通企事业单位与大学生沟通交流渠道，探索开展常态化人才输送合作，重点聚焦于新兴产业和优势产业领域，进一步提高重点高校大学生来甬数量和质量。

2. 实施甬籍大学生回甬计划，吸引在外就业人才回流

在留沪、留杭生活成本攀升的背景下，许多甬籍大学生难以在一线城市安家落户。宁波应实施甬籍大学生回甬计划，针对毕业 2～5 年的甬籍大学毕业生制定专门的引进政策，鼓励其回甬定居就业，组织甬企与回甬人才对接，充分发挥其在一线城市的工作经验，并为回甬人才在落户、购房、子女教育等方面提供便利。

3. 强化城市宣传工作，提高宁波的城市知名度

充分利用各种媒体平台，通过各类渠道尤其是大学生常用的新媒体渠道进行宣传，加强城市宣传营销，让宁波的魅力和形象得以传播出去，提高城市知名度，使得外地大学生充分认识和了解宁波，逐步培养大学生对宁波的认同感和归属感，从而吸引越来越多的大学生来甬就业。同时，系统梳理现有人才政策，创新政策宣传的方式方法，切实提高政策知晓度，增强政策实效。

（三）提升产业优势，增强引才留才的持续竞争力

1. 立足本土产业优势，促进专业人才集聚

产业的发展吸引需求人才的聚集，人才的聚集同样会促进产业的发展，两者相辅相成，只有立足于产业需求的大学生集聚才能充分保证人才的稳定持续贡献。宁波市应明确现有主导产业优势和需求，精准吸引专业型技能型人才。短时间内无法改变面向

中高端人才与其他对标城市在薪酬、就业前景上的短板,就加强针对中低端专业技能型人才的基础建设和保障。应进一步发挥宁波的就业前景、公共服务、生活环境等对于台州、金华、衢州等地区的比较优势,进一步吸引这些地区高校培养的专业型人才,避免广而泛的政策目标,从而与沪杭汉等城市实行差异化竞争。

2.加快产业转型升级,提升人才素质结构

产业结构的升级与人才整体素质的提升相互促进,面向周边城市大型企业及高新技术企业诸如阿里、网易等的引进,承接杭州、上海等地的产业转移和扩张。针对本地大型企业和高端产业的培养,设立分设机构或产业园区,通过整体的产业结构的优化,不断提升对高素质大学生的需求和吸引力,充分利用周边城市高校大学生人才溢出效应,不断提升宁波市就业大学生群体的素质。

3.面向未来产业需求,谋划人才布局新篇

围绕中长期产业规划进行大学生人才体系建设。面向宁波"3511"产业体系的未来布局,积极推动以新材料、高端装备和新一代信息技术为代表的三大战略性产业、五大优势产业、以生物医药等为代表的一批新兴产业、以工业创新设计为代表的一批生产性服务业为主要就业范围的高素质大学生群体就业吸引力建设。充分利用宁波杭州湾新区的地理优势和产业规划,加强与上海、杭州高校的宣传和对接,面向高新技术企业的发展趋势,立足宁波产业未来规划,谋划大学生群体人才工作布局。

课题组成员:陈丽君　傅　鹏　王雪玲　赵起超　丁　娟

区域人才发展“十三五”规划实施中期评估实证研究

——基于台州的样本分析

□ 中共台州市委组织部课题组

规划实施的中期评估，被广泛应用于国家及地方经济社会发展规划的阶段性评估，有助于深入了解一个区域特定规划实施的成效和问题，客观反映各方主体对规划实施的意见建议。2017 年以来，台州市将阶段性评估方法引入对区域人才发展“十三五”规划的全方位评测，通过前期调研、资料收集、座谈会等方式，对《台州市人才发展“十三五”规划》（以下简称《规划》）确定的各项目标任务进行中期评估，采取全面评估和重点评估相结合、目标导向和问题导向相结合、客观评价和主观感受相结合的形式进行，科学测算评估规划指标实现情况，综合研判形势变化和发展趋势，深入研究规划实施改进的对策和建议。经过近半年的努力，形成了《规划》实施中期评估报告。

一、台州市人才发展“十三五”规划整体实施情况

（一）主要目标完成情况

2016 年以来，在台州市委的坚强领导下，该市人才队伍建设取得了突破性进展，各项指标居于全省前列。其中，人才资源总量增长较快，追赶效应明显，截至 2017 年年底，全市人才资源总量达到 122.36 万人。高层次人才发展迅速，人才整体素质逐步优化，人才结构和产业分布明显改善，截至 2018 年年底，全市共有国家“千人计划”专家 67 人，省“千人计划”专家 117 人，国家“万人计划”人才 2 人，省“万人计划”人才 7 人，市“500 精英计划”人才 748 人，省级海外工程师 24 名。

（二）重点工作任务完成情况

台州市大力推进《规划》确定的各项主要任务和重点人才计划的实施，在高端人才

集聚、重点产业人才培养、补齐社会紧缺人才短板、人才平台建设、体制机制创新等方面开展了大量工作,取得了明显成效。

1.加快高端人才引领创新发展

深入推进国家、省“千人计划”和台州市“500精英倍增计划”,积极实施“企业家素质提升计划”“优秀青年人才助推计划”“创业创新团队推进计划”等,引培了大批高层次专业技术人才、企业家人才和创业创新团队来台州创业创新。

一是加快海内外高层次人才引培。深入实施国家、省“千人计划”“万人计划”,加快引进海内外高精尖人才。2016年和2017年两年来,全市新增自主申报入选国家、省“千人计划”专家31人,国家、省“万人计划”人才9人。积极拓宽海外引才途径,搭建海外引才平台,在美国、加拿大、意大利、乌克兰等地共设立海外引才工作站4家,2016年至2017年新引进海外工程师58人次,高端海外专家71名,海外智力项目107个。持续推进“500精英倍增计划”,出台了《台州市“500精英计划”人才项目管理实施细则(试行)》等18个配套政策,鼓励推动各地举办以“以赛引才”为主题的创业创新大赛。创新“评审认定”“直接认定”“以赛代评”等三种方式,实行一季度一评审,建立健全“500精英计划”人才项目的评审、评价与激励、绩效评估体系,充分调动了人才申报“500精英计划”的积极性。2016年和2017年,台州市“500精英计划”连续两年申报人数突破历史最高点,人才评定和项目落地数量逐年增长。全市新入选“500精英计划”555人,落地创业企业164家,均创历史新高。

二是助推优秀青年人才发展。实施优秀青年人才助推计划,积极推进青年人才培养。深入实施“211人才工程”,2016年度共培养各类人才303人,其中重点资助培养人员3名,第一层次培养人员9名,第二层次培养人员40名,第三层次培养人员251名。2017年重点加大对35周岁以下优秀青年人才的培养力度,出台《台州市211人才工程实施细则》,开始实施青年拔尖人才重点资助项目。继续完善中青年优秀人才个性化培养方式,出台《台州市高层次人才特殊支持计划实施办法》,率先在全省探索实施导师制高层次人才培养模式,2017年遴选了首批特殊支持计划人选7名。加大对青年博士人才的引进力度,2017年台州学院新引进博士55名,数量创历史新高,博士人才流失率降低,人员队伍更加稳定。积极建立“青春领航”系列青年领军人才梯队库,在全市范围内遴选100名“匠心青年榜样”(也称“青春工匠”),挖掘青年科技人才、青年技能人才、青年工程技术人才、青年创意设计人才、青年传统手工艺人才和青年农业农村服务人才等群体青年榜样。

三是全面提升企业家队伍的整体素质。大力实施企业家素质提升计划,依托清华大学教育资源,于2017年7月成立台州民营经济学院,为企业经营管理人才构建了集学习、培训、交流、实践于一体的创业创新学院。学院首期开设规模型、成长型、初创型三个培训班，共招收156名企业家学员进行一年培训。借助平台，不断催生同学经济。据不完全统计，目前学院学员中已达成合作项目20多个，合作金额超过2亿元，正在洽谈的合作意向10多个，资本产业融通平台初显成效。积极举办各类企业家人才培训班，有效拓宽企业家人才战略视野，提升企业家经营管理能力。自2016年开始，举办“中国制造2025”领军人才高级研修班，已培养省、市“三名”企业的中青年企业家60余人。按照“分行业、分主题、精准培训”的原则，对行业龙头骨干企业企业家进行系统培训，2018年市级层面共开设鞋业、智能马桶、橡胶、电动车等四个国内班，泵与电机、模具行业两个境外班。县(市、区)根据区域主导产业情况同步联动推进，每年全市培训近1000名行业骨干企业家。成立台州市小微企业辅导中心，依托各涉工部门及中小企业服务联盟200多家培训服务机构的力量，组织开展多层次服务培训活动，参与培训的企业超过2万家以上。

四是推进创业创新团队培养。大力推进人才团队引进和项目落地，积极实施创新创业团队推进计划。聚焦重点发展产业和社会事业领域，出台《台州市领军型创新创业团队引进管理实施细则》《台州市重点创新团队培养实施细则》，按照“平台聚才、项目引才、载体育才、机制留才”的工作思路，加大政策资金扶持力度，给予国际一流团队和顶尖人才领衔的重大项目最高1亿元资助，充分发挥优秀人才的团队效应。两年来新引进领军型创新创业团队6家，累计入选省领军型创新创业团队4家，培育重点技术创新团队47家，市级文化创新团队6家，其中省级技术创新团队9家，省级文化创新团队1家。台州乱弹精品剧目创作小组创作的新编大型历史剧《戚继光》跻身上海国际艺术节，是该届艺术节中唯一一部地方小剧种剧目，并于2016年2月献演国家大剧院，为浙江省首个进国家大剧院演出的地方小剧种剧目。台绣刺绣技艺团队领衔人林霞被评为中国工艺美术大师。

总体上，台州高端人才引培工作推进迅速，高端人才引培人数实现较快增长。两年半来，新引进和培育各类高端人才600余人，引进和培育的高端人才类型多样、层次分布均衡，涵盖了国家、省“千人计划”人才，“万人计划”人才，市“500精英计划”人才，省、市“海外工程师”人才、企业家人才等。基本可以保证完成“到2020年，新引进培育各类高端人才1000名”的“十三五”规划目标和其他高端人才引进子目标。

2. 推进重点产业人才持续发展

围绕重点产业人才发展需求，台州市积极打造重点产业人才发展平台，加快建设高技能人才、农村实用人才等重点产业人才队伍，创新建立产业人才地图信息库。

一是积极推进“台州工匠”队伍建设。近年来，台州将工匠人才培养作为重要工作任务，积极实施复合型高技能人才培养计划，出台了《关于加快推进技能人才队伍建设的实施意见》《高水平建设工匠人才队伍行动计划(2018—2020)》等系列文件，为加快推进技能人才队伍建设奠定了政策基础。着力提升高技能人才本土培养能力，加快推进台州技师学院筹建,支持台州第一技师学院和三门技师学院建设。积极打造“台州工匠”品牌,在全省率先出台“杰出台州工匠”、规上企业引进“首席技能大师”等认定实施办法,首批共认定“杰出台州工匠”“首席技能大师”17 名。推动技能大师工作室体系链建设,共建成市级技能大师工作室 60 家,获评国家级技能大师工作室 2 家、省级技能大师工作室 18 家。完成 235 家规模以上企业和 12 个行业的自主评价样板建设,开展高质量技能等级示范企业(行业)自主评定。在全省率先实施高级工、技师直接认定办法,简化认定程序,拓宽培育渠道,2017 年培养新增高技能人才超 4.7 万人,位居全省第一。

二是大力开展农村实用人才培训。持续实施农村实用人才扶助计划,积极推进农村实用人才培训工作,以台州农民学院为基础,在黄岩成立了全国首家乡村振兴学院——同济·黄岩乡村振兴学院,致力于打造集乡村振兴理论研究、实践指导及人才培养三位一体的综合性学习教育平台,通过健全完善三级培训体系,分层分类开展好农村实用人才培训工作。其中,2016 年培训农村实用人才 31286 人,2017 年培训 32581 人,2018 年上半年培训约为 15000 人。连续三年开展农技标兵技能培训,举办台州市农技标兵全面素质提升培训班。实施农村实用人才学历培训,全市共招收培养农民大学生 1423 人,列全省第一。开展“台州师傅”精品项目培育,已培育拥有较大生产规模、较强市场意识、“双带”作用发挥较好的“台州师傅”70 名。积极提升一批知名农业企业、合作社等农业生产经营单位的培训服务能力,开展农业领军人才创业实训基地建设,已创建并认定实训基地 25 个。坚持系统化培训和多元特色培训相结合,培养出一批高素质农村实用人才,农村实用人才数量新增 7.8 万人,农村实用人才总数达到 19.38 万人,提前超额完成“十三五”规划中“农村实用人才 2020 年达到 15 万人”的目标。

三是有序开展重点产业招才引才工作。实施主导产业和战略性新兴产业人才扶持计划,制定完成五大产业人才发展规划。积极开展行业人才招聘会,结合区域主导产业和战略性新兴产业人才需求,组织举办机械制造、医药化工、能源与动力、交通运输等台州专场招聘会,组团参与浙江—香港现代服务业高端人才招聘会、中国(宁波)海外工程师大会、浙江国际人才智力项目洽谈对接大会等各类会议。截至目前,共引进领军人才 4 人、高端人才 3 人,其中创业人才 4 人、创新人才 3 人,市“500 精英计划”人才落地创业企业 214 家。创新建立主导产业人才地图,已绘制完成五大主导产业的产业地图和人才地图,包括在全省首建台州市医药健康产业人才地图,能够通过在全球采集行业人才大数据,打造产业人才集聚新载体,实现精准搜索、快速对接。目前共采集全球 56000 多名产业高端人才数据,可精准服务全市 3396 家医健产业企业的人才需求。

3. 补齐重点领域主要人才短板

结合台州社会事业人才紧缺的实际情况,逐步加强对社会事业领域人才的支持力度,深入推进“三名”工作室建设。围绕人力资源服务产业发展和人力资源服务产业园建设，积极引进和培育高端中介服务人才。

一是加大社会事业人才扶持力度。实施社会事业紧缺人才支持计划，建立了省内唯一的社会事业高层次人才奖励年金制度，给予在台州工作10年以上的优秀人才缴纳最高80万元的奖励年金(补充养老保险)，选拔首批奖励年金享受对象87名。出台《关于深化台州市名师名医名家工作室建设的实施意见》，在全省率先形成了规范系统的工作室选拔、管理、扶持、考核体系，建立工作室淘汰退出机制。目前共有名师名医名家工作室97家，其中：名师名校长工作室24家，新培育名师名校长等人才147人；名医工作室32家，新培育人才173人；名家工作室26家；体育名师工作室15家，新培育体育人才161名。加快社会工作专业人才队伍建设，形成了《加强社会工作专业人才队伍建设行动计划(2018—2020)》和《台州市社会工作专业人才扶持奖励办法》，仅2018年就组织动员了17566人参加社会工作者职业水平考试，动员报考人数位居全国第一。

二是积极引培高端中介服务人才。实施高端中介服务人才引聚计划，大力发展人力资源服务产业，依托人力资源服务产业园等平台快速集聚人力资源服务人才。台州(黄岩)人力资源服务产业园、台州(路桥)人力资源服务产业园共入驻企业42家，实现利税1000多万元。围绕七大千亿产业集群，加大引进与区域产业人才发展相一致的知名人力资源服务企业，成功促成省商务人力资源服务、宁波杰艾、宁波杰博、浙江海业必达、上海外服、58同城等省内外知名机构在台州落地。依托知名投资公司、人才中介和在外商会建立市、县两级引才工作站33家，不断完善引才网络。积极搭建人才中介机构和用人单位交流平台，定期举办人才项目推荐会和台州市人力资源管理者培训班。充分发挥市场作用引才，与美中医药开发协会(SAPA)签订全面合作协议，依托中美企业波士顿创新中心建立跨境人才项目孵化器，探索波士顿—上海—台州三地的离岸“飞地”孵化模式。

4. 稳步推进人才发展平台建设

台州市积极举办各类高层人才赛会，稳步推进创业创新平台建设，拓展引人育人新途径，激发人才创业创新活力。

一是积极打造高层次赛会平台。继续完善“以会引才”“以赛引才”模式，举办台州国际人才合作洽谈大会、模具产业全球创业大赛、台州市人才管理改革试验区创业大赛等10余场赛会，吸引大量海内人才和创业创新团队参会，其中2016年和2017年台州国际人才合作洽谈大会共签约人才项目238个，参会规模逐年扩大，签约项目逐年增多，大会国际影响力和引才精准度进一步提升。主动承接上海人才溢出效应，成功举办上海·台州高层次人才洽谈活动。与美中医药开发协会(SAPA)合作，举办中美(台州)国际生物医药发展论坛，吸引国际前沿生物医药专家在台州创业创新。在武汉、成都、西安等10个知名城市组织或参加招才引智洽谈会。

二是建设完善的创新创业平台。实施创业创新平台建设计划。出台《台州市院士专家工作站建设管理办法》,进一步规范院士专家工作站管理,并在全省率先探索依托产业功能区建立院士工作站的模式。2016 年、2017 年、2018 年至目前,分别新建院士站 3 家、11 家、10 家,两年半新建院士专家工作站数目超过前 5 年的建站总数。2017 年成立全市首家"诺贝尔奖获得者工作站",国家示范院士专家工作站实现零突破。加快博士后工作站建设,数量居全省前列,全市共有国家级博士后科研工作站 14 家、省级博士后工作站 20 家、市博士后创新实践基地 9 家。浙江海正药业股份有限公司成为全省首家具有独立招收博士后资格的企业。大力实施科技企业"双倍增"行动计划,不断壮大创新主体队伍,促进科技企业增量发展,共认定省级科技型中小企业 153 家、市级高新技术企业 282 家、市级高新技术企业研发中心 239 家,申报国家重点扶持的高新技术企业 250 家、省级科技型中小企业共 337 家,2018 年新申报省级孵化器 3 家,新备案省级众创空间 3 家。大力引进各类研究中心,市本级先后成立了浙江清华长三角研究院台州创新中心、浙江加州国际纳米技术研究院台州分院、台州耶大基因与细胞治疗研究院等 5 家科创平台,全市科创平台达 8 个,培育楼友会、楚洲人才梦工厂成为国家级众创空间。新建浙江"千人计划"台州生物医化产业研究院,在全省率先探索政府引导、民资参与、公司运作的建设模式,目前已柔性引进国家"千人计划"、国家杰出青年等人才团队 15 个,与复旦大学药学院等 3 家高校院所签订合作协议。大力建设高端人才创业创新产业园,高标准建立市级"500 精英计划"创业创新园 4 个,加快推进浙江"千人计划"台州(温岭)产业园、台州基金创新园区等园区建设。

5. 创新完善人才工作体制机制

充分发挥台州人才新政的政策导向作用,创新完善海外引才、人才工作和服务机制,加快打造具有较强竞争优势的人才政策体系,形成具有地区竞争力的人才体制机制优势。

一是积极制定和贯彻落实人才新政。坚持以人才政策创新撬动人才体制机制改革,2017 年 5 月,台州市委、市政府出台《台州人才新政三十条》,政策力度位居全省前列,企业人才补充养老保险、企业海外研究机构财政后补助等 7 项工作在全省率先突破。积极完善"1+X"政策体系,市委人才办牵头 26 个部门出台了 34 个配套实施细则和工作规程,9 个县(市、区)和集聚区、高新区分别出台人才政策 21 个,形成横向到边、纵向到底的网状结构。为保证人才新政切实落地,有序推进人才强市建设,2018 年出台了《高水平建设人才强市行动计划(2018—2020)》,并制定《三年行动计划任务分工方案》,以行动计划来进一步推动《规划》的落实。为进一步完善人才新政,扎实做好社会事业领域高层次和紧缺人才的引、育、用、留工作,起草了《台州社会事业人才发展三十条》,切实加大对社会事业人才队伍的支持力度。

二是创新建立新型人才工作机制。在市、县（市、区）、街道、企业等多个层面建立和优化人才工作机制。进一步完善人才工作领导小组制度，市、县两级人才工作领导小组全部由党政主要负责人担任正副组长，“一把手”抓“第一资源”更加常态化、制度化。连续6年开展县（市、区）委书记人才工作专项述职，中共中央组织部《组工信息》专门刊登了这一经验做法。坚持定期分析研判，每季度召开市委人才工作领导小组会议，督查工作进度，查找短板和不足，解决人才工作焦点难点问题。优化乡镇（街道）人才工作运行机制，聚焦乡镇（街道）人才工作末梢体制机制建设，在全市129个乡镇（街道）设立人才工作领导小组、人才专员，截至目前，在1293家规上企业设立了首席人才官，推动人才工作进一步向基层延伸。建立人才新政每月通报制度，通过主要领导专报、媒体通报等形式每月公开各地各部门重点人才指标完成情况，倒逼工作压力层层传导。建立企业人才工作积分制，以企业和个人量化积分管理的方式，推动教育、医疗、住房等公共资源向人才工作先进企业倾斜。

6. 全方位打造人才发展最优生态

一是进一步完善人才服务机制。着眼于打造人才生态最优城市，不断创新人才服务领域，建立市、县联动的人才服务联盟制度，在市行政服务中心设立人才政策兑现一站式窗口，开通人才服务联盟网上服务专区，出台《台州市人才服务联盟工作实施细则（试行）》，为高层次人才提供包括创业创新服务、生活保障服务和政策资金兑现服务在内的82项服务，使“一窗受理，集成服务”的人才政策兑现流程逐步落到实处。实施“绿色办证通道”机制，简化高层次人才居住证、落户等手续办理。建立人才服务专员制度，按照“最多跑一次”改革要求，为高层次人才和项目提供“一对一”跟踪服务，涵盖引进、落地全过程。

二是全面提升人才生活保障。针对人才最关心的子女教育、医疗保障、住房等问题，积极探索更有温度、更有品质的举措，把服务做到人才心坎上。特别是在住房问题上，加快改善人才住房条件，全市共配套建设人才公寓1885套，截至目前已分配1259套、预留626套，入住率66.8%，其中市本级首期176套人才公寓，已分配112套。一期总投资15亿元的台州中央创新区人才社区西地块租赁式公寓已开工建设，东地块产权式公寓完成立项备案、土地出让合同签订等工作，并积极探索在黄岩、临海、温岭、玉环等区域建设产城融合、职住一体、开放包容的国际人才社区，营造“类海外”发展环境，推动人才在台州安心创业创新。落实人才房票补贴，人才新政实施一年来，市级已为55位人才发放了房票补贴，兑现资金达1300.3万元。

三是积极加强人才沟通交流。出台《关于进一步加强党委联系服务专家工作的实施意见》，完善党政领导联系人才制度，市领导分别联系1～2名人才，市、县联动定期开展“千人计划”“万人计划”等高层次人才走访慰问活动，三年来市县党政领导和市委人才工作领导小组成员单位主要领导共走访慰问高层次人才410多人次。以高层次人才活动中心为平台,开展高层次人才论坛、创业精英沙龙等交流活动30余场,并组织开展“千人计划”专家联谊、人才疗休养和体检600多人次,有效凝聚和服务了各类高层次人才。夯实人才工作基础,建成台州籍在读硕博人才信息库,入库人员300多名。创建海外重点人士信息库,完成1036名海外重点人士的调查。

(三)规划保障落实情况

1. 组织领导方面

台州市委人才工作领导小组负责《台州市人才发展“十三五”规划》的协调和指导工作,通过开展县(市、区)委书记抓人才工作专项述职工作,切实增强“一把手”抓人才工作的责任意识,统筹推进重点任务和人才计划有序落实。加强党管人才工作考核,出台《人才工作重点指标分类考核办法》《2018年度县市区、集聚区、开发区经济社会发展目标责任制人才工作考核办法》《2018年度县市区委党建工作责任制高端人才产业平台建设考核办法》等文件,将人才工作落实情况纳入全市经济社会发展目标责任制考核和大党建考核范围。

2. 任务分工方面

根据“十三五”规划《重点人才计划一览表》,将各项人才计划分解到各地、各部门,要求各地各部门要把实施人才发展规划纳入工作总体部署,研究制定规划实施方案,分解各项任务和具体目标。对人才工作领导小组成员单位实施人才工作项目化管理,每年年初明确职能部门的职责任务,年中加强督促检查,年末组织听取汇报,有效推动了各项工作落实。创新建立“三张清单”制度,将省对市重点人才考核指标清单、落实人才新政任务清单和贯彻落实全省人才工作会议精神任务清单逐项分解到部门和县(市、区),明确责任人、完成时限和工作职责。

3. 经费保障方面

《规划》实施以来,特别是人才新政出台以来,台州人才经费稳定快速增长,保证了人才政策的及时兑付,各项重点人才计划得以稳定推进。2016年,市本级兑现人才经费2035万元,2017年市本级人才经费1.2亿余元,政策兑现资金1亿元。积极提升人才经费的利用率,出台《台州市“500精英计划”人才项目绩效评估暂行办法》《台州市“500精英计划”人才项目管理实施细则》等政策文件,加大创业创新项目后期跟进力度,提高资金拨付的科学性。完善市场化人才投入机制,积极搭建私募基金与创新人才项目合作平台,实现资本与人才创业项目的深度对接。

二、评估中发现《规划》实施存在的问题

(一)重点产业人才队伍建设乏力

从目前看,台州相关部门未制定针对具体产业人才的专项人才政策,汽车制造、高端装备、现代金融、信息产业等重点产业、新兴战略产业的人才队伍建设情况尚不清晰,相关产业人才计划总体推进速度仍较慢。特别是重点产业人才信息库建设仍不完善,大量企业人才工作的底数不清、家底不明,产业人才数据模糊。

(二)基础性人才队伍建设亟待加强

大学生人才政策缺乏区域竞争优势,在周边地区纷纷加大大学生人才政策吸引力的情况下,台州大学生引人难、留人难现象未得到显著改善。本土人才的引进和培养工作有待加强,存量人才的长效留用激励机制不足。在技能人才培养方面,职业技术学院建设进度较慢,技能人才本土培养能力待进一步提升,初、中级一线技能人才缺乏问题仍然存在。社会事业人才队伍发展缓慢,医疗卫生、教育等领域的高层次人才引进较为困难。补人才短板任务完成进度较低,公益性法律援助等社会工作人才仍然严重不足。

(三)人才发展市场化程度仍需提高

在人才发展市场化方面有较大提升空间。政府在人才引进、评价、服务、资金投入等方面都占据绝对主导地位,企业的人才工作意识仍然不强,重引人、轻育人等现象普遍存在,其他市场主体,如行业协会、猎头、风投机构等在人才引、育、用、留中的作用未充分发挥。人力资源服务产业虽然发展迅速,但是发展层次不高,产业园配套设施不足,优质人力资源服务机构较少,高端人力资源中介服务人才引进困难,人才服务能力较弱,人才服务市场化程度不高。

(四)区域创新研发能力仍需加强

尽管通过实施人才新政等方法,有效提升了台州学院等本地院所的人才集聚能力,加大了科研院所和研究中心的引进力度,但总体上,台州高水平的高校院所和研发机构仍显不足,特别是高水平科研平台缺乏,本土科研创新能力较弱,科研创新平台对产业的带动作用不强,对教育、医疗等行业的引领作用不够明显。社会整体创业创新氛围不浓,创业资源稀缺,金融扶持、人力资源服务等方面存在“缺环”,人才创业创新服务链不够健全。创业创新平台建设计划需持续推进。

(五)多层次的金融扶持链需进一步健全

“十三五”期间,台州市持续加大对人才创业创新的财政扶持力度,人才服务型银行

对人才创业的贷款政策力度也走在全省前列。但现阶段，对人才发展的金融扶持形式仍然较为单一，尚未建立完善的政府人才发展引导基金、种子基金或保障性基金，无法发挥政府人才基金对社会资本的撬动作用，风投、创投以及其他各类民间资本的作用有待发挥。

三、下一步《规划》深入推进的对策建议

根据《规划》中期评估查找发现的问题，提出拟从培养针对性产业人才、建强基础性人才队伍、推进人才体制市场化改革、打造多元创新平台、完善人才发展投入机制以及优化人才生态系统等方面进行加强和改进的意见建议。

（一）加强产业人才培养针对性，实现精准引才育才

积极推进主导产业人才扶持计划和战略性新兴产业人才培育计划的实施，及时了解重点产业、战略新型产业人才发展态势，坚持定期发布台州市重点产业人才和社会事业发展紧缺人才目录。制定并完善七大千亿级产业人才发展规划，制定出台重点产业人才专项政策。建立和完善重点产业人才地图，依靠猎头等人力资源服务机构打通重点产业人才引进通道，实施精准引才、靶向引才。通过柔性引才用才的方式，加快引进一批高端人力资源中介服务人才、科技中介服务人才和创业孵化服务人才，引领提升全市人力资源服务产业整体服务水平。

（二）夯实基础性人才队伍基础，重视本土人才回归

要高度重视大学生人才、初中级技能人才的引留问题，及时对基础人才效能发挥情况进行评估，立足台州重点产业人才发展需求，分类型、分重点引进初、中级人才，加强对企业培养基础性人才的支持力度。加大社会事业人才引培扶持，尽快出台实施《台州社会事业人才发展三十条》，支持教育、卫生、文化等领域人才的引进和培育，进一步突破高校、医院等用人单位在引人用人上的体制机制障碍，建立更加灵活的人才引用机制。重视社会工作人才，特别是法律、健康养生、养老服务等紧缺社会工作领域人才的引进和培养，建立更加柔性的人才引进和使用方法，成立公益性的法律顾问，帮助解决初创小微企业的法律咨询问题。重视本土人才培养和回流，积极参考其他地市吸引本土人才回归的创新性做法，尽快完善并实施台州籍优秀青年人才引归计划，建设台州籍海外留学、市外求学高层次人才信息库。

（三）坚持人才发展市场化理念，深入推进市场化改革

坚持人才发展市场化理念，加强用人主体人才发展意识，激发企业在引人用人过程中的主体作用。积极引进和培育多元市场主体，充分发挥人力资源服务企业、金融机构、

行业协会等市场主体在人才发展中的作用。持续推进人才服务市场化，大力引进高端专业人才中介，提升人力资源服务机构层次，丰富服务内容，不断提升人力资源服务园整体水平。探索创新与专业引才机构间的外包合作和扶持机制，通过政府购买服务、场地租金补助等形式，鼓励市场主体负责运营引才育才，提高人才服务市场化、专业化水平。

（四）积极打造多元创新平台，持续提升区域研发创新能力

构建高新园区大体系，抓住全省建设大湾区、大通道、大花园的契机，以确保台州高新区成功创建国家高新区为核心引擎。推进“千人计划”台州（温岭）产业园争创省级园区，争取省级高新园区县级全覆盖。加大对科技型企业的扶持力度，加快建设国家级、省级高新技术企业，继续鼓励企业建立创新研发机构，进一步发挥企业创新研发主动性。加强研究机构与企业的合作，推动科技成果转化，提升科研创新平台对产业的带动作用，引导推动人才培养链与产业链、创新链的有机衔接。支持公立院校突破引人用人体制机制障碍，加快引进高端人才，加强学科建设，支持台州学院积极开展硕士点申报工作，更充分发挥台州学院人才集聚效应。建立科研创新平台效能考核机制。

（五）健全多层次金融扶持链，完善人才发展投入机制

加快建立健全多层次人才创新创业金融扶持链。尽快建立人才创业基金，用足用好产业引导基金，制定人才基金管理办法，实现政府人才基金的市场化管理，充分发挥政府基金对社会资本的引导和集聚作用。进一步发挥银行、保险公司等金融机构的作用，完善人才服务型银行“人才贷”，探索商业银行与风险投资、天使资本的投贷联动试点工作。建立多样化人才创业创新风险分担机制，如发挥台州信保基金专项担保功能，扩大创业投资风险补偿资金规模，推动创业投资风险补偿资金池全覆盖，支持保险机构开发人才创业创新类保险产品等。

（六）全面提升人才服务，打造更有亲和力的人才生态

提高各级干部创新能力和抓人才工作的谋划能力，落实人才工作进成员单位“三定”方案。推广乡镇（街道）人才专员制度，全面设立规上企业首席人才官，进一步构建具有台州特色的党管人才工作体系。开发智慧人才平台，探索人才评定申报、政策兑现、管理服务“全程电子化”，真正实现“最多跑一次”或“一次都不用跑”。实施“人才文化工程”，大力培育创新文化，大力营造尊重人才的社会氛围，厚植创业创新沃土，让台州成为人才创新的大苗圃、人才创业的大摇篮。

课题组组长：卢红菊

成员：於海雅　项贤广　金小龙　林恩伟　傅　衍

湖州市科技和人才创新活力更好地支撑高质量赶超发展的调查研究

□ 中共湖州市委组织部课题组

根据湖州市委“提标杆破难题助赶超”专项调研的统一部署,从 2018 年 3 月底开始,围绕“科技和人才创新活力如何得以充分激发,更好地支撑湖州高质量赶超发展”这一主题,通过深入调研,并着眼环太湖和长三角视野,进一步总结分析了湖州市在科技创新、人才集聚方面的比较优势和不足,找准今后发展的方向定位,提出激发科技和人才创新活力更好支撑高质量赶超发展的对策建议,形成了本调研报告。

一、科技和人才支撑高质量赶超发展的重要意义

习近平总书记强调,发展是第一要务,人才是第一资源,创新是第一动力。只有掌握“人才”这个第一资源,才能拥有“创新”这个第一动力,从而实现“发展”这个第一要务。因此,科技创新和人才集聚是实现高质量发展的必由之路,也是当前湖州赶超发展的现实需求。

一是科技和人才是推动湖州未来发展、提高战略定位的重要保障。科技高度影响战略高度,人才地位决定未来地位。习近平总书记在十九大报告中 17 次提到科技、14 次提到人才,并明确提出要加快建设创新型国家、人才强国。湖州正处在重大战略机遇期,比以往任何时候都更加需要下好科技创新、人才引育的先手棋,为加快赶超、实现“两高”提供有力保障。

二是科技创新和人才集聚有利于促进传统产业升级、新兴产业爆发。湖州市纺织、金属加工、建材等传统产业在工业体系中比重偏高,信息经济、高端装备等新兴产业还存在规模不够大、产业链不够完善等问题,要实现弯道超车、赶超发展,迫切需要高端人才和技术的集聚,推动传统产业的升级、新兴产业的崛起。

三是抓科技和人才就是抓城市软实力。一座人才荟萃的城市，必然是创新激情涌动、创新活力迸发的城市，也必然是文明程度高、软实力强的城市。新形势下，唯有在全社会树立崇尚知识、尊重人才、追求创新的导向，营造勇于探索、激励成功、宽容失败的氛围，才能聚集四面八方人才，激发科技创新活力，成为推动城市高质量发展的一把“利器”。

四是科技和人才是赢得区域竞争主动权的关键因素。湖州位于长三角腹地，身处上海、苏州、南京、合肥、杭州五大城市辐射之中，机遇把握得好就能实现“大树底下好乘凉”的正面效应，把握得不好就会出现“大树底下不长草”的尴尬局面。唯有打破常规、主动出击，充分激发科技和人才创新活力，才能在新一轮区域竞争中抢占制高点、赢得主动权。

二、目前湖州科技和人才工作的优势和短板

（一）主要优势

近年来，湖州市委市政府坚持走创新驱动发展、人才强市之路，科技和人才工作走在全省前列，科技工作连续 5 年、人才工作连续 4 年获得省委省政府考核优秀，支撑赶超发展的作用正在逐渐显现。

一是科技实力和人才队伍规模不断壮大。截至 2017 年年底，湖州市人才资源总量达到了 72.1 万人，占全市从业人员的 37%，高于全省平均水平。特别是通过实施“南太湖精英计划”，遴选资助领军型创新创业团队和人才项目 790 个，带动引进高层次人才 8204 人。引进国家“千人计划”专家 118 人、省“千人计划”专家 178 人，其中自主申报入选国家“千人计划”专家 51 人、省“千人计划”专家 118 人，均列全省第三位。入选省领军型创新创业团队 10 个、省级院士专家工作站 19 家，分别列全省第二位和第三位。R&D 占 GDP 比重达到 2.64%、万人发明专利拥有量达到 24.8 件，均列全省第三位。

二是科技和人才工作政策体系不断健全。市、县(区)都建立了科技创新和人才工作领导小组，主要领导亲自担任组长。制定出台了《湖州市中长期人才发展规划纲要(2010—2020 年)》《湖州市人才发展“十三五”规划》《湖州市科技创新“十三五”规划》，对科技和人才发展重点问题进行总体谋划。聚焦产业发展，制定实施了“创新驱动发展战略二十二条”、“人才新政 24 条”、人才强市“1＋N”政策、“大学生就业创业新 10 条”等政策，完善以“南太湖精英计划”为龙头的引才体系，90%以上的人才项目集中在“4＋3＋N”重点产业。

三是科技和人才要素保障不断提升。高标准规划建设湖州科技城，成功创建国家高新区 1 家、省级高新区 4 家、省级以上孵化器 10 家、省级“众创空间”22 家，“苗圃—孵

化器—加速器—园区”的全链条平台体系逐步建成。制定出台了《关于进一步促进科技与金融结合的若干意见》,加大科技贷款、科技企业上市融资等方面的保障力度。加大科技和人才资金投入力度,近三年市财政人才专项经费,年均增幅为6.5%。2016年创新环境综合评价列全省第二位。

四是科技和人才创新活力不断增强。2017年全市专利授权12025件,其中发明专利2190件,入选省级新产品975项,实现产值1820亿元。推动培育省级科技型企业1890家、高新技术企业636家、市“双高”企业126家。“南太湖精英计划”人才直接创办企业达到353家,实现销售收入超100亿元、上缴利税23亿元,10家企业在“新三板”挂牌。建立市级院士专家工作站75家,推动建站企业新增产值308亿元、利润53亿元。市高新技术产业、战略性新兴产业增加值年均增速达到12.5%和12.6%,高于全省平均水平。

(二)问题短板

从调研情况来看,近年来科技和人才工作取得了一定的成绩,创新创业活力正在不断增强,对推动湖州加快发展发挥了积极作用,但是离更好地支撑湖州高质量赶超发展还有明显差距。按照供给侧改革的思路,我们重点就激发科技和人才活力供给端,剖析存在的主要问题短板。

1.产业结构不够优、层次不够高,一定程度上限制了科技创新和高端人才的集聚

人才引领产业,产业集聚人才。从湖州市的产业结构来看,一、二、三产结构比例日趋完善,2017年年底达到了5.1∶47.4∶47.5,接近长三角城市的平均水平,但是三产服务业中,技术研发、成果转化等集聚人才的生产性服务业比重偏低,占比仅为22.5%,低于全省30.4%的平均水平。从湖州市的产业层次来看,现代纺织、绿色家居、智能电梯等优势产业,虽然生产规模比较大,市场份额比较高,但是仍处于产业的中低端。比如智能电梯,2017年产值突破了100亿元,占全国市场的10%、全省市场的50%,但是控制系统、曳引机等高端关键部件的研发生产不在湖州,造成整个产业的人才层次不高,智能电梯“千人计划”专家2人,仅占全市的0.6%。同时,湖州市高新技术产业发展还不够快,2017年年底高新技术企业占规上工业企业的比重为14.74%,低于杭州的17.22%、苏州的42.98%、无锡的33.51%等。高新技术产业增加值率为17.94%,低于面上工业的18.6%和全省21.05%的平均水平,一定程度上影响了科技创新和人才集聚。另一方面,顶尖人才和团队的缺乏,也会影响了产业结构的优化和升级。

2.万人级创新创业平台相对缺乏,造成承载科技和人才项目的能力还不够强

近年来,湖州市创新创业平台建设稳步推进,已经拥有了南太湖科创中心、德清地理信息产业园、“千人计划”产业园、长兴国家大学科技园等平台,但是与周边地市相比,

创新创业平台建设速度相对较慢。比如:湖州科技城刚刚起步,与杭州未来科技城、宁波新材料科技城、嘉兴科技城等相比,建设速度明显偏慢;创新创业平台建设规模相对较小,湖州市还没有规划面积在100平方公里以上的创新创业平台,杭州有1个、宁波有1个、苏州有2个、无锡有1个;高校科研创新平台还相对较少,目前只有湖州师范学院、湖州职业技术学院,以及在建的浙工大德清校区和中德工程师学院四所高校,还没有引进类似苏州纳米所等中科院一级所。同时,创新创业平台管理运营团队的专业化能力还不够强,人才住房、文教设施、医疗机构等生活服务配套还不够健全,科技、金融、人才等社会化服务资源集聚度还不够高,一定程度上影响了平台对高层次人才的集聚承载能力。

3.创新要素保障不够完善,影响了科技型中小企业和人才企业快速发展

融资难、融资贵依然是制约科技型中小企业和人才企业发展的重要因素之一。与周边其他城市相比,湖州市科技金融发展相对较慢,比如在产业基金方面,基金建设速度还不够快,湖州市产业母基金总规模52.52亿元,目前到位率仅为31.8%,杭州为47.3%、宁波为51.2%、嘉兴为53.7%。特别是市财政出资、市产业集团管理的6只产业基金,成立以来仅投资了2个项目,运营效率相对较慢。科技金融产品相对单一,虽然专利质押在全省起步比较早,但是没能很好地转化为科技金融产品。苏州成立了科技金融超市,打造形成银行、担保、投资、中介、租赁等为一体的融资平台,累计融资金额724亿元。杭州高科已发展成为省内最大的政策性融资担保机构之一,已支持近2000家企业,担保融资70亿元,放大财政出资35倍。同时,政府公共研发资源载体开放度还不够,类似苏州金鸡湖创业长廊、中科院苏州纳米所等开放性的公共载体还没有。另外,教育、医疗、住房等问题,也依然困扰高层次人才安心创新创业,实用人才、中端人才等“夹心层”人才受限于优质公共服务资源短缺的问题,较难享受子女教育、住房保障等优惠举措。

4.创新创业氛围还不够浓厚,制约了科技和人才创新活力进一步激发

在市场配置科技和人才资源还不完全成熟的情况下,政府投入科技创新和人才开发的力度,对于营造浓厚的创新创业氛围将产生积极影响。近年来,尽管湖州市科技和人才专项资金同比增长明显,但是与长三角其他城市相比还有一定的差距。2011—2017年湖州市本级科技和人才专项投入为1.6亿元,苏州是湖州市的6.4倍、无锡是湖州市的5.8倍、嘉兴是湖州市的3.5倍。县区在招引项目时,往往更容易关注投资额大的项目,但对科技含量高、投资额不大的人才项目关注度还不够。湖州市企业在科技和人才投入上的力度也不够大,2017年年底全市企业R&D经费支出占主营业务收入比重为1.4%,低于全省1.45%的平均水平。调研中,也听到很多企业反映招不到人的情况,但

是提及提高引进人才薪酬时,不少企业还是不愿意高薪引才。展示科技创新和人才发展的宣传载体还不够多,而无锡有清华创新大厦、苏州有人才广场和创新大厦等。

三、今后一个时期湖州科技和人才工作的定位与目标

(一)发展定位

在长三角一体化发展、上海同城化都市圈等战略背景下,湖州迎来了难得的发展机遇,科技和人才工作必须坚定不移地高举“两山”重要思想,坚定不移地聚焦国家生态文明建设示范城市、“中国制造 2025”试点示范城市和国家绿色金融创新试验区等国家战略,坚定不移地融入长三角一体化发展和“沪湖绿色智造大廊道”建设,推动长三角中心区域科技和人才协同发展,打造创新发展的“四地”模式,进一步支撑湖州高质量地赶超发展。

1. 紧抓环太湖区域新兴产业布局的机遇,打造创新载体共建协作地

区域产业承接转移是现代经济体系转型的一个重要特征,也是区域合作共赢的一个发展趋势,比如京津冀一体化建设、粤港澳大湾区开发。随着《长江三角洲城市群发展规划》的出台,环太湖区域产业布局迎来了一个新的发展机遇,上海、苏州、无锡等城市都面临着产业链重新分工的情况。我们必须紧紧抓住上海及环太湖区域产业转型升级窗口期,依托沪苏湖高铁,申嘉湖、申苏浙皖高速以及长湖申航道等交通廊道优势,谋划建设临沪、临苏等区域产业合作创新平台,深化省级以上开发区、高新区与上海以及环太湖城市重点产业平台对接合作,推进张江科技园、苏州工业园等科技园区在湖州设立分园,实行“统一规划、协同招商、同步建设、共享品牌”合作机制,全力构筑上海都市圈、环太湖城市群高端制造协作地。

2. 紧抓上海全球科创中心建设的机遇,打造科技成果转移转化地

从经济学的角度分析,科技创新对经济增长的贡献主要是全要素生产率的贡献,而科技成果转化的高低直接影响着全要素生产率的水平。当前,上海正在全力建设具有全球影响力的科技创新中心,致力于在智能制造、信息经济、生命科学等领域,攻坚突破一批卡脖子的技术壁垒,形成一批拥有核心技术的科研成果,辐射带动上海都市圈城市创新发展,这对湖州提升创新能力、激发产业活力是一个发展契机。我们必须主动对接上海全球科创中心建设,进一步提升湖州科技城、莫干山国家高新区、科技创新服务综合体等科技创新平台能级,深化与上海重大创新平台及高校科研机构的对接合作,规划建设一批重大科技基础设施、重点实验室、科技成果转化基地,布局建立一批科技创新、人才创新离湖孵化器,推动上海及环太湖城市科技成果在湖州转移转化。

3. 紧抓周边城市人才智力资源外溢的机遇，打造大都市高端人才外溢创新创业首选地

人才流动是人才调节的一种基本形式，是调整人才社会结构，充分发挥人才潜能必不可少的重要环节，它与产业结构的调整、科学技术的发展、专业知识的更新、生活环境的变化等因素密切相关。当前，上海、南京、苏州等周边地市受到产业转移、要素制约、房价上涨等因素影响，人才外溢的数量不断攀升，2017 年上海人口流出 7.52 万人、苏州人口流出 2.1 万人、无锡人口流出 2.08 万人。我们必须抓住人才智力资源外溢的契机，面向上海、苏州等地，研究制订高层次人才引进计划，把引才之手伸向科创园、研究院所等人才密集的区域。加强与中科院上海分院、中科院苏州纳米所等大院名所的合作，共建重大人才创新载体。深化人才服务“最多跑一次”改革，完善人才创新创业环境，吸引上海及环太湖城市的高层次人才来湖创新创业。

4. 紧抓长三角区域高校院所资源丰富的机遇，打造大学生引进培养示范地

青年人才是经济社会各项事业发展的生力军，也是未来科技创新的主力军。在人口红利逐渐消退及城市发展转型升级的背景下，众多二线、三线城市正使出浑身解数招揽大学生，比如成都把招才广告做到了杭州地铁 1 号线、西安只要大学生凭学生证和身份证就能 24 小时在线落户等，这成了当前人才发展的一个热点。湖州高校数量相对较少、层次相对较低，大学生培养还不能有效满足高质量赶超发展的需求。我们必须发挥长三角一体化、上海都市圈发展的优势，加快提升与上海、南京等重点高校院所的战略合作关系，畅通高校毕业生就业信息和本地重点企业用工信息互通渠道，完善高校联络站、大学生就业实践站、“众创空间”等平台建设，提高大学生来湖就业创业以及生活服务的政策力度，推动在外高校毕业生来湖发展。

（二）发展目标

通过此次调研，我们深刻地感受到，当前是广纳英才、驱动创新的最好时代，全社会对知识、创造和人才的渴求越来越强，创造最佳条件去吸引人才和技术，已经成为社会共识。站在新的起点上，湖州要顺应时代潮流，围绕国家生态文明建设示范城市、“中国制造 2025”试点示范城市和国家绿色金融创新试验区建设的需要进行发展。

1. 在人才集聚方面

紧紧抓住“制造立市”这个牛鼻子，突出新能源汽车及关键零部件、高端装备等制造业高层次人才和团队的引进，加强金融类等生产配套人才的引进和培养，加大生产性技能人才的培育力度，大力引进各类高校大学生。同时，加强人文社科、教育卫生等领军人才的引进和培养，提高城市吸引人才的综合底蕴。

2. 在科技创新方面

强化创新驱动发展主战略，突出生物医药、高端装备制造等产业要素集聚与能级提

升,加大科技招商与产学研协作力度,积聚拓展众创空间、孵化器等发展平台,推动以企业为主体、市场为导向、产学研相结合的技术创新体系。围绕主导产业关键共性技术提升,加快组织实施市级重点研发计划项目,主动承接省以上的重大、重点项目,提升自主创新能力。力争到2022年,湖州市基本建成国家创新型城市,打造长三角地区科技和人才生态最优市,使高新技术产业和“南太湖精英计划”产业成为湖州市新的重要经济增长点,有力支撑湖州市加快赶超、实现“两高”的目标。具体来说,包括以下四个方面的目标。

(1)创新主体规模更加壮大

国家高新技术企业、省科技型企业、市“双高”企业分别达到1100家、3700家、200家以上,“南太湖精英计划”企业主板上市2家以上,“新三板”挂牌15家以上。规上企业研发机构设置率达到26%以上。高新技术产业增加值规模达到660亿元、占规上工业增加值的比重提高到50%左右,增加值率提高到26%。

(2)人才资源集聚提质增量

全市人才资源总量超过90万人,其中高层次人才占比达到7%。遴选资助“南太湖精英计划”领军型创新创业团队和人才项目1300个左右,“南太湖特支计划”人才600人左右,集聚国家和省“千人计划”“万人计划”专家400人以上。培养高技能人才17万人,引进集聚大学生和各类人才30万人。

(3)双创平台体系日益完善

湖州科技城核心区基本建成,科技人才项目集聚初步见效。市级层面引进国际一流高校1所、中科院一级所1家,县(区)实现本科院校引进全覆盖。建立“千人计划”产业园6家左右,设立省级以上孵化器15家、海外创新孵化中心7家以上。培育各类众创空间200家以上,其中国家级、省级分别达20家、50家以上。

(4)创新创业氛围更加浓厚

R&D支出占GDP比重提高到2.9%,万人拥有R&D活动人员达到140人年,全市万人有效发明专利拥有量达到30件以上。建立市级院士专家工作站、“名师工作室”各100家以上。建成投入人才住房50万平方米以上。市、县(区)财政人才专项投入和科技专项投入年均增幅保持在10%以上。

四、科技和人才创新活力更好支撑高质量赶超发展的主要对策

坚持“发展是第一要务、人才是第一资源、创新是第一动力”的理念,紧扣湖州科技和人才创新中存在的短板,充分发挥特色优势,积极对接“一带一路”、长江经济带,主动融入“沪湖绿色智造大廊道”建设,高举生态旗、打好生态牌、走实生态路,努力搭建与重点

产业链高度吻合的科技链和人才链，全力打造长三角地区科技和人才生态最优市。

1. 以建设湖州科技城为引领，打造高能级的创新创业平台

遵循科技研发和人才项目成长规律，整体规划众创空间、孵化器、中试基地、产业化基地相互衔接的创新创业平台体系。

一是加快推进湖州科技城建设。参照宁波新材料科技城、嘉兴科技城等地的做法，明确将湖州科技城作为全市人才管理改革试验区，制定出台科技城人才管理改革创新政策，提高入选人才项目最高资助额度，最高给予 1000 万元项目资助，市、区财政每年筹措不少于 1.5 亿元资金，专项用于高层次人才引进培养的各项支出。到 2025 年，引进培育 50 家校地合作平台、10 家省级以上重点研究院、100 名以上“千人计划”专家、1000 家以上研发机构、10000 名以上创新创业人才。

二是实施“科技和人才接轨上海行动”。依托“沪湖绿色智造大廊道”建设，抓住“大虹桥”开发的契机，通过在上海虹桥、张江等地购置楼宇，打造“人才飞地”，建立人才接轨上海的“桥头堡”。制订科技和人才接轨上海专项计划，每年选派赴上海挂职干部不少于 20 名，挂职同时侧重人才和项目招引，每年举办沪湖高层次人才洽谈会、沪湖政产学研合作活动、沪湖高校院所载体共建洽谈会、在沪企业家来湖考察、在沪湖州籍大学生“家乡行”等系列活动，全面推进产业、人才、科技等资源互联互通。力争每年从上海引进领军型创新创业团队和人才项目 50 个以上、引进大学生和各类人才 1000 人以上。

三是加大国际一流高校引进建设力度。探索实施“名校名院名所”引进计划，在现有湖州师院、湖州职院、浙工大德清校区、中德工程师学院等高校的基础上，采取政府基础保障、学校拎包办学的“交钥匙”模式，加大国际一流高校的引进力度，市级层面引进国际一流高校 1 所、中科院一级研究所 1 家，县区实现本科院校引进全覆盖。加强与中科院、工程院的合作，共建新能源汽车、新型动力电池、智能仓储物流、智能电机装备等技术研究院，加大中科院纳米科学中心、光电技术研究所等一级研究所引进力度。依托离岸科技孵化器、企业海外研发中心等各类海外创新载体建设，在美国硅谷等全球科技前沿地区打造海外创新孵化中心，推动海外科技成果、人才项目到湖州转化落地。

四是加强“众创空间”建设。健全完善创新资源丰富、创新要素汇集、孵化主体多元、创业创新服务专业、创业创新活动活跃、各类创新创业主体协同发展的“众创空间”格局，大力引进创客空间、创业咖啡、创新工场等专业孵化器，注重打造文创类专业众创空间，培育发展创业投资机构和天使投资人，力争五年内集聚创客人才 10000 人以上，集聚创业投资机构 10 家左右。加快提升“双创”平台建设，在新能源汽车及关键零部件等重点产业领域建立产业创新综合体和特色小镇，实现省级高新园区县区全覆盖。

2. 以实施重大科技和人才项目为载体，构筑立体化的科技研发和人才引育格局

牢固树立“人才为先”“项目为王”的理念，健全完善科技研发和人才引育工程计划，

着力构建产业链、创新链和人才链深度融合的工作格局。

一是加强产业、创新和人才融合发展。以产业规划来提升产业层次,注重文化产业、健康产业等谋划发展。规划建设"南太湖人才大走廊",沿着南太湖沿线布局建设各类高层次人才创新创业园区和平台,长兴聚焦新能源、湖州开发区聚焦智能制造、太湖度假区聚焦文化创意、吴兴聚焦人工智能、南浔聚焦智能机电。围绕新能源汽车及关键零部件、生物医药、高端装备等产业发展,主攻动力电池寿命周期和回收再利用、基因药物、装备智能化等方面的技术开发,研究制定重点产业人才专项集聚政策。每年组织开展"技术合作和人才需求排摸月"活动,采取对外招标的形式,促进企业与企业、企业与机构、企业与人才之间的相互合作。

二是加快培育发展高新技术产业。加大科技招商力度,重点在人工智能、数字信息经济、新能源汽车及关键零部件制造等领域,招引一批高新技术企业或高端人才领衔的项目。依托"众创空间"、孵化器等平台支撑功能,培育一批产业基础好、发展潜力大的科技型中小企业进入高企培育库。支持符合条件的申报国家高新技术企业,加大申报认定财政支持力度。加快推进传统产业改造提升,全面实施"亩产效益"企业综合评价分类管理,支持企业实施并购重组,加快突破先进工艺和关键技术,不断提升传统产业的附加值。

三是建立更灵活的柔性全球引才机制。统筹海外人才联络、招商引资、海外侨联、留学人员等力量,统一在发达国家和地区建立海外人才联络站,收集海外人才信息,推介湖州引才政策。借助大数据和云计算技术,融合爱思唯尔等全球著名学术数据库资源,逐步建立全球高层次科技专家信息平台,力争五年内,在人工智能、新能源汽车及关键零部件、生物医药等领域,汇聚1000人左右的高端人才信息。制定出台对湖州企业的海外研发中心、海外分支机构柔性引进人才的政策举措,探索国际通行、灵活高效的合同管理,议价薪酬、异地工作的柔性聘用模式。

四是创新本土"工匠"引育方式。整合文化、教育、卫生、高技能、企业家等方面资源,统一实行市级"名师工作室"建设,采取"师带徒"的代际传承机制精准育才。加强创新创业教育,在湖州师院、湖州职院探索建立创业教育学院,举办创新创业教育实验班,强化创业创新意识和能力训练。实施"万名大学生招引工程",加大大学生就业创业"双十条"宣传推介和落地兑现力度,强化创业帮带、融资扶持等机制,广泛开展大学生实习实训,加强大学生"双创"团队、创业项目孵化、创业大赛等建设,更大力度保障大学生创业创新要素。

3.以打破科技金融制约瓶颈为突破,构建全方位的科技和人才要素保障体系

聚焦科技创新和人才发展瓶颈问题,强化金融、土地、税收等要素因素的供给保障力度。

一是建立多元化科技金融服务体系。抓住国家绿色金融改革创新试验区建设的契机，逐步建立“政策资助＋种子资金＋私募资金＋担保＋银行融资＋风险补偿”的科技金融体系，探索在省股权交易中心设立湖州创新人才板，建立“股交中心＋人才企业”特色服务综合体。力争五年内，全市集聚科技金融机构10家以上，管理资金规模100亿元左右。

二是创新人才金融产品。积极组建各类科技创新基金，市、区共同设立首只规模3个亿的人才专项基金，各县都建立1个亿以上的人才专项基金。探索建立“人才银行”“人才小贷”“人才保险”等金融机构，鼓励湖州银行的银行业金融机构开发“人才投、人才贷、人才券、人才保、人才险”等产品，创新“千人计划”等高端人才“500万元知识产权质押贷款＋300万元授信贷款”模式。

三是鼓励市场主体建设人才住房。落实高层次人才最高100万元购房补助政策。完善人才住房建设保障体系，新出让土地、用于开发建设商品住宅的建设项目，均按照不低于该建设项目住宅建筑总面积5%的比例，配建人才住房。引导“金象金牛”、工业“双高”企业利用自用存量用地建设人才公寓及配套设施，市、县(区)都建立至少1个“人才社区”。

四是探索实行高层次人才税收优惠政策。对符合条件的“千人计划”“南太湖精英计划”企业，参照国家高新技术企业税收优惠标准，给予相应的财政奖励。对引进的高端人才，探索试行人才的实际收入等于工资薪金税前收入的政策，在湖州市就业创业的各类高层次人才取得省级人民政府颁发的科学、教育、技术、文化、卫生、体育、环境保护等方面的奖金，免纳个人所得税。

4. 以营造重才爱才氛围为突破，厚植创新发展的文化土壤

坚持以用以业为本，大兴识才爱才敬才用才之风，强化创新创业激励措施，促进各类人才潜心发展。

一是建立健全人才荣誉体系。完善杰出人才、优秀人才的荣誉制度，在自然科学、工程科学技术、人文社会科学等领域，或在推动企业转型升级、服务地方社会事业发展等方面，定期表彰并奖励做出贡献的人才。建立人才公园、科技道路、创新大厦等地理地标，进一步树立欢迎人才、服务人才的城市形象。

二是加大人才典型的宣传推介力度。注重在核心商圈、高校园区等地，加强优秀专家和团队、科技创新成果的宣传展示。抓住中央媒体集中宣传湖州生态文明建设经验的契机，大力宣传湖州科技创新和人才生态，提高湖州创新发展的知名度。定期推选宣传一批重才爱才的“好伯乐”和人才创业创新先进典型，营造鼓励创新的社会氛围。每年举办科技人才周活动，开展人才政策发布、科技项目对接、人才成果展示等活动，推介湖州市科技和人才工作，提高对外影响力。

三是释放"千人"集聚效应。在新型动力电池、节能环保、芯片制造等领域,逐步分产业组建"千人计划"专家、"南太湖精英计划"人才服务联盟,积极推动"千人"与湖州市重点企业进行技术合作、项目合作、产品合作。每年选调"千人计划"专家、"南太湖精英计划"人才到咨询委、规划院、研究院担任产业教授,参与市委市政府中心工作,发挥人才智囊智慧作用。探索实施"南太湖精英计划"产业提升行动,创新企业品牌建设、上市扶持等助推举措,建立人才产业指标统计制度,提升人才企业在经济发展中的贡献度。

四是探索建立科技研发和人才发展尽职免责机制。进一步明确科技和人才创新可予宽容和责任免除的情形,在"资助资金不予追偿、风险损失予以补偿、个人损失予以弥补、再次创业予以支持、创业过程予以信任"五个方面,支持人才持续创新创业,让人才创业失败后仍有尊严、有保障、有机会。

5. 以深化"最多跑一次"改革为抓手,完善高质量的科技和人才服务体系

坚持从人才最关心的事情抓起、从创新最不满意的地方改起,积极回应创新发展的呼应,让广大人才有更多的获得感和幸福感。

一是深化科技和人才领域"最多跑一次"改革。探索建立全市创新服务平台和人才云信息平台,一方面将与科技项目和人才创新创业有关的审批事项集中到平台上,实行线上线下"一站式"办理,另一方面完善技术咨询、项目攻坚、智资合作、人才招聘等事项网上交易处理机制,推动人才、项目、资本、企业的快速合作。力争五年内,市、县区都建立统一标准的"湖州科技和人才市场"服务平台。

二是开展创新创业学院建设。探索在湖州开发区"千人计划"产业园建立湖州市创新创业学院,由第三方中介组织运营管理,包括创始人成长营和青年创业加速器两大核心模块,具体承担人才项目孵化、创业辅导培训、人才资本对接、科技项目研发、创业品牌推广等事项,为湖州市产业发展孵化项目、培养人才、输送技术。力争五年内,形成"1+3+N"模式,即市级层面建立1家创新创业学院、三县设立3家分院、在重点科技园区和人才集聚区设立N个分站。

三是拓宽人才生活服务。完善人才服务体系,建立湖州智慧人才APP,包含餐饮、住宿、旅游、金融等内容,实现人才服务线上升级。逐步扩大人才政策的开发度,在子女入学、购房补贴、医疗体检等方面,实现人才服务由"精英制"向"普惠制"转变。根据人才需求,选择一批书吧、咖啡吧等作为"人才之家",采取政府购买公共服务的办法,组织人才开展联谊交流、文化交流等活动,帮助外地高层次人才尽快融入湖州、留在湖州。力争五年内,市、县区布局建立"人才之家"10家以上。

6. 以坚持党的统一领导为遵循,建立统筹推进的科技和人才工作机制

坚持党对科技创新和人才事业的统一领导,进一步完善科技和人才工作治理体系,

提升工作制度化、法制化和科学化水平。

一是探索组建人才工作局。按照全面深化改革的总体部署，对科技和人才工作管理职能和支持项目进行梳理，探索建立实体化运作的人才工作局，归口市委组织部管理，设立科技创新和招才引智统一的政策清单、管理平台和投入机制，落实招才引智、项目培育、技术创新等职能。

二是推进科技和人才工作法治化。依托湖州市拥有的生态环境立法权力，探索将打造人才生态最优市纳入生态环境法规中，树立"生态吸引人才、人才反哺生态"理念，全面规划人才开发、人力资源市场、人才评价、人才激励等方面的法律法规，提升人才管理法治建设水平。

三是全面推进科技和人才工作"双述双评"。加强科技创新和人才工作目标责任制考核，每年组织开展党政领导干部科技创新和人才工作述职工作，实现部门、县区、乡镇、园区、重点企业全覆盖，邀请科技企业和人才代表对科技创新和人才工作进行评分，进一步调动"一把手"抓"第一资源"的积极性。

四是加大科技和人才优先投入保障力度。在实施重大工程和重大项目时，同步配套相应的科技研发和人才开发费用。加大财政投入力度，科技和人才资金上不封顶，市、县区财政人才专项投入占本级公共财政收入比例达到3%以上，科技专项投入占本级公共财政收入比例达到4%以上。

人才平台篇

RENCAIPINGTAIPIAN

杭州市建设国际人才创业创新园案例分析及长效发展机制研究

□ 中共杭州市委组织部(人才办)课题组

杭州市自 2017 年 7 月启动杭州国际人才创业创新园(以下简称“外创园”)建设,一年来先后在拱墅区、西湖区、滨江区、下城区、余杭区、杭州经开区等地建园。建设外创园在全国属先行探索,为总结推广外创园建设过程中的成功经验,深入分析研究建园存在的问题和制约发展的因素,探讨如何建立国际人才引育留用长效机制,在深入调查的基础上,形成本研究报告。

一、外创园建设背景和现实意义

2017 年 7 月 24 日,国家外国专家局与杭州市政府签署《共同推进杭州国家自主创新示范区建设国际人才创业创新园合作备忘录》,正式启动外创园建设。外创园以拥有核心技术、专利,有海外创业经验或国际知名企业管理经验,拥有创业项目或启动资金,了解相关规则的高端人才为主要集聚对象,重点引进外籍、特别是非华裔的创业人才和专家。通过建园强化对国际人才创业孵化、工商注册、会计税务、法律咨询、投融资等方面的对接服务,探索支持鼓励国际人才来杭创业的路径办法。

建设外创园既是贯彻中央“加强新形势下引进外国人才工作”的具体举措,也是破解杭州推进城市国际化发展难题、加快人才引进集聚的重要手段。杭州建设外创园的意义如下所述。

一是杭州集聚高精尖缺人才、加快建设国际化人才队伍的客观需要。近年来,杭州市认真学习贯彻习近平总书记关于人才工作重要论述精神,深入贯彻“聚天下英才而用之”的总体要求,加快国际人才队伍建设取得积极成效。目前全市人才总量达 229 万人,其中海外高层次留学人才3.3万人、外籍人才2万人,外国人注册企业4980家,连续八年入选"外籍人才眼中最具吸引力的十大中国城市"。据第三方机构统计数据显示,杭州海外人才净流入率连续两年位居中国大陆城市首位。但是,与上海、深圳等国内主要城市相比,杭州人才国际化进程仍有一定差距。从全球化智库(CCG)、西南财经大学发展研究院、社会科学文献出版社发布的《2017中国区域国际人才竞争力报告》来看,上海、北京、广东和江苏共同形成中国区域国际人才竞争力的第一梯队,浙江位列第二梯队的首位,但与四省(市)有明显差距。从现有国际人才存量看,杭州市国际人才占常住人口的比重仅0.4%,低于世界平均水平的3.3%。从中美贸易战常态化的趋势看,发达国家对我国的人才封锁将有所加剧,需另辟蹊径拓展引才渠道。

二是杭州破解国际人才服务难题,加快建设与世界接轨城市的客观需要。杭州在推进人才领域的"最多跑一次"改革、提升人才服务品质方面开展了一些探索,比如在全国率先研究出台加快人才国际化实施意见等政策文件,在全国率先开展外国专家证、就业证"两证合一"试点和外国高端人才服务"一卡通"试点,为提升国际人才服务品质做了大量工作。但是,在"外籍人才眼中最具吸引力的十大城市"评选中,杭州在子女教育、国际化氛围和文化融合等方面排名较为靠后。在课题组调研过程中,调研对象普遍认为杭州外籍人才越来越多,但生活配套仍不够便利。22%的调研对象反映了上学难问题,特别是国际学校与教师资源十分稀缺;47%反映了医疗服务水平、国际医院、国际医疗保险覆盖问题;11%反映了缺少国际化生活社区;9%建议增加一些中文培训、文化交流活动。有些人才本人在杭州工作,家属在国外或北京、上海等地居住。另一方面,发挥市场主体作用满足国际人才服务需要还比较有限,特别是杭州的人力资源中介机构、第三方服务机构等大都处于中低端水平,主要从事国内业务,缺少为外籍人才提供专业服务的技能和经验。建设外创园,可以整合政府部门资源和社会机构力量,有效提升接轨国际的服务人才水平。

三是杭州建设世界名城,提升综合竞争力的客观需要。近日,由全球化与世界城市(GaWC)研究网络编制的全球城市分级排名——《世界城市名册2018》显示:杭州已列入Beta+级别城市(相当于二线+),在中国入选城市(含香港、台北)中排名第8位,在全部参评城市中排名第75位,杭州正向着建设世界名城的目标迈进。建设世界名城,意味着资本、技术、信息、人才等生产要素将突破国界,在全球范围内加速流动与相互组合。随着杭州城市国际化程度的日益提高,必将面临生产方式全球分工、要素资源全球配置、信息技术全球推进、人才资源全球流动的挑战。比如,杭州虽然人才净流入率居全国第一位,但同时也是上海、北京、深圳等城市人才流入的主要来源地之一。建设外创园是杭州打造人才生态"小环境"、试点先行国际人才引育留用的平台载体,也是杭州参与国际人才竞争、提升城市综合竞争力的有益探索。

二、外创园建设案例分析

在现有的6个园区中，拱墅区、西湖区、滨江区的外创园于2017年7月认定，下城园区、余杭园区、杭州经开园区于2018年10月认定。各地从实际出发，初步形成了政府主导型、高校合作型、市场主导型三种差异化的国际人才引育模式。下面根据不同的引才模式，对比物理空间、工作机制、机构合作、引才成效、政府投入、市场投入、服务平台、配套设施等八项指标（指标说明见附件），分析如下。

（一）政府主导型

这一类型以拱墅园区、杭州经开园区、余杭园区为代表。其由党委政府主要领导直接负责外创园整体建设工作，整合全区各部门资源力量，推进项目招引与落地、园区建设与服务等重点工作。

拱墅园区是政府主导型的典型代表。园区运营主体为北部软件园管委会，总规划面积4.8万平方米。作为人才基础并不突出的地区，目前拱墅园区已引进德中卫生组织华东地区总部，落地了一批高层次人才和项目，其中中德生物基新材料研究院项目列入第九届中德经济技术合作论坛重要成果，李克强总理见证签约。引入高端国际人才20余名，其中德国科学院院士1名、国家“外专千人”1名、“国家友谊奖”1名。园区共引进国际人才项目9个，总投资额1.78亿元。在政府投入、引才成效、服务平台等指标方面表现较为出色（见图1）。

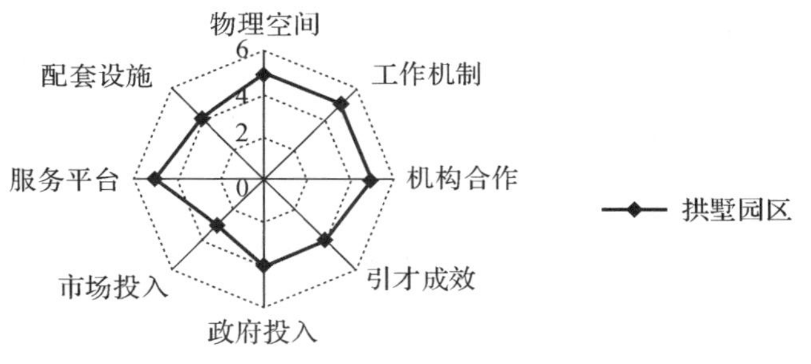

图1 拱墅园区案例

杭州经开园区和余杭园区自身人才基础较好，依托原有园区（新加坡科技园和海创园）平台，在推进外创园建设中加大了部门资源整合力度。其中：杭州经开园区运营主体为杭州经济技术开发区科创中心。总规划面积约3.7平方公里，核心区块为新加坡（杭州）科技园和杭州高科技企业孵化器。目前小镇已有国家级孵化器4家，国家级众创空间4家，省级以上企业研发机构104家，累计集聚企业近4000家。引进了Silicon Catalyst机器智能孵化器、巢生科技国际孵化器、千里通医疗外科手术机器人等国际人才项目 12 个，总投资额 5.94 亿元。杭州经开园区各项指标表现都比较突出，虽然是政府主导型园区，但在引入市场力量、调动社会资本方面也取得了较好成绩(见图 2)。

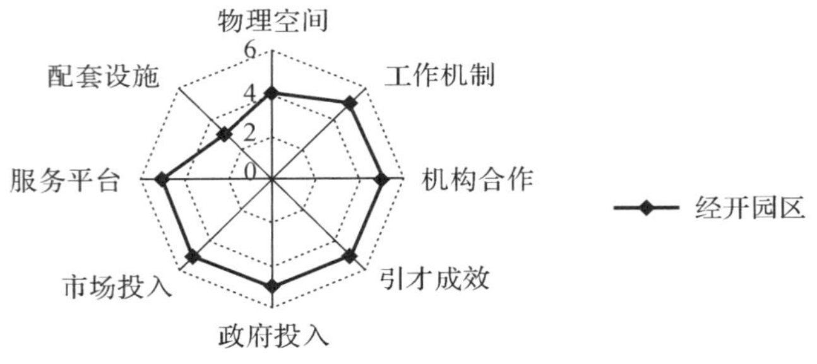

图 2　经开园区案例

余杭园区运营主体为海创园管委会。总规划面积 16.5 万平方米，包括中法产业园、EFC 欧美金融城 G5 创投中心、加拿大奇力创新中心、500Startups、Plug & Play 美国硅谷平台，以及人工智能小镇、中乌人工智能产业中心等国际化产业平台。先后在美国、乌克兰、法国、英国、丹麦建立海外引才驿站，成立了“MIT-CHIEF 麻省理工学院中国创新与创业论坛浙江交流中心”“中法创新时尚研究院”。引进了金苏贝(杭州)有限公司等国际人才项目 5 个，投资总额 3400 万元。园区发展总体比较均衡，但与国家级海外人才基地的定位相比，在国际人才项目引进方面仍有提升空间(见图 3)。

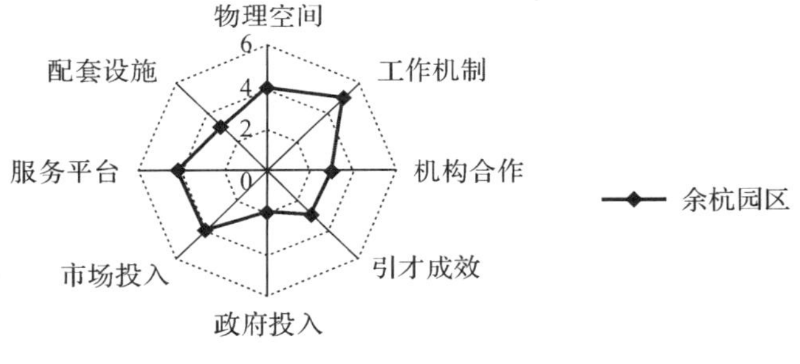

图 3　余杭园区案例

(二)高校合作型

这一类型以西湖园区、下城园区为代表。其依托高校国际资源和科研优势，重点引进集聚外国留学生。

西湖园区以浙江大学作为园区建设和运行主体，已完成一期建筑面积 11.5 万平方米，二期预计 26 万平方米。园区对接浙江大学、西湖大学等高校国际资源，拓展国际人才引进渠道，已引进韩国专家 Roh Hyun Gu 的国际医疗技术服务平台等项目入驻园区。与美国加州大学 CITRIS 共建创新研究中心，在互联社区、机器人及健康医疗等方面联合开展项目孵化。目前园区已引进带技术、项目和资金的国际人才项目和科技创业项目8个，总投资额2450万元。西湖园区立足辖区高校资源丰富、创新要素集聚的特点，在拓展海外资源上有一定优势(见图4)。

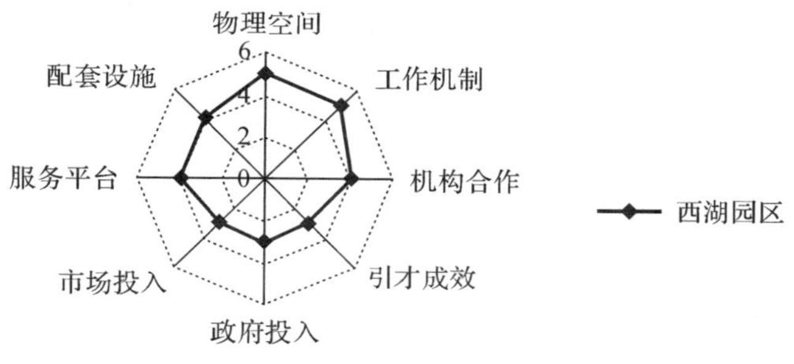

图4　西湖园区案例

下城园区兼具政府主导型和高校合作性的特点。运营主体为跨贸小镇管委会，总面积2000平方米。园区有国家级众创空间3家、省级众创空间1家，先后与浙江工业大学、浙江财经大学、浙江理工大学等10所高等院校签订了战略合作协议，是以鼓励外国留学生成立跨境贸易企业为主要特色的园区，已建立“国际学生创业园”和“国际学生创业馆”。园区以“一带一路”国家留学生为主，辐射欧美等发达国家留学生。引进了非洲移动支付端、机械配件出口、3D技术开发等外国留学生创业项目14个，总投资额890万元。园区在整合服务资源方面有较多创新，比如依托跨贸小镇优化通关服务，成立境外人才之家等(见图5)。

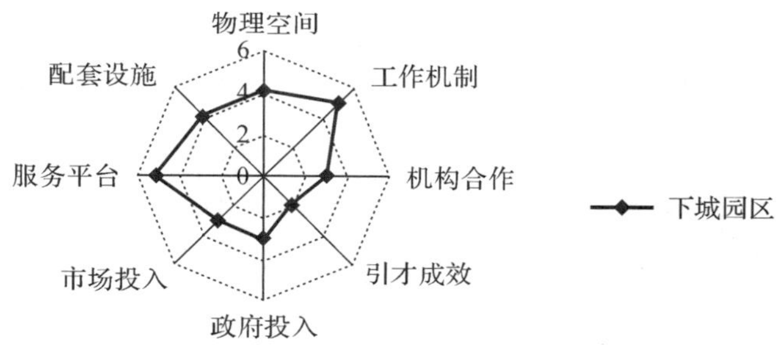

图5　下城园区案例

(三)市场主导型

这一类型以滨江园区为代表。其依托清华大学启迪之星的孵化体系和启迪控股全球200多个孵化基地网络，为外籍创业人士提供科技孵化服务。滨江园区总面积8800平方米，首期推出1800平方米，共有130余个工位，并组建专业团队提供全程创业服务。园区与法国巴黎九大、伽利略思图迪教育集团、法国里昂设计城等建立多方面合作。同时，积极推广启迪国际滨外创基地的运营模式，与杭州市“荣誉市民”“钱江友谊奖”获得者瑞士人Lucas共建Nihub众创空间，总面积600多平方米。园区共引进国际人才项目

6个,总投资额3130万元。滨江园区运营主体和服务机构都为企业,引才机制比较灵活(见图6)。

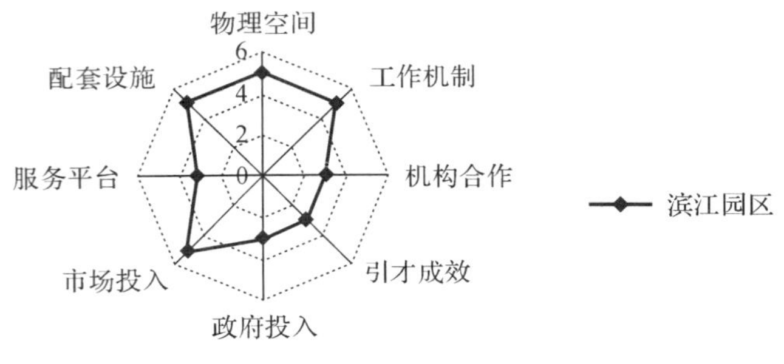

图6　滨江园区案例

总体看来,政府主导型模式前期推动力度大、整合资源能力强,高校合作型模式在拓展海外资源方面较有优势,市场主导型模式在对接国际人才需求、提供人才服务方面专业性较强。

三、外创园建设经验分析

杭州市启动建设外创园时曾确定的主要发展目标是:各地建园1年内,建立起较为完备的工作机构和外国人才服务中心,初步形成人才和项目引进、落地、扶持的运作体系,引进高端外国人才和项目6～10个;建园3年内,出台较为完备的扶持政策体系,引进并落地高端外国人才和项目30个左右,带动引进一批科技含量较高、市场前景较好的创新创业项目;建园5年内,打造成国内具有影响力的外国人才创新创业基地。从调研情况看,各园区全部实现短期目标,并在政策扶持、体制创新上作了探索,共引进国际人才项目54个,投资金额达8.7亿元。主要经验如下。

1.建立与国际组织机构深度合作机制

各地加大与国外高校、科研院所、风投机构的合作力度,不断拓宽引才渠道。比如,拱墅园区加强与德中卫生组织的长效合作。西湖园区先后与美国加州大学、新西兰奥克兰大学、英国孵化器Cocoon Networks公司、美国SRI创投机构建立了合作,并与日本亚洲技术交流协会签订了《合作框架协议草案》。杭州经开园区成功引进奥克兰大学中国创新研究院、帝国理工先进技术研究院、UCLA科学商业化中心中国中心、杭州诺奖国际创新中心等高端创新平台。余杭园区与加拿大奇力创新中心、500Startups、Plug & Play美国硅谷平台等建立了合作,成立了“MIT-CHIEF麻省理工学院中国创新与创业论坛浙江交流中心”“中法创新时尚研究院”。

2. 创新支持国际人才创业创新的政策举措

针对国际人才，特别是非华裔人才项目落地发展、生活服务等方面实际需求，各地加大了政策创新和支持力度。比如，拱墅园区出台了关于加快建设国际人才创业创新园的“外创 10 条”政策，明确项目注册落地后即拨付首笔 30％项目资助。西湖园区升级修订了“325”引才计划，将非华裔外籍高层次人才纳入创业创新重点扶持对象，给予最高 1000 万元的创业资助及三年最高 300 平方米办公用房房租全额补贴。滨江园区出台人才新政 30 条，明确对国际人才创业创新园给予孵化场地租金补贴，国际论坛、大赛、沙龙等活动补助。对经区“5050 计划”认定的外国人才创业项目，给予最高 1000 万元研发资金补贴和最高 500 万元创业发展资助。杭州经开园区出台“金沙英才黄金八条”，对顶尖人才项目给予最高 1 亿元的支持，在美国硅谷设立首期 3000 万美元的海外基金，与杭州市政府在美国硅谷共建协同创新中心。

3. 优化精准专业的国际人才服务体系

对照国际化标准为人才提供优质便捷的专业服务，不断提升园区国际政务服务水平。比如，拱墅园区整合工商、税务、出入境、户籍办理、一卡通等窗口服务和科技、人才、财务、法律、企业上市、金融融资等第三方服务，为入园企业和人才提供优质服务。西湖园区启用 500 平方米综合服务大厅，组建了一支外语娴熟、业务精通的“店小二”服务团队，为国际创业者提供政策宣传、创业辅导、招商入驻、工商注册等一站式、代办式服务。滨江园区依托区行政服务中心江南办事大厅，设立了“外语服务预约专窗”和外国人及海外高层次人才办事专窗。下城园区推出国际学生创业“四免服务”，为有创业意愿的外籍人才提供免费“一站式”公司注册服务，免费工作签证办理、半年免费财务托管服务、一个免费办公工位。设立国际学生人才服务窗口，提供“一对一”商务配套服务。

4. 营造支持创业创新的良好氛围

举办各类国际化赛会、路演和对接活动，推介园区创新创业环境。比如，拱墅园区成功举办 2018“智汇运河”中澳南海外高层次人才创新创业大赛，组织开展荷兰生命科学协会拱墅行、中英医疗投资高端论坛、国际脑科学转化医学研讨会和高峰论坛、“智汇运河”欧洲高端项目远程路演等活动 20 余场次。西湖园区成立了西湖国际人才创新创业俱乐部，已举办创新创业沙龙及投融资项目路演 6 场，吸引 500 余位国际人才参与，打响国际创业沙龙“idea＋”品牌。滨江区设立了 1 亿元海外项目投资基金，启用国际人才科技创新中心，推进“平台＋基金”建设，招引国际高端人才。2018 年已开展各类项目对接和创业活动 63 场。下城园区选拔符合条件的优秀国际学生入驻小镇进行创业创新实践，已有 141 名留学生进入小镇学习实践。

四、存在瓶颈制约问题

在调研过程中发现,各地在推进外创园建设过程中存在一些共性问题,园区内的外籍人才也反映了一些在杭创业创新方面遇到的困难。

1. 国际化引才渠道比较单一

尽管各地依托特色品牌活动,建立海外人才工作站,加大与市场化机构、海外高校和科研院所的合作,拓宽了非华裔人才项目引进渠道,吸引了一批优质国际人才项目入驻园区,但目前国际化引才渠道主要依靠政府引才平台,海外引才渠道不够多样化,国际人才资源还有待进一步挖掘。在鼓励高端中介机构、创投机构、民间资本以及专业团队参与国际化人才引进、培育、服务工作等方面都还有较大提升空间。同时,由于距离、语言、体制等差异,很多外籍人才和优质项目依然“藏得很深”,园区缺少接触这类人才项目的途径,同样这些人才项目也不了解中国目前的创新创业环境和优势,存在信息相对闭塞和不对称情况。

2. 国际人才项目对接洽谈周期普遍较长

虽然多数园区建立了专职服务团队,对国际人才项目采取“一对一”深度对接,但普遍反映国际人才项目对接周期长,一些项目已持续跟踪对接近一年,从扶持政策、工商注册到投融资、本土合作以及子女就学等个性化需求各方面进行反复沟通与协调,但由于文化差异、创业资金规划等原因,外国专家项目从有入驻意向到与园区签约、注册企业并最终实际入驻平均需要 8 个月时间,落地周期普遍较长。同时,外籍人才普遍具有较强的契约精神和法律意识,在项目落地过程中存在一定时期的相互了解、相互信任过程,在文化、理念上融入中国还需要一定时间。项目落地运营后,又普遍缺乏了解国内运营管理、市场拓展和既懂语言又懂技术等方面人才,导致项目负责人需要花费大量精力在企业管理、团队运作等领域,从而拖慢项目整体进展。

3. 支持国际人才创业创新的政策体系还不够完善

相比留学人员关注资金支持额度,外籍人才更关注市场准入、税收、社会保险等方面的政策。调研时一些企业和人才反映,当前全市各地的人才政策导向依然以海外归国留学人员为主,对于引进外籍人才、外国专家的政策较少,对外籍人才居留落户、社会保险、税收奖励等方面的改革力度不够大。

4. 高质量外籍人才项目不多

目前各园区引进的项目中,平台类、现代服务类项目比较多,具有核心知识产权、引领产业发展的“高精尖缺”项目占比不高。

5. 配套服务还需进一步精准对接国际人才需求

国际化人才配套保障还有待进一步加强，"店小二"跨文化交流能力还需提升，服务内容还需进一步多样化。大部分外籍人才反映，暂时没有将家属随迁的考虑。辖区国际化医院、国际化学校仍较为缺乏，还不能满足国际人才就医、子女入学、安居等个性化需求。社区国际化程度不够高，交流联谊平台不多，融入当地文化难度较大。也有人才反映，和上海、广州等城市相比，多元化的餐饮娱乐生活还不够丰富。

6. 本土人才国际化培育力度仍显不足

有计划、有针对性的本土人才国际化培育体系尚未形成。引导高校、企业、社会培训机构开展国际化教育培训的政策举措相对缺乏，资源整合还不到位。部分由政府主导的人才培育计划也偏重于行业专业知识理论的培训，缺少对国际视野、国际规则、国际惯例的培养，在一定程度上影响了本土人才国际化进程。一些企业和人才反映，除了互联网等少数行业领域，杭州具有国际视野、通晓国际规则的本土人才比较缺乏，存在"招工难"的情况。

五、建立外创园长效发展机制建议

从各园区发展现状和存在问题看，外创园的建设需要市、区两级部门共同发力，并积极调动社会力量大力推进。

（一）市级层面

从市级层面看，主要是加强顶层规划设计，营造适合国际人才发展的良好生态。

1. 完善政策规划的顶层设计

一是贯彻落实《关于加快杭州人才国际化的实施意见》《杭州市外国高端人才服务"一卡通"实施细则》，对国际人才引进机制、本土人才国际化培养、国际人才平台、国际人才使用评价机制、国际人才服务保障等加强政策支持。已实施的对本土人才、海外人才的各类创新创业扶持政策，可以延伸到外籍人才的，按照可延尽量延的原则予以落实。

二是编制紧缺国际化人才需求目录。根据"一基地四中心"产业发展规划、"两区"建设、"1+6"产业集群和未来产业发展需要，结合杭州市推进数字经济建设目标，启动杭州国际化人才供求现状的调查摸底工作，编制杭州重点发展产业紧缺国际化人才需求目录。

三是对人才国际化工作加强法理支持。研究制定外国人在杭工作管理的相关法规，探索与国际接轨的人才工作法治环境。

2. 充分激发市场主体活力

一是加快国际人力资源产业园建设。推进传统人事代业务向人力资源服务外包的转变。运用好市场化引才奖励政策,鼓励人才、企业、中介机构当好伯乐。引导民营资本参与建设园区、创业孵化器,并给予民营企业适当补贴。

二是培育和引进国际人才中介组织。鼓励杭州有条件的人力资源服务机构在境外建立分支机构,加强与境外人力资源服务机构合作,提高对国际化人才的中介服务能力。加大高端猎头机构引进培育力度,鼓励市内人力资源机构与国(境)外同类机构合资合作。

三是探索建立市场化引才新模式。充分利用国际著名人才机构服务优势配置全球人才资源,积极构建面向长三角城市群、面向长江经济带、服务全国、连接全球的人才市场体系,建设具有国际辐射能力、跨国配置能力的亚太人才交流中心,迈入全球重要的人才市场行列。

3. 拓展海外引才渠道

一是实施"走出去"战略。积极应对中美贸易战带来的长期影响,在巩固欧美发达国家引才渠道外,积极挖掘以色列等创新要素集聚的"关键小国"资源,拓展海外引才渠道。

二是鼓励市场主体开展海外引才活动。支持有条件的企事业单位加强与海外机构的对接合作,参与国际组织活动,培养更多人才进入国际组织;鼓励企业并购国(境)外研发机构,或在海外投资设厂、建立研发中心和高端孵化基地,吸引使用海外优秀人才;鼓励外资研发机构与本区科研院所、企业共建实验室和人才培养基地;支持跨国公司在杭建立地区总部或研发中心,争取有影响力的国际组织在杭设立分支机构。

三是加快引进培育国际学术交流平台。重点吸引和支持高水平国际学术会议(学术组织)、专业论坛在杭州举办或永久性落地,从而带动相关领域专业的人才引进。

四是布局境外人才工作站、联络站、孵化器,集聚优秀人才项目境外培养、带土移植。

4. 加强园区整体布局规划

一是加强部门资源整合。定期召开杭州国际人才创业创新园建设领导小组例会,整合市直有关单位的境外资源,拓展海外引才渠道,形成工作合力。

二是引导园区差异化发展。根据各地产业布局和发展实际,引导形成差异化的园区发展模式。建立人才项目溢出流动机制,定期收集各园区对接后认为不适合本地发展的人才项目,推介到其他园区对接联系。

三是提升园区综合影响。总结各园区建设过程中的典型案例和成功经验,有计划地向园区之间以及园区外推广,不断提升外创园的平台效能和影响力。

（二）区级层面

从区级层面看，主要是加大政策资金扶持，直接指导园区建设，完善综合服务平台和周边配套设施建设。

1.出台专项扶持政策

探索制定区别于国内人才的扶持政策，加大资金投入。这里包括创业资助、办公支持、创业服务、项目评审、平台支持、活动补贴等创业扶持政策，服务国际人才医疗、子女教育、车辆出行、社会保险等生活配套待遇政策，以及鼓励市场力量提供第三方服务的相关激励政策。

2.健全统筹推进园区建设的工作机制

整合部门资源，调动方方面面力量，推进外创园建设。一是完善外创园领导小组日常联络机制，定期研究解决建设过程中存在的问题，扎实推进项目招引与落地、园区建设与服务等重点工作。二是调动区人社、公安出入境、税务、市场监管、环保等部门力量，在园区驻点办公或指导园区相关业务，推进综合型、一站式服务平台建设。

3.加强周边配套设施建设

一是加强园区交通保障。做好园区和周边道路规划建设，完善园区到机场、火车站和市中心的通勤路线。二是在园区周围布点国际化社区建设。在国际人才较为集聚的地方，推进社区国际化功能和人居环境建设，努力形成具备国际水准、示范引领的现代社区建设体系。三是加快推进教育国际化。大力发展外籍人员子女学校建设，积极引进国外知名教育机构来杭参与办学，丰富和扩大教育国际交流合作，完善教育公共服务体系，满足在杭外籍人员子女多样化教育需求。四是加快推进医疗国际化。引进培育国际医疗保健中心，积极引入国外先进医疗机构的服务理念和管理模式，为外籍人才医疗提供便利。

（三）园区层面

从园区层面看，主要是加强与海外机构、组织合作，加大国际人才项目引进对接，提供专业化服务。

1.积极拓展引才资源

聚焦数字经济、生命健康、环保科技等国际前沿产业领域，加强与境内外高校、科研院所、外国专家组织、风投机构、人力资源机构战略合作，拓宽引才渠道，完善市场化评价机制，加速国际人才、国际项目招引。主动对接杭州国际人才交流与项目合作大会、“创客天下”大赛等项目资源，争取引进落地更多国际人才项目。

2.提供专业化人才项目对接服务

整合园区工商、税务、出入境港澳通行证的签注、人才引进户籍办理、一卡通等窗口服务和科技、人才、财务、法律、企业上市、金融融资等第三方机构，为入园的国际人才和企业提供行业指导、战略顾问、金融投资、创业辅导、品牌建设、市场推广、项目融资、高层次人才对接和运行团队组建等方面的系统服务，为企业的创新发展提供有力的支持。探索引入国际孵化器、人力资源机构，进一步提升园区项目专业化服务管理水平。

3.建立国际人才服务中心

整合相关职能部门的人才认定、项目申报、配套待遇落实、创业扶持服务等职能，建设全市统一的人才基础数据信息库和综合服务平台，进一步简化优化人才服务流程，提高人才服务效率。利用综合服务平台开展人才信息情报搜集和分析，发布人才供需信息和人才政策，为用人主体和人才提供高效便捷服务。

4.加快园区公共商务配套招商

引入银行、餐饮、超市等机构，使园区企业能够享受便捷的商务和办公配套。引入社会力量办学和提供医疗服务，建立国际人才俱乐部、联谊会等组织，丰富人才文化生活。

加快推进宁波国家自主创新示范区建设政策研究

□ 宁波国家高新区人社局课题组

2018年，宁波国家高新区（新材料科技城）经国务院批准建设宁波国家自主创新示范区（以下简称“宁波自创区”），在政策体系和生态环境的建设上，都将进一步提标增质。目前，全国各个国家自主创新示范区的政策制定、实施、演变、完善都更贴近发展实际和区域特色。本文通过各自创区创建前后政策演变的分析，对比研究部分自创区政策制定和实施情况，以宁波本土为基础，围绕现有政策的作用和绩效进行分析，探讨政策体系的合理性，并对如何通过政策使力、推动宁波自创区建设提出设想和建议。

全国自主创新示范区承担着引领创新驱动、促进转型升级、抢占科技高地的重大使命。宁波国家自主创新示范区自成立起，在党中央、国务院、浙江省委省政府的政策指引下，制定并实施了助力自创区建设的政策，高技术产业、创新创业科技与人才的发展已取得了一定的成绩。但在发展之路上，建立适宜恰当的政策体系，充分发挥政策效能，对打造具有宁波本土特色的自创区极其重要。

一、国家自主创新示范区政策数据分析

（一）国家自主创新示范区创建前后的政策演变分析

目前全国18个国家自主创新示范区，均是在国家级高新区的基础上批准建立的。从国家级高新区到国家自主创新示范区的升级，不仅是身份的转变，更是区域发展方向的优化。在升级的过程中，对应的政策制定也有所变化。升级前主要是为区域产业城市经济发展服务而制定的政策；成为自创区后，更注重推行政策的先行先试、大胆改革，强调对更大范围地方发展的示范带动性。同时，自创区打破地域限制，在跨市跨区的强联动下，自创区创建后的政策会更凸显突破性、开放性、创新性。这主要体现在政策对象、

种类和力度上。

1.扩大对象范围,强化资源整合

根据区域发展的核心价值,顺应时代发展的需要,政策对象的导向也随之进行调整。具体而言,政策目标群体从直接支持对象向第三方服务机构转变,从大企业向中小微企业转变,从营利性机构向"科研机构+非营利性机构"转变。

以北京中关村为例,作为最早的高新区和自创区,中关村的政策完成了一次有以上明显特征的演变。在高新区时期,为了快速完成产业集聚和辐射,政策将资金、资源、服务直接投放给企业和人才,更偏好大企业等能极快带来产能和收入的组织。从2009年自创区成立起,共出台近80条自创区建设政策,其中超过50%是针对直接服务对象的,约25%面向第三方服务机构。2014年出台第一条有关第三方的政策,并在2015至2018年期间持续跟进约20项。同时,从大企业转向中小微企业的趋势也日益凸显。从成立自创区第二年起,政策对象转向中小企业,2014年至2016年对象更为下沉,转为中小微企业,而2018年3月新政覆盖到科技型的小微企业。2016年起,政策导向更关注非营利机构,充分调动社会组织、科研院所、高校的双创发展。

在新兴自创区中,杭州虽然仅有3年的发展时间,但其政策服务的对象也有着同样的变化。在高新区时期,杭高新〔2011〕179号政策提供给直接服务对象,即企业与人才。2015年杭州加入自创区行列后,杭高新〔2015〕62号政策新增众创空间、创投机构等第三方服务机构为对象。在大电商发展的宏观环境中,杭州更注重对小微企业的扶持,并建立了小微企业创新创业基地,文化产业公共服务平台奖励、非营利组织企业所得税优惠、公共基础设施建设项目扶持等都往非营利性机构不断靠拢。

无论是发展时间不久还是已有一定基础的自创区,在创建后的政策对象范围均有所扩大并转变,而政策的演变是为了更深化结合产学研,鼓励平台精准对接、带动、共享资源,实现资源促进资源,促进初创企业星星之火的多点爆发,以获得人才、科技、教育、经济可持续发展的推力。

2.种类搭配多样,力度全面升级

自创区政策体系的发展必须紧跟并满足技术、人才、企业、产业、经济、社会发展要素的动态需求,并在种类和力度上都呈现出较大程度的扩充。

如表1所示,京沪杭甬四地在自创区创建后增加了政策种类,在高新区原有政策的基础上,融入投融资政策、特色载体专项政策等。比如天使投资、创业投资机构或平台的政策推动,能为自创区内企业,尤其是初创型、小微型企业的成长期保驾护航;而京沪创新试点出台股权改制、股权激励政策,杭甬也有了资本引才、无形资产出资等特色载体专项政策。由此可见,政策种类在自创区升级后兼顾资金、补贴、优惠、服务等方面,提升覆盖面，增加多种类，以切实符合本区实际发展的需要。

表 1　京沪杭甬四地自创区演变过程中政策种类的演变

地区	北京		上海		杭州		宁波	
政策种类	高新区	示范区	高新区	示范区	高新区	示范区	高新区	示范区
人才专项资金	√	√	√	√	√	√	√	√
科技专项发展资金		√	√	√		√		√
企业专项资金	√	√	√	√	√	√	√	√
知识产权质押		√		√		√		
贷款贴息补贴	√	√	√	√	√	√		√
场地补贴	√	√	√	√	√	√	√	√
住房补贴	√	√	√	√	√	√	√	√
税收优惠	√	√	√	√	√	√	√	√
投融资	√	√	√	√		√		√
股权改制、激励		√		√				
特殊载体专项		√		√		√		√
人才服务	√	√	√	√	√	√	√	√

当然，在种类多样的同时，也着实针对性地增强了政策力度，人才政策尤为明显。2017 年最新出台的人才政策城市(省)政策强度降序分布统计显示，郑州、西安、长沙、珠海、南京、天津、成都、厦门、福州 9 个拥有自创区的城市占据排名前列[①]。同样的变化也出现在上海、杭州和宁波。在沪杭政策力度提升的过程中，宁波也借高新区转变为自创区的契机，从贷款、办公、贡献奖励、配套支持上均加大政策力度。2014 年到 2016 年，人才企业的贷款支持从 500 万元提升至 1000 万元，同时提高场地面积支持上限，企业办公用房租金补贴最高给予 2000 平方米的补助等。另增加资金资助额度，对具有经济贡献的人才企业最高资助 1000 万元，并延长扶持年限至 8 年。2016 年宁波自创区更推出 1∶1配套市拨资金补充资助，有力地聚集各类高层次人才，鼓励人才创新创业。

(二)国家自主创新示范区区域特色比较分析

现阶段，不同自创区所处的产业发展阶段并不一样，但都需要发展创新驱动，重视科技与人才。对比部分自创区出台的人才政策发现，虽均有相似之处，却存在侧重差异，以致呈现出不同的政策作用和辐射效果。

---

① 扑克投资家. 50 座城市，100 次政策，多维度吸引人才：中国人才争夺战背后的逻辑，以及对产业格局的影响[EB/OL]. http://www.yidianzixun.com/article/0J7rclgU.

1. 百策三型,万变不离其宗

如表1及图1所示,挑选的几个代表性较强的自创区政策,对比之后可以发现政策重叠性较高,这些政策可分为资助性、保障性和发展性三类政策。

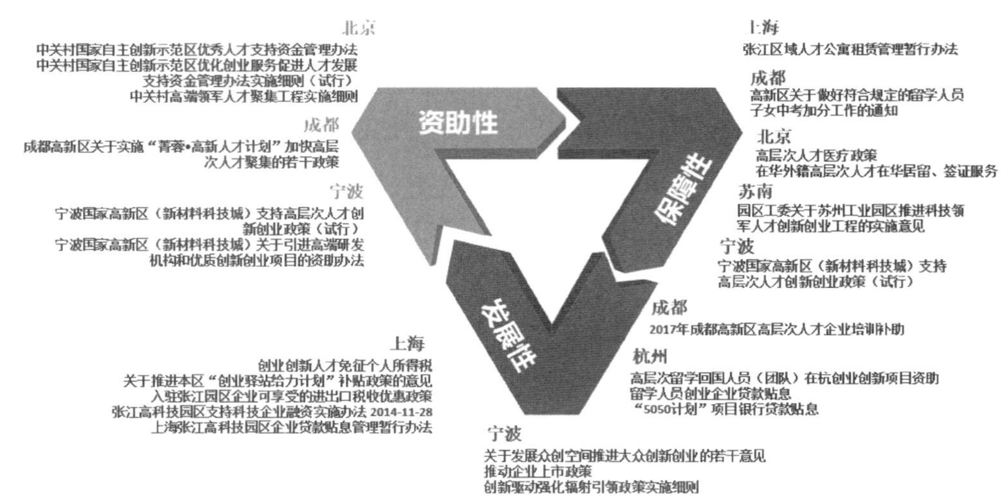

图1 全国自主创新示范区三类政策汇总

资助性政策在资金、场地上给予费用支持。如中关村给予每家互联网金融企业的支持面积最高达1000平方米,按照实际房租费用的50%给予补贴,同时对平台服务机构提供最高5000万元资助;上海张江自创区按照《科技小巨人工程实施办法》和区“32条”配套政策的要求,自2006年起5年共投入5000万元;宁波自创区也对高层次人才企业最高提供1000万元的支持。资助性政策重在通过资金作为直接利益和支持,简单、快捷地鼓励和扶持园区内企业和人才的发展。

保障性政策解决人才定居的相关生活问题,是自创区真正做到留才留企业的基础。如杭州对引进的“5050计划”人才给予连续三年住房公寓租金补贴,每月最高3000元,同时对其子女就学开通绿色通道。宁波对在自创区创业的院士和国家“千人计划”人才提供一套面积不超过200平方米的精装住房免租金居住,并对其他高层次人才提供区内“专家楼”等公寓优惠。

发展性政策在培训、金融、知识产权、税收等有利于可持续发展的方面提供服务支撑。以上海张江为例,漕河泾园区专利申请奖励,根据类型不同、数量不同,给予2000~20000元不等的奖励,对市属科研开发机构、外商投资企业都相应地免征关税和进口环节增值税。而宁波自创区对具有科技进步贡献专项、拥有核心自主知识产权并有较好经济效益的创新型企业和科技型企业给予最高1000万元的奖励。同时联合浙商银行宁波分行创建“人才银行”,提供人才企业融资贷款的相应支持。

2. 策重有别，立足区域特色

一方面，因各区发展程度不同，政策待遇差距悬殊。对人才，上海张江给予自主创新人才不超过100万元资助，成都、杭州提供申报入选“国千”“省千”的高层次人才最多100万元资金奖励，而宁波对该类人才奖励最高300万元，是其他自创区的3倍。对企业，上海张江不同园区对“科技小巨人工程”的企业奖励或补贴10万元到100万元不等，宁波对高层次人才企业最高资助1000万元，额度远超一线城市。

另一方面，各地制定的政策重点不同。北京中关村从2010年至今的政策侧重支持新兴产业，逐步涵盖软件服务、智能装备、医药健康、集成电路、节能环保等。同时，将大量政策力度转向第三方服务机构，给予创业服务机构或孵化平台最高100万元的支持，加速孵化高成长企业，建立完善的创业服务体系。杭州的政策重点在于扶持互联网电商、文化产业和小微企业。跨境电商平台可获高达500万元补贴，文化创意企业从销售、贷款贴息、票房、平台活动上均有一定的资金资助，小型微利企业更能享受到所得税优惠政策。这两个自创区还对政策制定有所创新，按照商标品牌价值和数量给予政策资助，更有结果导向。相比较，宁波仍处于引进高层次人才、扶持中小技术企业的阶段，产业涉及战略性新兴产业，但未能结合区域特色进一步开发优势产业的生产力。

3. 市场看策，辐射效果不一

近年来，自创区人才新政频出，但因政策力度不同，产生的市场辐射效应使得人才吸引、知识溢出、企业衍生数、产值增长幅度相差甚远。

政策作用在人才吸引上已出现较大差异。表2中2017年的数据显示，北上广地区虽拥有较大的人才资源基数，但在人才净流入率上却大大相反，而新创立自创区的所在城市更胜一筹。杭州以11.21%的人才净流入率排名全国第一。同时，杭甬广三地的人口增量及户籍落户增量远远超出京沪，北京甚至出现负增长。

表2　2017年北上广杭甬五地人才数据对比

城市	人才资源总量/万	人才净流入率	人口增量/万	户籍落户增量/万
北京	651	4.38%	−2.20	−3.70
上海	476	5.23%	−1.37	6.15
广州	326	1.42%	45.49	27.38
杭州	221	11.21%	28.00	17.88
宁波	219	＜4%	13.00	5.90

数据来源：

人才资源总量：

宁波：https://www.sohu.com/a/229333787_329062

杭州:http://zjnews.zjol.com.cn/zjnews/hznews/201711/t20171107_5558050.shtml

广州:http://www.gzhea.org.cn/Artide/20171222/5729.html

上海:http://www.gov.cn/xinwen/2017-04/10/content_5184563.htm

北京:http://www.sohu.com/a/149420117_114727

人才净流入率:http://wwwosohu.com/a/166780573_251755

人口增量:http://wemedia.ifeng.com/53139853/wemedia.shtml

户籍落户增量:http://tieba.baidu.com/p/5625187226

在企业衍生上,政策辐射效果也各有不同。2017年,宁波共计投入人才创业发展、科技创新政策资金约1.02亿元,新增各类创新创业项目170余个。上海张江杨浦园区投入人才专项资金2000万元,助力88个人才项目。中关村科学技术投入43亿元,日均创办近90家科技企业,位居全国首位。平均来看,三地对衍生一家企业所投入的资金分别为60万元、22万元和13.4万元,上海仅需宁波的三成资金,北京更少。平均投入资金越少的城市,其政策效益的实际回报程度却越高。

通过比较可以发现,政策制定与城市发展关系紧密,但政策的优惠力度与城市的发达程度不成正比。人才集聚不仅靠政策牵引,更仰赖于本地区的经济条件、科技环境。自创区的政策应发挥城市建设的推动作用,而非简单直接地作用于支持对象,政策制定更需从单一的"奖励、扶贫"向更广的"给平台、给资源"转变,要让企业、科研机构、高校院所等创新要素成为资源本身,以对接更多的资源和产业结构,营造自主自发的"双创"氛围,形成新的协同创新模式。

(三)宁波国家自主创新示范区现有政策的作用发挥与绩效分析

政策助推人才和科技的自主创新,并作用于经济发展是一项长期的战略性工程,短期成效较难。宁波现有的人才政策旨在吸引海外高层次人才与高端创业创新团队,自推出以来,取得了不错的成绩。但相较其他成立较早、发展成熟的自创区,宁波自创区的绩效和产能转化率相对不高,急需寻求政策效能突破口。现有政策细分四类,具体的政策作用评估和绩效分析如下。

1.资助类政策

总体来看,资助类政策占据人才科技政策的一半以上。高层次人才或创新创业项目在落户宁波自创区后,可获得最多1000万元的资金资助。短期内,人才、企业集聚快,力度猛,但其持久影响力有所欠缺。

2017年,宁波自创区拥有区级及以上人才计划企业104家,注册资金总额约6.6亿元,净资产总额达10.7亿元,估值总额达63亿元,已产生销售的企业56家,年销售额超过500万元的企业12家,其中超过1000万元的企业6家,超过1亿元的企业1家,销售总额达约9亿元。而宁波全大市现有市级及以上人才计划企业296家,净资产达51.3

亿元，其中192家企业产生销售收入，2017年销售额达54亿元。

然而，在宁波自创区的9亿元中，激智科技独揽近九成，宁波全大市的54亿元，也被江丰电子、激智科技等同类明星企业占据较大比例。这类企业是经过多年孵化发展起来的，不具广泛代表性。总体来看，人才企业大多进展不快，尤其前3～5年的经济效益并不明显，虽然投入产出比尚可，但具体细化到企业，成效依旧缺乏普遍性。因此，这类资助在自创区前期建设中引进成效显著，产业与人才集聚明显，但后期激励力度相对较弱，需要搭配其他种类的政策共同作用。

2. 贡献奖励类政策

此类政策对企业和个人有一定的激励作用，并能以贡献值为约束条件衡量企业发展状况，不会产生政策亏损，但能享受得到政策红利的对象群体较为集中。以宁波自创区为例，目前已享受过且具备申请条件的企业不超过10家，难以达到普惠。

《2017中国创新创业报告》统计的150家死亡样本企业中，有70家企业成立于2013年，达到46.67%，成立于2012年的有26家，占比17.33%，19家成立于2014年，占比12.67%。[①] 这说明，对于初创型企业而言，前4年是个生存考验期。另有相关文献表示，科技型中小企业投资回报期平均不短于3～7年，前期往往是亏损的。人才企业亦是如此，因此大部分在自创区创立不久的中小企业很难满足相应贡献值要求，开始盈利时已错过政策限定期。长期以来，区内易形成企业等级两极分化，导致大企业持续获利，小企业缺失激励，拉长企业培育周期。

3. 民生保障类政策

民生保障事项一般包括住房落户、子女就学、配偶就业、医疗保健等。截至目前，宁波自创区共计推出994套销售型人才住房和329套租赁式人才公寓，其中2018年新销售人才住房353套，累计解决1500余名人才和家属的住房问题，解决30余名人才子女就学问题。发放各类人才安家补助和购房补贴累计达9700余万元，其中2018年发放补贴高达4500万元，为人才提供了切实、优质的民生保障。

然而民生保障类政策存在两个问题。第一，资源数量普遍紧缺。政策实施时，往往优先满足国家、社会的总体需求，导致政策仅能惠及个别或一部分人才。为了更好地让政策效用立竿见影，企业可作为其补充执行者，将政策工具化，让企业运用去招揽人才。当发生资源紧缺时，以绩效来确定资源的享受对象，还能进一步刺激人才自我提升和贡献力量，间接推动人才集聚。第二，资源需求不对称。能达到资源享受标准的需求度不高，但达不到标准的却极度需求。以人才子女就学为例，2018年选取自创区内15家企

---

① 财今金融. 2017中国创新创业报告：创业企业难迈四年之坎[EB/OL]. https://baijiahao.baidu.com/s?id=1578132242192473265&wfr=spider&for=pc

业进行调研,其中8家的部分员工子女未能在甬就读,原因主要是享受对象标准过高。因此,该类政策应该更着眼于解决资源与需求的匹配对称,更有针对性地给人才带去福利和实惠。

4.资源供给类政策

该类政策包含但不限于展会活动的补贴、培训、融资等,由政府主导或统筹资源,扩散到有需求的企业群体和个人。宁波自创区推动建立的人才银行,提供5亿元授信额度满足企业融资需求,解决初创时期资金紧缺的燃眉之急,联合宁波创新创业学院举办的主题培训,助推人才与企业共成长。

然而,上述政策服务虽然为初创企业提供了一定的资源,但目前仍处于起步阶段,推出的政策反响较好,但存在资源点零散,整合难度较大的问题,政策成效尚未完全体现,仍需健全监督、运作机制,促进政策成熟化。

二、宁波国家自主创新示范区政策体系合理性评价及建议

国家自主创新示范区离不开有效支撑区域内企业、个人自主创新的政策推动,而政策作用运行良好与否,需根据常规评价要素的呈现情况来判定。评价要素主要为力度、范围和绩效。根据政策实际实施的情况,可以发现评价要素设定越合理,越有利于自创区内资源的优化配置和效益的良性循环。

(一)所谓的政策力度必须是有效力度

政策力度的刚刚好,关键在于是否投得出去、投到点上、投出效果。基于企业与人才的所需所求,适当的力度能够提高政策效率,真正发挥激励作用。按需扶持可借力政策获取支持,亦可通过自身进行消化。有些问题是企业应该自行解决的,比如技术研发、成果转移转化、市场营销。但大额资金筹措、达标的场地资源、紧张的民生资源,依赖企业和个人本身解决有困难,可以通过政策资金投入、资源平台建立去满足和解决。另一方面,政策资源一旦给出,政策资金一旦拨付,就不能空置闲置,握在手里却不用到实处。僵尸化的资金资源要及时予以清理整顿,政策的利好要及时转化为人力资源、技术成果、生产设备、产量产能,才算投到点上、投出效果。

(二)政策范围再广也要避免花瓶政策

政策种类涉及广度和跨度,但做到面面俱到的前提是具有实际可操作性。目前,一些看似内容充实、种类齐全的政策发文后,没有后续可支撑的实施细则,导致无法落地,最终成为摆设。而部分已实行的政策,因产业发展变化和实际效应反馈渐渐失去激励作用,如果不及时修改、更新,也将沦为“花瓶”。

例如2014年,中关村出台“新四条”中的股权奖励个人所得税试点政策,对“老四条”进行了两方面调整:一是股权奖励由分5年纳税调整为暂不纳税,待取得分红或转让股权时再缴纳税款,解决了技术人员在取得股权奖励时缺少现金缴税困难的问题,二是享受政策的企业范围由高新技术企业扩大到了科技型中小企业,更符合中关村自创区的发展需求,很好地杜绝了“花瓶”效应。因此,政策求精不求虚,只有提前评估市场接受度,操作过程中追踪效益变化,才能将政策实施落到实处。

(三)绩效不完全等于经济效益

作为结果性指标,绩效是政策产出最直接的数值,但不是所有政策绩效都直接向“经济效益”看齐。产业化项目以“产出”论高低,但更多的政策应推动自创区大环境的建设,打造“资金池”、“人才池”和“信息池”。

依旧以中关村为例,通过搭建人才发现、激励、使用、服务等方面的联动平台,2017年中关村入选全国“千人计划”的人才数量占到了全国近20%,有37家海外人才创业园、96家创新孵化器、29个大学科技园、创业大街及入驻机构总共孵化团队878个,日均孵化2.4家企业,获得融资的团队250个,总融资额达到76.49亿元,项目平均融资额3000多万元,实现了资金、人才、信息的持续增长、共同作用和良性循环。

可见,政策绩效要立足长远大局,用于“引水”而非“掘井”,集聚更多资金和信息,引进高产能的项目和人才,向池内持续“注水”。

三、宁波国家自主创新示范区政策创新的目标和方向

(一)政策创新的初衷和目标

自创区政策创新的目标与自创区的建设目标应保持一致,着重推进自主创新和在高技术产业发展方面先行先试、探索经验、做出示范,并在进一步完善科技创新的体制机制、加快发展战略性新兴产业、推进创新驱动发展、加快转变经济发展方式等方面发挥重要的引领、辐射、带动作用。

(二)政策规律和创新方向

政策真正作用到市场、人才、科技,取决于遵循政策制定的规律,并联系实际有所创新,实现政策突破。其原则在于大环境的建立、维护和完善,做到微观与宏观结合、直接支持与生态优化相结合。

根据对我国自创区政策的对比分析,基于宁波自创区现有政策体系合理性评估,并结合宁波区域特色现状与发展,提出以下四点建议。

1. 体制机制创新营造开放环境,强化基础保障掌握人才流向

以人为本,尊重人才流动规律。现有政策只顾“人才金字塔”塔尖建设,而忽略了基础人才、基层企业的引进和培养。完善梯队建设至关重要。一要向基层企业扩充引才奖励。对企业新引入的硕士、博士、院士等高层次人才达到一定增量后,可给予企业一定奖励;对企业新入选人才计划、人才工程达到一定标准的,同样可提供相应资助。二要建立校企联动体制。鼓励宁波高校组织学生进行定向产业实习,对大规模留企的学校和企业给予奖励,以支持知识溢出和产业发展相互作用。三要建设国际化名校名企。政策需高瞻远瞩,鼓励自创区引进或打造国际化优质名校和名企,为全球人才流动、招商引资培育营养沃土,同时对一定规模的国际化企业、学校的进入和培养进行资助。四要提供科研基础平台奖励。宁波高教资源紧缺,更应在实际发展情况下努力创造资源。大力扶持高校实验室的建设,同时给予建设和发展基金,推进建立研究院、院士站、专家站。

2. 打造科研生态提升自主创新,调动政策杠杆形成全新优势

注重基础,尊重科技创新规律。科研成果转化有效生产力是长期的,也是必须持之以恒、咬牙投入都要去做的。在政策方面应借助宁波软件产业园区和其他协同发展载体建设的契机,推动科研资源与区域政策资源强强对接。依靠大政策扶持,加强发明专利、知识产权的建设。按其增量划分等级,阶梯式地奖励企业、人才,助力后续成果转化。同时,支持技术成果在自创区内的第一次转移转化,对各项科技成果在区内首次实现转移转化的予以多方面支持。同时,企业以转移转化贡献值获取对应的奖励,进一步促进企业衍生和知识溢出,共同搭建自主创新的科研生态圈。

3. 政策先行先试打开创业格局,整合区域资源培育优能企业

共享资源,尊重市场经济规律。要解决市场资源、信息的不对称,制定政策时应倾向于鼓励市场主体和第三方服务机构,共同搭建资源供需平台。一方面,最大限度地激发大企业的输入输出能力。引进辐射力大、聚集能力强、品牌传播广的行业龙头企业,发挥其本身资源优势,引才引资引产业,反过来推动政策实施。同时,大企业以强促弱,有利于培育新生的优能企业群,推进产业化进程。另一方面,最优组合扶持公共中介平台的建设。配套“人才、企业、市场、投融资”组合型政策,按照一定比例的服务奖励,搭建并扶持公共中介平台,实现人力资源、市场营销、服务金融三位一体的共通共融,加速人才企业的孵化和资金资源的整合,形成自主自发的创业创新产业氛围。

4. 结合区域特色发挥自身优势,瞄准城市定位提升品牌影响

结合实际,尊重城市定位规则。城市吸引力大于政策本身,人才偏好流入本就人才资源丰富的经济发达区。因此,宁波须精准定位,提升城市综合实力以增强政策吸引力。一是要鼓励优势产业。以制造业、服务业、进出口商贸发家致富的宁波,引进的、培育的

创新创业人才、企业要接地气，促进优势行业、强势企业的转型升级。二是要强化城市开放。融入全球城市网络，引资、引才、引业应更具国际化视野，提高对外开放水平，持续长久地向外传递宁波开放、包容、创新的精神。三是要提高民生质量。推进教育资源优质均衡发展，实施优质教育资源扩面提质。同时，优化就业服务，实现自有人才、自有资源留在本地，才尽其用。四是要提升城市品牌。充分利用国家自创区、“中国制造 2025”示范城市等机遇，全面提升服务层次。结合阳明心学、河姆渡文化、海丝文化等文化特殊优势，强化文化魅力输出，打造独一无二的品牌效应。五是要加强市政建设。贯彻实施科学的城市规划，不断提升城市的公共交通、通信、排水等基础设施保障，建构高品质的公共服务设施体系，努力建设宜居环境。六是要加强科技应用。加快科技成果转化，将其积极应用到城市建设中，在交通、医疗、教育、文化等领域为人们提供良好的智能服务，增强城市的科技感，提升建设智慧城市。

综上，宁波国家自主创新示范区的发展，关键在于形成体制机制灵活、产出回报高、服务保障好、政策着力点细、操作性强、特色创新的政策体系，形成明显的比较竞争优势，成为以人才发展带动企业领先创优、产业转型升级、经济增速发展的自创区和引领区。

课题组组长：陈　雅
成　　　员：缪海鸿

关于中国(浙江)自贸试验区人才工作研究

□ 中共舟山市委组织部课题组

人才是发展的第一资源。当前,舟山正处在自贸试验区建设的关键时期,对人才的需求比以往任何时候都更为迫切。围绕自贸试验区建设开展人才工作,既是我们的特色优势,也是我们的迫切需要。

一、前期主要工作及初步成效

近年来,舟山人才工作紧扣自贸试验区建设需要,坚持开放引才、精准育才、科学用才、真情留才并举,大力引进培养、用好用活各类人才,切实推动人才开发与国家战略实施深度融合,各项工作取得了新成效。2017 年,全市人才资源规模继续保持较快增长态势,总量达到 24.5 万人,增长 3.87%,每万人人才资源数 2112 人。新申报入选"省千"专家 6 人,创历史新高。成功引进加拿大两院院士康斯坦汀,并实现本土国家百千万人才工程人才、省特级专家两个"零"的突破。同时,人才工作服务保障自贸试验区建设取得明显成效。比如:通过紧缺高端人才计划引进的石化安全管理专家王建章,全面承接了绿色石化基地安全建设工作;英语口译专家韩国勇,全程承担了波音项目谈判翻译工作;油品贸易专家郝云鹏,在自贸试验区油品产业政策制定中发挥了重要的智囊作用;口岸信息化专家王晓春,全面承担了国际贸易"单一窗口"和保税燃油加注"一口受理"窗口推广建设工作;通过专业人才储备工程,从中国石油大学成建制引进的 10 余名石化专业硕士研究生,已成为绿色石化基地管委会的业务骨干。

(一)构建系统化的人才政策体系,高站位规划设计自贸人才工作

一是构建"1+10+X"的人才政策体系。积极打好人才新政"组合拳",2016 年年底制定出台力度空前的新区人才新政总规 21 条,并由舟山市人才办牵头制定人才分类认

定、住房支持、服务保障等 10 个方面的配套政策，由相关职能部门根据自身职责和新政要求制定若干行业性、领域性人才政策，构建形成了“1+10+X”的人才政策体系。

二是出台自贸区招才引智专项政策。学习借鉴上海、广东等自贸区先进经验，2017 年 4 月出台关于加强自贸区招才引智工作专项政策，系统地提出有关外籍人才出入境、停居留、就业创业、子女教育等 7 个方面的专门政策举措，并由公安、人社、教育等部门制定操作细则。其中，市公安局成立自贸区重大项目人才出入境服务保障工作组，已为 32 名外籍高级管理人才、专业技术人才以及外籍华人签发有效期为 3～5 年的居留证件，尤其是针对波音项目尚未正式注册、无法向外方人员提供邀请担保函件的实际，协调航空产业园区 4 名美方代表签发有效期 2 年以上的人才(R)签证。

三是制订人才工作三年行动计划。为推动各项政策落地实施，2017 年年底又制订出台了人才工作服务“四个舟山”建设三年行动计划，细化分解年度工作计划和任务清单，及时将新区人才新政和自贸区招才引智政策转化为具体工作举措，有效压实人才工作责任。

(二)实施推进品牌化的自贸人才工程，切实强化重点领域人才支撑

一是实施紧缺高端人才引进工程。为加快引进一批自贸区建设急需的懂专业、会管理、善实操的专业化行政管理人才，2013 年起探索开展“市场年薪、合同聘用、身份封档、绩效考核”市场化引才模式，与知名猎头机构进行合作，5 年累计引进大宗商品、国际贸易、金融法律等方面紧缺高端人才 269 名。

二是实施优苗型专业人才储备工程。组建新区人才储备中心，采取“先试用后入编”“事业编制直接面试”等方式，面向重点高校集中引进一批紧缺专业优秀研究生，目前累计为自贸办、绿色石化办等储备人才 180 余名，其中 2018 年先后举办绿色石化、港航物流等 5 个领域专场招聘会，储备硕士以上学历紧缺专业高校毕业生 49 名。

三是实施“新百人计划”柔性引才工程。在浙江省委组织部的大力支持下，由“百人计划”升级实施“新百人计划”，通过“明单位、明职务、明人选”的精准化对接，聚焦自贸区专业部门和重大项目的人才需求，分两批柔性引进 60 余名金融、海关、民航等领域的专业干部人才到舟山挂职工作，其中 60%以上集中在自贸区建设相关领域。

四是实施本土自贸专业人才培养工程。创新实施“自贸通才”培养计划，从 2017 年起，每年从全市遴选一批与自贸试验区建设密切相关的干部人才进行专题培训，分为金融创新、通关监管、国际贸易等 6 个专题组，通过集中授课、课题调研、挂职实践、顶岗体验等方式，集中培养一批通晓自贸规则、熟悉自贸运作、善于自贸创新的自贸实务专家、建设骨干和种子人才。

五是实施“高精尖”创新创业人才引育工程。围绕传统产业升级和新兴产业发展，深入实施“5313”科技创业行动计划、刚性引才攻坚计划和高端智力柔性集聚计划，通过走

出去、请进来等方式,大力引进“高精尖”创新创业人才,累计引进“5313”领军人才(团队)创业项目156个、“国千”专家14人(其中自主申报入选4人)、“省千”专家40人(其中自主申报入选34人)。

(三)突出抓好特色化的三类重点平台,有效提升人才综合承载能力

一是打造“高精尖”海洋创新人才集聚平台。聚焦自贸试验区建设有关绿色石化、海洋生物、海洋电子等特色产业,重点推进中国(舟山)海洋科学城建设,全面加强与浙江大学海洋学院、浙江海洋大学等的合作,初步打造了海洋输电工程技术实验室、临港油气储运技术国家地方联合工程实验室、“智慧东海”协同创新中心等一批海洋特色鲜明的高端专业平台,目前已基本形成“一城、二园、三岛、四校、多院”为主的科创平台体系。

二是打造专业化行政管理人才集聚平台。根据自贸区建设需要,通过刚柔并举的方式,加快打造专业化的自贸管理人才团队和集聚平台,目前三个平台和团队已初具雏形。比如:以石化办为依托平台,由王建章、郝云鹏等领衔,以成建制引进的10余名中国石油大学研究生为骨干的石化人才团队;以市外侨办为依托平台,由韩国勇等领衔,以新区本土外语领军人才库为支撑的外语翻译人才团队;以市自贸办为依托平台,以自贸办和自贸试验区研究院的专业人才为核心的自贸研究人才团队。

三是打造高层次人才栖息平台。通过组建浙江省海洋经济创新发展院和浙江大学海洋学院人才驿站,以“政府给编制、高校给资源、企业给薪酬”的模式,为市外引进到新区创业或企业就业的高层次人才提供事业身份保障、专业职称评审、创业创新资源支持,促进人才到自贸区企业一线工作和集聚。

(四)全力抓好品质化的三类人才服务,持续优化人才发展生态环境

一是优化人才政务服务。大力推动人才领域“最多跑一次”改革,新建市人才公共服务大厅,并设立人才综合服务总窗,构筑“一窗受理、流传办理、限时办结”的人才服务体系,通过线上线下相结合的方式,为人才提供政策咨询、身份认定、项目申报、签证居留等“直通车”服务。

二是优化人才安居服务。健全“人才公租房+购房补贴+安家补助”的链条式住房保障体系,市本级累计推出可“拎包入住”的人才公寓1500余套,并对博士、硕士和“双一流”本科生分别给予30万元、15万元、10万元的购房补贴,2017年共发放人才购房补贴3400余万元。

三是优化人才生活服务。进一步提升舟山医院国际医疗中心服务设施和水平,重点办好舟山中学国际班、绿城育华(国际)学校,加快推进城市双语标识系统建设,为外籍人才提供优质教育卫生服务。依托市人才公寓建成集人才食堂、人才健身房、人才俱乐部、人才书吧等设施为一体的首家“人才服务驿家”,并开工建设第二家“人才服务驿家”

和全省首个新区人才公园。

二、存在的主要短板及原因分析

当前,舟山自贸区人才工作虽然取得了一定成效,但与赶超发展的更高要求相比,仍然还存在着一些问题和不足。

(一)存在的突出短板

1. 自贸人才“供求不平衡”的问题比较明显

当前,舟山自贸人才需求呈现“跨越化”的阶段特点,要求“多、快、高”,人才不够用、不适用的问题比较突出。

从规模数量上看,舟山人才基数不大,存量人才总量偏小,增量方面虽然增速很快,但绝对量也不多,与自贸区建设实际需求相比,人才不够用的问题比较明显。比如:石化人才方面,舟山市 4 所高校中仅 2 所有石化专业,每年毕业人数仅 100 余人,而浙石化近两年已经招收 2500 余人,基本上都要靠从外地引进;金融人才方面,舟山现有金融机构主要是银行,缺少证券、资管、融资租赁等新业态的机构,而且银行也主要为二级分行,权限有限,高端金融人才特别是自贸区建设所需的大宗商品交易、金融衍生品、人民币国际化等方面的国际化金融人才非常稀缺。

从发展速度上看,自贸区建设时间紧、任务重,而相关人才的引进和培养需要一个较长的周期。一方面,引进一名关键岗位的紧缺高端人才,从岗位寻访到正式入职至少需要半年以上,一些拟引进的人才往往考虑到家庭、职业发展前景等因素,需要较长时间的跟踪对接和决策思考,才能决定是否到舟山工作。比如,通过第三方机构推荐的自贸专业人才朱倩瑶,目前在广东省商务厅(自贸办)政策法规处工作,非常契合舟山市金融领域人才需求,但经多轮洽谈和两次到舟山现场考察后,目前仍未做出决定。另一方面,本土人才培养也需要一定周期,比如举办一期“自贸通才”培训班,学员要真正能学有所长、学有所用,培养周期至少要在 8 个月以上。

从质量结构上看,以行政管理人才为例,舟山作为一个海岛城市,通用型的干部比较多,即使是有一些专业型的干部,也主要集中在船舶、渔业等领域,自贸区建设需要的国际金融、油品贸易、绿色石化、航空航天等方面的人才很少。比如,在港航物流领域,过去舟山主要以港口建设和安全监管为主,现在要推进国际海事服务基地建设,就非常缺乏懂专业、会研究、有渠道、能实操的海事服务专业人才。

2. 自贸人才“引进难”的问题比较明显

现阶段,舟山城市功能优势不够突出,大战略、大项目效应释放尚处于空窗期,总体上集聚人才的能力还不够强。

一是城市吸引力相对不大。当前,舟山干事创业的平台还相对有限,城市的交通、教育、医疗、商贸服务等功能相对较弱,人才引进过程中听到的与在舟山实际看到的、感受到的往往有一定差距,因此会对引才产生一些不利影响。比如,在近期紧缺高端人才引进过程中,一部分金融人才在对舟山进行实地考察后,就选择了放弃。

二是产业功能形成和大项目效应释放还要一个周期。目前,落户舟山的大项目不少,但多数项目还处在起步实施或加快建设阶段,项目对人才的吸附集聚效应还不明显。比如:绿色石化项目目前还处于施工建设阶段,现在最需要的是建设施工和生产方面的管理人才、技能人才,尚未涉及创新研发层面的“高精尖”人才;波音项目也还处在建设阶段,而且仅是完工与交付中心建设带动的人才需求也并不大,要想集聚更多航空人才,就必须加快上下游产业链招商,有更多的企业入驻才能形成航空人才的“虹吸效应”。

三是自贸人才招引竞争激烈。自贸人才特别是国际海事服务、自贸金融、自贸政策研究等领域人才,不仅对舟山来说是稀缺资源,从全国范围来看也数量不多,非常抢手,各地争夺非常激烈,一些地方在薪酬标准、住房保障、安家补助等方面给出的政策非常优惠,受制于各种条件,舟山能给出的优惠政策难以形成明显的竞争优势。

3. 自贸人才“留不住”的问题比较明显

一是人才规模效应不足。人才需要圈子,喜欢扎堆聚集,目前舟山人才体量比较小,人才的流动很容易引起不良的心理感受和连锁反应,在大城市中很正常的“人才流动”,放在舟山也往往会被理解为“人才流失”。比如,舟山市博士人才仅500余人,而且主要分布在两所高校,如果某个部门里走掉一个博士,对其他人才的心理影响就很大,容易形成不好的示范效应。

二是人才作用发挥比较难。从创业人才来看,相比其他先进城市,舟山的创业企业普遍面临相对更加突出的招才难、融资难、市场拓展难等难题,特别是人才招聘难的问题非常突出,人才创业难度较大;从专业化行政管理人才来看,其作用发挥需要营造一个良好的综合环境,但目前一些用人单位在人才的引、育、用等环节上,还不同程度存在着求全责备、急功近利等现象,不利于人才的成长和发展。

(二)产生问题的主要原因

1. 客观原因

一是海岛城市的配套功能还不够完善。一方面,交通基础设施相对滞后,虽然跨海大桥为出行带来了便利,但舟山仍然是全省唯一没通高铁的地级市,无法实现“都市区一小时交通圈”;另一方面,城市综合配套基础较弱,面向国际人才的优质教育、医疗、文化资源相对不足,国际化的居住、休闲、购物等生活配套较少。

二是人才平台的能级水平还不够高。一方面,受经济总量、区位条件等因素制约,舟山的园区平台、高校科研院所平台和技术创新平台相对较少,无论是培养大学生还是集聚"高精尖"人才的能力都相对不足;另一方面,舟山产业基础相对薄弱,缺乏大企业、好企业和科技型企业,要大规模吸引集聚优秀高校毕业生、高素质技能人才也比较困难。

三是人才发展的要素投入优势不够明显。一方面,随着周边城市和其他自贸试验区相继出台力度空前的人才新政,对区域人才形成了明显的"虹吸效应",舟山人才政策的比较优势逐渐递减;另一方面,舟山人才经费的投入也相对不足,虽然自身纵向比较有大幅提升,但横向与其他城市的大手笔相比还有明显差距。

2. 主观原因

一是抢人才的主体意识和能力还不够强。面对当前白热化的人才竞争,一些单位认为舟山的引才条件还不够,"虎口夺食"的勇气、"三顾茅庐"的韧劲还不足,主动出击、久久为功的意识还不是太强,一定程度上存在畏难情绪。同时,对行业发展趋势、人才需求类别、人才分布领域等情况分析不够深,对引什么人才、到哪里去引、怎样引人才等问题研究不够透。

二是人才工作与国家战略、重大项目的协调互动还不够有力。多个国家战略和重大项目的叠加实施,为舟山带来了更多数量、更高质量、更快速度的"跨越化"人才需求。虽然我们做了大量工作、想了不少办法,但总体效果还不够理想。一方面人才工作对这些重大战略和项目的保障还没完全到位,另一方面依托重大战略和项目优势集聚人才做得也还不够充分。

三是创新人才工作体制机制的力度和成效还不够明显。虽然舟山市在引才机制、岗位评聘、薪酬体系等方面作了些改革探索,但在打破产学研人才流动壁垒、加快创新成果转化、解决创业融资瓶颈等方面成效不甚理想,有的政策还没有真正转化为可操作的工作举措。

三、当前重点人才需求

针对自贸区建设的阶段性特点,当前我们最为急需紧缺的人才主要包括专业化行政管理人才、重点产业"三高"人才和自贸企业基础人才等三大类别。

(一)专业化行政管理人才

这方面主要需要国际金融、油品贸易、涉外法律、大宗商品交易、海事服务等重点领域的管理人才。具体有三方面人才:一是宏观层面的研究人才,主要指具备战略眼光、通晓世情国情、善于自贸战略谋划和顶层设计的高端专家人才;二是政策制定和操作人才,主要指能够找到自贸试验区建设突破路径,能制定政策细则和操作流程,并有效推动落地执行的专业化行政管理人才;三是自贸青年骨干人才,主要指金融、法律、港航、石化等方面的年轻专业基础人才。

(二)重点产业"三高"人才

一是高层次科技创新人才,需要重点引进集聚一批绿色石化、船舶海工、海洋生物、海洋电子等重点产业领域的"高精尖"创新人才和技术研发骨干;二是高层次经营管理人才,需要面向石油化工、航空制造、贸易物流、现代服务等重点行业领域,重点引育一批企业战略决策、生产组织、研发管理、市场开拓等不同方向的经营管理人才;三是高层次海洋创业人才,主要面向涉海类高端制造、生命健康、电子信息等新兴产业和海洋旅游、文化创意、跨境电商等新兴业态,重点引进一批高层次创业人才。

(三)自贸企业基础人才

一是优秀高校毕业生,主要面向自贸区企事业单位,重点集聚一批金融、贸易、法律、化工、航空、港航等专业领域的高校毕业生;二是高素质技能人才,需要重点引育一批绿色石化、船舶海工、海洋旅游、现代航空、国际海员等特色产业领域的技工、技师人才。

四、相关对策建议

2018年,对自贸区建设来说是至关重要的一年,也是必须出成绩的一年。年内,绿色石化项目一期要如期建成,波音项目要交付第一架飞机。这些大的背景决定了舟山对人才的需求只会更大,对人才工作的要求只会更高。

(一)创新理念,组团引育,在精准引进专业化行政管理人才上求突破

聚焦自贸区建设急需的高层次专业化管理人才短缺的情况如下。

一是加快成熟型的高端引进。在引才理念上,一方面要根据舟山发展阶段性特点和城市功能相对不完备的实际,充分遵循人才流动和人才成长规律,大力倡导高端人才"不求终身拥有、但求阶段使用"的理念,就是要引进集聚一批项目制、合同制人才。另一方面要坚持"不求所有、但求所用",加大柔性引才力度,加快集聚一批挂职、兼职人才,做到让优秀人才智力为我所用。在引才模式上,继续加强与专业机构合作,帮助进一步拓宽引才源头,实行"市场选聘、契约管理、协议薪酬"的市场化方式,对特别高端的人才要敢于给高薪、敢于给舞台,加快引进一批急需的行政管理人才。

二是加快基础型的专业引育。聚焦专业领域实行"统招统配"模式,通过行政机关招聘"选调生"、事业单位招聘储备人才等方式,持续招录紧缺专业研究生到自贸试验区建设一线进行"种苗式"培养锻炼。实施自贸基础人才培养工程,办好第二期"自贸通才"培

训班,加快培养新一批自贸试验区建设业务专家、建设骨干和种子人才。

三是探索组团引才用才新模式。针对目前部分专业领域人才招引难、使用分散、作用发挥不够充分的问题,创新实施“组团引育、统筹使用”模式,通过“若干领军人才+一批基础人才”的形式,分别以市自贸办、市石化办、市外侨办、市金融办、市港航局等单位为依托平台,进一步强化“组团式”的自贸人才团队、石化人才团队、外语翻译人才团队建设,探索推动“组团式”的金融人才团队、港航人才团队建设。

(二)创新机制,搭建平台,在攻坚“高精尖”创新人才上求突破

一是抓高校平台建设,按照“一校一策”方式,发挥浙江大学海洋学院和浙江海洋大学两所高校作用,着力推动“高精尖”人才集聚、特色产业创新平台打造和海洋特色的技术攻关与成果转化。

二是抓园区平台建设,争取成功创建国家高新区,积极争创“千人计划”产业园,并推动“5313”行动计划中的科创园建设。

三是抓政产学研一体化平台建设,以“人才+产业”的方式,实行高校、企业和政府三方合作,先期打造海洋生物和智慧海洋两个海洋特色产业创新公共服务平台,重点做好三件事:第一,梳理三张清单,包括有关自然条件、设备设施等科研条件清单,本土人才、机构和企业清单,全国海洋领域主要大学、科研机构和知名专家清单;第二,开展深度合作,由企业提出技术需求,科研团队有效承接,联合实施技术攻关、联合转化科研成果、联合引育使用人才;第三,定向推介、精准招引,坚持引人才、引项目和引机构并重,充分发挥舟山“海”字特色和具备的科研条件优势,聚焦武汉、西安、长沙、绵阳等城市,到符合舟山实际、匹配度比较高的重点高校和科研院所,进行定向、定点精准推介和招聘,精准引育一批科研机构、人才项目。

(三)创新举措,精准发力,在大力集聚优秀高校毕业生上求突破

统筹抓好人才资源与人口资源。

一是创新政策体系。全面实施高校毕业生集聚计划,全面落实新出台的鼓励高校毕业生来舟就业创业“1+3”政策举措,实行“零门槛”落户、“免房租”安居和“免个税”奖励,努力营造大学生就业创业的良好环境。

二是创新招引举措。在机关事业单位招录上,针对“双一流”大学生,采取降低门槛、直接面试等方式,提高招录的便捷性和有效性;在紧缺专业领域和特殊地区招录上,进一步加大提前见习、定向委培力度,特别是要研究偏远海岛地区的专招机制,通过提高薪酬待遇、适当降低招录要求、单列招录指标等途径,帮助引进急需的大学生人才。

三是创新工作方法。一方面,每年提前排摸岗位需求,分析专业生源特点,通过定点推介、专场招聘等形式,做到主动高效出击;另一方面,研究建立高校人才工作联络站和

引才大使制度,聚焦自贸区重点专业,研究确定一批重点城市和重点高校,建立健全高校引才工作网络体系。

(四)创新服务,以人才为本,在持续优化人才生态建设上求突破

一是在强化党管人才机制这件人才工作的根本大事上,加大述职考核力度,对县区、功能区和市直有关部门,通过排名通报、主要领导约谈、年度考核赋分等方式用好考核结果。优化"一把手"抓"第一资源"机制,探索由市领导、县(区)党政主要领导、功能区管委会党委书记等领办重大人才项目(活动)。完善市人才办实体化运行机制,市人才办兼职副主任年度考核由人才办主任和相关领导共同赋分,并建立定期例会制度,切实强化人才工作力量统筹。

二是在"人才住房"这件人才关心的要事上,继续推进"人才公租房+购房补贴+安家补助"的链条式住房保障体系建设,为高层次人才提供缩短申贷缴存时限和轮候时间、放宽购房提取额度等住房公积金升级服务,为高校毕业生提供无须轮候的免租人才公租房,加快建设高云佳苑"三位一体"国际人才社区,推动各县(区)、功能区打造若干个符合本地实际的高端人才社区,进一步提升人才居住环境。

三是在"城市交通"这件人才反映强烈的难事上,针对舟山地理区位和交通出行特点,设置城市候机楼,开通直达宁波高铁站的人才高铁直通车,为人才提供出行便利。

四是在"生活服务"这件让人才暖心的小事上,继续打造具有人才工作地标效应的"人才服务驿家",市本级再新建1家,同时推动4个县(区)规划建设,力争实现市域全覆盖。

关于加快“千人计划”产业园建设的实践与思考

□ 中共长兴县委组织部课题组

“千人计划”产业园区是集聚高端人才的重要载体。2014 年，长兴县聚焦新能源及其配套产业，启动建设“千人计划”长兴产业园。2018 年，长兴县“千人计划”产业园成功获批省级“千人计划”产业园。为进一步总结经验，分析问题，找准对策，进行了专题调研，形成调研报告如下。

一、省级“千人计划”产业园创建要求

2008 年、2009 年国家和浙江省“千人计划”先后启动，随着“千人计划”人才的大量集聚，省委人才工作领导小组提出建设“千人计划”产业园。2013 年 4 月，全省首家省级“千人计划”产业园在宁波余姚挂牌成立。省级“千人计划”产业园无创建文件、无明确标准，省委人才办内部把握的要求为集聚“千人计划”专家 30 人以上(重点是创业项目)。

对长兴县产业园建设有关要求集中体现在省委人才工作领导小组的批复文件和省委组织部人才领导来长兴调研时提出的要求之中，具体为“六化”：

一是围绕主导产业优势，专业化建设。长兴就是要围绕新能源及其装备制造等重点领域，以“高端化、特色化、规模化、集聚化”为发展目标，打造专业化高层次人才创业园区。

二是突出高端人才元素，精品化打造。要以国家和省级“千人计划”人才为主攻方向，大力引进一批掌握关键技术、拥有自主创新成果、能够引领产业发展的高层次人才，将省级“千人计划”产业园作为当地集聚高端人才、发展高新技术产业的核心载体和主平台。

三是按照国内领先要求，高端化规划。要突出规划的引领性，注重总体空间布局的

合理性,建立健全高端产业、科技创新、公共服务等功能模块,促进主导产业、高端人才、科技服务等高端创新要素进一步集聚,全力打造综合竞争力强、知名度高、影响力大的省级“千人计划”产业园。

四是强化园区优先原则,差异化支持。要坚持“重点发展、重点保障”的原则,人才政策资源要适当向“千人计划”产业园倾斜。要加大机制创新力度,积极吸纳杭州、上海等发达地区高校、科研院所资源。积极引导天使投资基金、科技成果转化引导基金优先投资“千人计划”专家领衔项目,全力为高层次人才创业解决融资难题。

五是紧贴创业创新需求,国际化配套。要着力为高层次人才创业创新提供国际化、高品质的工作和生活环境。加快生产性服务业发展,为园区生活提供配套的教育卫生、文化体育、休闲娱乐等优质公共服务。要加强人才服务,主动解决人才住房安居、家属就业、子女入学等实际问题。

六是聚焦全球创新资源,精准化招引。要坚持“人才国际化的导向不变”“到海外去抢高端人才的力度不减”,踊跃参加省市组织的海外组团招才引智活动,把人才工作的手臂伸到海外去,把工作做到人才家门口去。要建立健全创新资源数据库,围绕产业需求,聚焦全球优质人才资源。

二、长兴县“千人计划”产业园建设的实践探索

浙江“千人计划”产业园是浙江具有品牌效应的重点人才平台工程,长兴县自 2014 年启动创建工作,经过长达 5 年的艰苦奋战,于 2018 年成功获批浙江“千人计划”长兴产业园,为全省第 7 个省级“千人计划”产业园。主要做法如下。

(一)统一思想,切实加强组织领导

成立浙江“千人计划”长兴产业园创建工作领导小组,由县委县政府主要领导任组长,并联合多部门主要负责人为创建工作小组成员。统一思想,加强领导,深入贯彻落实习近平总书记关于人才工作系列讲话精神,根据浙江省全面创新改革试点的部署和要求,按照“大企业引领、大项目推动、大平台支撑”的发展思路,结合长兴县的产业基础和创建目标,及时制定《关于依托长兴国家大学科技园创建浙江省“千人计划”产业园的工作方案》(长委人领办〔2014〕14 号)与《浙江“千人计划”产业园创建方案》等指导方案,明确“千人计划”产业园的指导思想、具体规划、建设目标等重要内容。

(二)突出高端,高标打造人才平台

以“高端化、特色化、规模化、集聚化”为发展目标,以新能源汽车相关产业为重点领域,构建了“创业苗圃+孵化器+加速器+产业园”的孵化体系,打造“一核两翼”新能源

“千人计划”产业园，“一核”为24层双塔建筑，总建筑面积超5万平方米，作为主孵化平台和主展示平台，拥有展示中心、项目路演大厅、商务餐厅、创客空间、咖啡吧、健身房等商务休闲配套设施，以及中俄新能源材料技术研究院等公共技术平台，“两翼”分别为长兴国家大学科技园、长兴新能源小镇，合计规划面积12.45平方公里，细分为高端产业、科技创新、公共服务等三个功能区，促进高端产业、创新人才、科技服务等高端创新要素进一步集聚，加速人才项目成长发展。

（三）强化保障，不断完善政策体系

2018年出台《中共长兴县委长兴县人民政府关于印发〈长兴县人才新政二十条〉的通知》（长委发〔2018〕15号），重点强化创新创业扶持力度，全年人才专项资金预算高达3亿元，把“千人计划”人才引进作为战略投资来保障，重大项目做到实报实销、上不封顶，对拥有4个及以上“千人”专家抱团创业的优质项目可实行“一事一议”，最高给予1亿元补助。按照“重点发展、重点保障”的原则，全县人才政策资源向“千人计划”产业园倾斜，专门设立200万元创建资金，全力推进产业园建设。对“千人”专家来长兴创业入选“南太湖精英计划”的最高给予800万元补助。引导天使投资基金、科技成果转化引导基金优先投资“千人计划”专家领衔项目，全力为高层次人才创业解决融资难题。

（四）主动出击，着力拓宽引才渠道

以“千人计划”人才为攻坚引进目标，打通海内外引才通道，为“千人计划”产业园建设做好高端人才保障。强化市场引才作用，出台中介引才政策，提高中介市场在人才引进中的活力与积极性，鼓励企业与中介机构加强合作交流。强化“以赛引才”作用，举办2018中国长兴・海内外高层次人才创新创业大赛，吸引海内外的205个人才项目报名参赛，其中进入初赛者中共有58名为海外留学人才，7个创新人才项目均为海外留学人才开发。强化“以会引才”作用，开展2018德国智能制造专家长兴行、2018中国・长兴新能源技术和产业高峰论坛暨浙江“千人计划”专家峰会等活动，邀请共百余名海内外高层次人才来长进行考察洽谈。成立了浙江“千人计划”长兴能源资源与环境产业协同创新促进中心，着力引进国内外新能源高端人才，承接高端人才项目。

（六）以人为本，全面优化服务环境

按照两轮驱动、产城融合的发展思路，为高层次人才创业创新提供国际化、高品质的工作和生活环境。重点发展商务办公等生产性服务业，以及为园区生活提供配套的教育卫生、文化体育、休闲娱乐等公共服务，形成与园区创新创业相配套的城市服务功能。以“新能源、新生活”为文化主题，加快建设文化展示中心、文化科普宣教中心、新能源企业博物馆、绿地公园等公共设施，着力打造公共服务功能区。优化提升高层次人才“一站式”服务功能，探索人才服务信息化平台建设工作，探索简化人才签证办理、居留申请等手续,推进高层次人才"服务绿卡"扩面提质,主动解决人才住房安居、家属就业、子女入学等实际问题,形成全方位、多层次的服务体系。

三、省内其他县区建设经验与启示

2013年以来,全省共创建省级"千人计划"产业园9家,其中有6家在长兴县之前挂牌,对长兴县的创建工作具有很好借鉴和参考意义。特别是在推进机制、平台建设、项目引聚、政策扶持上都有各地成功的经验和做法。

(一)在推进机制上,领导规格高、工作力量强

绍兴柯桥成立"千人计划"产业园建设管理委员会,由区委常委担任书记,配置专职副主任3名,下配工作人员40名,统筹金柯桥科技城等园区的建设、管理、引智等工作。德清县专门成立"千人计划"产业园建设领导小组,由县委主要领导担任组长,具体工作由莫干山高新区负责推进,"千人计划"产业园管理办公室与高新区科技局(正科级单位)"一套班子、两块牌子、合署办公",由科技局主要领导兼任办公室主任,办公室配8个人,专门从事"千人计划"产业园的建设、管理和推进工作。其余像余姚、嘉善等地都是由相关园区管委会承担"千人计划"产业园的建设任务,"产业园"与"人才园"同步谋划、同步推进,力度比较大。

(二)在平台建设上,统筹规划、重点打造

着眼于功能配套,各产业园普遍实行多园区、多区块联动规划,突出重点平台、核心平台打造的模式。绍兴"千人计划"产业园规划总面积约80平方公里,其空间布局为"一城、两核、多园"。"一城"即金柯桥科技城;"两核"为南北两个核心建设区;"多园",即已建成的科技园、创意园、基金小镇、大学科技园之江园等,以及一批未来新建的科技园区。德清"千人计划"产业园按照"一区三基地"模式规划("一区"指核心区,包括千人计划产业园一、二、三期,科技创业园;"三基地"即健康产业基地、通航智造产业基地、地理信息产业基地),重点引进培育生物医药、高端装备制造、信息经济等高端人才项目。余姚"千人计划"产业园总占地面积772.45公顷,整体构成"一园三基地"的空间布局,孵化基地包括科创中心大楼和4幢孵化大楼,重点引进企业总部和研发机构入驻,中试基地为处于种子期的科技企业提供成长平台,产业化基地规划建设用地603.74公顷,其中工业和文化创意、研发用地规模272.55公顷。同时,各产业园突出"一幢楼""一个园"集中建设展示。

(三)在项目引聚上,注重实效、以业兴园

余姚"千人计划"产业园坚持以"会"引才、以"赛"引才、以"才"引才,整合资源,借势

借力聚人才。通过中国机器人峰会、全球智能制造创业创新大赛等活动集聚了一大批优质人才,特别是在以"才"引才方面,通过姚力军、甘中学等"引才大使"的牵线搭桥,先后引进孙云权、李万林等8位"千人计划"专家。义乌"千人计划"产业园为快速准确找到所需专家,在德国法兰克福、上海、西安、武汉、南京等高校院所和人才资源雄厚的地方设立引才工作站,聘请义乌籍在外高层次人才负责工作站的日常运行,通过以"站"引才集聚各类高层次人才80余名。温州"千人计划"产业园建立北京、上海、杭州、广州、深圳、成都等6个人才工作联络站,聘任20多位专家作为"引才大使""引才顾问"。

(四)在政策扶持上,内外有别、倾斜支持

德清"千人计划"产业园在享受全县人才新政的基础上,莫干山高新区又专门配套出台了人才、科技新政"双十条",进一步加大对高端装备制造、地理信息、通用航空、智能智造等领域人才、科技创新的扶持力度,入园项目可以双重享受全县普惠政策和园区的专门政策。比如入选国家"千人计划"创业类,可以享受县级600万元、园区350万元的补助奖励,加上国家、省级各100万元的补助,合计1150万元,长兴县补助奖励是600万元,差距比较大。绍兴柯桥实行全县统一的人才政策,但是对落户园区内的项目加大支持力度,比如入选国家"千人计划",不分创业、创新类别,在国家、省级各100万元补助的基础上,再给予200万元的配套补助和500万元的企业奖励,落户在园区内的再增加200万元,合计最高达到1100万元。

四、深化建设的对策建议

针对当前长兴县"千人计划"产业园建设中存在的一些问题,学习借鉴外地先进经验和做法,现就深化完善长兴县产业园建设提出如下意见建议。

(一)建立健全机制,强化平台运营

着力于打造资源高效、保障有力、体系健全等一流"千人计划"产业园,做到"三个优化",即"优化资源、优化保障、优化体系"。

一是优化"一核两翼"资源。全面整合太湖资本广场、国家大学科技园、新能源小镇三大平台相关产业基地,完善"一核两翼"平台体系,使各个平台从原先的"单打独斗、各自为战"向"抱团引才、组团服务"转变,实现"队伍共建、信息共享、产业共有"目标,切实提高人才对经济社会的贡献率,致力于构建"创业苗圃+孵化器+加速器+产业园"的孵化体系。

二是优化园区组织保障。建立浙江"千人计划"长兴产业园建设管理委员会,与长兴新能源装备高新技术产业园区管委会"一套班子、两块牌子、合署办公",统筹推进园区建设、管理和服务工作,负责制定园区的科技人才扶持政策,做好高层次人才的引进、培养和服务工作。建立健全“千人计划”产业园建设例会协调机制,整合组织、人社、科技等多方资源,定期协调解决产业园推进难题。

三是优化园区运作体系。加大孵化器的培育力度,充分运营发挥好现有科创平台的作用。借鉴学习中关村东升科技园等运营模式,积极引进高端成熟的第三方运营管理团队,形成一套精准、高效、完备的运营体制机制,努力建设成为人才丰富、产业突出,且品牌一流的“千人计划”产业园。

(二)注重规划统筹,夯实平台支撑

着力打造全省一流的人才发展平台,重点追求三个“高”,即“高档次、高起点、高标准”。

一是高档次提升人才平台。加快国家大学科技园、新能源小镇“两翼”平台提档升级,进一步明确主导产业、聚焦人才项目、加强管理运营,每个平台至少预留 1 万平方米的空间,专门用于“千人计划”项目引育。加快“千人计划”产业园分园——杭州人才飞地建设,主动对接“长三角一体化”“大湾区”等战略,加速集聚一批高科技人才项目。

二是高起点培育特色产业。发挥好“存量”人才作用,培育好“领头羊”,以下游成长性好、产业引领作用强的重点项目为基础,推动形成产业园若干特色产业集群。另一方面发挥好“增量”作用,抓住吉利汽车、中俄研究院等重点人才科技项目的落地契机,大力引进相关领域高端人才,增强科研实力,缩短项目周期,推动项目集聚。坚持重大项目实行“一事一议”制度,确保重点项目迅速发挥巨大的人才集聚效应和示范效应。

三是高标准构建创新生态。重点围绕新能源及其装备制造等优势产业,加大政府投资推动,积极引导企业等社会资本,共建产业研究院、专业学院、产业基金等。加强与高校、科研院所合作对接,争取在产业园内建立分院、分所等分支平台,增强园区科研实力,提升产业园品质。充分发挥产业基金的作用,在人才创业创新路上互相扶持,实现共赢。大力制造人才喜爱因子,在国家大学科技、新能源小镇完善路演大厅、咖啡吧等配套设施,并充分发挥这类功能性平台作用,按照“一周一人才沙龙、一旬一项目路演、一月一对接洽谈”的节奏,积极营造创新创业的浓厚氛围。

(三)坚持量质并举,加快人才集聚

增强人才引育针对性,拓展引才渠道,丰富引才手段,重点实现“三化”,即“精准化、多元化、多维化”。

一是坚持精准化引才。围绕新能源及其关键零部件等产业,盯住欧美、日本、韩国以及北上广等新能源产业发展的先行区,广泛收集创新资源集聚点和高层次创新人才信息,绘制创新资源和领军人才分布图。实行重点企业“一企一策”机制,分门别类制定人才需求清单，引导园区、企业按照创新资源和领军人才分布图，在全球坐标范围内抢夺高端人才，加快引进一批掌握关键技术、拥有自主创新成果、能够引领产业发展的高层次人才，力争到2020年全县累计集聚省级以上"千人计划""万人计划"达到90人以上，其中新能源领域达到50人以上。

二是坚持多元化揽才。巩固做强现有引才渠道，完善"以站、以会、以赛"三大引才优势渠道。在前期海内外引才联络站的基础上，再新建3个以上的引才工作联络站，聘任"引才大使"3人以上。坚持"走出去"和"请进来"并重，加快对接和成果转化，坚持办好创业创新大赛活动，抓好获奖项目落地转化，不断提升大赛品牌知名度。探索招才模式，深化与千人智库、海角网等市场化人才服务机构的合作，扩充人才信息来源。加大与海外知名高校院所、科研机构合作，促成人才引进、科技成果转让、先进技术合作攻关等方面的紧密合作。发挥基金引才作用，利用基金公司的专业技术优势和人脉资源，实现"人才+项目"整体引进。探索建立海外基金和海外孵化器，实行"海外孵化、国内产业化"的新模式，提升引才活力和实效。

三是坚持多维化聚才。坚持人才引育国内和海外并重、团队和个人并举、尖端和实用并用，真正体现"大人才"概念。深入实施"千人计划""万人计划""南太湖精英计划""南太湖特支计划""长兴英才计划"等各类人才工程，加快高层次人才集聚。全力推进省市领军型创新团队、教授博士柔性工作站建设等工作，大力度推进"整团队成建制"引才工作。深入实施人才工作"一企一策"作用，分门别类制定人才需求清单，加强"私人订制""量体裁衣"，帮助企业引进各类实用型专业技术人员人才、技能人才。

（四）打造最优生态，激发人才活力

全力营造一个宜业宜居的最有人才生态，重点突出三个"度"，即"准度、深度、温度"。

一是服务保障强"准度"。完善"分口审核、部门集体会商、资金统筹使用"的人才新政兑现体系，充分发挥人才信息化服务平台作用，规范流程，简化操作，做到政策兑现"最多跑一次"。完善"店小二"式人才服务，建立健全服务人才专项例会等机制，加强走访联系，及时把脉服务盲点，主动协调解决人才遇到的问题。按照"实用、适用、简朴和节约资源"原则，抓紧筹建县级人力资源市场，提升硬软件水平，依托人力资源市场，坚持多渠道多形式举办招聘洽谈场会，建立完善高效常态化的信息对接机制、供求发布机制和职业指导机制，全方位开辟求职、招人"绿色通道"。加快引进和发展猎头、创投、创新管理咨询等各类行业协会、社会中介机构，充分发挥行业协会和中介组织在人才调查、研究、引进方面的主导作用，推进人才服务业主体多元化发展。

二是人才支持强"力度"。加大政策支持力度，针对园区内"千人计划"专家创业创新，从配套补助、融资支持等方面专门制定出台扶持政策。不仅要用项目启动资金把人才项目"扶上马"，还要在解决项目后期"融资难"的问题上"送一程"。强化基金保驾护航，在继续发挥好现有基金作用的同时，尝试建立重大人才项目专项资金，加大社会资本参与人才项目力度。完善融资保障托底手段，建立创业投资风险补偿机制、政策性融资担保机构、风险资金池等，进一步优化人才融资环境，不断做深做长人才服务链。

三是生活配套强化“深度”。继续组织开展高层次人才健康体检、疗休养、走访慰问等活动，推动人才绿卡提质扩面，加快构建“长租＋短住”“县＋乡镇”“政府＋企业”的人才公寓保障体系，全面解决人才住房安居、家属就业、子女入学等实际问题。完善领导干部联系人才和高层次高技能人才参选党代表、人大代表和政协委员等机制，加大国际医院、国际学校、国际餐馆等国际化配套设施建设力度，积极弘扬爱国奋斗精神，加强对人才的政治引领和政治吸纳，加强对人才工作品牌和人才典型的宣传，积极营造爱才尊才重才的良好氛围。

课题组组长：汤　浩
副　组　长：徐安军
成　　　员：高伟良　廖芳芳　姚友良

均衡发展篇

JUNHENGFAZHANPIAN

关于“乡村振兴人才支撑问题”的调研报告

□ 中共浙江省委人才办课题组

实施乡村振兴战略，是党的十九大做出的重大决策部署，是决胜全面建成小康社会的重大历史任务，是新时代做好“三农”工作的总抓手。习近平总书记明确提出，要将人才振兴作为乡村“五大振兴”的重要内容，强调推动乡村人才振兴，要把人力资本开发放在首要位置。浙江省委坚定不移地实施“八八战略”，全面推进乡村振兴，大力开发、培养乡村人才队伍，为加快推进新农村建设、促进城乡均衡发展提供了强有力的人才支撑。实现乡村振兴，关键靠人才，应着力造就一支数量充足、素质优良、结构合理的乡村人才队伍。对此，浙江省委组织部组织力量成立专题调研组，会同省农业农村厅、省教育厅、省科技厅、省人力社保厅、省卫生健康委、团省委、省社科院等部门，采用比较分析、深入基层、座谈交流等形式开展调研，学习梳理西方发达国家农业农村人才工作的经验，全面回顾浙江省乡村人才队伍建设的发展历程，深入分析浙江省乡村人才振兴存在的主要问题，并有针对性地提出加快下一步浙江省乡村人才建设的对策建议，形成如下调研报告。

一、西方发达国家农业农村人才培养开发的经验

乡村建设是各个国家在工业化、城市化进程中普遍面临的世界性课题。西方发达国家农业农村已经历了“从发展到衰退再到恢复”的历史过程，进入了高度集约化和专业化的阶段。在具体分析美国、英国、法国、荷兰、日本等国家的乡村振兴历程中，我们发现这些国家乡村人才也大多经过了一个人才流失短缺再到人才回流振兴的过程。这些国家乡村人才培养开发的经验，对于当前浙江省乡村人才队伍建设、推进乡村高质量发展不无裨益。经梳理，这些国家农业农村人才培养开发的做法主要体现在法律保障、政

策支持、教育培训、平台支撑等方面。

(一)战略高度重视,强化法律保障

我们发现西方发达国家在高水平推进农业现代化过程中,都高度重视农业农村人才队伍建设。美国在农业发展早期就制定了《莫雷尔法案》《哈奇试验站法案》《史密斯—利费法》等一系列涉及农村人才培养的法案,规定政府要加大对农业大学、职业院校的支持力度,构建农业推广站的科研、教育、推广"三位一体"机制,为美国农村人才培养提供足够的支持。日本于1947年颁布了《学校教育法》,明确规定要设立农业综合高中并开展农业学科教育,第一次以立法的形式将农民教育放到了重要的地位。在进入21世纪后,日本颁布了《粮食、农业、农村基本法》,明确提出国家要加大对农村教育事业的财政支持,为推进日本农民教育事业的发展提供了法律保障。

(二)加大人才投入,强化财政保障

2014—2018年,美国通过联邦、州、地方三级财政每年向农村人才培养项目支出达8500万美元,人均每年培养经费300多美元。德国实行"青年农民计划",可以将不超过2%的直接支付资金用于支持40岁以下的青年农民,而且所有从事相关农业工作的人都可以获得一定的额外津贴,津贴补贴年限最长可达5年。为了培养农业农村接班人,日本制定了青年务农补贴制度,对中青年务农者每年支付150万日元(约合人民币8.73万元)的补贴,同时对新进青年农业生产者给予技术和资金支持,有效促进了青年务农人数的增长。

(三)注重教育培训,强化素质保障

美国、德国、日本等国家每1万名农业人口中就有40多名农业科技人才,我国还不到10名。以色列积极推进农业科技素质与农业创新能力教育,每1000名农业人口中就有一名大学生,从事农业生产的人都是中专以上学历。法国规定农民必须接受职业教育,并且开办了农业徒工培训、农村青年培训、农村妇女培训和农场主培训等多种培训班,建立了层次分明的农民教育培训体系,实现了农民按需培训。韩国通过"农业协同组织"建立起了庞大的农民组织网络,深入到农村各地,在农业教育方面发挥着重要作用。美国农民普遍接受过高等教育,德国规定所有农民即使受过高等教育也必须再经过三年的农业职业教育。

(四)搭建转化平台,强化科技保障

世界上许多发达国家的科技对农业增长的贡献率在70%以上,其中以色列达到96%,而我国只有40%左右。这些国家都鼓励科研院所、高等学校与企业联合组建技术研发平台和产业技术创新战略联盟,合作开展相关基础研究和关键技术的研发,联合培养人才,共享科研成果,促进研发成果转化。以色列有许多专门负责科研机构的技术转让公司，如希伯来大学农学院主要由 Yissum 公司统一负责该大学的技术成果转让。荷兰有世界最大的农业研究机构——瓦格宁根大学与研究中心，它是农业科创企业和实验农场的广泛集群，推动荷兰以不足世界 0.02%的农业人口、不到世界 0.07%的耕地，占到了世界农产品出口的 9%。

（五）提升社会地位，强化制度保障

从西方发达国家的经验看，农业是个有奔头的产业，农民是个受人尊重的职业，农村人才发展有一个良好的社会环境。在收入方面，发达国家职业农民的收入基本能与城市居民持平。如 1973 年后，日本职业农民的收入一直高于城市居民，美国职业农民的收入也略高于城市居民。在社会地位方面，职业社会认可度较高。如德国将农业从业资格法律化，农业准入门槛高，要成为杰出的农村人才，就必须分别获得代表不同能力层次的 5 个等级证书，加拿大推行"绿色证书"制度，不获得绿色证书不能成为农民，不能继承或购买农场。

二、浙江省乡村人才队伍建设的主要做法和成效

改革开放以来，特别是在人才强省实施的这 15 年里，浙江省委省政府高度重视乡村人才队伍建设，不断创新体制机制，完善政策措施，优化工作环境，逐步构建起乡村人才培养、评价、使用、流动、服务政策体系，乡村人才队伍量质并升，活力充分释放，成果竞相涌现，为新农村建设注入了强劲的人才动力。

（一）聚焦服务发展大局，乡村人才在农村发展中的战略地位进一步凸显

人才资源是第一资源，乡村人才是强农兴农的根本。15 年来，浙江历届省委省政府始终将乡村人才队伍建设纳入全省人才工作的重要领域，作为实施人才强省战略的关键内容。2004 年 1 月，省委省政府出台《关于大力实施人才强省战略的决定》，明确了人才强省战略的总体要求和目标任务，提出要"培养一大批高技能人才和农村实用人才"。2007 年，围绕"创业富民、创新强省"总战略，提出全面推进城乡统筹发展，"培育有文化、懂技术、会经营的新型农民，充分发挥广大农民建设新农村的主体作用"。2010 年制定的《浙江省中长期人才发展规划纲要（2010—2020 年）》（以下简称《纲要》）是浙江省第一个中长期人才发展规划，《纲要》将农村实用人才队伍作为全省人才队伍建设的重要内容，将现代农业和新农村建设人才支撑计划作为重大人才工程。2017 年，浙江省第十四次党代会将"人才强省"列为"四个强省"工作导向之一，明确要统筹推进农村实用人才队伍建设。从这些年的工作实践来看，乡村人才队伍建设既有总体要求又有具体举措，既有长远规划又有阶段安排，充分体现了人才工作服务农村、服务大局的鲜明导向。

(二)聚焦素质培养提升，乡村人才培育开发体系进一步完善

按照“高端引领、分类培育、整合资源、优化政策、整体推进”的原则，浙江省逐步健全完善乡村振兴人才培养机制，促进乡村人才总量明显增加，结构明显优化，能力明显提升。2004 年启动实施“千万农村劳动力素质培训工程”，重点推进“农业技术人才、经营人才等农业农村现代化建设人才的培养”。2008 年出台实施《关于加强农村实用人才队伍建设和农村人力资源开发的实施意见》，以 “千万农民素质提升工程”为载体，组织实施现代农业领军人物培养工程、农村产业带头人职业能力提升工程、农村社区管理服务人才建设工程、农村青年创业人才培养工程、农村女能手培育工程等 5 大重点工程。近年来，浙江省积极整合大专院校、科研院所的培训资源，建立了 1 家省级“农民大学”，11 个市级农民学院，70 个县级农民学校，224 所农民田间学校，71 个实训基地，近 3 年累计培训农村实用人才 50 万左右人次。衢州重点打响“衢州月嫂”“常山阿姨”等高薪草根品牌，2017 年该市农村居民人均可支配收入增长 9.8%，位居全省首位。台州黄岩成立乡村振兴学院，专门培养乡村振兴人才。丽水深入实施农作师、农商师、农匠师等人才培育工程，打造了“缙云烧饼师傅”“松阳工匠”等 21 个乡土人才品牌。

(三)聚焦人才短缺问题，乡村人才引进扶持体系进一步健全

针对乡村缺技术、缺信息、缺服务、缺人才的基本现状，浙江省集成有关部门资源，相继出台支持乡村人才发展的支持举措，引导鼓励各类人才走进农村、流向基层。2003 年，浙江省启动实施科技特派员制度，从科研院所、高等院校选派科技人员到乡镇工作，在全国率先实现“乡乡都有科技特派员”。据不完全统计，省、市、县三级共选派个人科技特派员 1.5 万人次、法人科技特派员 25 家、团队科技特派员 354 个。健全高校毕业生到基层工作长效机制，2004 年实施大学生志愿服务欠发达地区计划，2006 年制定《关于引导和鼓励高校毕业生到农村和社区工作的实施意见》，组织实施大学生到村任职、“三支一扶”计划、农技特岗计划等基层服务项目，到 2017 年年底已累计选聘大学生村官 3.2 万余名。2007 年开始实施“希望之光”计划，省级财政已累计拨款 8000 多万元专项用于 26 个加快发展地区人才培养开发。2017 年，省卫计委制定实施乡村医生队伍建设实施方案，依托省乡村医生培训学校开展乡村医生培训，全面提升乡村医生的业务素质，招聘 2 万余名医学毕业生到基层工作。这一系列政策的出台和人才的集聚，进一步完善了浙江省乡村人才队伍的支持制度体系，为推动区域人才资源的统筹开发和均衡发展提供了有力的体制机制保障。

(四)聚焦创新人才评价，乡村人才队伍分类认定进一步精准科学

乡村人才的分类认定工作是乡村人才培养壮大的基础和政策扶持的关键环节。随着新农村建设和现代农业发展，浙江省根据农村从业者的素质和能力，不断细化人才分

类，合理设置认定标准，积极推进科学评价。2011 年，编制出台《浙江省农村实用人才队伍建设中长期规划(2011—2020 年)》，明确将农村实用人才细分为生产型人才、经营性人才、技能服务型人才、社会服务型人才、技能带动型人才。2012 年中央一号文件明确提出大力培育新型职业农民。2013 年进一步将新型职业农民细分为生产经营型、专业技能型和社会服务型职业农民，并探索构建了一套教育培训制度、认定管理制度。浙江省率先在全国开展新型职业农民培育工作试点，探索深化农业职称制度改革，将新型职业农民纳入农业系列职称的评审范围。截至 2017 年年底，全省乡村人才总量达到 117.2 万人，比 2004 年增加 66.8 万人。其中，乡村医生和卫生员 1.28 万人，乡村教师 6.25 万人，生产型人才 44.35 万人，经营性人才 22.13 万人，技能带动型人才 17.72 万人，技能服务型人才 5.54 万人，社会管理服务型人才 19.95 万人(见图 1)。

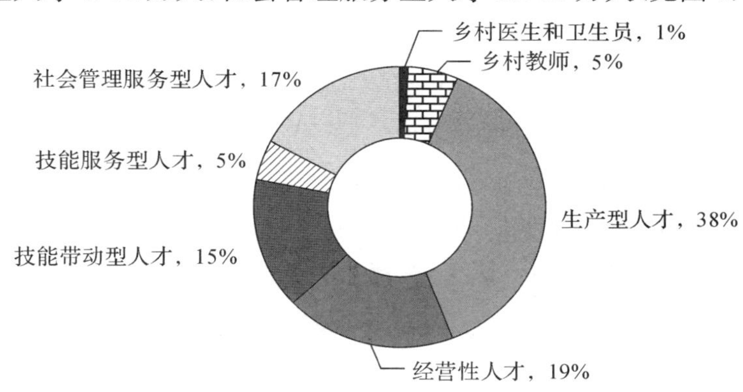

图 1　2017 年浙江省乡村人才类别分布

(五)聚焦激发人才活力，乡村人才创业创新政策体系进一步健全

用好用活乡村人才是乡村人才队伍建设的落脚点。近年来，聚焦乡村产业发展，浙江省在土地流转、技术支持、项目立项、资金投入、金融支持等方面实行倾斜政策，支持农村实用人才创业创新。近年来，浙江省相继出台《浙江省农村电子商务工作实施方案》《关于深化"村村都有好青年"人才发展计划培养工作的通知》《关于加快推进农村一、二、三产业融合发展的实施意见》等政策，全省各地陆续开展了农村青年创业富民行动、农民创业创新行动、农村电子商务市场主体培育行动等，在优化金融服务、加大政策支持、加强人才培养等方面提出具体支持措施，全面支持乡村人才创业创新。在政策激励下，各地搭建了一批创业平台，培育了一批创业带头人，树立了一批农业创业典型，构建了一套公共服务体系，形成了农业农村人才创业加快发展的良好局面。据统计，至 2017 年年底，全省农民专业合作社达到 48783 家，成员 126.5 万个，带动非成员农户 403.9 万户，已建农民专业合作社联合社 372 家，支持培训农村电商创业 12.8 万人，带动就业 51.3 万人，科技特派员累计推广新品种新技术 14000 多项次，牵头或入股兴办农业科技

企业 432 家，建立利益共同体 1632 家，培训 670 多万人次，促进了一批涉农企业家、乡土人才的成长，激发了广大农民学科技用科技的热情。

三、存在的困难和主要问题

对比西方发达国家经验做法，对标高水平建设人才强省目标任务，对照乡村振兴战略的内在人才需求，当前浙江省乡村人才振兴还面临着不少问题和困难。主要表现在以下几个方面。

一是城市化进程和人才逆城市化流动的矛盾依然存在。城市化是走向现代化工业强国的必经之路。改革开放以来，我国城市化率从 1978 年的 17.92%提高到 60%左右，浙江省城市化率已达 68.9%。伴随着城市化率的提升，大量人口从农村涌向城市，乡村人口明显下降(见表 1)，甚至出现“空壳村”，妇女、老人成为务农主体。从西方国家城市化进程看，未来 30 年我国的城市化水平还会持续升高，人口从乡村流向城市的大趋势依然不会发生改变。据近期浙江省农村劳动力调查研究，按照近 5 年农村人口变动趋势分析，未来浙江省农村的 16～59 岁劳动年龄人口将以平均每年 30 万人的速度减少。这对乡村人才振兴提出了更严峻的挑战。

表 1　浙江省农村人口基本情况表(2012—2017)

单位:万人

指标	农村住户数	农村人口	农村劳动力资源	农村劳动力
2012 年	1257.09	3856.87	2571.13	2380.24
2013 年	1277.94	3993.86	2662.73	2459.55
2014 年	1275.31	3989.72	2671.84	2444.71
2015 年	1278.78	3996.02	2652.38	2415.58
2016 年	1266.04	3948.78	2613.34	2360.2
2017 年	1259.25	3938.29	2598.44	2332.67

二是人才分布的马太效应和人才均衡发展的矛盾依然存在。人才一般总是集中在市场高地、资源高地和价值高地，人才分布存在不均衡问题。哈佛大学的研究发现，决定人才流动的第一位要素是事业平台，其次是共事的人，之后是薪酬、公共服务等。从浙江省的情况看，人才分布不平衡问题也比较突出，高端农业科技领军主要集中在杭州、宁波等地市，衢州、丽水等地农业科技人才比较匮乏，在乡镇一线的农业技术人才更是紧缺。这从侧面反映了乡村人才的发展生态，包括产业平台、政策扶持、公共资源等方面环境需要进一步优化提升。从浙江省乡村医生、教师的流动也可见一斑。2017 年度乡村

医生两年一次注册考核情况显示，参加考核的乡村医生较2015年减少了1465名，仅相当于2006年的50.1%，2014年至2017年全省从农村学校调到城区学校的教师占调离人数的34.5%。

三是乡村人才内在需求和有效供给不足的矛盾依然存在。乡村振兴需要农业科技人才、新型职业农民、乡村医生、乡村教师等各类人才强有力的支撑。浙江省农村实用人才、乡村教师、医生等各类乡村人才占农村常住人口比例仅有6.5%，远低于全省人才资源总量占全省常住人口比例(21.6%)。在农村实用人才中，中专及以下学历的占比高达94.2%，有技术职称的人员仅占8.59%，46岁以上人员占比57.2%。特别是由于农业生产效益总体不高，对大学生等新生力量从事现代农业的扶持力度不大，较难吸引有知识、有技能的高端人才安心从事农业，农村人才队伍“兼业化、老龄化、低文化”现象比较严重。从1997年到2015年，农科大学生毕业人数占全国大学生毕业人数总量的比例从3.6%降低到1.7%，农业类专业人才供给数量下降态势明显。

四是乡村人才培育体系与社会发展需求不相适合的矛盾依然存在。农村实用人才的素质提升，大多依赖政府组织的“千万农民素质提升工程”的短期培训，缺乏系统性的职业技术教育，农村实用人才提升学历层次的意愿不强，体现在农村实用人才成人学历教育的积极性下降，招生人数减少。乡村人才培养多以条线为主，相关职能部门各自为阵，一次性、临时性较多，长期性、跟踪性较少，存在以“培训”替代“培育”、为培训而培训的现象。对培训课程把关不严，内容过于单一，形式过于理论，在农村新产业、新业态、新模式不断创新的大背景下，培训内容的更新跟不上发展需求的变化，乡村人才的培养滞后于乡村经济社会发展的需要。

五是乡村人才扶持政策缺乏整合和法律支撑体系不够健全的问题依然存在。面向实用人才、新型职业农民和新型农业经营主体的扶持政策在不同的特定历史背景下产生发展，具有较强的时代“烙印”，相应的扶持政策存在片面性、交叉性。开展的新型职业农民、农民职业职称等乡村人才认定与农业奖励扶持政策联系不够紧密，各类认定证书效力不强，没有真正建立调动乡村人才积极性的激励保障机制。此外，除农民专业合作社、村经济合作社以外，其他新型农业经营主体目前都缺乏法律支撑，实践中还存在主体界定不清晰的问题。相关法律明确规定土地经营权不得抵押，影响新型农业经营主体解决融资难等问题。

四、下一步的对策和建议

人才振兴是衡量乡村振兴成色的重要标尺。要高举习近平新时代中国特色社会主义思想的旗帜，全面贯彻党的十九大和十九届二中、三中全会精神，全力建设“六个浙江”，推动实现“两个高水平”目标，坚持党管人才原则，遵循社会主义市场经济规律和人才成长规律，以农业农村人才生态营造为基础，以人才体制机制改革为突破，以人才队伍结构优化为目的，以人才工作市场化为导向，实行更加积极、更加开放、更加有效的人才政策，加大人才培养开发的力度，进一步畅通智力、技术、管理的下乡通道，让各类人才在乡村大施所能、大展才华、大显身手，为实施乡村振兴战略提供坚强的人才智力支撑。

(一)基本原则

——突出培育开发。结合农业发展需要、农民成长规律、农村工作实际，加大乡村本土人才培养开发力度，提升培养工作连续性、科学性、有效性，提升乡村人才培养数量和质量。

——坚持高端引领。聚焦农业农村发展的高端方向、高端领域、高端环节，充分发挥高层次农业科技人才和高素质农业生产经营人才的引领带动作用，推动形成人才引领创新、创新驱动发展的新局面。

——注重产才融合。紧紧围绕构建现代农业产业体系、生产体系、经营体系发展需求配置人才，强化乡村产业人才供给，着力打造“产业聚人才、人才兴产业”的新格局。

——深化改革创新。充分发挥市场在人才资源配置中的决定性作用，深化乡村人才发展的体制机制改革，强化人才培养的流动机制，优化人才评优激励制度，营造最优乡村人才生态，吸引社会各界投身乡村发展。

(二)总体目标

到2022年，乡村人才队伍数量扩大、素质提升、结构优化，乡村人才的综合竞争力在全国居领先地位。乡村人才队伍建设的工作体系、公共服务体系、教育培训体系、评价激励体系趋于完善，初步形成有利于乡村人才成长并发挥作用的社会环境。

——数量目标。全省乡村人才总量达到110万人以上，培育新型职业农民20万人，新型农业经营主体新增1万家。

——结构目标。人才分布合理，领军人才达到乡村人才总量的5%，女性人才的比例有显著增加。

——素质目标。乡村人才职业能力、知识水平和综合素质有较大提高，科技成果应用能力明显增强，市场意识和经营管理能力显著提高。

(三)主要举措

1.创新乡村人才引进方式，切实强化乡村振兴人才供给质量

一是加快领军人才引进。围绕特色农业、设施农业、生态农业、种子种苗、农业机械化等重点领域，加大高层次创新型人才和紧缺急需人才引进力度，吸引一批具有国际视野的海内外农业科技和产业带头人、科研团队来浙从事农业科技创新工作。省“千人计

划”“万人计划”等省级重大人才工程安排一定比例用于支持农业科技领军人才。

二是打通乡贤回归通道。深入实施“归雁计划”，建立畅通的“乡”“贤”双向交流工作机制，完善对返乡下乡人员创业补贴、融资、场地、培训等扶持政策，激励各领域在外乡贤人才主动回归、全情投入，把乡贤资源打造成推进乡村振兴发展的重要抓手、招商引资的重要平台和增进农村和谐的重要力量，引导乡贤人才反哺农村。

三是引导青年人才驻村。建立青年人才向农村流动导向机制，深入推进大学生村官工作，因地制宜实施高校毕业生基层成长计划。乡镇等基层事业单位要定向招录高校毕业生，将招录的高校毕业生列入青年干部人才库，进行重点培养，引导大学毕业生到农村基层工作。探索创建农村大学生驿站，为到农村求职的大学毕业生提供免费短期住宿、就业指导、岗位信息等服务。

四是推动专业人才下沉。全面建立城市医生、教师、科技文化人员等定期服务乡村机制，推行乡村教师“县管校聘”，县域卫生人才“县管镇用”“镇招村用”，深化城乡学校共同体建设和“医共体”建设。充分利用好从乡村走出来的退休专业人才和退休干部这一“银发队伍”资源，让这批“精英”反哺桑梓，温暖故乡。

2.加大乡村人才培养力度，做大做强乡村人才队伍“基本盘”

一是做好顶层设计。要对当前纷繁复杂、千头万绪的乡村人才培养项目进行清理，统筹农业、教育、卫生、商务、团委、妇联、供销等各条各线培训资源，按照乡村人才分类，统一规划，分类培养，围绕现代农业、农村电商、乡村旅游、美丽乡村建设等农村农业发展的新形势、新需要，制订中长期培养计划，打造出梯次健全、领域全面的乡村人才队伍。

二是贴合成才规律。牢牢把握乡村人才的成长规律，做到分类施教、各有侧重，如：对生产型、技能带动型人才要加强现场实践培养，强化人才的实践操作能力；对经营型人才，要立足实际，有目的、有计划地组织人才与外界加强技术交流与合作，到发达地区和先进单位参观学习，启迪思维，开阔视野；对青年乡村人才，要注重培养“互联网＋”思维，及时传授先进理论知识。

三是提质培训课程。既要精心组建教师队伍，更要科学设计教学课程，不断丰富课程内容，创新教学理念，紧跟时代潮流，提供复合型培养，帮助乡村人才伴随产业发展完成角色转换。制定完善市级以上乡村人才培养标准，注重开展新技术、新理念的培训，促进知识更新，培养人才自主创新能力，提升人才专业技能，推动广大乡村人才提档升级。

四是建优培养平台。总结提升省农民大学、市农民学院、县农民学校培训质量，完善农业继续教育服务平台。依托本地高校资源，深化与省内外“双一流”大学、农科院所的合作，共建实训基地，共育乡村人才。研究实施新型职业农民培育工程，支持新型职业农民参加农业职业教育，探索培养农民研究生。

3.深化乡村人才体制机制改革,激发乡村振兴人才创新创业活力

一是健全人才流动机制。研究制定高等学校、科研院所等事业单位科研人员到乡村和企业挂职、兼职和离岗创新创业制度,保障其在职称评聘、工资福利、社会保障等方面的权益。研究、制定、完善相关政策措施和管理办法,允许符合条件的公职人员回乡任职,建立城乡、区域、校地之间人才培育合作与交流机制。

二是完善人才激励机制。建立健全以知识产权和服务业绩为导向的分配激励机制,提高农业科研人员科技成果转化收益比例。研究确定浙江省新型农业重点领域研发项目,适当增加农村科技重大专项数量。创新农业科技成果转化交易机制,加快技术转移中心建设,健全产学研联盟。建立职业农民制度,设置农民从业及政策享受"门槛",让农民"持证上岗""凭证获利"。建立支农惠农政策和人才职称、技能等级挂钩机制,获得中级以上职称的乡村人才,可优先获得农业开发项目、耕地地力保护、农机购置补贴、绿色高效技术服务等优农惠农政策支持。

三是完善人才评价机制。强化农村实用人才认定工作,拓宽职业农民职称评审通道,健全完善符合职业农民特点的职称评价标准和评审程序,扩大新型职业农民职称评价覆盖面。探索制定乡村人才职业技能分类评价地方标准,组织开展乡村人才专项能力认定,重点覆盖技能带动型、技能服务型、社会管理服务型等人才。坚持职业能力考核和职业素养评价相结合,重点考察劳动者执行操作规程、解决生产问题和完成工作任务的能力,注重考核岗位工作绩效,强化生产服务成果、创新成果和实际贡献。

4.优化乡村人才服务水平,努力营造乡村人才发展人才生态

一是完善工作机制。建立健全党委统一领导、组织部牵头抓总、农业农村部门和人力社保部门具体负责、有关部门共同参与的工作机制,着力形成社会各方面力量培养集聚乡村人才的工作格局。进一步完善领导联系服务人才制度,把乡村人才队伍建设列入市县人才工作目标责任制考核和市县乡党委书记述职评议的重要内容,定期通报乡村人才队伍建设情况,推动形成各级党政领导干部大抓乡村人才、服务乡村人才的良好导向。

二是破解要素制约。探索实施宅基地"三权分置"制度,切实盘活农村宅基地,对有贡献的人才,可经村民代表大会合议、县乡两级政府审核同意后,允许在限定期限内流转村民宅基地使用权,新建、翻建一定面积的自住房。鼓励和吸引返乡、下乡人员以入股、合作、租赁、协作的方式,开发闲置农房发展乡村旅游、休闲民宿、文化创意、农村养老等经营性活动。要结合乡村人才资金需求实际,协调农商银行、邮政储蓄银行等金融机构,探索推进包括农村承包土地、林权、农业设施、农机具在内的抵押贷款业务,破解乡村人才创业融资难的问题。健全城乡社会保障制度,引导符合条件的新型职业农民和农

村实用人才参加城镇职工养老、医疗等社会保障。

三是健全服务机构。积极探索建立政府主导、上下协调、功能完善、综合配套的农业农村人才公共服务体系，加快推进农业技术推广、动植物疫病防控、农产品质量安全监管等基层农业公共服务体系建设，完善乡镇或区域性农技推广服务机构，发展多元化、社会化农技推广服务组织。深化与市场人才机构的合作，建立完善乡村人才数据库，运用大数据手段，分析市场需求，帮助乡村人才创业就业。

四是加强人才服务。推动“最多跑一次”改革向农村深化，建立乡村振兴人才服务专员、办事直通车等制度，为乡村人才提供政策咨询、项目申报、融资对接、业务办理等服务。建立健全农村实用人才表彰奖励体系，积极推荐政治素质好、有突出贡献的农村实用人才成为“两代表一委员”。大力宣传优秀农村实用人才创业创新、科技致富、艰苦奋斗的突出贡献和典型事迹，不断提高职业农民的成就感、荣誉感和获得感。

浙江省乡村振兴人才建设的战略和政策研究

——基于农业劳动力状况和发展趋势视角的分析

□ 浙江省人才发展研究院课题组

乡村振兴是包括产业振兴、人才振兴、文化振兴、生态振兴、组织振兴的全面振兴。乡村振兴关键在得人才,人才振兴是撑起乡村振兴这座宏伟殿堂的顶梁柱。习近平总书记曾说,要推动乡村人才振兴,把人力资本开发放在首要位置,强化乡村振兴人才支撑。

所以,在实施乡村振兴的战略规划的过程中,对浙江省农村人才和农村劳动力人力资本状况的特点及未来发展的趋势进行全面梳理,以便于充分地对农村的人力资本进行开发和利用,是十分必要的。基于此目的,本研究首先对浙江省农业劳动力增长的现状和特征进行了分析,然后运用人口预测的方法对浙江省农村劳动力未来二十年中的变化情况进行了模拟,特别是探讨了生育、迁移和城市化因素对农业劳动力规模和结构的综合影响,接着本研究又进一步分析了浙江省流出农村劳动力的年龄、受教育水平和行业职业结构,并与相应的流入劳动力进行了比较,突出了流动迁移对浙江省农村劳动力变动的影响。最后,在前文分析的基础上,针对浙江省农村劳动力现状、特点、未来的发展趋势以及问题,本研究提出了相应的政策建议。

一、浙江省农业劳动力发展的现状与特征

(一)浙江省农业劳动力规模逐渐下降

当前浙江省农村已经进入老龄化社会。2015 年浙江省人口抽样调查结果显示,浙江省 65 岁以上农村老年人口达 312 万人,占到全部农村人口的 15.25%,远超出联合国老龄化社会的标准(7%)。与此同时,浙江省农业劳动力比重呈下降趋势,2015 年浙江省 15 岁到 59 岁农业劳动力总计 1319 万人,和 2000 年相比平均每年减少 15 万人,15 岁

到 59 岁农业劳动力占到全部农村人口的 64.47%，和 2000 年相比平均每年减少 0.07 个百分点(见图 1)。

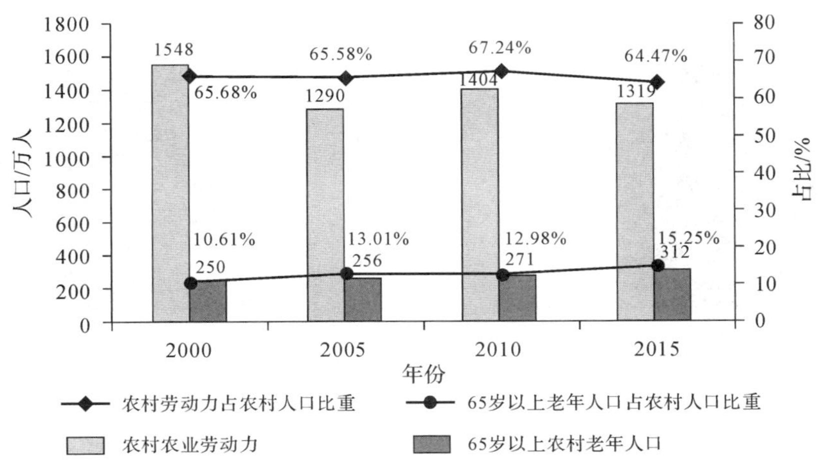

图 1　浙江省农村人口发展情况

(二)浙江省农业劳动力内部结构逐渐老龄化

浙江省农业劳动力不仅规模不断减少，劳动力年龄结构也在不断老化，呈现出“老龄农村”的趋势。根据六普和抽样调查的数据，2000—2015 年，40 岁以下的劳动力人口数逐渐下降，40 岁以上的人口逐渐占据劳动力市场的主导地位，2015 年浙江省农业劳动力占全部劳动力的比重更是高达 54%，比 2000 年高了约 15 个百分点，浙江省农业劳动力年龄结构呈现出明显的老龄化趋势(见图 2)。

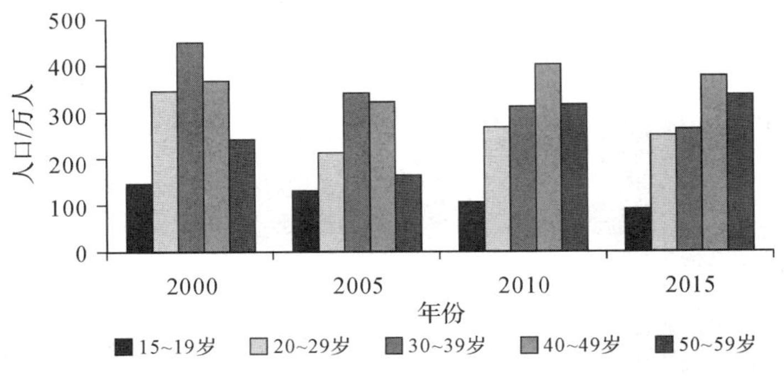

图 2　浙江省农业劳动力变化情况

城市人口和农村人口金字塔也都呈现出两头窄、中间宽的态势。但浙江省农村 60 岁及以上的人口规模较大，增长较快，15 岁至 59 岁劳动力人口的众数和中位数都在不断地上移，即农村人口劳动力内部结构老化的速度更快，规模减小得也更快，老龄化更为严重(见图 3 至图 10)。

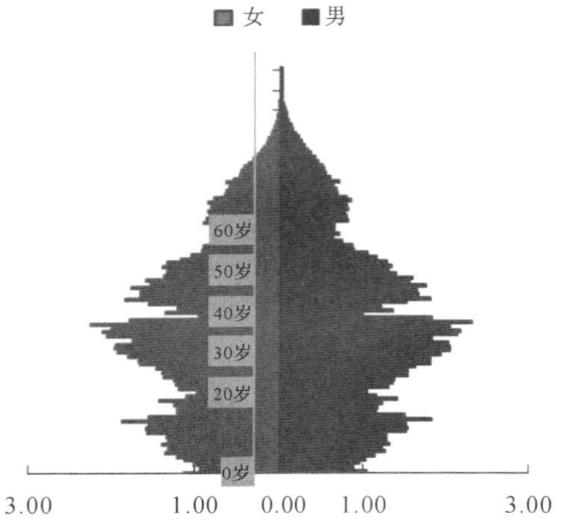

图 3 2000 年浙江省农业人口金字塔

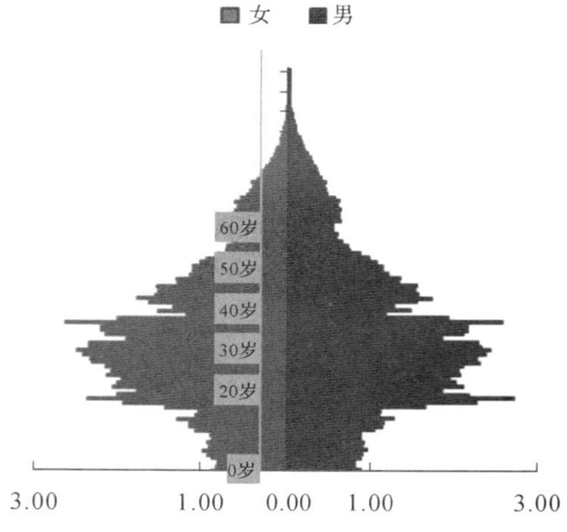

图 4 2000 年浙江省城市人口金字塔

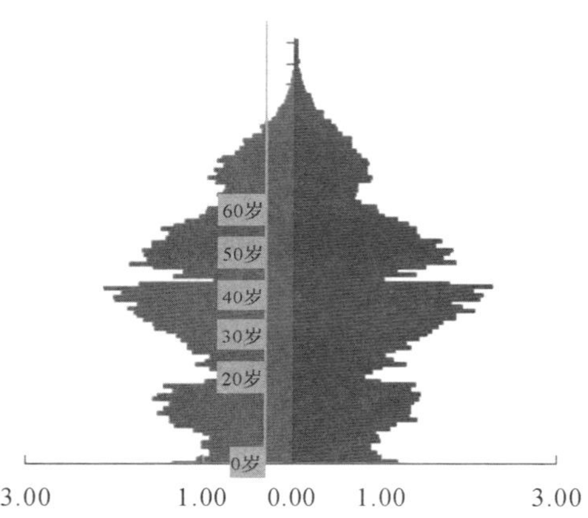

图 5 2005 年浙江省农村人口金字塔

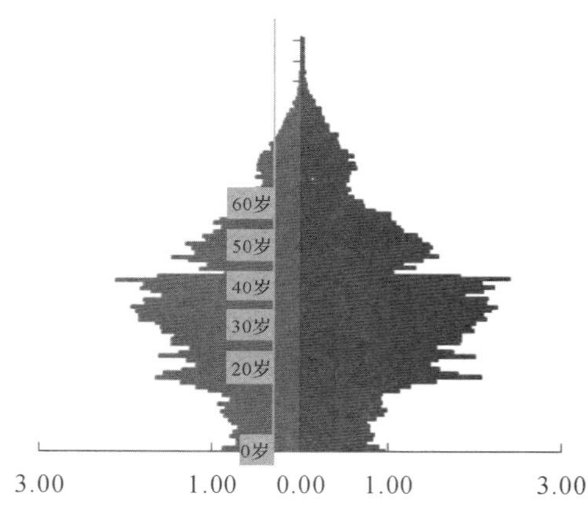

图 6 2005 年浙江省城市人口金字塔

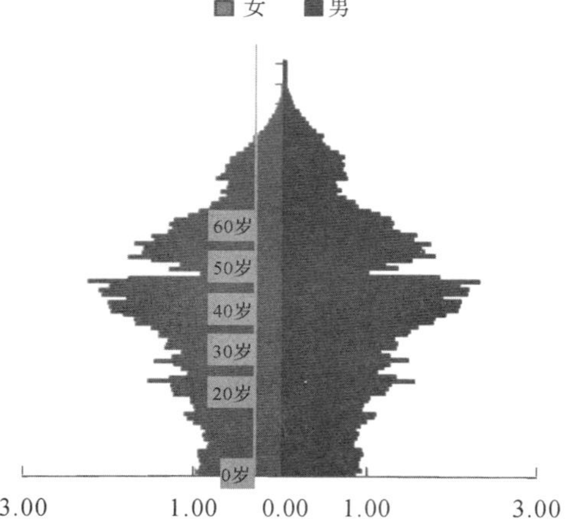

图 7 2010 年浙江省农村人口金字塔

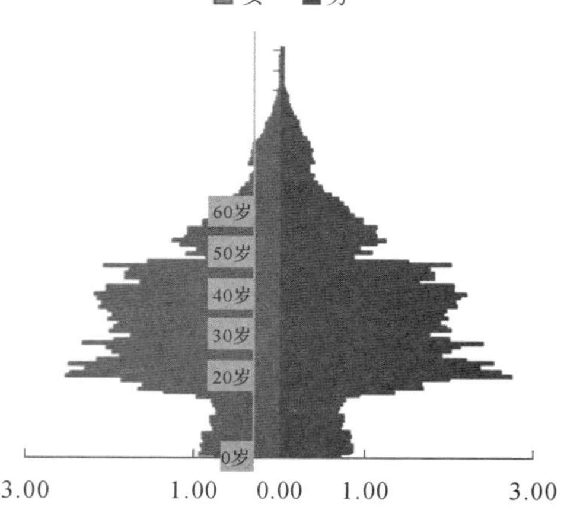

图 8 2010 年浙江省城市人口金字塔

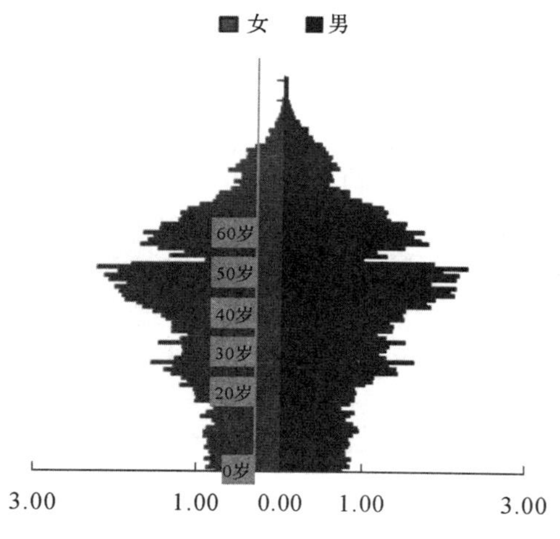

图 9　2015 年浙江省农村人口金字塔

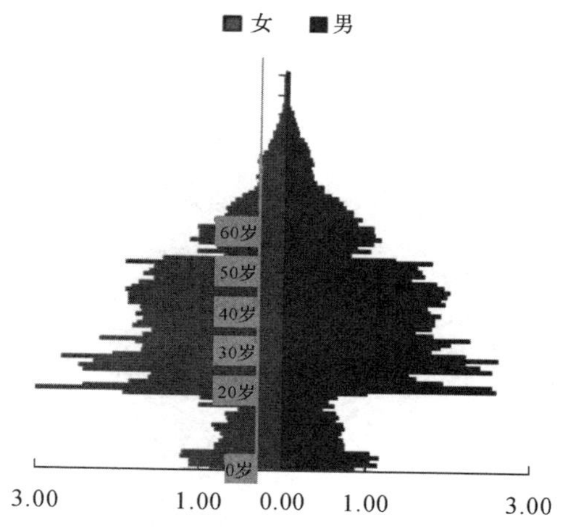

图 10　2015 年浙江省城市人口金字塔

二、浙江省农村人口的未来发展趋势

本文依据 2010 年人口普查数据，借用经典的队列要素法，对浙江省未来的农村人口，尤其是劳动力人口增长趋势进行预测，为政府的中长期规划提供参考。

（一）人口预测原理及方法

本研究运用队列要素法，将人口分解为不同年龄性别的各个队列，同时分解为出生、死亡和迁移各个要素，各队列按照各要素进行预测，形成未来各时期的人口年龄性别结构和总人口。若定义 P_0 为期初人口数，P_1 为期末人口数，B 为该时期内出生人数，D 为该时期内死亡人数，I 为该时期内迁入人数，E 为该时期内迁出人数，那么

$$P_1=P_0+(B-D)+(I-E)$$

以 1 岁那一组的封闭人口预测为例，人口预测的这种队列要素法可以用图 11 来显示。

图 11 中的队列要素预测过程可以通过下列三个方程来表示。

1 岁及以上人口：

$$_nP^s_{x+n,t+n}={}_nP^s_{x,t}\left(\frac{_nL^s_{x+n,t}}{_nL^s_{x,t}}\right)+{}_nM^s_{x+n,t,+n} \tag{1}$$

0 岁人口：

$$_nP^s_{0,t+n}={}_nB^s_t\left(\frac{_nL^s_{0,t}}{_nl^s_0}\right)+{}_nM^s_{0,t+n} \tag{2}$$

出生人口：

$$_nB_t=n\sum{}_nF_{x,t}\times\left(\frac{_nP^f_{x,t}+{}_nP^f_{x,t+n}}{2}\right) \tag{3}$$

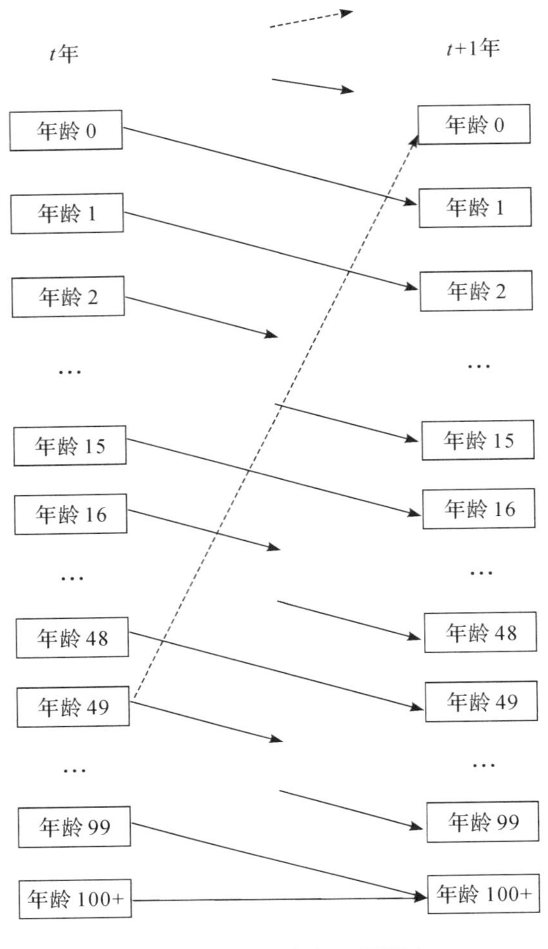

图 11 队列要素人口预测法

式中:P 表示人口;s 表示性别;M 表示净迁移;B 表示出生;n 表示年龄组组距(通常是 1 岁或 5 岁);t 表示时间(年);F 表示生育率;f 表示女性;l 表示生命,表尚存人数;L 表示生命,表生存人年数;x 表示年龄。另外,在方程(3) 中的总出生人数需要按照假设的出生性别比分解为男婴数和女婴数。

(二)预测参数设定及调整

1. 总体预测方案设计

地区人口规模增长主要受到出生、死亡、迁移三个因素的影响,在全面二孩政策的大背景下,出生和迁移将会是影响浙江省农村未来的人口发展趋势的最主要因素。因此本研究设计了三组方案考察两种因素下的人口发展趋势。

首先,基于生育水平的不同,本研究设计了高、中、低三种方案,简要介绍不同生育率情境下浙江省农村人口的变化情况。其次,不考虑省内农村—城市之间的人口迁移,基于假设迁移率的不同，本研究设计了高、中、低三种方案介绍不考虑省内迁移的不同迁移率情境下浙江省农村人口的变化情况。最后，考虑到省内乡城之间的人口城市化过程，基于假设迁移率的不同，本研究也设计了高、中、低三种方案介绍考虑省内城市化过程中的不同迁移率情境下浙江省农村人口的变化情况。(见表 1)

表 1　迁移率—生育率的总方案设计

方案设计		高峰 TFR	稳定 TFR	净流出人口数 不考虑城乡迁移 /万人	净流出人口数 考虑城乡迁移 /万人
迁移率中方案	生育率低方案	2.0	1.7	11	17
	生育率中方案	2.2	1.9	11	17
	生育率高方案	2.4	2.1	11	17
迁移率低方案	生育率中方案	2.4	1.9	3	5
迁移率高方案	生育率中方案	2.2	1.9	18	26

2. 起始年份人口数

本预测采用第六次全国人口普查(以下简称六普)中浙江省农业劳动力人口数作为起始年份人口数，起始年份人口的年龄性别分布如图 12 所示。

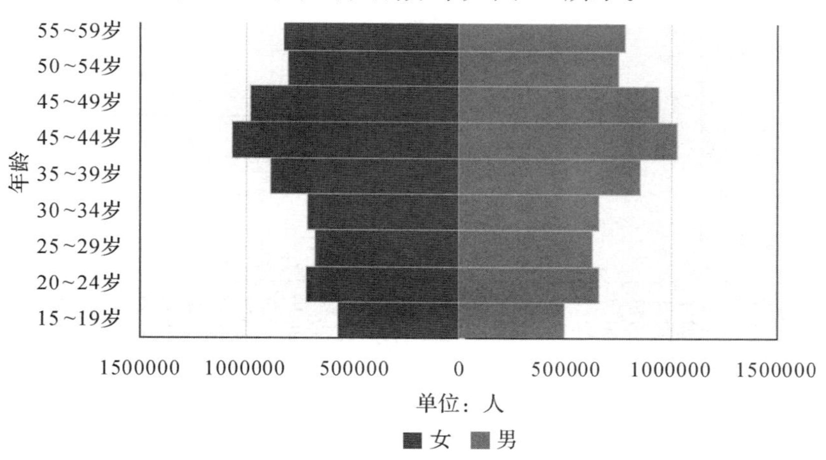

图 12　2010 年浙江省农村人口金字塔

3. 平均预期寿命

利用六普分年龄、性别、死亡数据计算浙江省农村人口分性别平均预期寿命作为预测起始年份平均预期寿命，而平均预期寿命的变化速度会随着经济社会的发展而改变，因此需要对平均预期寿命的变动进行调整。全国平均预期寿命从 2005 年的 72.95 岁增长到 2015 年的 76.34 岁，大约每 10 年增长 3 岁。按此规律假定浙江省农村人口 2010—

2020 年平均预期寿命每年增长 0.15 岁,2020—2035 年速度放缓为每年增长 0.1 岁。

4. 死亡模式

本预测采用寇尔—德曼区域模型生命表中的西区模式,该模式具有通用型的特点,在人口预测中被广泛使用。

5. 总和生育率

浙江省农村人口六普的总和生育率为 1.178。翟振武、陈佳鞠和李龙 2016 年以既定出生人数为目标"打靶"计算得 2010 年全国总和生育率为 1.496,而六普原始数据计算的总和生育率为 1.18,漏报率近似为 27%。在此基础上,考虑浙江省对人口登记、管理工作的高度重视,认为浙江省农村人口漏报率应略低于全国,因此将浙江省农村人口的总和生育率(直接推算为 1.178)按照 25%漏报率进行调整(调整后为 1.47)。

按照翟振武的推算结果显示,全面二孩政策出生堆积释放大约历时 5 年,总和生育率会从大约 1.2 最高上升到更替水平(2.1 左右),最后降至大约 1.8 的水平。总和生育率设定高、中、低三种方案,考虑到普查的出生漏报因素,在第六次人口普查年龄别生育率计算得的总和生育率基础上进行调整,得到起始年份的总和生育率。本研究按照翟振武的推算结果,等比例对浙江省农村人口未来的总和生育率进行调整,调整前和调整后的总和生育率如图 13 所示。

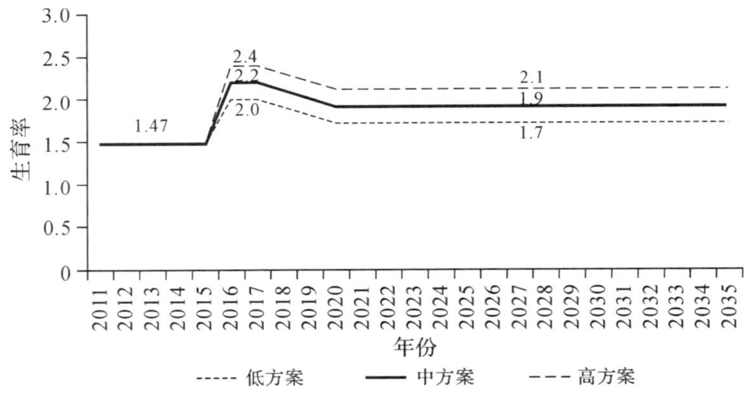

图 13 2011—2035 年浙江省农村总和生育率

6. 年龄别生育率

由于生育模式对人口总数的预测影响并不十分显著,因此本预测以六普的年龄别生育率为基础,之后的年龄别生育率按照调整后的总和生育率等比例扩大,即假定生育模式不变(见图 14)。

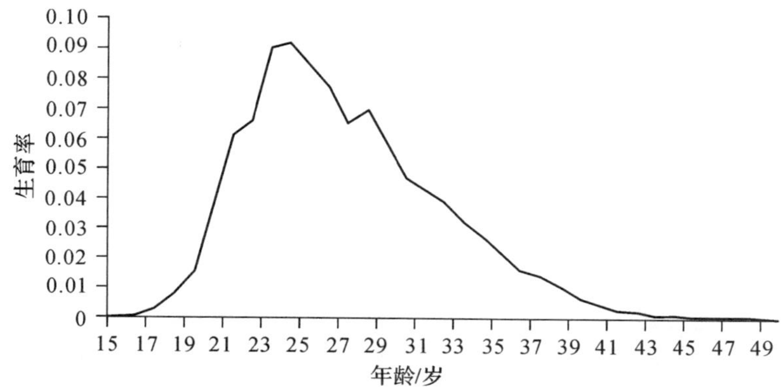

图 14　浙江省农村育龄妇女生育模式

7. 净流出人数

以 2006—2010 年的《浙江省统计年鉴》以及《统计公报》中的年底常住农业劳动力人口数(A)、人口自然增加(B)和减少数(C)为基准，设计高、中、低三种净迁移方案。以不考虑农村人口流向省内城市为例，浙江省农村人口的净流出人数为(本年 A－2017 年 A＋本年 B－本年 C)。2006—2010 年浙江省农业劳动力净流出最高规模约 18.04 万人，作为高迁移率方案；净流出最低规模约为 3.17 万人，作为低迁移率方案；五年平均每年净流出 11.248 万人左右(2006—2010 年净流出人口数的平均值)，作为净迁移率中方案。考虑省内流动的高、中、低迁移率计算方法同上(详见表 2)。

表 2　浙江省农村 2006—2010 年净迁移人口　　单位：人

年份	省外净迁移	省内净迁移	总净迁移
2006	－180400	－79376	－259776
2007	－90500	－35590	－126090
2008	－158400	－96171	－254571
2009	－101400	－48587	－149987
2010	－31700	－20087	－51787

8. 年龄别迁移模式

本研究利用 2017 年流动人口动态监测的数据得到全国流动人口年龄结构，浙江省农村人口迁移流动年龄模式符合全国规律，因此将其作为浙江省农村净流出人口年龄结构的替代数据，并假定在预测期间保持不变(见图 15)。

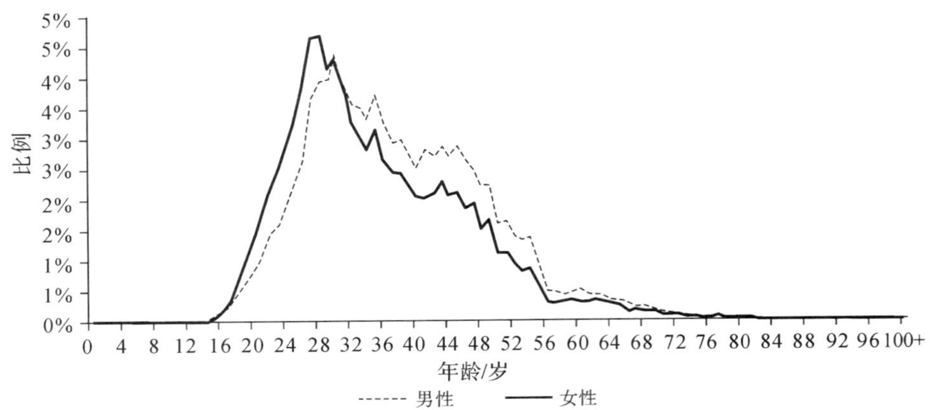

图 15 浙江省农村流出人口年龄结构

(三)预测结果及分析

1. 人口自然变动对浙江省未来农村人口规模的影响较小

人口粗出生率在二胎积累生育意愿释放以后开始逐渐下降,2020 年后将趋于平稳,生育因素对未来浙江省农村人口增长的影响是有限的。预计浙江省农村粗出生率峰值将达到 12‰,之后保持在 7.88‰~9‰。受人口老龄化的影响,死亡率呈现较为平稳的增长趋势,到 2019 年左右超过出生率,2020 年将超过 10‰(见图 16)。

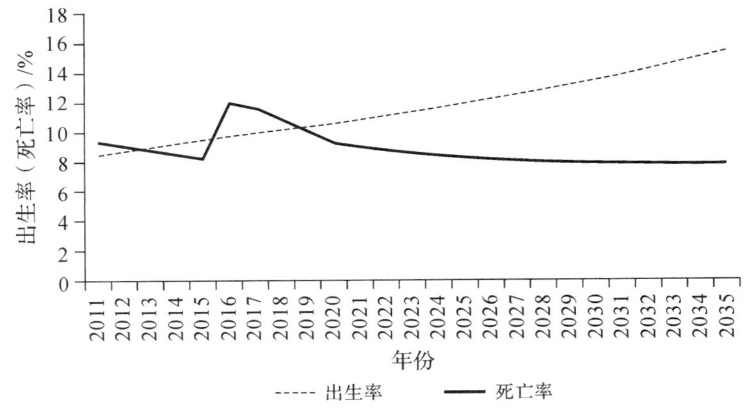

图 16 浙江省农村 2010—2035 年人口自然变动

从出生人数来看,在全面二孩政策影响下,2010—2020 年间出现一次出生高峰,理论出生最大峰值将不超过 27 万人,在二胎生育积累势能完全释放以后,每年出生人口数逐渐下降,随后将维持在每年 13 万~18 万人左右的出生规模。

假如维持在每年 11.25 万人的人口净流出情况下,全省农村人口在出生率高、中、低三种方案下都将保持一直减少的趋势。依据 2010—2016 年数据进行比照,中方案的设定更加贴近实际变动情况。按照中方案的设定,全省农村人口至 2035 年左右达到 1682

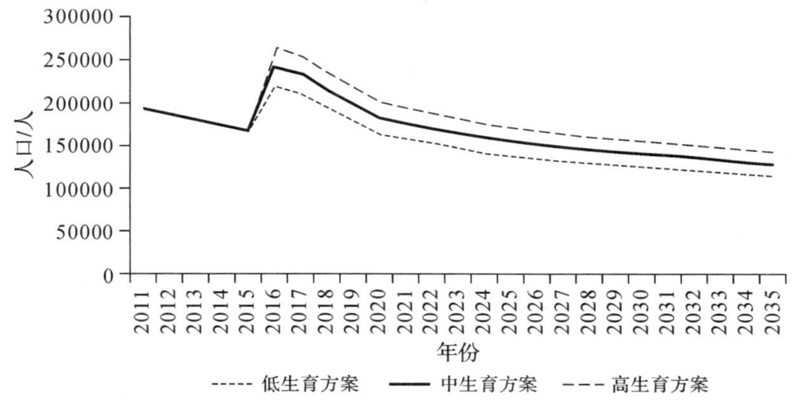

图 17　浙江省农村 2010—2035 年出生人口数

万人，相比于 2010 年下降了约 409 万人，下降比例达到 19%(见图 18)。

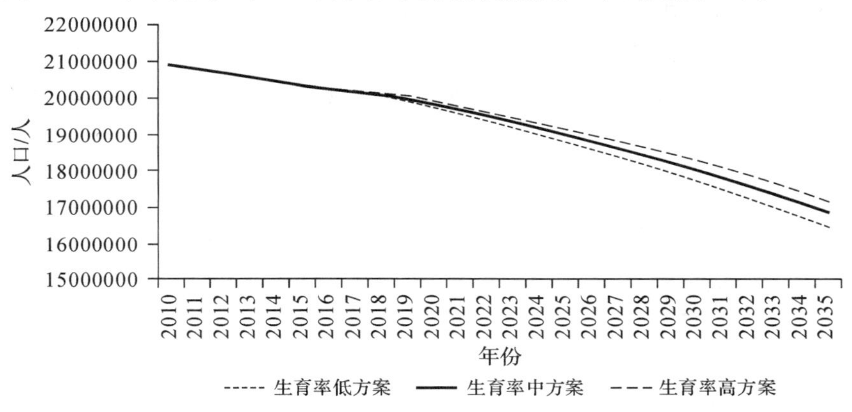

图 18　浙江省农村 2010—2035 年人口总量变动趋势(中迁移率)

2. 迁移因素对浙江省未来农村人口规模的影响较大

由上文的分析可以发现，生育因素对农村人口规模的影响有限，所以将着重分析迁移因素对浙江省农村人口规模的影响。

(1)不考虑省内迁移，浙江省农村总人口至 2035 年将下降至 1682 万人

假如维持在中方案的情况下，全省人口中长期内在迁移率高、中、低三种方案下都将保持逐渐减少的趋势。依据 2010—2016 年数据进行比照，中方案的设定更加贴近浙江农村人口的实际变动情况，按照中方案的设定，全省农村人口至 2035 年将下降到 1682 万人，下降了 19%。

(2)考虑省内城市化过程，浙江省农村总人口至 2035 年将下降至 1523 万人

上文的模拟并未考虑农村人口由省内农村迁移到城市的城市化进程。如果考虑到省内的城市化进程，同样维持在中方案的情况下，全省人口中长期内在生育率高、中、低

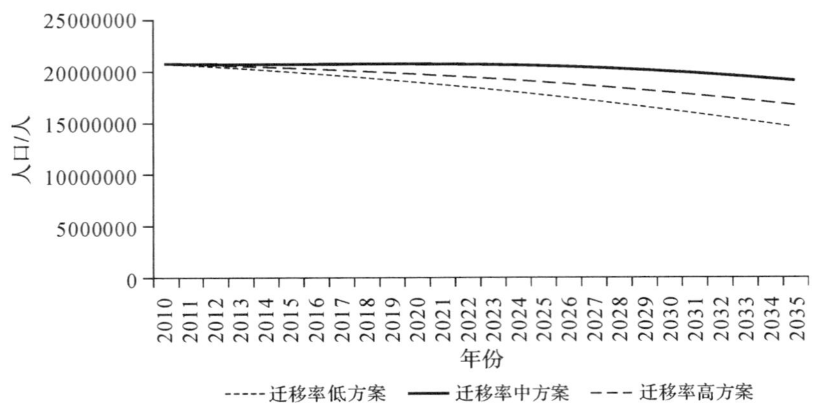

图 19 浙江省农村 2010—2035 年人口总量变动趋势(不考虑省内迁移)

三种方案下都将保持逐渐减少的趋势,并且相比于不考虑省内迁移,减少的幅度更大、速度更快。按照将省内迁移考虑在内的折中方案的设定,全省农村人口至 2035 年将下降到 1523 万人,下降了 27%,且城市化速度越快,乡—城迁移率越高,浙江省农村总人口下降幅度越大(见图 20)。

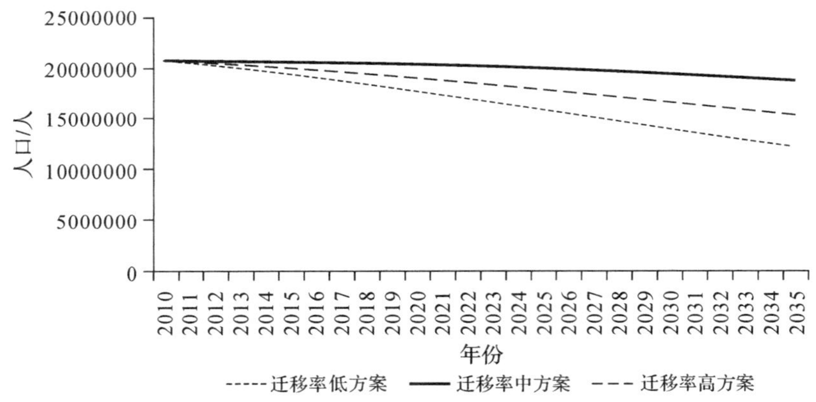

图 20 浙江省农村 2010—2035 年人口总量变动趋势(考虑省内迁移)

3. 迁移因素对浙江省未来农村人口年龄结构变动的影响较大

除了农村人口的总规模以外,本研究更关心未来农村人口年龄结构的变动,尤其是农村劳动力人口的变动情况。

(1)劳动年龄人口

未来长期内浙江省农村的劳动力规模和占比都将持续下降。在保持中方案生育率的情况下,三种迁移率假设下浙江省农业劳动力都呈现逐渐下降的变化趋势。不考虑省内迁移的折中方案下,2010—2035 年浙江省农村的 15～59 岁劳动年龄人口将以平均每年 25 万人的速度萎缩,至 2035 年将剩下 754 万劳动年龄人口(见图 21)。考虑省内迁移的情况下，萎缩速度更快，平均每年减少 30 万人，至 2035 年将剩下 639 万劳动年龄人口(见图 22)。

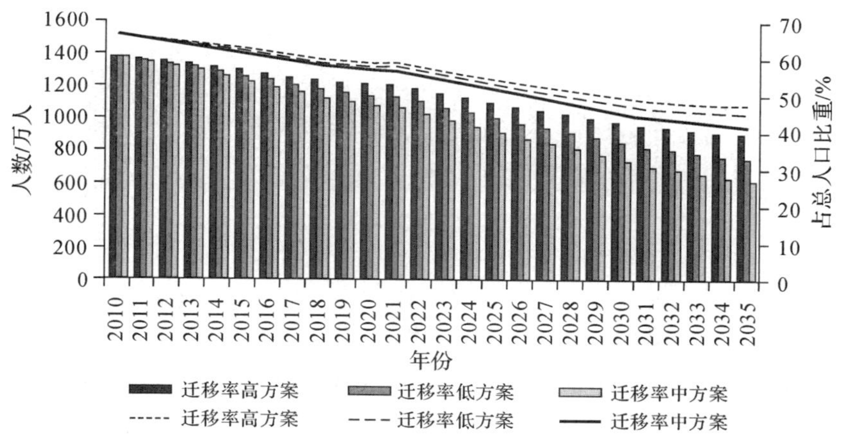

图 21　2010—2035 年浙江省农业劳动力 15～59 岁劳动年龄人口数及占比(不考虑省内迁移)

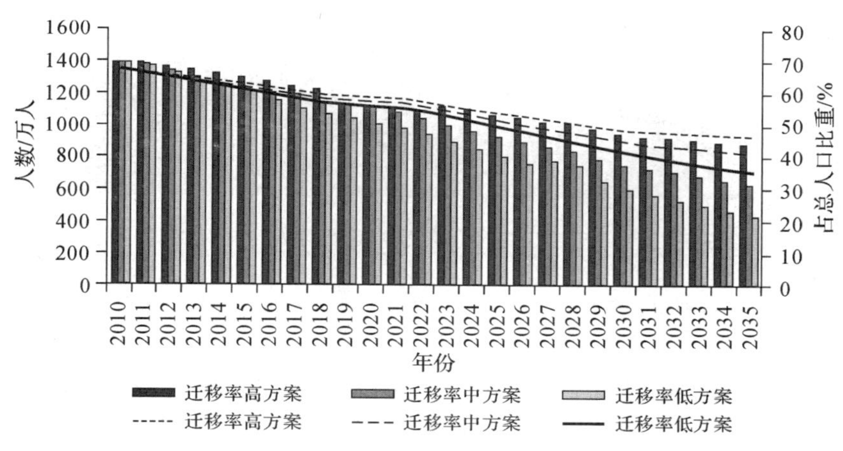

图 22　2010—2035 年浙江省农业劳动力 15～59 岁劳动年龄人口数及占比(考虑省内迁移)

(2)人口流出对人口老龄化影响

根据迁移率中方案预测结果，浙江省农村人口未来老龄化趋势将不断加剧，老年人口比重逐步上升。如果不考虑省内迁移，到 2035 年浙江省农村 60 岁以上人口规模将达到 710 万人，占农村人口比重为 42.1%(见图 23)。如果考虑省内迁移，到 2035 年浙江省农村 60 岁以上人口规模将达到 653 万人，占农村人口比重为 45.1%；65 岁及以上老年人口规模将达到 550 万人，占农村人口比重为 36.1%(见图 24)。

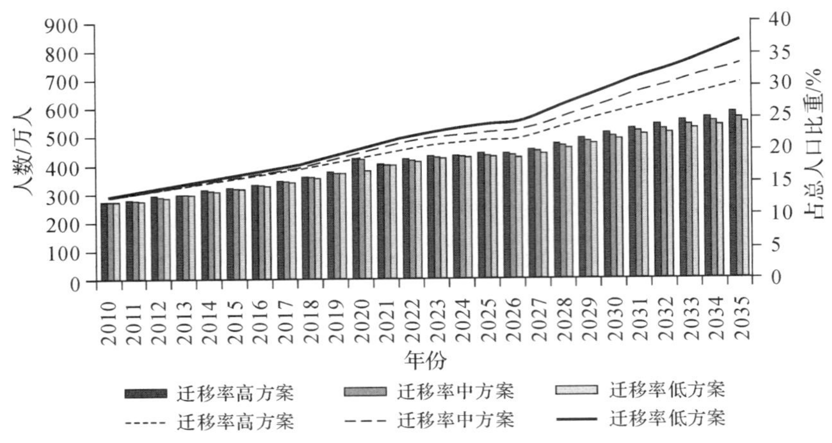

图 23　浙江省农业劳动力 2010—2035 年 60 岁及以上老年人口数量及占比（不考虑省内迁移）

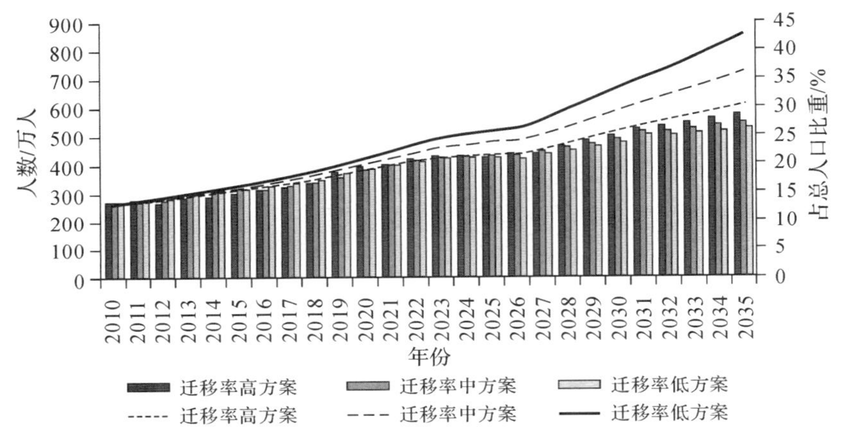

图 24　浙江省农业劳动力 2010—2035 年 60 岁及以上老年人口数量及占比（考虑省内迁移）

(3)少儿抚养比、老年人抚养比及总抚养比趋势

浙江省农村人口的少儿抚养比基本保持不变，老年抚养比和总抚养比将持续上升。如果不考虑省内迁移，到 2035 年浙江省农村人口的少儿抚养比为 22.3%，而老年抚养比将达到 61.6%，总抚养比将达到 83.9%(见图 25)。而如果考虑省内迁移，到 2035 年浙江省农村人口的少儿抚养比为 26.9%，而老年抚养比将达到 86.1%，总抚养比将达到 113.0%(见图 26)。

(四)小结

无论是在哪种研究图景之下，浙江省农村人口、特别是农村劳动力人口的发展趋势都是逐步减少的。这是生育、迁移和城市化共同作用的结果。

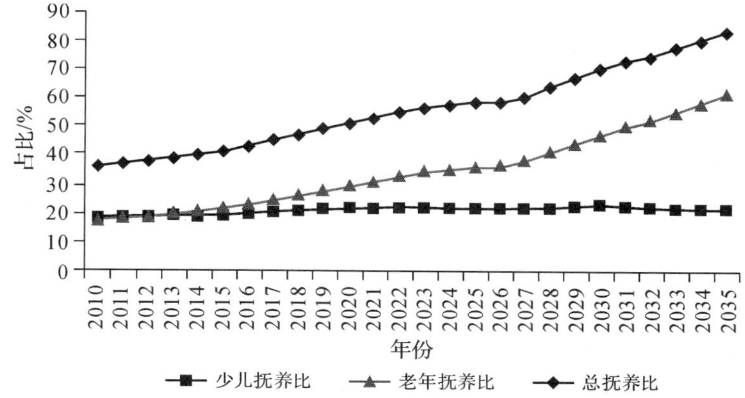

图 25　2010—2035 年浙江省农村人口抚养比变化趋势(不考虑省内迁移)

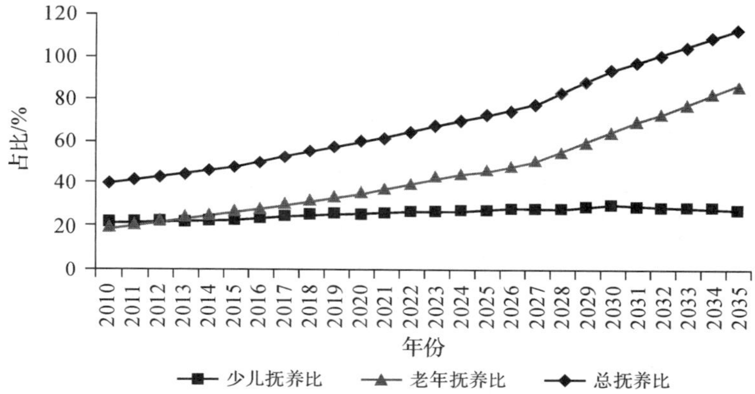

图 26　2010—2035 年浙江省农村人口抚养比变化趋势(考虑省内迁移)

首先,持续多年的生育率维持在更替水平之下,使农村总人口和农村劳动年龄人口的规模都呈现出持续下降的趋势,即使是生育政策的调整,也无法在短期内影响农村总人口和农村劳动年龄人口的规模。人口自然变动对农村总人口和农村劳动年龄人口的规模的影响已经十分有限。

其次,迁移因素对农村人口、特别是农村劳动力人口规模和结构的影响都非常大。未来长期内浙江省农村的劳动力规模和占比都将迎来持续下降。在中方案生育率和中方案迁移率且不考虑省内城市化影响的情况下,2010—2035 年浙江省农村的 16～59 岁劳动年龄人口将以平均每年 25 万人的速度萎缩,从 2010 年的 1381 万降至 2035 年的 754 万,占比从 2010 年的 67%左右下降到 2035 年的 42%左右。

最后,城市化的影响使农村劳动力减少的现象“雪上加霜”,农村劳动力规模萎缩更快,平均每年减少 30 万人,从 2010 年的 1381 万降至 2035 年的 639 万,占比从 2010 年的 67%左右下降到 2035 年的 35%左右。

三、浙江省迁移农村劳动力的结构与特征

从上一节的分析可以得知,迁移对浙江省农村劳动力人口的规模存在着巨大的影响。本节利用2017年流动人口动态监测调查的数据,对户籍地为浙江省的劳动年龄流动人口进行分析,发现63.99%的劳动年龄人口都是进行跨省流动,其中农村人口的比重高达81.78%,这说明劳动年龄人口大量流出是目前浙江省农村劳动力的一大特点。本节将流出浙江省的农村劳动力与流入浙江省的农村劳动力以及流出浙江省的非农劳动力进行比较,进一步探索迁移对浙江省农村劳动力人口的影响。

(一)农村流出劳动力基本结构

1.中青年劳动力大量流出,以男性劳动力为主

在农村流出劳动力中,男性的比例为54.43%,高于女性45.57%的占比。而依据2015年的抽样调查数据,浙江省流动劳动力中男性的比例为51.2%,女性的比例为48.8%。由此可见流出农村劳动力中男性比例更高,这说明目前浙江省农村劳动力中男性劳动力正在大量流失(见图27)。

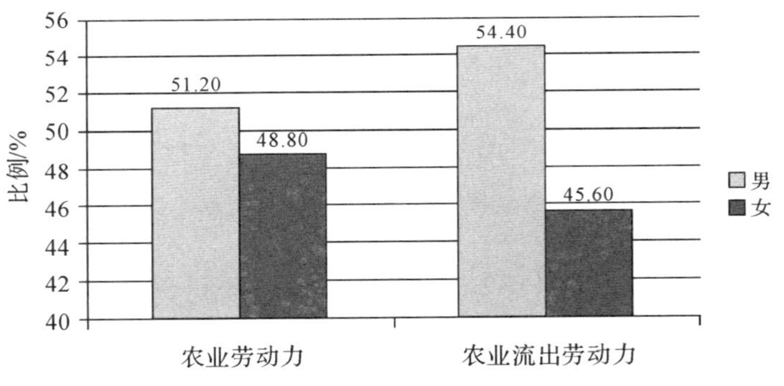

图27　农村劳动力与农村流出劳动力性别结构对比

在年龄结构上,40～49岁的农村流出劳动力所占比重最大,达34.22%,15～19岁年龄组的劳动力所占比重最小。与农村人口整体的年龄结构进行比较,发现农村流出劳动力大多是农村劳动力中的中青年劳动力,40～49岁年龄组的比例更高,年龄结构更为年轻,由此可以看出,浙江省农村劳动力较为年轻的青年劳动力大量流出(见图28)。

2.农村劳动力中受教育水平较高的人群流失

浙江省农村流出劳动力受教育程度主要集中在初中,占比为48.4%,将近一半。从农村总体结构上看,农村流出劳动力总体的教育水平在整个农村人口中处于较高的水平,初中及以上的受教育程度的比例高于农村劳动力整体的比例,这说明虽然农村流出

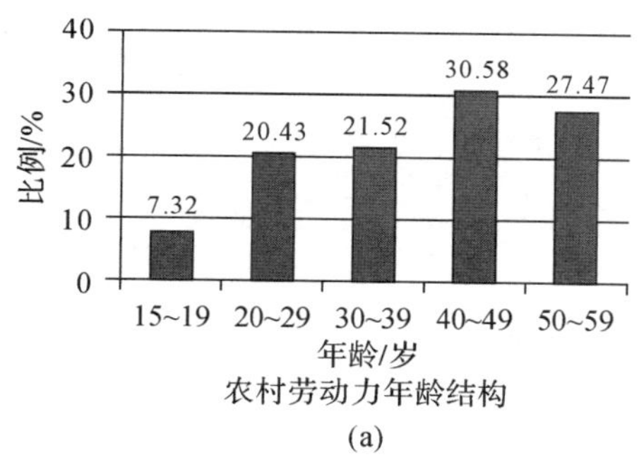

(a)

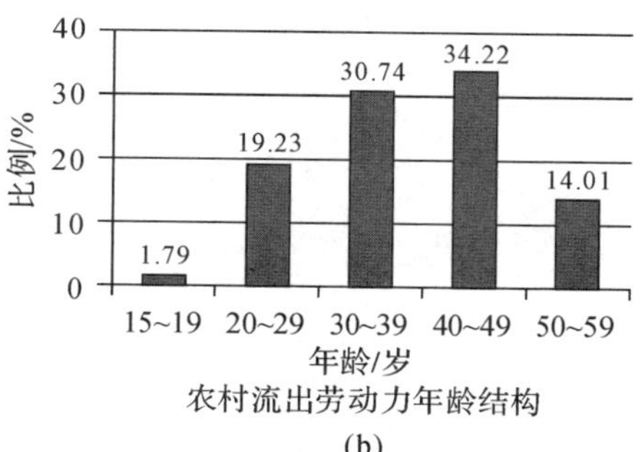

(b)

图 28　农村劳动力与农村流出劳动力年龄结构对比

劳动力的受教育程度以初中为主，但是在农业劳动力中仍处于受教育水平较高的位置（见图 29）。

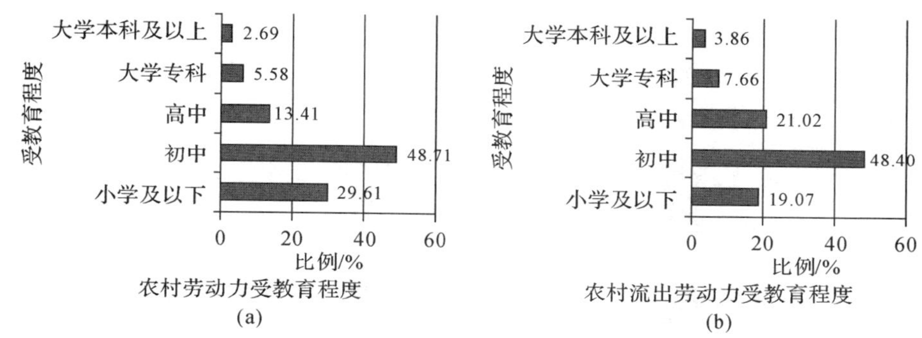

图 29　农村劳动力与农村流出劳动力受教育程度对比

3. 已婚比例较高，家庭化流动明显

农村流出劳动力婚姻状态以初婚/再婚为主，比例为 89.03%。农村流出人口的家庭规模平均为 2.3 人，在流出地的家庭户类型以主干家庭和夫妻户家庭为主，分别占 30.9%和 30.7%，家庭化流动明显。

4. 农村劳动力的主要流向是沪、苏两地

浙江省农村流出劳动力多选择周围的地区，主要流入上海市，比例为 11.35%，其次是江苏省，比例为 9.78%，由此看出农村流出劳动力主要分布在上海、江苏等邻近省份（见表 3）。

表 3　农业劳动力流出省份前六位

流入省份	百分比/%
上海	11.35
江苏	9.78
云南	6.68

续表

流入省份	百分比/%
甘肃	5.54
天津	4.89
贵州	4.89

(二)农村流出劳动力与非农流出劳动力比较

1.农村人口年龄较大,受教育程度更低

在年龄结构方面,农业流出人口的平均年龄为 39.54 岁,略高于非农业流出人口的平均年龄 38.72 岁。非农业流出人口 30～40 岁的比重最大,为 40.49%,第二是 20～30 岁的人群,比例为 24.88%。而在农村流出劳动力中,30～40 岁和 41～50 岁两个年龄组所占的比重最大,分别为 30.74%和 34.22%。由此可得农村流出劳动力较非农流出劳动力年龄结构更偏向中年化(见图 30)。

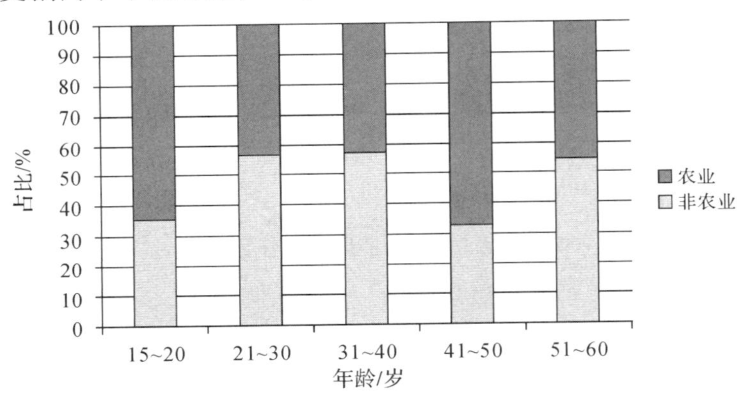

图 30　农村与非农流出劳动力年龄结构

非农业流出人口受教育水平较高。大部分劳动力为大学本科及以上的学历,比例为 33.17%。而农村流出人口的受教育程度则以初中为主,高学历人才比例较低。这说明非农流出人口整体素质高于农村流出人口(见图 31)。

2.流动原因不一致,农业人口流动时长更长

农村流出人口本次流动时长平均为 8.2 年,略长于非农流出人口平均流动时长 7.3 年,可能是农村和非农流出人口流动原因不同所导致。非农流出人口的主要流动原因是为了务工/工作,比例为 31.17%,而农村流出人口的最主要流动原因则是经商,为 62.95%(见表 4)。

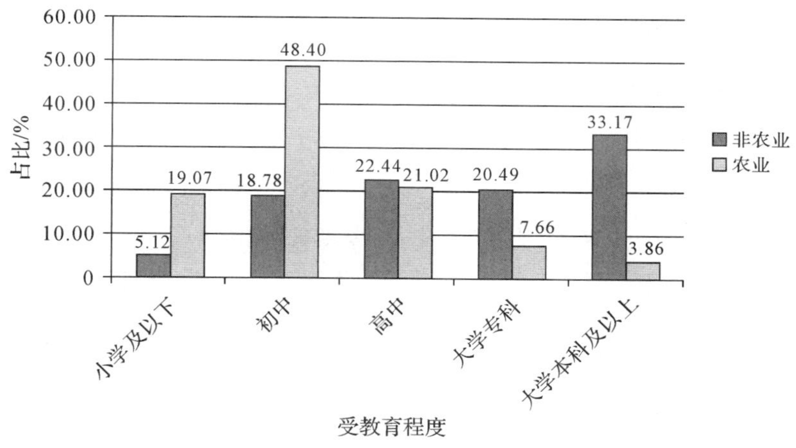

图 31　农村与非农流出劳动力受教育程度

表 4　农村与非农人口流动原因占比　　单位：%

原因	务工/工作	经商	家属随迁	婚姻嫁娶	拆迁搬家	投靠亲友
非农	49.02	31.71	7.8	3.17	0.98	0.98
农村	27.32	62.95	6.25	1.03	0.33	0.38

原因	出生	异地养老	其他	照顾自家老人	照顾自家小孩
非农	0.49	0.98	1.46	0.24	3.17
农村	0.27	0.05	0.11	0.16	1.14

大部分非农业流出人口流出原因为务工/工作与其受教育水平有关。因为非农业流出人口的受教育水平高，所以外出流动往往会选择有固定雇用劳动合同的工作，比例高达 52.89%。而农村流出人口的受教育水平相比较而言偏低，大多选择外出经商，选择自营劳动者的身份，比例为 61.52%(见图 32)。

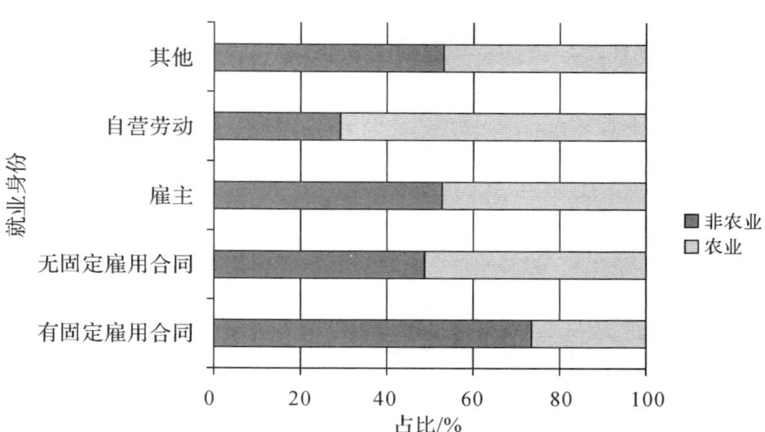

图 32　农村与非农流出劳动力就业身份

3. 从事行业不同,收入差距显著

非农和农村流出劳动力从事最多的职业是经商,比例分别为 39.02%和 66.79%,而非农流出劳动力因为受教育水平较高,在专业技术人员中也占有不小的比例,比例为 22.54%(见表 5)。

表 5　农村与非农人口从事职业前六位

非农		农村	
职业	百分比/%	职业	百分比/%
经商	39.02	经商	66.79
专业技术人员	22.54	其他商业	9.52
其他商业	11.27	餐饮	5.45
餐饮	6.07	专业技术人员	3.23
建筑业	4.34	生产	2.75
公务员	4.05	其他	1.8

非农和农村流出劳动力从事行业也有所不同。非农主要从事批发零售业,其比例为 30.64%,其次是建筑业,比例为 8.67%。农村流出劳动力从事批发零售业的比例最大,为 53.98%;其次是纺织服装业,比例为 7.0%(见表 6)。

表 6　农村与非农人口从事行业前六位

非农		农村	
职业	百分比/%	职业	百分比/%
批发零售	30.64	批发零售	53.98
建筑	8.67	纺织服装	7.00
住宿餐饮	7.80	住宿餐饮	6.70
计算机及通信电子设备制造	5.20	居民服务	6.70
其他制造	4.91	建筑	4.19
纺织服装	4.05	食品加工	3.65

非农和农村流出劳动力从事不同的职业和行业,使其收入有较大的差距。非农流出劳动力的月平均收入为 15525.98 元,远高于农村流出劳动力的月平均收入 9561.49 元。收入不同,其住房条件也不同。大部分非农业流出劳动力是自购商品房,比例为 52.2%,其次是租住私房,比例为 36.1%。而农村流出劳动力主要是租住私房,比例达 58.28%,自购商品房的比例较低,为 26.83%。

4.农村人口在家乡遇到一定困难,返乡意愿弱

不论是非农还是农村流出劳动力,都具有较弱返乡意愿,其比例分别为98.01%和95.71%。而在有返乡意愿的少部分人中,农村流出劳动力多是需要照顾老人,比例为20.97%,非农流出劳动力则是因为年龄太大,比例为42.86%。

而在大部分选择留在外省的人群中,非农和农村流出劳动力都是为了个人的发展,比例为25.8%和26.16%,其次为了子女有更好的教育机会,比例分别是18.26%和15.25%。收入水平也是重要的原因之一,其比例为12.75%和12.21%(见图33)。

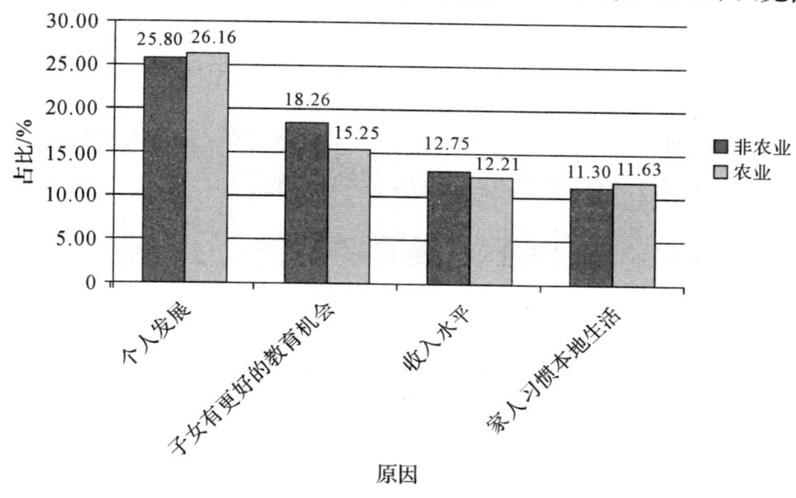

图33 农村与非农流出劳动力留在外省原因

此外,流出的劳动力在家乡仍有一定的困难,农村人口的比例为31.83%,非农人口的比例较小,为19.27%。在家乡有困难的群体中,非农流出劳动力有赡养老人、照看子女等困难,其比例分别为65.82%和17.72%,农村流出劳动力的困难更多,除了赡养老人(68.6%)、照看子女(28.67%)之外还有缺钱治病的困难,比例为25.43%。

这说明如果浙江省当地能为其提供更好的发展机会和可观的收入水平,改善其子女的教育条件,帮助解决赡养老人以及缺钱治病等困难,将有助于吸引农村劳动力回流。

(三)农村流出劳动力与农村流入劳动力比较

1.流入人口多为青年劳动力,受教育程度更低

流入劳动力总体较为年轻,平均年龄为34.43岁,低于流出劳动力39.54岁的平均年龄。其中有35.5%的流入劳动力在20~30岁年龄组;其次是31~40岁年龄组,比例为27.36%。总体上以青壮年劳动力为主,比流出农村劳动力年龄结构更加年轻化(见图34)。

流入劳动力的受教育程度以初中及以下为主,比例为80.38%,高于流出人口的比

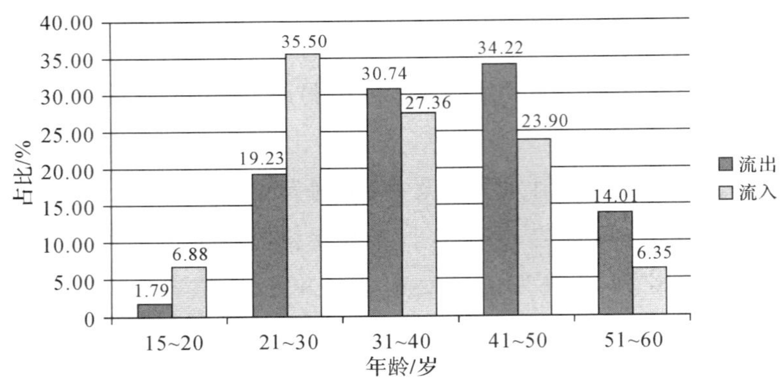

图 34　流入与流出劳动力年龄结构

例;而高学历群体比例较低,高中及以上的比例仅为 19.62%,低于流出人口 32.54%的比例。这说明流入劳动力整体素质低于流出劳动力(见图 35)。

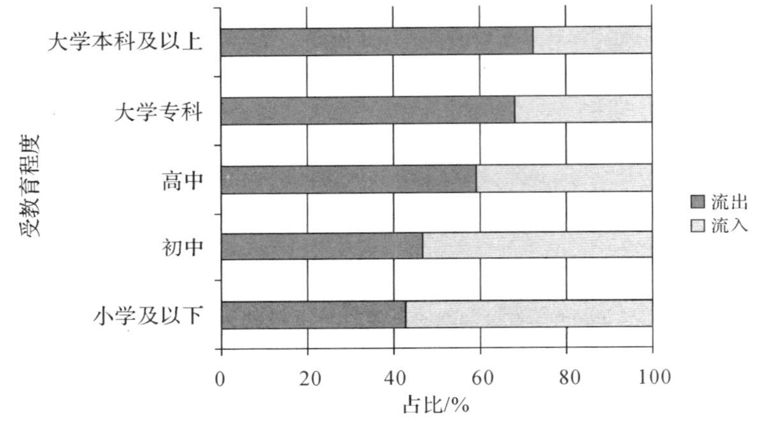

图 35　流入与流出劳动力受教育程度

2. 流入人口流动时长短,多以务工/工作为主要流动原因

流入劳动力本次流动的时长平均为 4.66 年,短于流出劳动力的平均流动时长 8.24 年,流入劳动力年龄更为年轻,因而其流动时长相较于流出劳动力更短。流入劳动力流动主要是为了务工/工作,比例达 79.53%。而流出人口以经商为主,比例为 62.95%(见表 7)。

表 7　流出与流入劳动力人口的主要流动原因

流出		流入	
原因	百分比/%	原因	百分比/%
经商	62.95	务工/工作	79.53
务工/工作	27.32	经商	14.07
家属随迁	6.25	家属随迁	3.95

3. 流出人口以经商为主,流入人口多从事生产行业,极少人从事农业生产

从行业和职业分布来看,流入人口和流出人口也存在一定差异。在行业方面,流入劳动力多分布于其他制造业,比例为22.17%,流出劳动力多分布于批发零售业,比例为53.98%。在职业方面,流入劳动力多从事生产方面的职业,其比例为40.24%,流出人口则以经商居多,比例为66.79%(见表8)。这说明流入劳动力虽然能在一定程度上补充生产行业的劳动力,但是并不能对从事商业的流出劳动力进行补充,吸引劳动力回流仍旧是有必要的。

表8　农业与非农村目前从事的职业和行业前三位

目前从事的职业				目前从事的行业			
流出		流入		流出		流入	
职业	百分比/%	职业	百分比/%	行业	百分比/%	行业	百分比/%
经商	66.79	生产	40.24	批发零售	53.98	其他制造	22.17
餐饮	5.45	经商	11.54	住宿餐饮	6.7	纺织服装	15.27
专业技术	3.23	其他商业	10.13	居民服务	6.7	批发零售	10.67

同时还可以发现,不论是流出劳动力还是流入劳动力,从事农业生产(农林牧渔)的比例少,分别为1.38%和0.43%。从事农业生产的劳动力极少,就需要政府提高相应的农业生产率,发展农业生产,才能保证农业的基础性地位。

因为流入人口和流出人口从事的职业和行业不同,其就业身份构成也不同。流入劳动力多为有固定雇用劳动合同的雇员,比例为67.44%;流出劳动者则多为自营劳动者,比例为61.52%(见图36)。

职业、行业、就业身份以及受教育程度的差异,使得流入劳动力和流出劳动力的生活水平也有所不同。就收入而言,流入劳动力的月平均收入为7816.51元,低于流出劳动力的月平均收入为9561.49元。就住房条件而言,流入劳动力和流出劳动力大多为租住私房,比例分别为57.78%和51.22%,但是有26.8%的流出劳动力有能力在流出地自购商品房,而流出人口的比例仅为2.31%。总体而言,流入劳动力相较于流出劳动力其生活水平更低。

4. 流入人口在本地长期居留意愿明显,流出人口有返乡创业意愿

在流入劳动力中,有78.04%的人有打算留在本地的意愿,他们大多是为了更好的收入水平,比例为38.74%。

在流出劳动力中,仅有3.37%的人有打算返乡的意愿,他们大多是需要照顾家中老人,比例为20.97%,其次是返乡创业,比例为19.53%。这说明返乡创业仍是部分流出

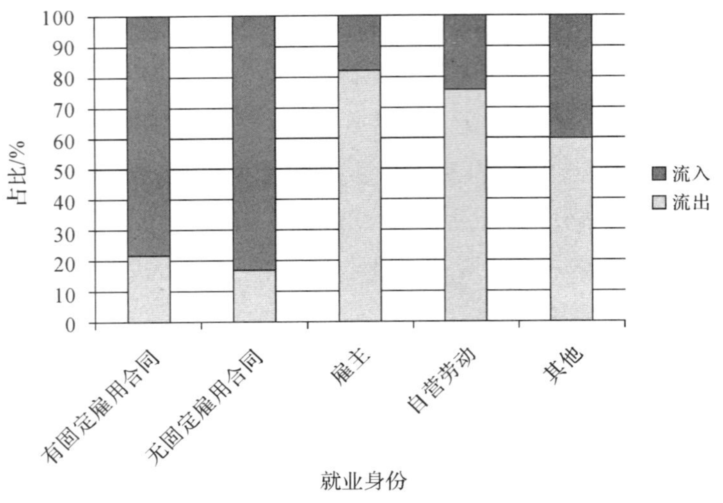

图36　流入与流出劳动力就业身份

劳动力的就业选择,政府应该提供政策偏向环境,以流出人口鼓励返乡创业。

(四)小结

本节通过对浙江省流出农村劳动力的分析,进一步考察了迁移因素对农村劳动力的年龄、受教育程度、职业行业等结构的影响。

首先,农村流出劳动力相对于农村劳动力整体而言,是一个年龄结构较为年轻、受教育水平较高的群体。所以,浙江省的农村劳动力不仅存在规模缩减的现象,更存在优质劳动力流失的脑流失(brain drain)现象。而且,这些迁移多为家庭化的迁移,存在回流意愿的群体比例比较低。

其次,将浙江省农村流出劳动力与非农流出劳动力进行对比,农村流出劳动力的回流意愿更低,回流难度更大。与非农劳动力相比,农村流出劳动力在外的流动时间更长,流动原因主要为经商的比例更高。农村流出劳动力在家乡仍有一定困难的比例更高。

最后,将流入浙江省的农村劳动力和流出浙江省的农村劳动力相比,两个群体之间存在着较大的结构性差异,外地流入农村劳动力很难起到一个补充的作用。与流出劳动力相比,流入劳动力的受教育程度更低,流动时长短、变动性大,流入后也多为从事第二、三产业的生产性活动,对农业劳动力的补充作用并不大。但是本研究也发现,流入劳动力的长期居留意愿是非常明显的,愿意回流的流出劳动力中也存在着许多返乡创业的打算,这些都能转化成促进浙江农村劳动力发展的积极因素。

四、结论和政策建议

(一)结论

当前浙江省农村已经处于老龄化社会,农业劳动力不仅规模上不断减少,劳动力内部的年龄结构也在不断老化,呈现出“老龄农村”的趋势。

本研究基于不同生育率与迁移率的参数,对未来浙江省人口进行预测,发现浙江省未来的农村劳动力呈现明显的下降趋势,老龄化也在不断加深。迁移对人口变动的影响是显著的。迁移率越高,浙江省未来的农业劳动力减少越多,老龄化进程也相应加速。如果考虑省内乡一城迁移的城市化进程影响,浙江省农业劳动力在未来会下降更明显。

除了劳动力整体规模减小的问题以外,浙江省还存在着优质劳动力流失的现象。农村流出劳动力相对于农村劳动力整体而言,是一个年龄结构较为年轻、受教育水平较高的群体。而且,这些迁移多为家庭化的迁移,存在回流意愿的群体比例比较低。而外地的流入农村劳动力很难起到一个补充的作用。与流出劳动力相比,流入劳动力的受教育程度更低,流动时长短、变动性大,流入后也多为从事第二、三产业的生产性活动,对农业劳动力的补充作用并不大。但是本研究也发现,流入劳动力的长期居留意愿是非常明显的,愿意回流的流出劳动力中也存在着许多返乡创业的打算,这些都能转化成促进浙江农村劳动力发展的积极因素。

实施乡村振兴战略是党的十九大做出的重大决策部署,是决胜全面建成小康社会、全面建设社会主义现代化国家的重大历史任务。依靠此项战略,浙江省政府应从优化经济环境和完善基本公共服务两大方面出台相应政策,解决流出劳动力面临的困难,提供更好的发展机会,以引导劳动力回流;同时出台吸引外省劳动力的政策,对流失劳动力进行一定补充。

(二)优化经济环境

1.推动农村创业,创造积极创业氛围

流出劳动力回流的原因之一是返乡创业,而在乡村振兴战略背景下,政府是影响农村创业成效的重要因素之一,有利的政府政策导向会鼓励劳动力回流创业。当地政府通过各项诸如创业项目补贴、降低税收、扩充企业融资渠道、引进专业技术人员、完善基础设施等优惠政策和政府行为,达到降低创业者的创业门槛、优化创业环境的目的。通过政策引导,推动农村创业企业经营有序发展,大力培育新型农业经营主体,依托经营权流转、股份合作、代耕代种、土地托管等多种方式,加快发展土地流转型、服务带动型等多种形式的创业经营。

2. 提高农业生产率，因地制宜发展农业

留住适量农业适龄劳动力，降低农业劳动力年龄，可以通过不同地区采取不同的农业发展措施，来积极吸引青年劳动力返乡创业，发展涉农产业。比如：西部山区可以开发休闲观光型、果园观光型农业和苗圃农业等，并以此为基础发展以农家乐为主的乡村观光旅游业，带动农业发展，促进农民增收；对于东部平原地区而言，可以发展休闲渔业、稻作农业等。政府应该给予一定的财政补贴并对大规模农业基础设施建设进行投资，大力发展“立体农业”和“绿色农业”，这样既可以增加农业产量，又可以提高农民的收益，吸引大批农民就业。此外，对于大宗粮食等农作物的耕种需要走规模化、机械化经营的道路，提高这类产业的劳动效率和效益，而对于蔬菜、水果、养殖以及农产品加工等产业，则应尽可能发展劳动密集型产业，从而更多的吸引劳动力就业。

3. 优化条件吸引青年人才，培养人才

实现乡村振兴，必须有最鲜活的力量。本文的研究发现，浙江省农村地区老龄化现象非常严重，愿意扎根乡村的年轻人越来越少。究其原因是农村地区相对落后，难以满足年轻人发展的需求。要想改变这种状况，吸引青年人才，就必须优化农村地区人才发展条件。政府通过建立高等院校合作机制、制定乡村人才引进计划、提供生活补助、优化税收政策等，引凤筑巢，把优秀青年人才引进来，把促进乡村发展的项目引进来，推动农村地区产业优化升级，让外出务工的年轻人重新回流到乡村，为乡村振兴注入最鲜活的生命力。

同时应该充分利用留守在农村的青年人才。农村地区并不缺人，农村缺的是有专业素质的人才。实现农业现代化，必须将农村地区的人口优势转化成人才优势。然而，培养乡村本土人才不是一蹴而就的，既要有短期的培训计划，也要有长期的培养机制。通过办短期培训班、分类指导、灵活设置培训内容，培养农民的专业技能。通过健全乡村人才培养机制，建立乡村人才库，长期跟进指导，综合提升乡村人员专业素养，让这批“土生土长”的人才成为乡村振兴的强大力量。

(三)完善基本公共服务

1. 提高教育水平，为劳动力子女提供更好的受教育机会

流出劳动力受教育程度低，其素质有待提升，此外其流动到外省的另一大原因就是为其子女提供更好的教育机会。这说明流出劳动力希望获得更优质的教育资源。政府应该大力培育新型职业农民，实施新型职业农民培育工程，支持新型职业农民通过弹性学制参加中高等农业职业教育，加强农村专业人才队伍建设，继续实施“三支一扶”、特岗教师计划等，组织实施高校毕业生基层成长计划，支持地方高等学校、职业院校综合利用教育培训资源，灵活设置专业(方向)，创新人才培养模式，为乡村振兴培养专业化

人才。

2. 完善医疗保障，解决流出劳动力相应困难

流出劳动力在家乡仍有赡养老人、照看子女以及缺钱治病等困难，这些问题不解决，社会将面临巨大压力，对劳动力回流也是不利的。针对这一现象，政府应当完善医疗保险制度。对于收入不稳定、流动性强的劳动力，可以在政府支持的引导下建立过渡性的医疗保险制度，通过自身缴费、社会募捐等方式形成一笔基金，解决农民工的大病统筹问题。具体医疗保障待遇的标准可以根据在当地服务时间的长短和对社会贡献的大小来确定。或者也可以在政府的引导下通过商业保险、发展社会救助事业，帮助农民工解决缺钱治病等困难。

3. 提高农村老年人社会养老福利

提高农村老年人社会养老福利，减少老年人的劳动年限。当前城镇退休老年人养老都面临重重困境，在农村社会福利不够健全也很难健全的情况下，在农村推行土地流转承包经营，发展规模农业、现代农业和商品农业，让老年人放弃土地经营，意味着他们将无钱养老。对浙江省而言，必须克服经济危机的严峻冲击，采取有效措施，确保民营经济健康发展，以此带动乡村经济社会的繁荣，构建经济繁荣、环境优美、生活舒适的社会主义新农村，化解农村养老困境。

(四)促进流入劳动力社会融合

1. 促进流入人口市民化

在浙江省劳动力中，流入劳动力占有很大的比重，对于流出劳动力有一定补充作用，但是本地居民与农业流动劳动力群体之间仍存在资源分配不均衡的问题。相对于本地居民，农业流动劳动力处于明显弱势地位，地方政府需要通过完善组织、提升服务促进农业转移人口市民化。其重点是“以社区为主体、以服务为导向建立城市农业转移人口管理新模式”，将进城农业流动劳动力视为城市的一员，纳入社区服务和管理之中，给予他们平等的待遇，保障他们合法的权益。同时，社区和社会组织应增加社区活动的多样性，积极开展多种多样的社区服务，提高他们的社区参与度，引导他们积极参与社区建设，增强对城市的认同感和归属感，促进社会融入。

2. 城乡二元结构向城乡协同过渡

城乡二元结构应向城乡协同过渡，为劳动力的自由流动提供可行通道。晚清以前的中国城市与乡村，并没有很清晰的差距。现行体制下，必须提升乡村的经济、社会和文化功能，实现城乡的均衡发展，才有可能吸引劳动力的回流。政府要加大对乡村的扶持力度，通过乡镇的带动作用，避免大城市的发展弊端，均衡城乡公共资源。同时，对体制

和制度进行合理设计，确保从乡村走出的精英群体能够为乡村的经济、文化的繁荣出财献智。

课题组成员：杨　凡　潘　越　陆梦娟

统筹城乡人才资源　优化乡村人才配置

□　嘉兴市乡村振兴办、中共嘉兴市委组织部课题组

实施乡村振兴战略，是党的十九大做出的重大决策部署，是新时代做好“三农”工作的总抓手。习近平总书记强调，实施乡村振兴战略关键在于着力推进“五个振兴”，即乡村产业振兴、人才振兴、文化振兴、生态振兴和组织振兴。要推动乡村人才振兴，把人才资本开发放在首要位置，强化乡村振兴人才支撑。根据浙江省委组织部的统一部署和安排，嘉兴市成立以市委常委、组织部长连小敏为组长的课题组，开展了“统筹城乡人才资源、优化农村人才配置”调研，较为全面地总结了近年来工作推进情况和主要模式，深入分析了存在的主要问题，提出了相应的对策建议。

一、嘉兴统筹城乡人才资源、优化乡村人才配置的重要意义

近年来，随着城乡一体化的推进，城市资本、技术、人才下乡进程的加快，城乡要素流动逐步由过去的“乡—城”单向流动向“乡—城”和“城—乡”双向互动转变。统筹城乡人才资源、优化乡村人才配置，对于强化农业农村发展人才支撑，加快推进乡村振兴具有十分重要的意义。

（一）统筹城乡人才资源、优化乡村人才配置是深化农村改革、推进乡村振兴的关键环节

在城乡加速融合、城乡一体化快速推进的大背景下，深化农村改革，其主要目标是建立城乡融合的体制机制和政策体系，全面推动“三农”发展质量变革、效率变革、动力变革，其核心在于建立城乡共享、合理流动、优化配置的资源要素配置机制。乡村振兴需要的要素资源主要有资金、土地、人才等，人力资源作为一种资本，已成为最有效的链接创新、竞争力和经济增长的关键纽带。人才的流动可以有效带动资金、技术等要素的流动，

可以更好发挥资金、土地的效能，乡村人才队伍稳定，有序更新、精准供给，农业才能更有竞争力，农村才能长期兴旺发达。

(二)统筹城乡人才资源、优化乡村人才配置是提高人才使用效益、解决城乡发展不平衡不充分的重要举措

人才只有按照一定走向合理流动，才能优化配置，产生活力，提高效益。长期以来，由于城乡二元结构的存在，总体上农村人才队伍总量不足、结构不优、素质不高、机制不活，而城市人才相对数量充足、质量较高、结构多元，只要进一步畅通智力、技术、管理"下乡"通道，充分放大和承接城市人才的人脉、资金、研学、管理、信息渠道等优势，就能造就更多乡村人才，既可以让农村迫切需要的人才进村入户，做到事有人为，又可以让人才在农村广阔天地大施所能、大展才华、大显身手，做到人尽其才。

(三)统筹城乡人才资源、优化乡村人才配置是培育农村新型人才、扩充乡村振兴人才队伍的有效途径。

虽然嘉兴统筹城乡发展水平位于全省首位，但是城乡之间还是具有一定的差距的，特别是医疗、教育、卫生等城乡公共服务水平、创业创新环境差别，导致大部分农村学生学成之后返乡工作的生源较少，青壮年人口大量外出务工，年复一年，农村中的优秀人才越来越少。当前的现实是"70 后不愿种田，80 后不会种田，90 后不谈种田""老人农业"现象严重。比如，"十二五"以来，全市农业从业人员从 33.87 万人减少到 26.3 万人，老人、妇女成为农业生产的主要力量，农村面临的最大问题也是缺乏人才保障，教育、卫生、科技和基层干部不同程度面临人才断层的困境。通过城乡人才资源统筹和优化配置，一方面加快城市人才向农村的流动，另一方面可以通过人才的传帮带，加快农村人才的成长。

二、嘉兴统筹城乡人才资源、优化乡村人才配置的主要模式

近年来，嘉兴市认真学习贯彻习近平总书记人才工作的重要思想，坚持党管人才原则，大力实施人才强市战略，牢固树立"乡村振兴、人才先行"理念，把引育人才和发挥人才作用纳入推进城乡统筹发展的全局通盘考虑，加快人才队伍建设与农业农村经济社会发展相互促进、良性发展。目前，嘉兴统筹城乡人才资源、优化乡村人才配置的主要模式有以下几种。

一是"政策引导"型。通过制定人才发展规划、实施人才工程、出台扶持奖励政策、调整人事管理制度等举措，强化对各类人才参与乡村振兴的政策资助，引导广大人才投身乡村振兴。比如，在实施"创新嘉兴·精英引领计划"中，注重加强对现代农业和农业类项目的遴选，对创业人才项目最高给予 500 万元资助，并给予子女入学、购房补助等方面

的政策优惠。又如，在教育领域，大力推动政策向镇村学校倾斜，明确城镇义务教育中小学教师在评聘中、高级教师职称（职务）时，须有在农村、欠发达地区和薄弱学校全职任教（支教）1年以上的经历。在卫计人才方面，明确在城乡社区卫生服务机构工作的医师、护师，可提前1年参加中级技术资格的考试。

二是"定向培养"型。以县（市、区）为单位，每年统筹制订定向培养招生计划，针对农村紧缺的基层农技人员、基层医疗人员等，按照"先填志愿、择优选拔、后签协议"的原则，从大学生中择优进行定向培养，实行招生与基层机构公开招聘工作人员并轨进行，在校期间的学费、住宿费等费用由定向培养用人的县（市、区）财政承担，纳入事业编制。据初步统计，近年来全市通过定向招生，累计培养基层农技人员92人（含在校）、基层医疗人员500余人（含在校）。

三是"组织选派"型。通过组织选派，抽调城市人才到农村交流任职，充实基层人才力量，带动基层人才开发和工作推进。比如，连续五年选派"一员三师"（助创专员、律师、会计师、税务师）创业助理进驻领军人才企业开展"一对一"服务。从2015年开始，全市从市、县（市、区）机关优秀年轻干部、后备干部等群体中，选派"第一书记"到党组织软弱落后村、集体经济薄弱村和新农村建设示范村等任职。2018年开始，全市向年经常性收入100万元以下的村下派"第一书记"，实现"全覆盖"，累计选派152名"第一书记"到村任职。在全市范围全面推进教师校长轮岗交流工作，2017年全市义务教育学校符合条件交流人数5633人，实际参与交流1076人，占比19.10%。其中骨干教师交流301人，校长交流103人。

四是"筑巢引凤"型。在重点提升秀洲国家高新区、嘉兴科技城、平湖张江长三角科技城、海宁鹃湖国际科技城以及中国归谷嘉善科技园、上海交大科技园、嘉兴智慧产业创新园等人才平台承载力的同时，强化农业科技园区、"星创天地"、青年创业创新基地、"农村电商创业孵化园"等特色平台建设，引导有志于自主创业的人才进入园区基地。目前，全市共有1家国家级农业科技园区，国家级"星创天地"2家、省级4家、市级7家。建立了"1+7+N"青年创业园区体系，市级有青创中心，县（市、区）有青年创业园区，镇（街道）有青年创业园区或孵化基地，共认定农村电商创业基地91家，大学生创业园20家。通过各类平台建设，引进农村创业创新人才6000余人。

五是"载体共建"型。实施城市医院、学校、图书馆等与农村机构建立共同体，搭建上下贯通、资源共享、优势互补、共同发展的服务载体，推动人才下乡与基层人员培养提升。比如，探索上下级医疗机构"全面托管、重点托管、专科合作、医疗联合体、县域医共体"等五种形式的合作，全市所有县（市）与浙江医院、省人民医院、省妇产科医院、省立同德医院等省级医院建立全面托管或重点托管合作办医。每年高级专家下乡达到600余人次，组织基层医疗人员到省级以上医院挂职交流每年接近100人次。又如，开展名校集团化办学,组建“城乡学校共同体”,以城带乡、以强带弱等模式,实现区域教育人才资源的优化配置,已建城乡共同体(含教育联盟)62个,涉及学校206所。

六是“校(院)地合作”型。深化与浙江清华长三角研究院、浙江中科院应用技术研究所、北京大学、同济大学、上海大学、浙江大学等的校(院)地合作,依托大院名校的人才资源,服务乡村发展。比如,农业领域,与浙江大学、浙江农林大学等签订市校合作协议,引进高校的高素质人才,协作进行课题研究,促进成果转化,破解现代农业农村发展难题,实施“市校合作”项目70余个。科技领域,从大专院校、科研单位或农技部门,先后七批抽调科技特派员500余名进村入社,开展技术培训、实施科技项目、建立产业示范基地。

七是“市场配置”型。充分发挥市场在人才资源配置中的决定性作用,促进人才资源在城乡间的自由流动。比如,强化招才引智工作,精心筛选一批重点招商引智项目,积极引进产业发展类和经营管理类人才。截至2017年年底,全市农业科技园区农业企业已有205家,其中省级科技企业29家,省级研发中心14家,拥有专业技术人才270余人。又如,对农村所需的专业类人才采取政府购买服务的方式,给全市874个行政村全部配备法律顾问,按每村每名律师每年法律顾问费不低于2500元列入同级财政预算,在全国率先创建“一村一法律顾问”的农村法律顾问体系。

八是“活动帮扶”型。通过不定期组织和结合相应的主题活动,比如群众路线教育、创先争优活动等,引导机关干部下基层、走企业、联人才、访群众、问冷暖,服务农村、服务农民、服务农业。比如,近期,市委正在推进“社情民意大走访、‘八八战略’大宣讲、思想观念大解放”活动,全体机关党员干部编入“网格”进村、进企、进农户开展大走访,摸清群众的真实愿望、摸清人才的现状、摸清农村的发展困难瓶颈,进而统筹市、县、镇、村四级资源,加以解决。

三、存在的主要问题

2018年中央一号文件指出,“实施乡村振兴战略,必须破解人才瓶颈制约。要把人力资本开发放在首要位置,畅通智力、技术,管理下乡通道,造就更多乡土人才,聚天下人才而用之”。对照这一要求,嘉兴统筹城乡人才资源开发工作还存在许多不足与问题。

(一)思想认识上还有待提高

就党委政府而言,对于人才支撑乡村振兴的认识需要进一步提升,要加大精力、财力投入的力度。目前一个普遍的现象,就是招引高端人才往往更加重视高新信息技术企业、医疗科技等领域,往往忽视了农业领军人才。比如,“创新嘉兴·精英引领计划”已经遴选了900多个人才项目中,但农业类的只有16个,国家、省级的重大人才工程中农业人才的比例也不高。就社会公众而言,老百姓的城市情节还是比较普遍,对到农业农村创业的就业意愿还不是很强，即使有想法和意愿，往往也缺乏长期扎根农村的思想准备和行动准备。

（二）人才总量不足与结构不合理的问题较为突出

从总体上看，嘉兴市各类专业人才向农村流动的导向还需要加强，农村人才还处于净流出状态。在全市175万农村劳动力资源中，农村实用人才的数量只有8.69万人，占比不到5%。据不完全统计，在全市千余家专业合作社和家庭农场从事农业生产的大学生仅有128人。从结构上看，农村人才存在着类型单一、文化偏低、年龄老化的现象，农业科技类领创人才短缺，社会管理类、综合服务类人才不足。农村学校专业教师紧缺，基层医疗卫生人才队伍结构老龄化和低技术职称问题比较明显。

（三）城乡人才统筹机制尚须进一步完善

乡村振兴人才引领不够有力的问题，表面上看是市场、金融、政治、法律、社会的“投影”，背后是体制、机制、政策、执行力、影响力、领导力综合影响的结果。

一是联动推进机制不完善。农村人才涉及方方面面，涉及众多的行业主管部门，目前各领域各条线人才资源统筹，更多的是“单兵作战”“单线作战”，全市层面联动推进的机制还需要进一步完善。

二是缺乏有效的激励机制，针对农村实用人才的优惠政策较少且力度不大，积极性难以有效调动。全市村干部队伍基本工资和待遇均纳入各级财政保障，但相较于在企业务工的同类人员以及机关事业单位在职人员，收入水平仍明显偏低，一定程度上影响了村干部干事创业的积极性和主动性。

三是市场体系建设相对滞后，协调统一的人才市场监管体系尚未真正建立，人才资源中介组织相对偏少且层次不高、服务手段单一。

四、总体思路和对策建议

人才振兴是衡量乡村振兴成色的重要标尺。在政府引导和市场力量的共同作用下，城乡发展要素双向流动，城市资本、技术、人才下乡的进程不断加快，农业农村成为投资兴业的热土，为人才支持乡村振兴提供了广阔的空间，同时也对更好地统筹城乡人才资源、优化乡村人才配置提出了更高的要求。

（一）总体思路

坚持党管人才原则，深入实施人才强农、人才强村战略，遵循社会主义市场经济规律和人才成长规律，以农业农村人才发展环境营造为基础、以人才体制机制改革为突破、以人才队伍结构优化为遵循、以人才工作市场化为导向，进一步畅通智力、技术、管理下乡通道,促进人才在城乡之间双向流动,优化配置人才资源,为打造充满江南水乡韵味和红色文化元素的乡村振兴示范地提供坚强的人才支撑、智力支撑、创新支撑。

(二)基本原则

一是坚持城乡统筹、共建共享。增强城乡统筹意识,打破城乡人才的封闭格局,把统筹城乡人才开发工作紧密融入城乡统筹发展的全过程和各环节,做到思路谋划“一盘棋”、制度设计“两相益”、工作推进“两手抓”,努力实现城乡人才统筹开发、整体推进。

二是坚持以人为本、人尽其才。充分肯定人才对于乡村振兴的基石作用,尊重人才的主体意识,加强人才管理与服务,建立发展成果人才共享机制,健全乡村振兴人才评优选拔制度,强化人才流动,推动人才资源优化配置,最大限度激发和释放人才创业创新活力,使各类人才各得其所、各尽其能、各展其长。

三是坚持市场决定、改革创新。充分发挥市场在人才资源配置中的决定性作用,深化人才发展体制机制改革,从破除制约统筹城乡人才开发的体制机制入手,从建立有利于统筹城乡人才开发与保护的政策入手,加快转变政府人才管理职能。

(三)主要措施

1. 突出一个中心,强化对统筹城乡人才资源工作的领导

坚持统筹城乡人才资源工作以服务乡村振兴为中心,加强对城乡人才整体开发工作的领导,着力构筑党委统一领导,乡村振兴领导小组办公室、市委人才办牵头抓总,人社、农经、教育、科技、文化、卫生、财政、发改等部门各司其职、协调配合的人才工作格局。设立统筹城乡人才开发专项基金,并逐年加大投入力度,用于培养城乡人才,引进紧缺、急需人才,资助城乡人才进修学习、从事项目研究等。要将统筹城乡人才资源工作纳入市对县、市级部门人才工作目标责任制考核和重点工作督查,并作为县(市、区)委书记和部门党委(党组)书记人才工作述职的重要内容,形成“一把手”抓“第一资源”的工作氛围。

2. 坚持双轨齐动,切实强化乡村振兴人才供给

坚持人才引进与培育两手抓、两手硬,着力增加乡村振兴人才数量、提升人才素质、改善人才结构,培养造就一支懂农业、爱农村、爱农民的“三农”工作队伍。

一是加大人才引进工作力度。大力实施“创新嘉兴·精英引领计划”和重点创新团队遴选、海外工程师等人才计划,不断提高农业领军人才、团队占比,加大现代农业领域高端外国专家引进力度,同时建议省级有关人才计划加大对农业人才支持力度和提高遴选的比例。大力实施产业急需人才引育“万人计划”,大力引进乡村振兴需要的各类人才。加大“第一书记”选派力度,选派素质优良、专业对口的机关干部担任“第一书记”,帮助转化经济薄弱村、整转软弱落后村、打造美丽乡村。全面建立城市医生、教师、科技文

化人员等定期服务乡村机制，推行乡村教师"县管校聘"，县域卫生人才"县管镇用""镇招村用"，深化城乡学校共同体建设和"医共体"建设，推进城市高素质的教育、医疗等人才的轮岗交流和下乡任职。充分利用好从乡村走出来的退休专业人才和退休干部这一"银发队伍"资源，让这批"精英"反哺桑梓、温暖故乡。

二是强化本土人才的培育。乡村振兴既要抓好科技人才、管理人才的振兴，也要注重能工巧匠、乡土艺术家的挖掘。进一步加大农业技术和经营管理理论培训，培育和发展乡村本土的新型职业农民、农业职业经理人、农村经纪人、农民企业家等农业生产经营型人才，大力培育公共管理类、综合服务类人才，发掘并保护乡村工匠、文化能人、非遗传承人等农村各类实用人才和传统文化人才，延续乡土人脉。加大基层党员干部初任和任职培训力度，提高基层干部依法行政和公共服务的能力。

3. 搭建三大平台，强化乡村振兴人才服务支撑

建立健全乡村振兴人才培育培训、创业创新、交流互动三大平台建设，为乡村振兴人才提供有力的服务支撑。

一是健全乡村振兴人才教育培训平台。强化浙江大学嘉兴市农村创业人才培育培训基地、农业部现代农业技术培训基地等建设，探索整合市级农民学院、县级农民学校和社会化农民培育组织组建乡村振兴学校，构建集学历教育、培训提升、技能鉴定为一体的农民教育培训服务全新平台。

二是提升乡村振兴人才创业创新平台。按照"企业集中、要素集聚、产业集群"原则，创新发展农业经济开发区模式，加大资金、人才、土地等要素保障，优化园区管理机制、基础设施和公共服务，提升农业发展平台建设水平。持续推进"星创天地"、青年创业创新基地、"农村电商创业孵化园"建设，积极构建以"项目运作＋平台支持"为基本模式，融技能培训、阵地建设、资金支持、导师辅导、项目孵化、政策保障为一体的农村人才创业创新服务体系。

三是强化乡村振兴交流合作平台。通过产业联盟、青年联盟、工作论坛、专题研讨等途径多提供互相学习碰撞的机会，建立城乡、区域、校地之间人才培养合作与交流机制，形成乡村振兴人才培养的生态圈和协作链。加强高校、科研院所、农业企业研发中心等各类农业科技资源的整合和集成，建设一批农业重点实验室和技术创新中心，搭建农科教深度融合平台，引进国内外先进技术和人才，促进农业科技技术转化。

4. 健全四大机制，强化振兴乡村人才工作保障

通过加大政策配套力度、深化体制机制改革，打造适应农村发展的人才政策体系，让农村人才集聚效应强起来，实现"吸引人才—激发人才潜能—留住人才"的闭环流动。

一是健全人才流动机制。要统筹干部培养、管理、使用各个环节，牢固树立从基层一

线培养选拔干部的选人用人导向,为乡村振兴打造一支高素质专业化干部队伍。探索招聘特殊人才的办法,建立健全编制周转使用制度,为基层引才提供保障。做好选拔人才到基层一线服务和选拔基层人才访学研修工作,推动人才双向流动。推进城乡人才柔性流动,以兼职、短期服务、项目合作、远程咨询等方式让各类人才施展聪明才智,拓展发挥作用的空间。同时,大力发展人才资源服务业,重点推进省级人力资源服务产业园建设,吸引国内外知名人才服务机构落户嘉兴,针对农业农村人才需求,创新服务产品,精准供给人才。

二是要完善人才激励机制。研究制定鼓励城市专业人才参与乡村振兴的政策,支持人才专家以成果转化、资金参股、领办创办经济实体等方式到农村创业创新。探索企业骨干人才优惠政策,鼓励企业通过股权、期权、分红等激励方式,调动人才创新积极性。完善高等院校、科研院所等事业单位专业技术人员到乡村和农业企业挂职、兼职和离岗创新创业制度,按规定保障其在职称评定、工资福利、社会保障方面的权益。推进人才发展体制机制改革,落实好基层专业技术人才职称评聘、创业扶持、待遇保障等倾斜政策措施。鼓励有条件的地方与专业基金团队合作设立人才创业投资引导基金,加大对农村产业领域人才项目的投资和扶持。大力宣传在推进城乡统筹发展中有突出贡献的优秀人才先进事迹,并给予荣誉和表彰,营造“事农为荣、入乡为耀”环境氛围。

三是要完善人才评价机制。强化农村实用人才认定工作,探索开展职业农民职称评定试点。完善现有人才评价体系,努力形成党政人才重在德才兼备、群众认可,经营管理人才重在市场认可,专业技术人才和技能人才重在社会和业内认可的评价机制,建立以工作业绩为重点,由品德、能力、知识等要素构成的各类人才评价指标体系,鼓励各类人才创新、创业,弘扬鼓励创新、宽容失败的创新精神,营造人人创业的浓厚氛围。全面建立村党组织、党组织书记、班子成员抓基层党建“三张清单”,结合“双指数”考评,扎实开展“双述双评”工作。

四是要完善人才保障机制。鼓励有条件的地方建立村庄人才公寓或专家公寓,为农业科技人才短期性、周期性下乡提供便利。健全城乡社会保障制度,引导符合条件的新型职业农民和农村实用人才参加城镇职工养老、医疗等社会保障。落实人才保障措施,探索建立重要人才、领军人才的政府投保制度。建立高级人才定期疗养、体检和学术休假制度。

衢州市乡土人才大开发问题研究

□ 中共衢州市委组织部课题组

实施乡村振兴战略，是党的十九大做出的重大决策部署，是决胜全面建成小康社会、全面建设社会主义现代化国家的重大历史任务，是新时代做好“三农”工作的总抓手。习近平总书记围绕实施好乡村振兴战略，提出了实现乡村产业振兴、人才振兴、文化振兴、生态振兴、组织振兴等五大振兴要求，这当中，人才振兴是支撑、是关键。2018 年，浙江省委人才办组织开展“乡村振兴人才支撑问题研究”，为配合做好调研工作，衢州市委人才办制定《乡土人才大开发问题研究实施方案》，组织成立课题组，于 6 月深入市农办和各县(市、区)，采用现场走访、座谈交流、翻阅台账等多种形式展开调研近 10 次，认真总结衢州市乡土人才开发经验做法，深入分析短板不足，并围绕乡村振兴的新形势和新要求研究对策举措，从而形成本调研报告。

一、衢州乡土人才开发现状

作为传统农业大市，乡土人才一直是衢州人才队伍的重要组成部分。特别是近年来，随着“三农”工作的深入推进，市委市政府高度重视乡土人才开发工作，想方设法、千方百计加大对农村劳动力的培养提升，推动全市乡土人才呈现出蓬勃发展之势。

截至 2018 年 8 月底，全市乡土人才总数 129102 人，比 2015 年增加了 30.3%，历年人才资源总量详见图 1。

从性别来看，男性 83213 人，女性 45889 人，分别占 64.46%和 35.54%。从年龄来看，35 岁及以下 21769 人，36～40 岁 17242 人，41～45 岁 24932 人，46～50 岁 28439 人，51～55 岁 20456 人，55 岁及以上 16264 人，分别占 16.86%、13.36%、19.31%、22.03%、15.84%和 12.6%，详见图 2。从学历层次来看，大学以上文化程度 617 人，大专 4006

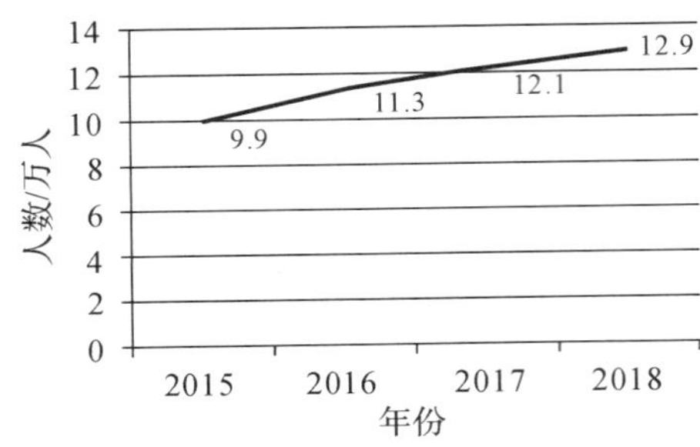

图 1　衢州市乡土人才资源总量历年情况

人，中专 10584 人，高中 22714 人，初中 80294 人，小学 10887 人，分别占 0.48%、3.1%、8.2%、17.59%、62.19%和 8.44%，详见图 3。从技术职称来看，农民高级技师 296 人，农民技师 836 人，农民助理技师 176 人，农民技术员 3278 人，没有或未评定 124516 人，分别占 0.23%，0.65%，0.14%，2.54%，96.44%，详见图 4。

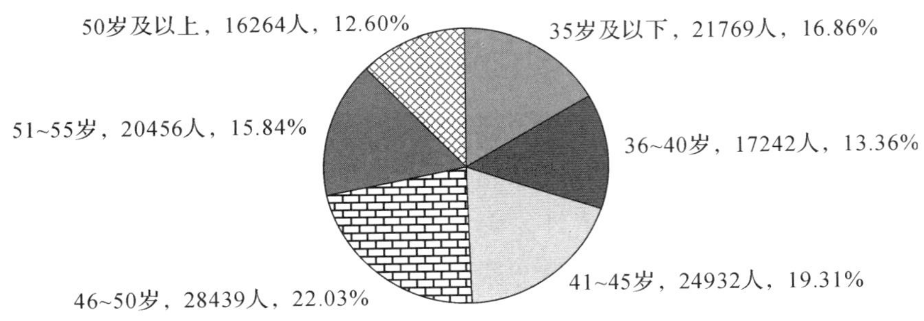

图 2　衢州市乡土人才年龄分布

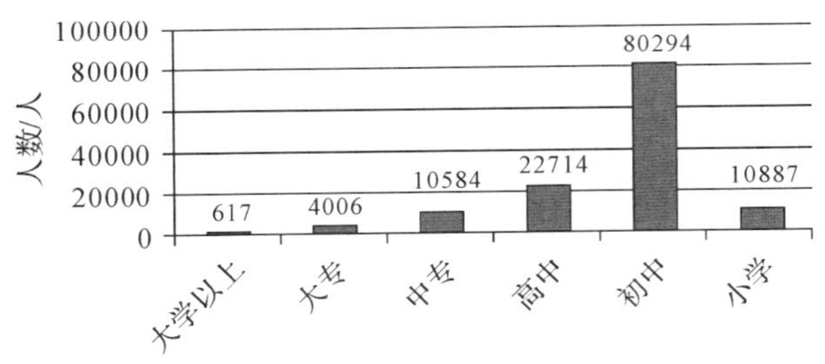

图 3　衢州市乡土人才学历层次分布

从人才类别来看，生产型人才 45574 人，经营型人才 26532 人，技能带动型人才 34111 人，技能服务型人才 3513 人，社会管理服务型人才 19373 人，分别占 35.3%、20.55%、26.42%、2.72%、15.01%，详见图 5。生产型人才中，种植能手 26328 人、养殖能手 12108 人、捕捞能手 682 人、加工能手 6456 人，分别占比 57.77%、26.57%、1.5%和 14.16%。经营型人才中，经营人才 10429 人、农村经纪人 6608 人、农民专业合作组织带头人 9495 人，分别占比 39.31%、24.91%和 35.78%。社会管理服务型人才中，乡村文

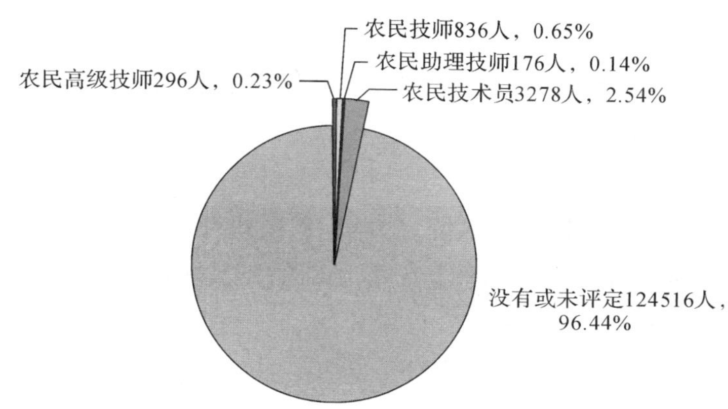

图 4　衢州市乡土人才技术职称分布

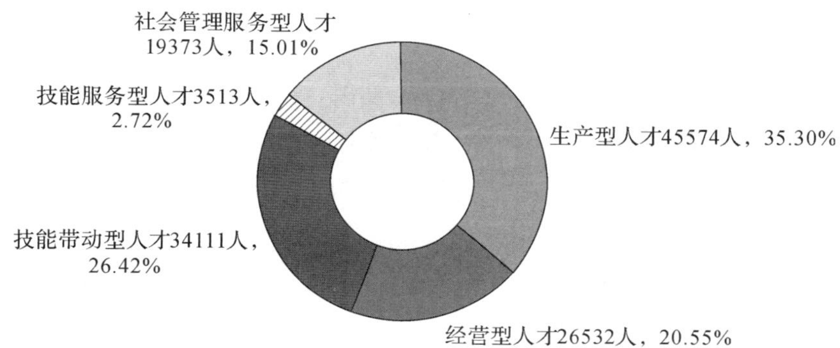

图 5　衢州市乡土人才人才类别分布

体艺术人员 4357 人、乡村社会工作人员 15016 人，分别占比 22.49%和 77.51%。

在这些乡土人才的有力带动下，全市乡村自然资源禀赋得到有效开发，呈现出“青山绿水”向“金山银山”转变的良好态势。农业产业逐步壮大，全市现已享有 19 个“中国特产之乡”称号，柑橘、油茶、畜牧业等农业主导产业转型提升步伐加快，现代家庭农场等新型主体迅速成长，“放心农业”品牌进一步打响，衢江区获评全国首批农产品质量安全示范县，成为 2016 年杭州 G20 峰会重要的农产品供应基地，龙游县入选全国首批畜牧业绿色发展示范县，江山市水稻亩产连续两年创浙江纪录。美丽乡村建设持续深化，“一县一带”创建、农村环境整治卓有成效，2017 年度全省美丽乡村和农村精神文明建设现场会在江山市召开，农村生活污水治理、垃圾分类基本实现全覆盖，农村“赤膊墙”问题基本解决，被评为全国“厕所革命”先进市、省小城镇环境综合整治优秀市。农民增收致富再上新高，成功打响“衢州月嫂”“常山阿姨”“柯城烤饼”等“高薪草根”品牌，推动全市农村居民人均可支配收入增幅 2017 年达到 9.8%，位居全省首位。

一、衢州乡土人才开发主要做法

乡土人才是土生土长的致富能手,也是振兴乡村发展的骨干力量。近年来,衢州围绕农业农村农民发展需要,整合资源、统筹力量,积极建设一支懂科学、有技术、善经营、会管理的乡土人才队伍,推动一大批“土专家”“田秀才”脱颖而出。衢州因此成为全国新型农民培训的发源地和浙江省“千万农民素质培训工程”的首创地,被时任省委书记的习近平同志称为衢州创造。主要做法如下。

(一)高处着眼,抓好乡土人才开发的顶层设计

充分认识到乡土人才是全域型人才,覆盖面广,牵涉面大,重视做好顶层设计,推动开发工作落地见效。

一是健全工作机制。按照市委市政府统一部署,建立万名农民素质工程领导小组,市委人才办、市农办、市教育局、市农业局、市供销社、团市委、市妇联等部门各负其责,密切配合,先后制定下发乡土人才开发中长期规划、年度工作计划,出台培训资金管理实施细则,保证培养质量,提高经费使用效益。

二是加强政策支持。始终将政策作为支持乡土人才开发的有力保障。2012 年出台“人才新政 30 条”,建立市“农民学院”,每年从新农村建设专项经费中安排资金,支持实施“万名农村实用人才培训工程”,每年评选市“十佳农村实用人才”,并兑现每人一次性 1 万元的奖励。每三年评选一次“百优十佳师徒”,市财政给予“十佳师徒”每人一次性 1 万元的奖励。2016 年出台“人才新政 28 条”,对 2012 年政策红利进行了延续扩大,更有力地支持乡土人才开发。指导各县(市、区)因地制宜,出台具有地方特色的人才新政。

三是强化人才管理。市县两级建立乡土人才信息数据库,定期开展乡土人才调查摸底,对掌握的乡土人才按照生产型人才、经营型人才、技能带动型人才、技能服务型人才和社会管理服务型人才等分类,入库动态管理,并将部分突出人才纳入衢州市“115”人才工程等高层次人才培养计划,强化领头带动作用。组织县乡两级每年开展走访 5000 余人次,及时了解乡土人才的工作业绩,帮助解决各类困难 7000 余个,让乡土人才感受党委政府的关怀。

(二)基础入手,提升乡土人才开发培养能级

始终将乡土人才培养作为乡土人才开发的基础性工作,结合农业发展需要、农民成长规律、农村工作实际,以“农民素质提升工程”为引领,不断提升培养工作连续性、科学性、有效性,确保乡土人才培养质量。

一是聚焦产业抓培养。围绕柑橘、胡柚、油茶、猕猴桃、中草药等重点产业的转型升

级需要，依托地方教育资源，深化与浙沪农科院等科研院校合作，大力培育精通现代养殖技术、善于经营管理的新型职业农民，全市累计培育 5521 人，认定数 3235 人，其中生产经营型 916 人，专业技能型和专业服务型 2319 人。衢江区依托新型职业农民所培育种植的“放心农产品”成功端上 G20 餐桌。

二是明确标准抓培养。及时梳理总结培养工作经验，制定完善《衢州月嫂乡土教材》《衢州月嫂行业标准》等一批农民看得懂、学得快、用得顺、内容精的乡土教材和地方标准。编制了《衢州月嫂服务质量规范》《开化气糕师》《常山阿姨》等高技能人才培训项目标准。开化根雕、气糕制作、龙顶茶制作、清水鱼养殖等 6 个项目专项职业能力考核规范，2 项获国家人力社保部批准，4 项获省人力社保厅批准，农家乐“两员一师”及乡村财务监管等教材，已经由国家高校教材学术著作出版委员会审定后出版。

三是注重接续抓培养。青年人才是乡土人才开发的“关键”。逐步加大市“115”人才工程、市“青年拔尖人才”“十佳农村实用人才”人才评选中的青年占比，开展青年职业技能培训，打造一支素质高、学历高、技术新的青年乡土人才大军。同时，发动县(市、区)开展实施“乡村振兴青年行动”，重点在乡村培育百名农村创业青年、推进一批“田埂青年”青创项目、建设一批“青创农场”，鼓励农村创业青年积极投身现代农业、农村电商、乡村休闲旅游等农村新经济业态，充实壮大新时代新型农民队伍。

(三)创新发力，打造乡土人才开发地方特色

准确把握乡土人才土生土长、扎根基层的特点，不断整合地方资源，立足地方实际，创新工作方式方法，逐步形成具有地方特色的乡土人才开发模式。

1. 校地搭台树才

依托衢州职业技术学院建设衢州农民学院和衢州女子学院等培训平台，整合高校资深专家学者、实践岗位经验丰富骨干员工以及常年活动田间地头的“田博士”“土专家”等人员建立农民培训师资库，设立 10 余个校外实训基地，推行“理论＋实践”的教学模式，建立网络培训平台，方便学员实践操作、师生交流互动，加强与周边地区互看互学。两大平台分别荣获“全国职工教育培训示范点”“全国巾帼家政培训示范基地”等国家级殊荣。

2. 四级联动育才

大力推行“四级联培”模式：村级按需培训，在村委会设基层点，立足农民实际需求开展培训；乡级兴趣培训，围绕农民兴趣爱好，利用成人学校平台开展丰富培训；县级系统培训，利用农民学校平台，加强对农村基层服务点的技术指导和人员培训；市级高端培训，利用衢职院高校资源，邀请优质师资开展乡土人才高端培训，进一步提升受训农民素质。

3. 工程引领聚才

为加速乡土人才集聚，组织实施“强乡壮村百团行动”“乡贤兴衢行动”两大人才工程，组建产业、教育、卫生、旅游、规划、金融、党建等领域专家服务团 103 支，组织各行政村聘请以高校博士教授、科研院所专家学者、产业技术能手、知名企业家等人才为重点的乡贤顾问 1482 人，上千名专家人才深入农村一线实施“乡村振兴”帮扶项目，带动培养提升当地乡土人才。

4. 品牌铸就俏才

加强人才队伍的品牌带动，重点打造“衢州月嫂”“常山阿姨”“开化乡土八师”等一批走俏全国的高薪“草根”品牌，“金牌月嫂”月均工资高达 1.2 万元，成为农村致富“带头人”，“常山阿姨”受到时任副总理刘延东的批示肯定，“开化乡土八师”推动打响开化气糕、开化龙顶茶、开化“醉根”、开化清水鱼等品牌。

(四)环境营造，浓厚乡土人才开发良好氛围

注重乡土人才的社会属性，举全市之力，从多维切入，为乡土人才开发积极营造好环境。

1. 强服务保障

以“最多跑一次”改革为统领，在市县两级设立“一站式”人才服务窗口，高效办结乡土人才申请事项，增强乡土人才获得感。将乡土人才纳入党政领导联系走访重点人才范围，建立县乡村干部一对一联系服务优秀乡土人才机制，发动乡、村两级干部主动上门服务，定期走访。

2. 广舆论宣传

以 8 月“人才宣传月”为重点，利用报纸、杂志、电视、微信、微博、网站等全媒体平台，对乡土人才发展农业、建美乡村、富民强乡的先进事迹进行深入挖掘、集中报道、常态宣传，鼓舞乡土人才干事热情，营造良好社会氛围。

3. 优人才评价

开展专才(偏才)认定，制定下发认定办法，对衢州市经济社会发展急需、业绩贡献突出、社会影响力较大、知名度较高，但未纳入现行人才目录的特殊人才进行认定，让每一位乡土人才在衢州都有脱颖而出的机遇、干成事业的机会。

4. 抓典型选树

每年开展“十佳农村实用人才”“民间工艺大师”评选，挖掘一批生产能手、经营能人、能工巧匠、民间艺人，累计评选“十佳农村实用人才”60 名，“民间工艺大师”110 名。在“拔尖人才”评选中设列农村实用人才专项，让乡土人才也能进入高层次人才序列。

5. 重政治吸纳

注重对乡土人才的党性教育,发挥基层党组织的堡垒作用,定期组织乡土人才开展党性教育,利用乡村干部走访慰问机遇,宣传党委政府大政方针,增强乡土人才政治向心力。开通乡土人才发展党员绿色通道,对优秀乡土人才申请入党的,给予政策倾斜,保障发展名额。同时把乡土人才作为村级后备干部培养,纳入"两代表一委员"推选范畴,鼓励他们参政议政。

三、衢州乡土人才开发问题及原因

经过多年的努力,我市乡土人才队伍得到了快速发展,全市乡土人才总量占全市人才总量的 28.71%,远远超过全省乡土人才 9.54%的占比水平,乡土人才占全省资源总量的 12.23%,超过平均水平,一批拥有技术、热爱农村的乡土人才在田间地头和农业一线挥洒汗水、贡献智慧,成为推动我市农业农村发展的重要支撑力量。但对照乡村振兴的战略目标,衢州市乡土人才开发还暴露出一些不容忽视的问题。

1. 行业分布有待完善

总体来看,传统产业人才多,高新技术产业人才匮乏,生产型人才和技能带动型人才为乡土人才的主流,两者合计占到总量的 62%左右,其中生产型人才又以种植能手占绝大多数,详见图 6。经营型人才、社会管理服务型人才占比偏少,技能服务性人才更是匮乏仅占 2.72%。不平衡的行业分布将不利于农村的全面发展、农业的全域提升。

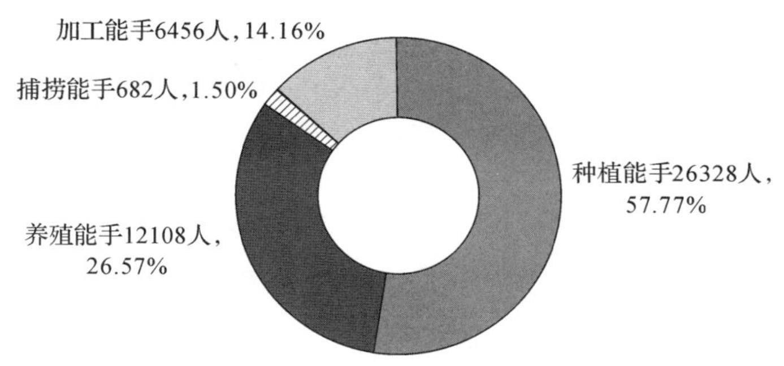

图 6 衢州市生产型乡土人才分类比重

2. 人才层次有待提升

从学历上看,高中及以下学历占多数,占比达到 88.22%,且初中文化程度人才比重非常大,文化水平较低,整体素质不高,详见图 7。从职称上看,没有或未评定的占了绝大多数,农民助理技师以上技术职称仅为 1%左右,复合型人才缺乏,创新型人才更加缺乏,很多新农业产业面临的复杂性问题、开创性问题往往有老办法不管用、新办法不会用的尴尬。

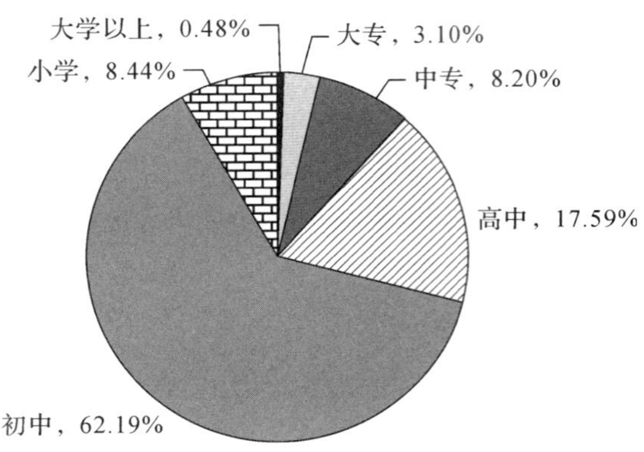

图 7　衢州市乡土人才学历分布比重

3. 人才队伍结构有待优化

从性别上来看，男女比例悬殊较大，男性乡土人才将近为女性的 2 倍，详见图 8。从年龄分布上来看，队伍老龄化严重，50 岁以上的占比为 28.44%，青年人才比例偏低，35 岁及以下的占比仅为 16.86%，在一定程度上限制了对新知识、新技术的吸收，对现代科技知识的运用能力明显欠缺，不利于农业技术的开拓创新，人才队伍接续发展的后劲有待加强，详见图 9。

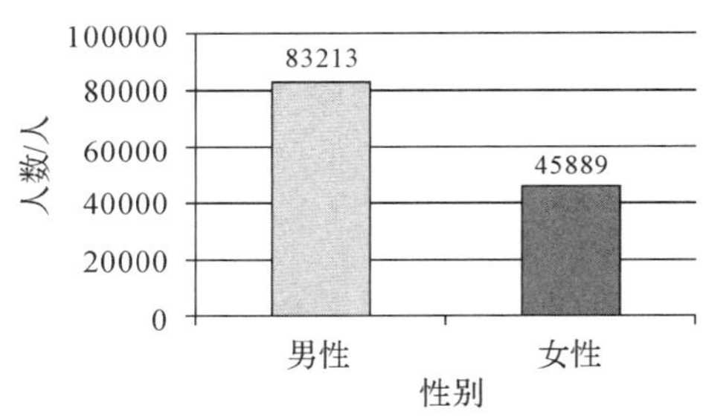

图 8　衢州市乡土人才性别比重

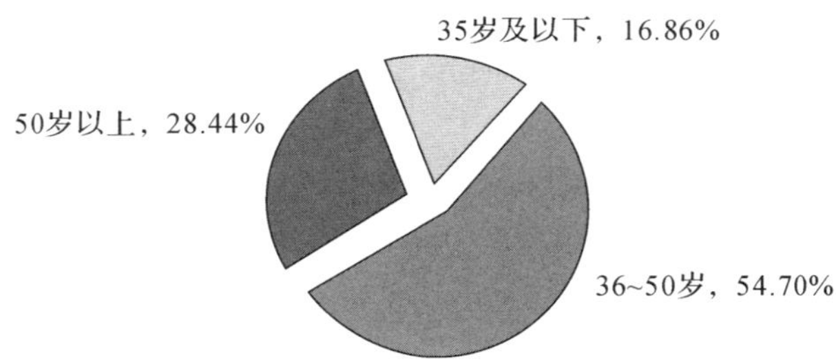

图 9　衢州市乡土人才老中青分布

4.培训效果有待提高

由政府牵头组织的乡土人才培训口子过大、专业不精，多局限于传统行业、大众行业，农机操作、种养殖等基础培训比较普遍，农村产业规划、农产品销售等专业性培训以及高新技术培训较少，个别基层单位组织培训不符合农村产业发展需求，和地方人才需求结合不紧，培训工作面上推进不均衡，使得培训效果打折扣，这与新农村建设和现代化发展极不适应。

乡土人才开发问题的产生是一个长期性的结果，导致原因既有客观的，也有主观的。

客观原因主要表现在三方面。

一是人才成长习惯所致。乡土人才主要来源于土生土长的农民，或长期从事农业生产的基层劳动者，其掌握的熟练技术、积累的丰富经验，多数依赖于常年亲身实践和探索总结所得，对于课程授课的学习方式难以适应，故而对当今社会发展形势缺少深入了解，普遍缺乏国际贸易、现代管理、新技术、新兴行业等理论知识。

二是历史发展背景所致。中华人民共和国成立以来，中国城市化进程加快推进，教育、卫生等优质资源向城市集中，城乡差距与日俱增，农村既缺乏教育资源，也难以负担高等教育学费，加上农耕文化的印象，使得很多农民国民教育止步于初中程度。

三是乡村产业基础所致。衢州市农村产业结构单一，主要以传统种养殖产业为主，集聚型产业平台规模不大，各自为政、布局分散，与外界技术交流渠道较窄，对高级农技人才需求量不高，人才作用发挥空间有限。同时，种养殖产业投资周期长、经济效益不稳定，“靠天吃饭”现象依然存在，乡土人才经济收入偏低，对青年人才吸引力不强。

主观上，主要表现为三方面原因。

一是乡土人才社会认知不到位所致。长期以来，受到农耕文化影响，乡土人才往往因为从事农业工作，而被视为底层人才，被低看一眼，在社会地位、薪酬待遇等方面与从事科技研发、企业经营、技术攻关的人才或受过高等院校教育的大中专毕业生有着较大差距，导致很多农村家庭都不鼓励子女扎根农村、从事农业。

二是乡土人才开发政策不完善所致。党的十八大以来，衢州市人才发展体制机制迎来了新一轮的改革高潮，市县两级纷纷出台人才新政，但总体来看，人才政策体系还不够完善，现行乡土人才体制机制缺乏系统性，发展缺乏规划性，重金重奖政策多数倚重新材料新能源、生物医药、装备制造、电子信息、数字经济等主导产业、战略新兴产业的高端人才团队，对乡土人才在资金、土地、金融等方面的优惠扶持力度明显低于工业企业。政策盲区依然存在，人才评价标准还不健全，评价方式还比较传统，无法评、评不出的尴尬时有发生，不利于乡土人才争先进位、脱颖而出。

三是乡土人才培养体系不健全所致。乡土人才培养多以条线为主，相关职能部门各自为政，缺乏系统设计，一次性、临时性较多，长期性、跟踪性较少。存在“为培训而培训”现象,班级组建过于仓促,师资聘请过于随意,对培训课程把关不严,内容过于单一,形式过于理论,课程多数为农业实用技术培训,缺少转移技能培训、农民工岗位技能培训,与乡土人才学习习惯、成长规律贴合不紧。个别农村培训组织发动不到位、不充分,出现培训内容高重复、参训人员高重复的“两高重复”现象,常年以往,不但导致课程无人听,还形成一批“固定学员”,影响培训覆盖率。

四、乡土人才开发的对策建议

推进新时代乡土人才开发,必须发挥好政府的主导作用,强化市场主体参与,坚持问题导向和需求导向,从顶层设计着眼,健全体制机制,围绕乡村振兴的新形势新要求,建立更为系统、更为科学、更为有效的人才培育体系,做深做细人才服务,大力营建利于乡土人才发展的好生态,为乡村振兴战略有力实施输送大批素质高、能力强、善创新的新时代乡土人才。具体建议如下。

(一)健全乡土人才体制机制

从顶层设计着眼,聚焦阻碍乡土人才开发的体制桎梏、机制束缚,通过体制再立、机制再建,疏通堵点、祛除痛点,为乡土人才开发提供有力保障。

一是汇聚工作合力。以人才工作领导小组成员单位和各县(市、区)委人才办为具体落实单位,推进实施“乡土人才大开发行动”,按照具体项目,下沉市级优势资源,整合县级分散资源,持续推进乡土人才开发。在对人才工作领导小组成员单位和各县(市、区)人才工作考核的指标中设立乡土人才开发单项指标,并占有较大分值比例,引导各地各部门高度重视、主动参与,形成开发合力。

二是加强政策支持。抓住人才发展体制机制改革的有利契机,树立正确的人才开发观,在创业扶持、贷款优惠、生活便利、荣誉评选等方面对乡土人才给予倾斜,大力支持外出求学的青年农村劳动力回乡创业,大力支持企事业单位专家扎根农村转化科技成果,大力支持社会优质资本投资乡土人才领衔项目。同时,抓好政策的基层宣传和贯彻落实,不断提高政策的知晓率,使红利广覆盖,让乡土人才干事创业有支持、无后忧。

三是完善评价体系。充分发挥人才评价的指挥棒作用,根据现有乡土人才的主要类别和工作特性,以及乡土人才培养标准,建立完善评价标准。坚持“问专家、问东家、问大家”的评价理念,打破“唯学历、唯论文、唯职称”的评价陈规,创新评价方式,将评价人才与发现人才相结合。牢固树立实绩导向,在选拔使用乡土人才上,以人才作用发挥实际成果为考量指标,促进各类优秀人才脱颖而出,充分施展才能,让乡土人才有盼头。

(二)加大乡土人才培养力度

乡土人才作为最具地方特色的本土人才队伍,开发的重点在培养。

一是做好顶层设计。人才培养是一个长期性过程，只有做好规划，才能循序渐进、取得成效。要对当前纷繁复杂、千头万绪的乡土人才培养项目进行清理，统筹农办、教育、农业、供销、团委、妇联各条各线的培训资源，按照乡土人才分类，统一规划、分类培养，围绕现代农业、农村电商、乡村旅游、美丽乡村建设等农村农业发展新形势、新需要，制订中长期培养计划，打造出梯次健全、领域全面的乡土人才队伍。

二是贴合成才规律。牢牢把握乡土人才的成长规律，做到分类施教、各有侧重。如：对生产型、技能带动型人才要加强现场实践培养，强化人才实践操作能力；对经营型人才，要立足实际，有目的、有计划地组织人才与外界加强技术交流与合作，到发达地区和先进单位参观学习，启迪思维，开阔视野；对青年乡土人才，要注重培养"互联网＋"思维，及时传授先进理论知识。

三是提质培训课程。既要精心组建教师队伍，更要科学设计教学课程，不断丰富课程内容，创新教学理念，紧跟时代潮流，提供复合型培养，帮助乡土人才伴随产业发展完成角色转换。制订完善市级以上乡土人才培养标准，注重开展新技术、新理念的培训，促进知识更新，培养人才自主创新能力，提升人才专业技能，推动广大乡土人才提档升级。

四是优建培养平台。充分发挥乡镇成人学校、农民学校和农民学院等阵地作用，精心自编通俗易懂的乡土教材，力争向全省、全国推广。依托本地高校资源，深化与省内外"双一流"大学、农科院所的合作，共建实训基地，共育乡土人才。

（三）强化乡土人才服务保障

把乡土人才关切的日常小事作为人才工作的头等大事，将"最多跑一次"服务理念贯穿工作始终，想人才之所想，急人才之所急，解人才之所难，不断提升乡土人才的获得感和幸福感。

一是推动领导垂范。深化人才工作述职评议工作，将服务乡土人才作为党政"一把手"抓人才工作的述职内容之一，在各级党政"一把手"中树立起亲力亲为抓乡土人才、服务乡土人才的良好导向。进一步完善领导联系服务人才制度，动态调整乡土人才结对名单，组织各级党政机关"一把手"结合"党员互动日""无会日"等活动，常态化开展下乡走访、联系服务，做到"四必到五必访"，以身作则关爱乡土人才。探索建立问责机制，因工作不到位导致人才流失的，要追究直接责任人和主要负责人的责任，真正将"一把手"抓乡土人才的工作责任压实压细。

二是升级服务手段。坚持线上线下两条腿走路，在办好"最多跑一次"线下人才服务平台的同时，积极运用"互联网"思维，在地方发布的微信平台、基层党建 APP 上开通乡土人才服务专栏，实现掌上办事与窗口办事互联互通、即时即办，提高人才办事效率。同时，对于年龄较大的乡土人才，要加强代办跑腿服务，做到"不叫不到，随叫随到"，多渠道帮助人才解决就业择业、职称评审、政策兑现等问题。

三是完善服务机构。积极探索建立政府主导、上下协调、功能完善、综合配套的农业农村人才公共服务体系,加快推进农业技术推广、动植物疫病防控、农产品质量安全监管等基层农业公共服务体系建设,完善乡镇或区域性农技推广服务机构,发展多元化、社会化农技推广服务组织。深化与市场人才机构的合作,建立完善乡土人才数据库,运用大数据手段,分析市场需求,帮助乡土人才创业就业。

(四)厚植乡土人才发展沃土

坚持人才发挥作用、实现自我的价值导向,积极为乡土人才创新创业创造便利、提供帮助。

一是壮大干事舞台。支持条件成熟的乡镇农村促进乡土人才交互。在经济强乡强镇建设成立乡土人才创业就业基地,拓展电商城、创业园等创业创新平台,推动乡土人才集约发展。在条件成熟的乡镇农村设立乡土人才工作站和工作室,建立乡土人才合作社,定期组织技术交流、成果共享等活动,推动乡土人才项目实施。深入推进"强乡壮村百团行动",推行师徒帮带制度,充分发挥农业专家、科技人才的技术优势,及时帮助乡土人才解决在生产、经营中的技术难题。

二是加大投入力度。建立健全政府主导、社会参与的多元化投入机制,优先安排乡土人才队伍建设教育培训资金、创业扶持项目及外出考察学习等。精心策划组织乡土人才技能大赛、创业创新大赛,配套以赛代评、优胜奖励等政策,让乡土人才比武出彩。加大对乡土人才领衔项目的金融扶持,积极争取农村小额贷款和社会资本对乡土人才的投资帮扶。

三是充实社会支持。提高乡土人才政治地位,进一步提高从中发展"两代表一委员"的比例,鼓励乡土人才参政议政。完善乡土人才荣誉制度,加大对人才典型和优秀人才事迹的宣传力度,对主要领导走访慰问乡土人才有关新闻要重点报道,要安排乡土人才代表出席全市人才大会、科技大会、招商推介会等重大会议、重要场合,并作交流发言,着力营造"尊重劳动、尊重知识、尊重人才、尊重创造"的社会氛围。

乡土人才助力丽水乡村振兴的实践与探索

□ 中共丽水市委组织部课题组

乡村振兴离不开人的因素，要聚天下人才而用之。一方面，要推动人才下乡，创造条件让农村的机会吸引人、农村的环境留住人，鼓励社会力量共同推动乡村振兴。另一方面，要深入实施乡土人才开发培育计划，建设一支懂科技、善创业、留得住、用得上的农村实用人才队伍，用源源不断的人才"活水"浇灌出乡村振兴的参天大树。根据浙江省委组织部统一部署，结合"大学习、大调研、大抓落实"活动的安排，丽水市委组织部围绕让乡土人才"香"起来的主题，下单位、进企业、到农村，共召开座谈会 12 次，访谈党员干部群众 135 人，走访农村企业 15 家、农户 32 户、创业青年 13 人，回收调查问卷 215 份。调研发现，乡土人才既"缺"又"少"的尴尬随处可见。缺挖掘，人才能力得不到充分发挥；缺培育，乡土人才培育和认定仍在起步阶段。如何让乡土人才真正"强"起来、"活"起来、"香"起来，在更大范围内更好地发挥作用，也正是本次调研意义所在。

一、基本情况

丽水市是"九山半水半分田"的山区城市，全市总人口 269.27 万，其中乡村人口 189.17 万，占 70%以上。近年来，全市围绕打好乡村振兴"特色战"的要求，坚持把培育一支数量相当的乡土人才作为解决丽水未来农村农业经济和社会发展的重要战略举措，深入实施农作师、农商师、农匠师等"农三师"人才培育工程，初步建立了整体联动、选育结合、政策激励的农村乡土人才队伍建设工作机制，打造了"云和师傅""缙云烧饼师傅""松阳工匠"等 21 个乡土人才品牌，形成了一支具有辐射带动作用的农村乡土人才队伍，为乡村振兴发挥积极的人才支撑作用。据统计调查数据，目前全市共有农村乡土人才 9.8 人，占农业人口总量的 5.2%。其中：生产型人才 4.25 万人，经营型人才 1.54 万人,技能带动型人才1.28万人,技能服务型人才1.19万人,社会服务型人才0.18万人,其他人才1.36万人。

二、主要做法

(一)高度重视,高起点构建工作格局

一是完善人才政策。制定并印发了《丽水市农村实用人才队伍建设“十三五”规划》,明确了农村实用人才队伍建设的指导思想、目标任务、重点工程、品牌计划、保障措施;修订完善了《丽水市级农民培训项目管理实施细则(暂行)》,进一步明确了培训对象、资金管理、培训期限和培训机构等有关内容;制定出台《关于加强农村实用人才队伍建设助推乡村振兴的实施意见》,谋划打造以农作师、农商师、农匠师等“农三师”为主体的农村实用人才队伍。

二是加强综合管理。切实把农村人才资源开发作为服务农村经济的切入点和突破口,围绕农业农村发展目标,加强计划制订、项目审核、机构认定、检查评估等综合管理,协调相关部门开展本行业人才的需求调查、培养规划、学员选拔和跟踪服务,形成了“分类管理、分级培养、分层负责”的工作格局。

三是健全考核机制。进一步完善农村实用人才培育工作考核评价体系,将农村实用人才培育工作纳入对县(市、区)新农村建设和乡村振兴综合考核内容,进一步压实工作责任。

(二)提质增量,高标准打造区域品牌

一是加快品牌拓展。实行“农三师”人才品牌创建评审制度,加强农村实用人才品牌体系建设,以“农三师”乡土人才为龙头的“1+X”人才品牌影响力不断提升。乡土人才在全国有比较大的影响力,“云和师傅”足迹遍布全国,带领了中西部地区100多万农民发展产业、脱贫致富,“缙云烧饼师傅”被中央电视台等媒体广泛关注。

二是壮大农师队伍。加强政治激励,将思想素质好、创业成效明显的“农三师”发展为党员,推荐担任各级“两代表一委员”,吸纳进专家库和师资库,引导参与乡村振兴重大课题研究并给予经费支持。完善政策激励,对认定为高级“农三师”的,给予一次性资助2万元,5年内享受副高级人才待遇,对考核优秀的“农三师”培养平台,每两年给予5万元补助,对“农三师”创业给予优先、优待、优惠。

三是创新培育方式。引导和激励各地积极探索和创新农村实用人才培育机制,如青田“土洋结合”联同英国葡萄酒及烈酒教育基金会等机构启动“青田红酒西餐师傅”特色乡土人才培育,58人获得WSET二级证书,为迎接首届华侨进口商品博览会、打造世界红酒中心提供支撑。松阳开设青年古建筑工匠培养班，以县职技校学生“传统古建技艺传承社团”为载体，聘请校外具有专业技能的古建工匠，通过师徒制学习模式，培养地方乡村古建筑修复工匠，目前，已有 76 个学生加入了“传统古建技艺传承社团”，为古建筑修复工匠队伍注入新鲜血液。

（三）创新机制，高质量提升培训体系

一是优化培训项目。借助丽水农民学院推出了“创业型”和“实用技术型”两大类培训项目，丽水市举办的超市、电子商务、农家乐民宿创业培训项目受邀参加人社部主办的“首届全国创业就业服务展示交流活动”，荣获“优秀项目奖”。（全国共 170 个项目入选创业就业服务展，其中创业培训类项目全国仅 15 项，浙江省仅 2 项）。

二是提高培训质量。以实训基地体验式教学、知名专家讲学、赴台交流培训、以赛促训等多种形式提高培训质量，提升培训效果。如 8 年来丽水市委组织部人才办公室组织了 14 批次、286 人赴台学习考察民宿；举办丽水市乡村振兴领军人才（农三师）高级研修班，打造一支乡村振兴战略的领跑者和生力军；缙云县累计培训“缙云烧饼”师傅 159 期，共计 9540 人，已在全国 20 多个省（市、区）开办 415 家示范店，并成功走出国门，2017 年从业人员 1.5 万人，实现产值 15 亿元。

三是搭建创业平台。加快创业载体建设，发挥人才在引领创业、带动致富上的作用。如，在丽水学院组建民宿管家实验班，开展本科专业招生等创新工作。丽水职业技术学院与云和县农办签订了战略合作协议，合力共建农村旅游人才培育基地、云和云居·六头民宿私人订制服务平台、民宿创作展示平台的“一基地两平台”，充分利用培训后实用人才的自主创新创业能力和学院科技成果转化孵化平台，实现合作共赢。

三、经验启示

（一）提高思想认识，让乡土人才“登堂入室”

乡土人才作为人才队伍的重要组成部分，是带领群众致富的“头雁”，是推动乡村振兴的“基石”。加大乡土人才培养力度，意义重大而深远。要把乡土人才的挖掘、培养、使用提高到事关乡村振兴成败的高度上来认识。认真分析各地乡土人才队伍整体状况，积极探索乡土人才的有效开发管理机制，逐步开发建成一支适应实施乡村振兴战略的农村乡土人才队伍，千方百计让乡土人才“振兴乡土”。

（二）加强培训培育，为乡土人才“增色添香”

乡土人才大多来自生产一线，实践经验丰富，但理论水平普遍不高，技能提升空间不足，在推动经济发展中作用发挥受限、示范带动乏力。因此，要整合各种培训资源，创

新方式方法,针对不同群体实施多元型、差异化、订单式培训,"点对点"指导、"面对面"帮扶,全面提升乡土人才科学素质、职业技能和创新能力,打通乡土人才成长的"快车道",构建"提升一批、开发一批、储备一批"的梯次结构。

(三)优化发展环境,使乡土人才"深巷生香"

统筹乡土人才和外来人才、本土培养和对外引进的关系,大力推动政策体制创新,不断优化乡土人才发展政策、服务和社会环境,才能充分激发乡土人才创新创造活力。注重从生产能手、能工巧匠、民间艺人中发现优秀乡土人才,按一定比例评选表彰,让他们政治上有荣誉、经济上受奖励、社会上有地位。建立乡土人才评价认定机制,探索分类实施乡土人才职称评审。成立乡土人才服务机构,延伸服务链条和路径,催生"培育一个人才、带来一个团队、兴起一个产业"的链式反应。

(四)鼓励发挥作用,让乡土人才"香誉四方"

优秀人才的作用不只在创新创造,还在示范引领和辐射带动。要注重发挥现有乡土人才"传帮带"作用,通过结对子、拜师傅、建团队等形式,将技艺传承下去、经验推广开来。组织优秀乡土人才服务基层,推行"乡土人才+基地+农户"等服务模式,扩大"影响一片、带动一群、造福一乡"的集群发展效应,真正让乡土人才特色品牌"响"起来。

四、存在问题

一是总量仍然偏少。改革开放以来,随着城市化、城镇化进程的推进,农村发展资源不断外流,导致农村发展资源较为稀缺,进而使得内生性人才的成长条件较为匮乏,农村人才先天培育不足,人才明显短缺。具体说来,从事农业生产的青壮年劳动力大量外流,各类专业技术人才青黄不接、日益匮乏。2017 年年末全市农村实用人才总量为 9.8 万人,占乡村就业人员总数的比例不足 10%。农民技师 882 人,仅占农村实用人才总量的 0.9%,导致大量先进农业科技在农村的规模使用受到限制。

二是结构不够合理。从专业分布上看,从事种养业人才较多,而从事农产品精加工及农产品流通的人才少。有一技之长的人才相对较多,复合型人才相对较少,特别是创业型人才、治村人才严重匮乏。他们普遍缺乏理论知识、市场经济知识、法律知识,文化程度偏低,农业从业人员中初中以上文化的仅占 6.3%,从未上过学的就有 8.2%。此外,乡土人才中懂经营、会管理、对外善交际的人才少,特别是能推动乡村一、二、三产融合的"凤毛麟角"。

三是流失依然存在。由于农村的工作条件、生活条件不如城市。在农村工作待遇低,工资、奖金、津贴和生活福利,与城市相比差距很大。配偶就业、子女教育、住房等现实问题都得不到很好的保障。不能消除他们的后顾之忧，不能解决他们生活工作中的实际困难。使他们不能心情舒畅地投身于事业中。如在问卷调查中，有 61.4%的人认为在农村发展收入太低，有 59.1%的人认为到城市创业有更多机会。大学生村官的实践让我们看到，三年的工作经历后，没人喜欢留下来扎根农村。抽样 500 名丽水高校学生，有 173 人（占 34.6%）选择省会城市，286 人（占 57.2%）选择非省会城市，28 人（占 5.6%）选择县城，只有 13 人愿意去农村。

五、对策建议

（一）通过“以赛代评”，把乡土人才“挖”出来

建立起以知识、能力、业绩与贡献为主要指标的乡土人才评价体系，健全以评价组织社会化、评价标准科学化、评价方式市场化为目标的人才评价制度。建立乡土人才以赛代评机制。鼓励支持各地开展乡土人才创新创业大赛和传统技艺技能大赛，获得优异成绩的选手直接认定技师、高级技师等技能资格，颁发相应资格证书。提升证书的“含金量”，涉农补贴政策向持证乡土人才倾斜。

（二）通过“增强交流”，让乡土人才“活”起来

组织优秀乡土人才送到发达地区进行考察、参观学习，或保送到相关院校学习深造，进一步提升他们的理论水平。建立乡镇人才工作站，形成上下贯通的工作网络，构造以县级人才市场为龙头、乡镇人才工作站为网络的农村人才市场运行框架，为农村乡土人才开发打造基地。

（三）通过“以业代训”，让乡土人才“强”起来

依托乡村振兴讲习所、农民学校，不断增强培训实用性、针对性和体系性，着力提高乡土人才的就业能力、创新能力、对科技成果的吸纳能力和职业角色转换能力。加大农作师、农商师、农匠师等高级“农三师”人才培育力度，选拔培育出一批在省内外有较高知名度的乡土人才，突出高端引领作用。实施“一村一名大学生”“选调生村官”“大学生返乡创业”计划，鼓励大学生到农村基层去建功立业，改善乡土人才教育水平。

（四）通过“暖心服务”，让乡土人才“留”下来

推动“最多跑一次”改革向农村深化，建立乡村振兴“人才服务专员”“办事直通车”制度，为乡村人才提供政策咨询、项目申报、融资对接、业务办理等服务。探索建立乡土人才协会或服务中心，积极开展各种形式的服务活动。鼓励有条件的县（市、区）建设乡村人才公寓，健全完善科技、文化、体育、信息等公共服务设施，优化生活环境。

(五)通过“双重激励”,让乡土人才“富”起来

在激励上多想办法,充分发挥物质激励和精神激励的双重效应,对政治上忠诚、干事上老实的乡土人才,积极推荐其加入党组织或选拔充实到村组后备干部队伍中,逐步培养成为乡村振兴的“领头雁”。制定切实可行的乡土人才表彰奖励办法,通过新闻媒体、文化组织大力宣传推荐先进典型和创新创业成果,如设立乡土人才贡献奖,表彰奖励在农村经济社会发展中有突出贡献的乡土人才,使其有收益、有荣誉、有地位,实现“名利双收”。

农村创业创新人才培育问题调研报告

□　中共平阳县委组织部课题组

2018 年 5 月份，平阳被浙江省委组织部确定为“乡村振兴人才支撑问题研究”重点调研课题的参加单位。接到通知后，我们高度重视、立即行动，成立了以县委常委、组织部长陈胜军同志为组长的课题调研组，制定了《平阳县农村创业创新人才培育问题研究课题实施方案》，明确了责任单位和调研重点内容。四个多月来，调研组共召开调研课题专题研讨会 3 次、农村创业创新人才代表座谈会 5 次，深入 8 个乡镇、16 个行政村(居)进行蹲点调研，掌握第一手资料，在此基础上，最终形成了课题调研报告。现将有关情况报告如下。

一、平阳县农村人才基本情况

平阳地处浙江东南沿海，是温州大都市区南部副中心，全县陆域面积 1051 平方公里，海域面积 1300 多平方公里，下辖 16 个乡镇、635 个村(居)，户籍人口 88.6 万，农村总户数 20.24 万户，农业农村发展主要有“三大特征”。

第一，平阳是一个农业大县，已经形成以茶、马蹄笋、大黄鱼、蛋鸽等为主导的农业产业体系，拥有“中国马蹄笋之乡”“中国黄汤之乡”等国家级“金名片”。2017 年全县农林牧渔业增加值 16.88 亿元、同比增长 4.4%，农村从业人员 41 万，其中从事农业人员 10.47 万。

第二，平阳是一个加快发展县。2015 年平阳成功摘掉“欠发达县”帽子，成为全省 26 个加快发展县之一。2017 年平阳在 26 县发展实绩考核时在第一类县中排名第四，居于第一档，发展势头强劲。

第三，平阳是一个农村样本县。平阳县域呈东西狭长形分布，农村分布较广，类型较全,在全省具有样本性特征,有西部山区型农村,也有中部平原型农村,还有东部海岛型农村,同时有贫困村、一般村,也有富裕村,可以说是具有典型的样本价值。

近年来,随着乡村振兴战略的深入实施,农村人才队伍建设也呈现出向上、向好的发展态势,主要表现为"三大趋势"。

一是乡贤能人返乡创业已成趋势。随着城镇化步伐不断加快,农村创新创业环境有了很大改善,在外乡贤能人回乡投资创业、反哺家乡渐成潮流。据统计,近三年回乡创业的乡贤能人共有3200多人,其中2015年有600多人、2016年有1000多人、2017年有1600多人,呈逐年上升趋势。

二是电商人才集聚农村已成趋势。依托阿里巴巴、农村淘宝等平台,"电商进农村"得到有效推进,电商平台集聚农村人才的趋势愈发明显。据统计,平阳个人注册活跃网店在1万家左右,农村电商从业人数已从2015年的几千人快速增长至2万人。

三是年轻"农二代"回乡已成趋势。随着农村环境的改善,越来越多的"农二代"带着热情、带着憧憬回乡创业。经了解,平阳种粮大户协会共有会员470人,其中130多名会员有意向让孩子回乡接手事业,有20多名"农二代"已回到农村创业。

虽然发展态势持续向好,但是平阳农村人才队伍建设仍有不少问题不容忽视,主要表现为"三大痛点"。

一是农村"双创"人才短缺之痛。农村人才总量偏少、层次偏低、年龄老化、结构失调等问题凸显,特别是高端人才缺乏,难以满足乡村振兴的内在需要。据统计,全县从事农业人员有10.47万人,其中涉农高端人才3人、农业科技人才292人,占比仅为0.3%。

二是农村"双创"人才难育之痛。农村人才教育培训体系不够健全,管理制度和激励机制不够完善,造成农村人才培育难有进展。比如,平阳每年针对新型职业农民的培训班屈指可数,2014—2015年没有开展培训,2016—2017年培训人数仅为830人。

三是农村"双创"人才外流之痛。由于一些农村生活环境较差、服务配套缺失,农村有文化、有技术、有创业能力的人才大量流向环境优越的大城市,人才难留现象十分突出。据统计,平阳每年大学毕业生有5000余人,毕业后回平阳工作约1500多人,特别是到农村工作的仅200余人,大部分大学毕业生选择留在上海、杭州等大城市。

二、平阳农村人才工作的主要经验和做法

近几年来,平阳县坚持把农村创新创业人才培养作为推动"三农"发展的重要举措,紧抓不放、久久为功,探索形成了"六大创新举措",培育出了一支充满活力的农村创业创新人才队伍,有力地推动了乡村振兴。

一是越来越多的"双创"人才助力乡村产业发展。有了"双创"人才的助力,平阳县一

产增加值增速持续保持全市最快，取得了国家级绿色发展示范县通过验收、5 家农民合作社跻身国家级示范社、“平阳黄汤”获国家地理标志商标、平阳鸽企主导制订国家标准等诸多成效，呈现出了“人才强、产业强、农村强”的良好发展势头。比如，平阳引进了 3 名海外养殖专家，带来了海外先进的养殖技术，让平阳“南麂大黄鱼”游上了杭州 G20 各国元首的餐桌，打响了“南麂大黄鱼”品牌，2017 年大黄鱼产量 1911 吨、产值达到 1.6 亿元，成为海岛振兴的支柱产业，受到浙江省委车俊书记点赞。

二是越来越多的“双创”人才助力乡村文化建设。近年来，平阳县深入实施乡村人才“春风行动”培养计划和“百名乡土文化骨干培育工程”，培育了一大批农村文化人才，全县有文化类乡村人才 300 多人，其中高端人才 28 人，这些人才在乡村振兴中发挥了重要作用，有力地推动了乡村文化的振兴。目前，乡村艺术团体实现 16 个乡镇全覆盖，2018 上半年昆阳鸣山入选省级非遗民俗文化村、鳌江厚垟村村歌全市唯一入选浙江省“春晚”，国家级非遗传承人再添 1 人。

三是越来越多的“双创”人才助力乡村基层治理。乡村人才的介入，特别是我们通过建立乡村振兴委员会，不仅有效削弱了“三宗势力”土壤，而且把力量聚焦到乡村治理上来，效果很明显。2018 年 8 月 28 日，浙江省委车俊书记在平阳南麂调研时，亲自参与了乡村振兴共建委员会的讨论，并对平阳乡村振兴共建委员会的做法给予了充分肯定。

我们的具体做法是：

(一)创新建立乡村振兴共建委员会，做好“归雁”助推乡村振兴文章

广大农村有不少乡贤能人，原来这些乡贤能人要么管自己发展，要么热衷于农村宗教宗族事务。平阳县针对这一问题，以实施农村“归雁计划”为契机，探索建立了乡村振兴共建委员会，重点瞄准本村在外各界名人、农村经营能人、退休干部和外来投资创业代表等乡贤人才，通过村民推荐、乡贤自荐等方式，把这些农村里乡贤能人招募进来，在农村基层党组织的统一领导下，建立乡村振兴共建委员会议事制度，明确乡贤职责权限，完善乡贤议事流程，充分发挥乡贤亲缘、人缘、地缘等优势，为乡村振兴出谋划策、贡献力量。截至目前，全县 599 个村全部建立了乡村振兴共建委员会，招募各类乡贤 9283 名，募集乡贤捐资 1.5 亿元，落实发展项目 412 个，有力助推乡村振兴。

(二)创新建立农村“人才联盟”，做好高端人才“援村助村”文章

为了有效引导高端人才组团式支援农村发展，我们坚持“振兴乡村、高端引领、聚合人才”理念，与大专院校、科研院所、公立医院开展多种形式的合作，探索建立了平阳农村产业“人才联盟”，为农村产业发展提供决策咨询、把脉诊断等服务，解决农村产业和农业企业发展中遇到的技术难题，加快推动平阳农村产业发展。比如，敖峰鸽业公司通过建立温州首个高级专家工作站，柔性引进“国千”人才 1 人，着力研究解决企业面临的肉鸽

选育技术难题,现已为企业提出改进建议 15 条。截至目前,平阳县已引进农村农业高层次人才 21 人,为企业解决技术难题 58 个,提出针对性建议和举措 153 条。

(三)创新建立农村"双创"协会,做好青年人才"上山下乡"文章

农村青年人才是农村的新兴力量,也是未来乡村振兴的希望。为此,我们以"优化农村人才结构,聚合青年双创人才"为目标,大力实施"农村青年人才引进计划",建立平阳农村创业创新协会。一方面,积极搭建青年人才引进平台,主动对接高校引才,并重点排摸平阳籍在外优秀青年人才情况,锚定人才,主动对接,用感情、用事业引导人才回归,目前已引导和吸引大学毕业生 2185 人"上山下乡"。另一方面,建立完善青年人才来平创业扶持政策,对于到平阳农村创业创新的青年人才最高给予 60 万元的项目补贴和 60 万元创业担保贷款,对到农村基层就业的青年人才给予最高 3 万元的就业补贴,并落实住房保障,截至目前,全县累计创业贷款补贴 2000 多万元。此外,还专门拿出一定数量事业单位岗位定向招录"双一流"高校毕业生,对专业不作限制,岗位侧重基层一线,进一步吸引青年人才来平创业创新。

(四)创新推行"人才+农民学院"培育机制,做好新型农民培育文章

乡村振兴,需要有一大批具有科学文化素质、掌握现代农业生产技能、具备一定经营管理能力,以农业生产、经营或服务作为主要职业的新型农民。为适应现代农业和农村发展的新形势,平阳县着力构建新型职业农民教育培训体系,以平阳职业中等专业学校为班底,增挂成立平阳农民学院,开设农民创新班,并积极引导专业合作社、农业龙头企业、专业大户、村级组织负责人等人员报名学习,着力提升学员综合素质和创业创新能力。同时,主动加强与温州科技职业学院成教学院(温州农民学院)的合作,实现农民学历从"中专"到"大专"再到"本科"梯度推进、无缝衔接。截至目前,全县共培育从事农村电商、民宿经营、农家乐、生态农业等产业的新型职业农民 1991 人,为全市乃至全省培育农村实用型人才和新型职业农民提供了一套行之有效的"平阳经验"。

(五)创新推行"人才+项目"培育机制,做好农业农村科技带头人培育文章

农业农村科技人才是农村"双创"人才的中坚力量,是把农业科技转变为现实生产力的重要纽带,是实施科技兴农的重要保障。通过调研,我们发现原来"吃公家饭"的农技员,由于体制机制等原因作用发挥有限,已不能适应新形势下乡村振兴对农业农村科技发展的需求。而近几年探索形成的"人才+项目"培育机制的效果正在逐步显现,实践证明,通过组织实施农业科技项目培养壮大农业科技人才队伍是最高效的办法。平阳县围绕农业产业发展重点和特色主动设计重大重点科技项目,通过项目的实施,既攻克了一批农业科技关键实用难题,提高了平阳县农业科技水平和农产品竞争力,又培养锻炼了一批农业农村科技人才,形成了"以项目育人才、以人才出项目"的良性循环。近两

年，通过科技项目带动培训了2000多农业技术人员，培育农业产业“专家”128人，培育出了一批农业农村科技带头人。如茶产业科技人才钟维标、钟雪琴，已成为茶叶种植、加工、销售的“专家”，开拓了传统名茶“平阳黄汤”，并成功注册“平阳黄汤”地理标志证明商标；鸽产业科技人才钟声亮、温积辉，获得了双母配对等多项技术成果，获得省科技进步奖二等奖。

（六）创新打造农村高层次人才俱乐部，做好农村人才交流平台文章

越能发挥作用的人才越需要有交流的平台，通过交流体现人才价值，通过交流实现人才共享，通过交流强化人才匹配。为此，我们创新设立了农村高层次人才俱乐部，搭载农村人才战略智库和农村人才“流动超市”，形成了“一平台、一智库、一超市”的人才交流体系，让农村人才的作用得到最大限度的发挥。“一平台”即在农村一线建设高层次人才俱乐部，目前已设立冯宅站、子久站，将农业专家、农村能人等农村高端人才等360多人纳入俱乐部高级会员，举办活动22次，为农村高端人才搭建一个交流思想、聚会联谊、共谋发展的公共服务平台，让农村人才享受平阳最高人才礼遇。“一智库”即在县级层面建立平阳农村人才战略智库，将引进的农村农业高层次人才纳入智库，为平阳农村人才队伍建设提供决策咨询、把脉诊断等服务，提出针对性建议和举措，加快推动平阳农村“双创”人才队伍的引进和开发。“一超市”即开设平阳农村人才“流动超市”，通过整合涉农站所技术骨干和散落在农村的“土专家”“田秀才”等农业专家资源，严格筛选、分类管理、建档入库，创建农村“双创”人才“智力流动超市”，通过乡镇巡回讲座、流动培训、现场指导等方式，为群众提供农业技术服务、农业生产问题解决和农业知识培训等，培育一批乡土人才，壮大扶强农村“双创”人才队伍。

三、下一步工作思路和建议

这几年来，平阳在农村“双创”人才队伍建设中，推出了很多创新举措，投入了很大精力，取得了一定成效。但通过这次调研，我们意识到，要培育一支充满生机活力的农村创业创新人才队伍，让人才在农村有事干、干成事，还需要补齐农村人才发展“短板”，打通制约人才流向农村的“壁垒”，才能真正让人才扎根农村助推乡村振兴。现提出以下思路和建议。

（一）破解政策支持“壁垒”

要围绕乡村振兴人才创新创业、科研成果研发、人才队伍建设等，制定促进乡村人才振兴系列扶持政策，包括风险处置、科技服务等，激发各类人才服务乡村振兴活力。要强化政策激励，注重在抓人才政策落实和服务保障上下功夫，不断优化农村发展环境，

持续推进各类人才向乡村流动,助力乡村振兴。

(二)消除职称评定"障碍"

探索农业职称改革,要将新型职业农民纳入初、中、高级职称评定范围,以"评用结合"为导向,注重农业生产的经济效益和社会效益,形成完整的职称体系,持续做好"土专家""田秀才""乡村工匠"等农村实用人才职称评审工作。建议省里制定新型职业农民职称评定办法,进一步加快农业职称改革。

(三)打开金融服务"空间"

要结合农村人才资金需求实际,协调平阳农商银行、邮政储蓄银行等金融机构,探索推进包括农村承包土地、农业设施、农机具在内的抵押贷款业务,破解农村人才创业融资难的问题。要紧跟农村金融市场发展步伐,深入与阿里巴巴、淘宝等电商合作,利用电商平台优势推广农产品,打开农村产品销售渠道,打通农村金融服务最后的"毛细血管"。

(四)打通乡贤回归"通道"

要深入实施"归雁计划",实行更加积极、更加开放、更加有效的乡贤人才政策,让愿意留在农村、建设家乡的人才留得安心,让愿意驻扎农村、回报农村的人才更有信心,激励各领域在外乡贤人才主动回归、全情投入,为推进乡村振兴战略增加一股重要力量。建议省里要制定乡贤人才回归农村创业的若干意见,把乡贤资源打造成推进乡村振兴发展的重要抓手、招商引资的重要平台和增进农村和谐的重要力量,引导乡贤人才反哺农村。

(五)引导青年人才"驻村"

要全面实施高校毕业生来平阳创业创新十条举措,支持大学毕业生到农村创业创新。建立青年人才向农村流动导向机制,乡镇等基层事业单位要定向招录高校毕业生,将招录的高校毕业生列入青年干部人才库,进行重点培养,引导大学毕业生到农村基层工作。探索创建农村大学生驿站,为到农村求职的大学毕业生提供免费短期住宿、就业指导、岗位信息等服务,进一步优化农村就业环境。

(六)提升农村职业"地位"

要建立职业农民制度,设置农民从业"门槛",让农民"持证上岗",成为体面的职业。要开展平阳"百名农村拔尖人才"评选活动,加大农村人才、优秀农民典型事迹宣传力度,做到资金上给扶持、生活上给保障、政治上给地位,增强人才的归属感、荣誉感和获得感,让人才到农村工作有奔头。

2018 年浙江人才工作大事记

（2018 年 1 月—2018 年 12 月）

1 月 15 日 省委人才工作领导小组印发《关于公布 2017 年度“浙江省领军型创新创业团队”的通知》（浙委人〔2018〕1 号）。

1 月 16 日 海归学子创业创新座谈会在杭州召开，车俊、任振鹤、陈金彪、冯飞等省领导出席会议。

2 月 8 日 中组部办公厅下发《关于印发第十四批国家“千人计划”入选人员名单的通知》（组厅字〔2018〕3 号）和《关于印发第三批国家“万人计划”入选人员名单的通知》（组厅字〔2018〕4 号），浙江省有 111 名人才入选第十四批国家“千人计划”、86 名人才入选第三批国家“万人计划”。同日，援派挂职干部人才新春座谈会在杭州召开，张仁汉、陈林奋等第 17 批博士服务团代表参加了会议。

2 月 13 日 刘旭等 20 名高层次人才受邀参加省委省政府春节团拜会。

3 月 7 日 青海省委组织部来浙考察交流人才援派工作，看望博士服务团成员代表。

3 月 12 日 省委常委、组织部长任振鹤同志会见美国旧金山湾区委员会全球业务发展总裁戴尔一行。

3 月 14 日—15 日 山东省人才工作考察组来浙考察交流人才工作。

3 月 17 日 “2018 浙江—香港现代服务业高端人才招聘会”在香港举办，是浙江省第 10 次赴香港举办引才活动。

3 月 21 日 《2018 年浙江省引进海外高层次人才公告》发布。

4 月 4 日 省委人才工作领导小组会议在杭州召开，车俊、袁家军、任振鹤、冯飞、王文序等省领导出席会议。

4 月 11 日 省委人才工作领导小组印发《首批浙江省“万人计划”入选人员名单的

通知》(浙委人〔2018〕2 号),陈昆松等 199 名人才入选省“万人计划”。

4 月 12 日　省委办公厅、省政府办公厅印发《关于公布王伟林等同志为浙江省特级专家的通知》(浙委办发〔2018〕15 号),王伟林、包刚等 30 名人才入选第五批省特级专家。在省科学技术奖励大会上,省领导为新当选的省特级专家授证。

4 月 13 日　省委人才工作领导小组印发《关于进一步健全完善省委人才工作领导小组职责任务和运行机制的意见》(浙委人〔2018〕4 号)。

4 月 21 日　浙江省赴成都举办人才招聘会。

4 月 24 日　省委常委、组织部长任振鹤主持召开优化人才服务保障协调会,专题研究解决省部属单位高层次人才同城待遇以及高层次人才落户、购房、子女教育等问题。

4 月 26 日　全省人才工作座谈会在杭州召开。

5 月 8 日—10 日　吉林省委组织部来浙考察交流人才工作。

5 月 10 日　第五届中国机器人峰会暨智能经济人才峰会在宁波余姚举行。同时,省海外高层次人才联谊会人工智能分会成立。

5 月 23 日—24 日　陕西省人才工作考察组来浙考察交流人才工作。

6 月 6 日　浙江高端人才集聚政策新闻发布会在杭州召开。

6 月 10 日—15 日　2018 年海外高层次人才项目对接活动(欧洲)在英国伦敦、德国法兰克福、意大利米兰等地举办,共吸引近 1800 余名海外高层次人才和外国专家参加。

6 月 13 日　浙江省赴北京中关村学习考察人才工作。

7 月 12 日—16 日　第二期“千人计划”专家骨干国情研修班在贵州遵义举办,40 位“千人计划”专家骨干参加了培训。

7 月 18 日　全省人才工作例会在杭州召开。

7 月 18 日—19 日　云南省人才工作考察组来浙考察交流人才工作。

7 月 23 日　省委人才工作领导小组发文授予中官路(宁波)、乐清、长兴“千人计划”产业园为省级“千人计划”产业园。

7 月 30 日—8 月 3 日、8 月 13 日—16 日　分两批组织院士、省特级专家和数字经济专家赴绍兴和德清疗休养。

9 月 7 日　省委组织部、省委宣传部部署开展在全省知识分子中深入开展“弘扬爱国奋斗精神、建功立业新时代”活动。

9 月 15 日　省海外高层次人才联谊会 2018 年会在杭州召开,省委常委、组织部长黄建发出席会议并致辞。

9 月 20 日—27 日　第十三届 2018 中国浙江·宁波人才科技周活动在宁波举办。省委常委、组织部长黄建发出席开幕式并致辞。

9 月 21 日　省委人才工作领导小组办公室印发《顶尖人才“一事一议”操作细则(试

行)》(浙委人办〔2018〕8号)。

9月26日—28日 全省组织系统人才工作者培训班在省委党校举办,各市、县(市、区)党委组织部100余名人才工作者参加了培训。

9月29日 浙江省赴西安举办人才招聘会。

10月1日 省委人才工作领导小组印发《关于建立人才工作述职评议制度的指导意见》(浙委人〔2018〕9号)。

10月8日 全省海外引才工作会议在杭州召开。

10月18日—20日 第十一批浙江省"千人计划"集中评审会在杭州召开。

10月25日—11月3日 2018年海外高层次人才项目对接活动(日本、北美)在日本东京、美国硅谷和纽约、加拿大多伦多等地举办,共对接海外人才1500余人、项目500余个。

10月25日 第21届中日韩工程院圆桌会议暨新一代人工智能国际研讨会在德清举行。省委常委、组织部长黄建发出席会议并致辞。

11月10日 浙江省赴哈尔滨举办人才招聘会。

11月10日—15日 2018杭州国际人才交流与项目合作大会开幕,黄建发、周江勇等省领导出席开幕式。

11月17日 浙江省赴北京举办人才洽谈会。

11月19日—20日 内蒙古自治区人才工作考察组来浙考察交流人才工作。

11月27日—30日 全省高层次人才爱国奋斗精神专题研修班在省委党校举办,130名"千人计划""万人计划"专家参加了培训。

12月1日 浙江省赴上海举办人才洽谈会。

12月19日 "海外学子浙江行"活动启动仪式暨十周年总结大会在杭州举行。

12月20日 全省院士专家工作站建设十周年总结会暨"浙江院士之家"创建启动仪式在义乌召开。